谷雨

第一卷

中共芜湖市繁昌区委宣传部
芜湖市繁昌区文学艺术界联合会 ◎主编

安徽师范大学出版社
·芜湖·

图书在版编目(CIP)数据

谷雨. 第一卷 / 中共芜湖市繁昌区委宣传部, 芜湖市繁昌区文学艺术界联合会主编 . — 芜湖 : 安徽师范大学出版社, 2024.7

ISBN 978-7-5676-6630-6

Ⅰ.①谷… Ⅱ.①中… ②芜… Ⅲ.①文化史—繁昌县 Ⅳ.①K295.44

中国国家版本馆CIP数据核字(2024)第046774号

GU YU　DIYIJUAN

谷雨　第一卷

中共芜湖市繁昌区委宣传部　　◎主编
芜湖市繁昌区文学艺术界联合会

责任编辑：房国贵

责任校对：胡志恒

装帧设计：张　玲

责任印制：桑国磊

出版发行：安徽师范大学出版社

　　　　　芜湖市北京中路2号安徽师范大学赭山校区　　　　邮政编码：241000

网　　址：http://www.ahnupress.com

发 行 部：0553-3883578　5910327　5910310(传真)

印　　刷：安徽新华印刷股份有限公司

版　　次：2024年7月第1版

印　　次：2024年7月第1次印刷

规　　格：787 mm×1092 mm　　　1/16

印　　张：26.25　　插页：6

字　　数：483千字

书　　号：978-7-5676-6630-6

定　　价：158.00元

凡发现图书有质量问题,请与我社联系(联系电话:0553-5910315)

陈光鑫　水彩《春谷-雪霁》53×76cm

童鸿求　国画《家园记忆》180×194cm

谷　雨（第一卷）

金绍林　国画《乡情》69×138cm　　　　郭艳　国画《芙蓉涧下醉吟秋》97×180cm

汪克寅 国画《西陵印象》100×68cm

唐述云 国画《幽谷》200×200cm

程建国　版画《美的张力—大屋村》100×80cm

黄晓林　国画《峨溪秋水净》88×95cm

强永明　国画《荣华长青》97×180cm　　　　洪芝莲　国画《梦回芙蓉浦》116×221cm

李姚　油画《马仁风情》116×90cm

万玉芳　水彩《冬至》76×108cm

《繁昌文学作品选(第二辑)》出版

编写出版《情满人间——繁昌好人录》

举办"大地欢歌 清韵流芳"2023繁昌民歌会

开展各类文艺讲座、文艺采风、文艺沙龙活动

开展各类主题展及春谷读书会、繁昌民歌进校园、送春联等文艺志愿服务活动

卷首语

繁昌历史悠久，文化博大精深。繁昌文化涵盖历史、文博、古镇、古村落、民俗、红色、农耕、商旅、饮食等诸多方面。文化需要呈现，需要传承。繁昌文艺工作者承载着传播文化的使命，他们下沉基层，深入底层，采访探寻，努力创作，最终形成独具地方特色的文化大餐。

繁昌境内多丘陵和圩区，古代隶属春谷，四季分明。农耕时代，每逢谷雨时节，布谷声声播种忙，"春种一粒粟，秋收万担粮"。谷雨预示着希望、丰收和喜悦，繁昌文化也融合在"谷雨"这一特殊的时节里。因此，我们将此书定名为《谷雨》（第一卷）。

《谷雨》（第一卷）汇聚了各行各业文化传播爱好者的优秀作品。其中，绝大多数是本土作者，也有省内外著名或知名作家。他们合力为繁昌文化事业添砖加瓦。作者们以热情多姿的笔触，以立体化多方位的表现形式，歌颂家乡风土人情，弘扬繁昌多元文化！

本书分设《特稿推荐》《万象虚构》《世相叙事》《春谷诗群》和《品读评论》等，分门别类地为读者展现具有繁昌地域特色的文艺作品。

《特稿推荐》是本卷的重头戏，属于文化盛宴中的佳肴珍馐。刘鹏艳、王锦秋、朱斌峰、许冬林四位知名作家均是中国作家协会会员，活跃在当代文坛一线。他们以高超的艺术手法、敏锐的观察视角、饱满的思维情感、精准的语言表达，创作出各具风格的精品力作。这些作品会给读者带来不同寻常的阅读体验，客观上提升了本书的品位。

《万象虚构》呈现出多个精彩纷呈的人间万象故事，文本中塑造并刻画了胡曙光、武坤、班长、老陈等一众令人难忘的人物形象。不少故事是从现实生活中提炼、升华而来，既有弘扬正能量、讴歌人间大爱之作，亦有直击人性、触及灵魂的作品。

《世相叙事》是对现实生活世相的真实描述与真诚展示。宋雨薇的《一个人的坐标》，以舒缓真诚的语言，细致入微地讲述了生活和家庭的流光碎影。汪福绥、程红旗、施明荣、陈道泽等人的作品皆以细微处见真情，对家乡的人和事或抒情或礼赞，力现笔端。

《春谷诗群》是歌咏和吟诵的园地。现代文体和古代文体交织，体现了丰富性与多样性。王钢洪是我省知名诗人，他的诗格调恢宏，诗意卓然。诗群里既有张宏树、孙勇等本土老将，也有苏小图、崔后明等本地新锐，新老交替，春谷潮涌。

《品读评论》既是对作品的解析、研讨，也是对作者其人的多方位评介。姚祥是芜湖市知名评论家、中国评论家协会会员，他的《极致的美好总在对错之间——评短篇小说〈最后的麦田〉》正是"品读+评论"的准确注脚，其目光敏锐，语言犀利，点评到位，鞭辟入里。徐世宝的《一个具有伟大人格的伟大人物——评林语堂〈苏东坡传〉》同样可圈可点。

金秋时节，恰逢"寨山杯"征文大赛落下帷幕，获奖作品新鲜出炉。本书精选了几篇获奖佳作，展示活动成果。

本卷由张晓辉、张诗群、俞民、黄在玉负责组稿、初审，努力做到注重质量、不薄新人、兼容并蓄、百花齐放。

不足之处，恳请读者指正。

谷 雨（第一卷）

目　录

◇世相叙事

谷　雨（第一卷）

◇ 春谷诗群

▽ 品读评论

☆ 征文精选

特稿推荐

白噪音

刘鹏艳

刘鹏艳，中国作家协会会员、安徽文学院签约作家。出版小说集《雪落西门》《鲜花岭上》、散文集《此生我什么也不是》、长篇系列童话《航航的成长季》等。曾获多种文学奖项，入选"中国小说年度排行榜"。

一

上午8：30

男孩坐在花坛的边沿上，一条腿颓废地耷拉着，另一条腿支起来，刚好把手臂架成一个三角形。这三角支架的末端是一部智能手机，男孩在屏幕上起劲地划拉着，恨不得把自己塞进去。他自然卷的头发中蓬出一处茂盛的黑森林，使头发下覆盖着的那颗脑袋也在视觉上膨胀起来，看上去颇有几分智慧。事实上他并不怎么聪明，至少父母在他的成绩单上看不出任何聪明的迹象。他母亲就曾忧心忡忡地说："我在你这个年纪的时候，已经知道自己该干什么了，可你好像完全不知道自己要干什么。"他母亲说的不是《我的理想》之类的作文，她的意思就是字面意思——男孩不知道自己要做什么，她每天安排他做这个做那个，于是他做出听从母亲安排的样子。要是母亲不说，他就不做，他是个"听话"的小孩。可是有一天这个"听话"的小孩突然不那么听话了，他母亲安排他做的那些事情，他觉得没意思透了，于是决定离家出走。

他离开家的时候背着书包，就像往常一样，不过这回他没有往学校的方向去，而是选择了一个相反的方向，反着走，能走到汽车站、火车站，再远一点，还有码头和机场。要是成年人，就会觉得这些地方起码有一部分寄托着诗和远方，但男孩想了想，还是折了回来，他在离家不远的一个公园里找了处种满矮牵牛的花坛，一屁股坐下来。

矮牵牛在男孩的身后挤挤挨挨的，廉价的玫红铺了一大片，远远看上去倒怪热闹，近处一瞧，那些轻浮的小喇叭就失了身价。当然这些都不是男孩所关心的，他低着脑袋，全部的心思都落在那部手机上。手游的世界比这个真实的世界更让他感到愉悦和从容，在父母没有发现他失踪之前，他有一整天的时间可以浪费在无聊的事情上面。无聊，是的，父母认为游戏很无聊，只是浪费时间而已，而且还会破坏孩子的视力和责任感。要不是因为有很多学业上的事儿需要在手机上完成，他们是不会给他买一部手机的。

男孩的个头已经不矮了，但是从体貌上看，还是个孩子。这可真让人气馁。他这个年纪，正是跟自己较劲儿的时候，看什么都不顺眼，哪怕是鼻翼上的一小颗痣，也可以让他苦恼得不愿意出门。自以为长大了，不需要那么多管束，但在成年人眼里，仍还是小，得管。他们管他的方式也很简单粗暴，无非是死盯着，不厌其烦地跟在后面唠叨，再不就是愤怒的巴掌。他父亲的铁拳气急败坏地落在他身上的时候，他明明看见那个男人气得浑身发抖，原本神一样的存在好像被什么力量从内部震碎了似的，在一块块坠落。他心里同样是愤怒的，甚至还有一点鄙夷，再没有小时候面对父亲时那种瑟缩的畏惧感。他的眼结膜开始充血，和父亲一样，额头的血管一跳一跳的。眉头那里则锁成一个坚硬的核，万钧的铁锤也砸不开。他母亲这时候只会在一旁哭泣，仿佛遭受到天大的委屈。这个"无能"的女人，既拦不住自己的丈夫，也管不了自己的孩子。

这样乌烟瘴气的闹剧，昨晚才在他们家上演了一场。

原因是男孩写作业的时候掏出了手机。

母亲问他，为什么写作业要对着手机。男孩满不在乎地说，老师布置的作业在手机上。这也是常有的事儿，现在老师布置作业总是"与时俱进"，母亲也搞不清楚哪些作业对着课本和练习册就可以，哪些作业是需要在手机上完成的。虽说母亲也接受过高等教育，并不是目不识丁的糊涂妇人，但她们那时候接受的教育，从没有这样复杂过，也就没有什么资格对现在老师们的要求随便置喙。她只是尽量简单地、自我安慰地想，老师总是对的，即使不对，既然已经把孩子毫无保留地交给了老师，便只能承认老师是对的。

这样一来，男孩常常极聪明地利用母亲这种"简单化"的思维。他从一个小程序切换到另一个小程序的时间连一秒钟都不要，母亲总不能不错眼珠地盯着他。他得逞的机会居多，当然也有被捉住的时候，母亲多半气得嘴唇发白，一张脸更是白得可怕。她本来就有贫血的毛病，这时候简直没有一点血色，单薄的身体摇摇欲坠。

他并不害怕这样的母亲，心里一闪而过的愧疚之后，便收起手机，做出伏法的样子。他知道母亲顶多捧着心口骂他两句，那些没有营养的话，对他来说，自然也没有任何分量，它们如烟似梦地飘过去，然后，他该干吗干吗，反正还有那么一大堆作业要写。即使母亲想教训他，也要排在学业日程之后。现在他醒着的每一分、每一秒都被学习这件事控制着。母亲当然知道，她多骂他一分钟，他晚上可能就要少睡十分钟、二十分钟。这样，已经被沉重的学业挤占到最低水平的睡眠时间，就更加不能保障了。

然而他父亲却不是这样的人。他父亲一周总有三五个晚上不在家，不过，若是赶上在家的时候，就会拿出做父亲的威严来，行使他做父亲的责任。男孩通常会避开父亲暴戾的锋芒，但有时候也会不幸撞在枪口上。比如昨晚。

二

上午9：00

昨晚真是个鸡飞狗跳的夜晚。女人蹙着眉，心神有些恍惚。她一面踩着点儿到单位打卡，一面还沉浸在昨晚那一大块黏稠的郁闷当中。太影响心情了，家里有一个进入青春期的孩子，足以把两个成年人整得发疯。她和丈夫，整整一晚上没睡，仿佛不是夫妻俩把不听话的孩子修理了一顿，而是两个大人被孩子修理了。趄进卧室，关上门，她和他讨论如何教育孩子的问题，她越说越气愤，比在客厅时更加义愤填膺，几乎要跳起来指着他的鼻子骂。丈夫呢，也在火头上，毫不客气地拨开她的手指，再把她指责他的那些话把子"噌噌"地扔回来，还加上了许多辛辣的大料儿。这一来真是烈火烹油，他们的夜晚开满了长刺的玫瑰。

她不能忍受他对她不客气的样子！她到现在还愤愤不平地想：孩子从生下来到养这么大个儿，他操过什么心？他们家操过什么心？白捡现成的还不够，还要怨她没把孩子养好，她上哪说这份理儿？想当初，她也是天之骄女，家里人手掌心里喂出来的公主一般的姑娘。现在倒好，熬成老妈子，出席正式场合连名字都没有，不过是"果果妈妈"。关键是她这样的中年妇女，也没有什么正式场合，参加的都是家长会或者和孩子有关的联谊会。这可能也是名牌大学毕业的她，想想就觉得无比郁闷的原因。虽然还没有沦落到家庭妇女的地步，但一个家庭，总归要有个人愿意花时间在家待着，不然饭谁做，衣服谁洗，孩子谁带？

她推门进办公室，墙上的挂钟刚刚好卡在九点的位置，主任抬头看看钟，没看她。

白噪音

这些年她在主任的眼里，大概比一挂廉价的钟更不值得被重视。刚来单位那会儿，她还是重点培养对象的。可不是吗，重点大学毕业的高才生，又年轻又漂亮，领导带出去赴饭局都觉得倍有面儿。男同事也跟在后面趋之若鹜。后来慢慢就不行了，自然有更年轻、更漂亮的后浪推过来替代她的位置。而她，因为自我放逐，对自己也没有什么更高的要求，下了班就往家跑，生怕在办公室多待一分钟。就连上班时间，也还有一半的心思牵挂在家里面。这样的女同志，根本培养不起来，不过是隐性的家庭妇女。照主任的说法，"缺少精神上的觉悟性"，既然来上班，就要拿出职场女性的标准来要求自己，奈何她不求上进，自甘堕落，真是扶不起来的阿斗。

她想到这些就觉得气闷，要是儿子能争口气还好，偏偏，她为家庭付出那么多，丈夫并不体谅，孩子的成绩，还不如一个农村家庭妇女带出来的孩子。婆家自然生出这样的闲话："还不如辞职回家，专门带孩子呢。"可是，辞职，回家，专门带孩子，就能带出个保送"985""211"的孩子？到那时候，婆家不是更有理由挖苦她？

现在的情况是，丈夫的哥哥，那个从小就显示出卓越的领导才能的男人，给自己儿子打造的是贵族化的国际路线，去年考进了全球排名前三十的某大学，成了一家人的骄傲。她和嫂子，那个没有血缘关系却要叫一声"姐"的女人，作为妯娌，就算没有嫌隙，关系多少还是有些微妙的。嫂子说，甘蔗没有两头甜，你这样顾头不顾腚的，工作没起色，孩子也耽误了，不值得。她当然听得出话里有几分是关心，几分是揶揄——嫂子自己读书没读出来，不过混个成人大专的文凭，但人家的儿子现在是"全球前三十"。也不知这排名怎么算出来的，她心里酸溜溜地想，想着想着，鼻子竟也开始发酸。

她针鼻样大的心眼里，汪着一包泪，戳一戳，就能化雨倾盆。"心眼儿跟针鼻似的"，这是她丈夫给她的评价，说她年轻时候就矫情，什么都往心里记，现在年纪大了，心眼也没见长大一分，脾气倒是养得吓人。昨晚吵架，丈夫就说她没事找事，本来是教育孩子的事儿，最后变成了教训老公，真是欺人太甚。

她拖着沉重的步子走向自己的座位，无精打采的样子引起了对面新分来的女大学生的注意。"陈姐，"女大学生问她，"你这是怎么了，一大早的？"

"没，没什么。"她慌乱地掩饰着，低下头，装作收拾办公桌，把黑眼圈藏好。桌上已经够干净的了，她刚到办公室，还没开始工作呢，哪有什么可"收拾"的？她不过是把放在桌角的文件拿过来，再没事找事地放到另一个角落里去。

主任再次抬起头，这回，似乎向她瞥了一眼，接着又低头去看他的报纸。

这老头每天的工作就是看报纸！她因为主任这若有若无的一眼，神经质地想，他还不如她呢，早来几分钟又有什么价值，难道比她卡着点儿来上班更名誉些吗？她端起桌上隔夜的陈茶，满腹心事地去茶水台洗涮，哗哗的水声有一种滑稽的音效感，让这个莫名其妙的早晨更显得荒诞无稽。

在单位，她的资历也不算短了，因而不用为打水这样的小事费神。是从什么时候开始，不用亲自去打水了？她记得不是很清楚，单位里的事儿，她总是记不清楚。人的脑容量是很有限的，她记得她的儿子什么时候换牙，什么时候打预防针，什么时候学会了叫妈妈，什么时候迈出第一步，什么时候该买新的内衣了，什么时候要去上课外兴趣班……这一切，她记得清清楚楚。对她来说，这就够了。

可是别人不这么想。主任肯定觉得她做得不够，领导对下属的要求，她远远达不到；同事之间，因为相互推诿和扯皮是常见的事儿，所以谁都觉得对方才是有问题的那一个；她的丈夫也觉得她做得不够好，丈夫是拿一个温柔多情的妻子的标准来要求她的，她只能说"臣妾做不到"了；孩子的老师有时候对她也不满意，因为她不像别的孩子的妈妈那样随叫随到，对老师言听计从；公公和婆婆眼里的她也乏善可陈，既不像大儿媳妇那样八面玲珑，又不像自己女儿那样贴心贴肺……总之，她除了母亲的角色之外，确实一样也没有上过心，偏偏是她这种最用心、最拼尽全力的角色，也那么的失败。她真是灰心到了极点。

<h1 style="text-align:center">三</h1>

上午9：10

男人离开家的时候气鼓鼓的，老婆居然没有给他留早餐！

都说夫妻床头打架床尾和，他们不过吵了两句，她就当家里没他这号人了，真是岂有此理。他不少这一顿早餐，随便一个电话，就有朋友过来陪他去高级酒店的餐厅吃早茶，男的女的都不缺，荤的素的都有。可老婆不给他留早饭，这算什么？他气鼓鼓地走出电梯，狠狠撅一下手中的电子车钥匙，一辆油黑锃亮的奥迪在远处发出一声谦卑的应和。

他这么一个成功人士，资产和人品都不差，难道不该享有平静而愉悦的家庭生活吗？他不抽烟，不赌博，喝酒也很节制。他为了这个家在外面打拼，什么风雨都不让她看见，只给她和儿子奉献彩虹。就是资金链断裂的那段日子，他也没让她知道，一个人补起了天大的窟窿，扛起了所有的重担。这些在她面前，他都不屑提，

白噪音

可不代表她就可以这样无视他。她昨晚训他跟训儿子似的，好像那小子偷偷打游戏全是他的错，这不是滑天下之大稽吗？今早她居然还记恨他，不给他留饭，这是预备把家庭战争延续下去吗？他愤愤地坐进驾驶室，发动引擎，一脚油门，轰然离开——背后的家。

家这个地方，说起来是"温暖的港湾"，有时候却是最伤人的地方。

他从小就不怎么受家里待见——上面有个什么都比他强的哥哥，压得他抬不起头，下面呢，还有个全家视若掌上明珠的妹妹，他夹在中间，简直就是一颗可以忽略不计的土豆。大学毕业，分了个差强人意的单位，当然是比不上哥哥风光。哥哥在国有证券公司，晋升通道比他顺畅得多，没几年已经是大客户经理。而他那个单位，虽是旱涝保收，却要论资排辈，一年年地熬，想想没什么意思，不如出来自己创业。

这也不是容易的事儿，这么多年，风里雨里，有得有失。比起哥哥，仍旧是差那么一大截。他那位官至证券公司老总的哥哥，早已是正厅级，把自己儿子的前途也安排得妥妥当当。这成为他们老郑家的门脸儿。老头老太太眼里，大概是有他没他无所谓，只要哥哥在，老郑家就能满室生辉，何止，简直是金碧辉煌。

他唯一觉得比哥哥强的，是自己娶了位优雅知性的太太。当初他把她带回家的时候，哥哥愣了一下，因为她使他的嫂子自惭形秽。正上高中的妹妹，也叽叽喳喳地围着她，简直把她当作知识女性的导师来崇拜——其实她不过是早上了几年大学而已，却凭借自身的聪慧，显示出与年龄不大相称的睿智。他着实高兴了好一阵子，那顿饭吃得眉飞色舞，第一次在家宴上把自己吃成了全家人目光的焦点。过后她嗔怪他表演痕迹太重，他越发情不自禁，搂着她在夜晚空旷的街道上大喊大叫："老婆，我爱你！"她那时候还是他的女朋友，有着水莲一样不胜娇羞的温柔，葱段儿似的玉指轻点着他的额头说："谁是你老婆？"他搂得更紧些，嘴唇贴在她耳边吹着气："老婆，你跑不掉的。"

他自嘲地摇头笑笑，把空空如也的胃暂时忘掉，脑子立刻被紧张的工作日程填满了。一手握着方向盘，夹着烟的另一只手搁在唇上，他想到什么似的，猛吸一口，把烟蒂弹出窗外。在家里，他是不抽烟的。他对尼古丁没什么依赖，不大想得起来。车里却有烟，一是业务需要，二是偶尔心理上的需要。上午还有个重要的会谈，关涉整个下半年的业务发展，商场如战场，他不能还没上场就被打败了。

被丢出车窗的烟蒂在完成了一次漂亮的弧线运动后，颓然跌落在路边修剪得齐整的草坪上。绿茵处插着一块牌子：青青草地，踏之何忍。初夏的阳光充沛地喷洒在整齐的碧绿之上，那一点染着灰烬的雪白显得尤为醒目。

四

上午9：55

抬头看看墙上的挂钟，差五分钟十点整。她站起身，往门边走。出门左拐是厕所，右拐是这层楼的单元门，她照例是先向左，走进卫生间。

冲水马桶的哗啦声在她耳边响起来，这噪音很突兀，像是有人在身后轰然拉开泄洪闸，然后是连续的立体声环绕，不绝于耳。她愣神听了一阵，直到哗哗的水声渐渐低下去，最后悄然无息，这才站到洗手台的镜子前，打开水龙头，洗手，略略整理了一下自己的仪容。

也许是一个月前报名参加了某平台推送的主播课程的缘故，最近她对于突然而至的噪音特别敏感。这真是奇妙的副作用。她的本意，是想通过学习演播技巧，业余时间干点儿副业。她的时间，说起来真是不值钱，白天在单位占去的那八个小时，基本生产不出什么价值，这也是他们单位的性质决定的。她下班后倒是比在单位忙碌，但也只是忙而已，谈不上任何价值。吃过晚饭之后，儿子去学习，她人闲下来，就有些百无聊赖。

丈夫多半是不在家的，她也很难抱怨什么，毕竟，一个家庭必然有社会学上的分工，他在外面的那些难处，他不说，她多少也能够体会。这时候，她看着书桌前那个小小的背影，在灯下伏案疾书或是冥思苦想，隐隐地，会涌上些对于岁月的感动。尽管那感觉很模糊，却足够支撑一个人在最困难的时候走下去。她想做点什么，给孩子看，也给丈夫看看，她并不是个没有价值的人。她不想，每天按部就班地去一个暮气沉沉的单位混满八个小时，然后回来做一些保姆就可以完成的简单琐碎的事儿。

非常偶然的机会，她在无数个这样静谧的夜晚之一，陪着孩子写作业的时候，一边刷着手机，一边想着心思，忽然看到一则非常具有煽动性的信息推送：声音变现，让你攀登人生的喜马拉雅，找到领跑生活圈的"斜杠"价值！

她点进去，好像发现了另一座人生的富矿。

她先是用微信支付了一元钱，购买了三天的训练营课程。像往期学员评价的那样，这三天演播课程"满满的都是干货"，那些大咖们现身说法，舌灿莲花，还有新晋的有声书主播，以学长的身份现场教学，讲述他们从"小白"华丽转身的励志故事，让后来的"小白"们坚信，在自己身上也会发生这样奇妙的蜕变。她在这种

白
噪
音

热烈的气氛中受到莫名的鼓舞，很快就有了继续学习的欲望。

接下来她交了几千块钱的报名费购买进阶课程，还咬咬牙直接入手了上万块钱的设备。这些前期投入是必要的，她踌躇满志，相信老师的推荐没有错。当然，对于那些抱有观望态度的人，也许并无必要，"他们必定不会在这条路上走得很远"，老师说，所有的"试试看"都是浪费时间。你试试再看吧，人家已经甩你几条街了。

她不是个有野心的人，"月入三百万"对她的吸引力也没有那么大。她只是为了找到一点儿价值，在浑浑噩噩的八小时之外，在夜深人静的时候，一天的家务事尘埃落定，她望着孩子灯下的背影，守着空旷的房间，不那么——被隔着虚空的落寞击中的感觉。

她隐约知道这是个风口行业，"站在风口，猪都能飞起来"，她总比猪强一点儿吧。信息时代，人们被视觉信息淹没之后，眼睛受不了五色之乱，但是又须臾离不开信息，于是有了有声行业，这也是声音变现的客观基础。理论上，任何有声音条件的人都可以"坐在家里把钱赚了"。何况老师不厌其烦地教导他们，声音条件不好也没有关系，声音是可以训练的，你来上我的课，我就能改变你的声音条件。

她对自己的声音还是有点儿信心的，大学毕业前，为了考教师资格证，多一条就业渠道，她先拿下了普通话二甲证书。虽然日后并没有当教师，也没有从事与声音相关的行当，但说话声音好听，一直是她的优势。老师也说她是可造之才，她的音频作业，甚至还被当作范本在同期学员的朋友圈里交流。这对她也是个不小的激励——离开学校之后，就再也没有这么浓厚的学习氛围了，现在天南海北聚起来的一百多号人，竟然为了同一个学习目标有了废寝忘食的感觉。人到中年，不容易。她学了一个月，天天磨作业，有时候儿子睡了她还没睡。丈夫回来看到她这样，有些讶异，却没有干涉，只是提醒她，当心被"洗脑"。她不以为意，觉得自己是有初心的，又不是为了赚钱，只有那些一心想靠声音赚钱的人才会被"洗"，因为他们本来就没有脑子。

学到后来都有些魔怔了，什么听起来都像"底噪"。这使她对自己的录音环境非常不满意，怎么也录不出完美无瑕的好作品。比如刚才抽水马桶的声音，在她耳中就十分刺耳，这在以前是不可思议的，她明明每天都生活在抽水马桶以及类似的噪音当中。她甩甩手上的水珠，把额前的一绺碎发掠到耳后，然后看了一眼镜子里的自己。那个中年女人面目模糊，无论是出现在人群当中，还是消失在人群里，绝不会引起半点儿动静。"用声音惊艳众人"的想法，就是在这样无数次揽镜自顾的无聊感中产生的。

她转身离开洗手间，沿着走廊向另一侧的尽头走去，中途路过办公室，却没有进去，而是径直走出单元门，摁亮了电梯。

十点整，这是她去附近超市买菜的时间。

五

上午10：30

男孩有些百无聊赖，他还叉腿坐在花坛的边沿上。那款游戏已经被他玩腻了，昨晚之前他还对它爱不释手，怎么现在却觉得味同嚼蜡。早知如此，昨晚写作业的时候，就不该瞒着母亲偷偷打游戏。她从他手上把手机夺过去的时候，简直像是失掉了浑身的血液，苍白得供给不出一句完整的话来。"你，你，你……"母亲哆嗦着发白的嘴唇，脸色白得幽蓝。她近段时间都在学习如何练气，大清早起来就像练拳似的扶着腰在阳台上嗨嗨哈哈，可是奇怪得很，一旦生起气来，反倒比之前还虚弱，几乎是气若游丝。他不敢看母亲，这也是顶奇怪的事儿，他对父亲倒不怎么惧怕，反而有点怕母亲。

母亲不打他，骂他的时候，也没有父亲那种凶狠霸道的力量，可他就是抬不起头。有时候他倒宁愿母亲打他一顿，但她气极了反而不说话，喜欢关起门来自己跟自己生闷气。那种隔墙有"气"的奇怪氛围使他感到莫名的害怕：他是不是会失去她？

好在母亲最后总会开门出来，对他说："吃饭！"或者，"睡觉！"

这一次，他又惹母亲生气了，母亲指着他哆哆嗦嗦地说："你，你，你……是不是少盯一眼都管不住自己？"他低着头不说话，任凭母亲说什么都不开口，好像是，她把他生下来的时候，就施了法术让他成为一个哑口无言的人。

这也是最让母亲生气的地方，她说什么他都没有反应，他越没有反应她就越生气，整个单薄而失血的身体不能自己地剧烈抖动着，像是暴风中的一片白纸。这时候父亲突然从外面开门进来，随着门户大开，猛兽般扑进来的一股强大气流把母亲卷了起来，她咕咚一下栽倒在地上。

父亲一回家，局面又不一样了。父亲看他居然把母亲气得摔倒在地上，立刻勃然大怒。他知道躲不掉，索性继续装聋作哑，沉默着等待瞬间席卷而至的狂风暴雨。屋外肯定是起风了，不然父亲开门的时候，不会有那么大的穿堂风。这会儿雨点子噼里啪啦地砸下来，玻璃上都是碎裂的声音，没关严的窗户把风雨让进来一些，很快湿掉一小块地板。母亲揉揉晕眩的脑袋，爬起来去关窗子。他黑黝黝的眼睛追着母亲，生怕刚刚被邪风掀翻在地的母亲又被卷走似的。

父亲的巴掌甩上来的时候，他不知道躲避，反而迎了上去。这让父亲的手掌受到了不小的反作用力，好长时间都隐隐作痛。母亲没有拦着父亲，可能觉得他受点儿教训也好。直到父亲气喘吁吁，在他惊天动地的号哭中，母亲终于按捺不住，跳出来说："好了好了，打孩子能解决问题吗？"父亲不解气地说："他就是欠揍，从小给惯的！"这让母亲无法接受。"你说谁惯的？"她严肃地质问父亲，父亲愣了一下。"我……我是说，男孩子嘛，哪一个不是给打出来的？"父亲给自己找借口，"你对他太好了，才让他不识好歹。"

后来，关于他知道还是不知道好歹的问题，父亲和母亲翻来覆去吵了好久。他就哭着听，边听，边哭，边哭，边听。再后来他都不哭了，他们还在吵。早过了睡觉的时间，他们的争吵声听久了，竟让他有些昏昏欲睡。迷迷糊糊的，他头重脚轻地把自己横过来，那些争吵声就听不见了，像风，呼呼地吹过去……

大风吹了一夜。

早上醒来，风停了。他穿上衣服，大口吃掉母亲做的早餐。然后，背上书包，和母亲说再见。那时候他倒也没有想清楚，自己是不是要逃学，去打一天游戏。他小学五年级时，便有个同学在某天早上应该上学的时候突然消失了。老师家长都去找，找了整整一天。后来他才知道，那个同学离家出走，但因为缺钱，终于还是没有走出这座城市。现在他已经初中二年级了，比五年级的孩子要成熟稳重得多，所以早上他先给老师发了一条信息，说自己拉肚子，要请假休息。他用的是母亲的手机，那时候母亲正在厨房里忙着做火腿煎蛋。之后他清除了信息记录，吃掉母亲做的早餐，背上书包，和母亲说了声再见。他离开家的时候，又轻松又茫然，兜里揣着的手机似乎铿锵作响，正在奏出激越澎湃的背景音乐，把他送入一个单机作战的求生游戏之中。

六

上午10：45

上午的会谈进行得不太顺利。他早有心理准备，尽量做到张弛有度，可进可退。对方是政府官员，而他是商人。官商之间，关系其实是很微妙的。他欠身替对方点了支烟，又把自己手上的烟盒竖起来，轻轻点着桌面，像是在思考，又像是在暗示。对方撩了下眼皮，干咳一声："那什么，老郑，容我再想想。你知道的，心急吃不了热豆腐。"他立刻把烟盒放下来，一摊手，做出无辜的样子，仿佛一心为对方着想地说："我是担心您啦，虽说稳妥一点儿没错，但有些事情，您也知道的，一步慢，步步慢，到时候阿猫阿狗抢了您的功劳，可是雪花膏抹在屁股上了。"对方"噗嗤"一下笑起来，气氛便活跃开来，接着那位起先还在刻意制造距离感的官员，几乎是和他头抵着头，小声而愉悦地嘀咕道："这话也有理，本来就是涂脂抹粉的事儿，得在脸面上下功夫。"

当下二人达成共识，这事儿就算成了。他从那栋干净敞亮、庄严肃穆的大楼里出来，不自觉地低头掸掸身上的灰，好像刚从尘土飞扬的工地上出来似的。饶是如此，他西装革履的身体依旧灰蒙蒙、紧绷绷的。

上车，他才彻底把自己放松下来。车载音响里流淌的轻盈乐声让他一阵恍惚。妻子好像是学过一段时间钢琴的，刚认识的时候，她还给他弹过这首曲子，叫什么名字来着？他拼命搜索记忆，却毫无印象。这种记得又记不得的情况最折磨人，要是彻底忘却倒好了。关于妻子的事儿，他很愿意去记起，可他实在是太忙了，有一次他竟然忘记了结婚纪念日。好在妻子并没有表现出什么明显的不快，但也许是他忽略了她的不快，她一桩一件都记着呢，吵架的时候，比如昨晚，就会桩桩件件都翻拣出来，一股脑地变成他不负责任的罪证。

他当然不能承认，这是欲加之罪。妻子的立论基础有问题，她首先判定他是不负责任的，所以导致了他的忘记和忽略。事实上，他就是因为太负责任，把大事都扛在身上，哪还有时间和精力去在意那些小事？可妻子不这么认为，她仿佛胜券在握地质问道："你说的那些大事是什么事？你觉得对一个家庭来说，头等大事是什么？别以为一家人都指望着你过日子，没有你，我也照样把孩子养大！"这让他恼火极了，她说得好像他和这个家无关似的，他成了局外人，他在外面那些努力的拼搏，甚至是奋力的厮杀，都成了笑话。

总之，他和她说话做事都不在一个频道上。为了孩子偷玩手机游戏的事，夫妻俩狠狠干了一架，真是莫名其妙。他原本是心疼她，回家看到她被"逆子"气成那样，劈头给了孩子两巴掌，以父亲的身份教训那个男孩，好让他知道母亲的不容易。她明明听着呢，他痛心疾首地跟孩子说："你骗谁不好，还骗上你妈了？这世上你谁都可以骗，就是不能骗你妈！你妈为你付出了多少，你还有没有良心？"

他说这话的时候，妻子在一旁默默流泪，儿子也哭了。他还以为，他的"教育"收到了奇效呢。可是妻子突然从沙发上站起来，出其不意地向他吼道："你打孩子能解决问题吗？"他一愣："这时候不打什么时候打？我不管他学习怎么样，人

白噪音

品有问题就是不行。"妻子竟然勃然大怒，像个护崽儿的母兽那样跳到他面前，张牙舞爪地说："我儿子的人品没有问题！"

七

上午11：40

平常这时候该放学了，男孩沿街走过去。路边一所小学门口闹哄哄的，挤满了放学的学生和接学生的家长。他在角落里观察了一会儿，除了孩子，老年人居多，应该是爷爷奶奶，或者外公外婆。他上小学的时候，总是母亲接送他。外公外婆在很远的地方，而且他们身体也不好。他没有想过为什么不是父亲，或者爷爷奶奶来接他。他一直以为，早上一睁眼，或者，放学一出校门，看到的就应该是母亲。有一次父亲破天荒来接他，他愣了一下，朝父亲身后看看，开口第一句话是："我妈呢？"

昨晚父亲的话是对的，他不应该骗母亲。这个世界上，他最不应该欺骗的就是母亲。可是，他就是管不住自己呀。为此他也非常苦恼，如果能够控制自己的头脑和手脚，他十分愿意做个"听话的孩子"。或者，干脆就让母亲来控制他的头和手脚好了，就像他从未长大过一样。

他带着这样的念头，好像真的被人控制住似的，机械地摆动着手臂走到街心花园。花园里有一些夹竹桃，红的一簇，白的一簇，拥挤得散发出强烈的气味。说不上是香还是臭，反正带有一种幽微的苦涩。他知道它们是有毒的，因而觉得疑惑，为什么市政要把这种剧毒的东西种得满大街都是？

脚下有颗形状不规则的石子，他踢了一脚，小石子"嗖"地飞到一棵杨树的干上，又反弹回来。于是他再次踢它，反复进行这样无聊的游戏。他的兴致勃勃让旁边一个老太太露出了慈祥的笑容。她笑眯眯地对另一个老太太说："小孩子就是小孩子，什么都能玩得高兴。"两个老太太对他评头论足了一番，猜测他有多大了，在附近哪个学校上学。他赶紧跑开，生怕她们议论出他的来历。

他中午是不回家的，学校离家比较远，母亲就给他联系了"小饭桌"。既然已经交了钱，他决定还是去把自己的那份午餐吃掉。那里的饭菜并不怎么合他的胃口，不过母亲看中的是干净卫生，营养均衡。他对吃喝这件事不讲究，母亲说好，那就好。太阳挂在脑袋的后上方，投下短而粗的影子，他蹦蹦跳跳地踩着它往前走，预备把一整天荒废掉。这样的快感鼓涌着年轻的身体，毫无目的，却又目标

谷雨（第一卷）

清晰。

这条路上好像有很多学校，每一所学校的大门都像一只阔大的嘴巴，把背着书包的孩子源源不断地吞进去。往常他也是这样被吞掉的孩子，但现在他可以像那些路过的大人一样，事不关己地侧目看看，或者根本不屑于看一眼，就那样坦然地走过去。

他从一所小学门口走到一所中学门口，总共数了一千八百七十六步，竟有一种莫名的仪式感，仿佛今天是他长大的日子。这条路上居然有这么多的学校，每一所学校里都有无数个他这样的孩子。他平静得近乎无聊地想，他们都和他一样，在经历喷薄而压抑的成长吗？

在昨晚之前，他还对自己贪玩的性子抱有一种同情。利用学习的时间玩游戏，似乎是他唯一的选择——各种课内和课外的补习作业加在一起，总要写到夜里十一二点，他哪里有时间玩？并不是母亲说的那样，"早点把应该做的事做完，就可以做自己喜欢的事"，进入中学以后，根本就没有那样的童话。即使是读小学的时候，高年级以后他也很少有时间做自己喜欢的事情，母亲总拉着他奔波在各种课外兴趣班之间。那时候是为了小升初，现在当然是为了中考，将来还有高考，他看不到远远的那头到底有什么，山水遥遥之外好像还有风雨叵测，所以他就不去看。莫如有点时间，玩一会儿是一会儿，这是看得见、摸得着的快乐呀。

他玩的时候，并没有想那么多，没有想去欺骗母亲，也没有想，会对自己的"人品"有什么影响。能有什么影响呢？父亲的话简直让他吃惊，好像他玩了一小会儿游戏，整个人生都会坍塌一样。要是写一小会儿作业，就能有这么神奇的效果，整个的人生就发生了翻天覆地的变化，他也愿意好好写作业呀。可是，不能，他天天写作业，夜夜写作业，写了一年又一年，他们还是告诉他，你要继续写，不停地写，一刻也不能松懈。他一着急，就跟自己说，算了吧，反正他们也不知道。

他趁他们不注意的时候玩了会儿游戏，当时觉得挺爽的，后来露了馅，就难堪了。母亲自虐式的委屈他是见识过的，他把她气成那样确实也有些于心不忍，但父亲一出手，情况又发生了改变。他没想到母亲和他同仇敌忾起来，眼眶里蓄满了泪跳到父亲面前，说父亲缺失了他的责任。父亲不同意这样的结果，要同母亲据理力争，母亲便激愤地和他理论，从一堆悠久的往事里抽丝剥茧地往外捋，用每一件小事证明父亲的大错。紧接着他好像被父亲和母亲彻底地抛出了热闹的战争之外，他成了局外人，只能无聊地看着他们张着嘴巴，大口喘气，像两条失水的鱼。

现在他走在马路上，走过一间间洞开的店铺，走过一个个陌生的人，走过一辆辆奔忙的车，感觉自己依然是作壁上观的局外人。这个世界川流不息，没有一刻是

白
噪
音

安静的，所有的人都那么忙，忙着和自己的影子相互追逐，从不同的角度印证阴影和自我的关系，一点儿也不关心其他人想的是什么。

八

上午12：00

餐盒里还剩下不少饭菜，但是她毫无胃口。单位食堂里的师傅大约和她一样，对日复一日机械而毫无意义的工作产生了倦怠。她从疲软的干煸包菜里吃出了一些疲惫，又从油汪汪的小炒肉里吃出了一堆油腻。汤呢，照例是寡淡无味的，稀薄的蛋花浮潜在勾芡过的半透明胶质里，明明看准了，一马勺下去，却一点也捞不着。这种一无所获的挫败感并没有让舀汤的人知难而退，反而更加执着地对付那一小朵蛋花儿。她觉得身边的人都挺可笑的，唯独自己可悲。

吃完饭可以在办公室眯一会儿，或者溜出去散步、逛街。前者适合主任那样精力不济的半退休人员；一些年轻而健旺的人，比如新分来的大学生，以及上厕所都要约好了一起的女同事，就会选择后者。她起初也和她们一起去逛街，几次逛下来觉得没意思，一样的商场一样的路，连售货员都因为是老面孔而懒得搭理她们。她想回办公室，但唯一的一张长沙发已经让主任霸占了，并且沙发上还传来旁若无人的呼噜声。有时候她想，一个人活到旁若无人的岁数就舒服了，她还有很长一段路要走。

她把昨晚因为吵架而没来得及录制的演播文本拿在手里，悄悄地往单位后面的一片小树林走去。虽然没有耳机和麦克风，但不妨碍她在脑海中对那段文本"情景再现"。她的老师总是跟他们强调，演播中要注意揣摩文本，像演员那样"演"出来，而不仅仅是"播"。她觉得表演这件事就像把一个全新的人格从身体里分裂出去，所谓的戏精附体，或者也可以说是一种敬业。她想到单位领导在大会小会上讲到"爱岗敬业"这个词儿的时候，那种坚定的目光和决绝的口气，不自觉地笑起来。看来领导们都很有天分，他们肯定没有学习过演播，但他们知道什么是"演"，什么是"播"。

昨夜的一场暴风雨吹落了不少青黄的叶子，她踩着小径上厚厚的落叶，脚底板传来一阵湿漉漉的草木清香。这段文本是爱情戏，她说到"爱"这个字眼的时候觉得生疏，好像有颗青枣儿梗在嗓子眼儿，口腔不能完全打开。她和丈夫的恋爱早就过去好多年了，那只是人生的一个阶段。现在，他们见面很少有共同的话题，除了

谷雨（第一卷）

孩子，没什么可聊的，但聊孩子又会滑入危险的境地，很容易闹得不愉快。她还不至于蠢到去怀疑丈夫是不是不爱她了。人到中年，越来越倾向于"爱"是"做"出来的，而不是"谈"出来的。不谈，因为那太耗时间了，中年人耗不起，再说那也解决不了什么实际问题。所有的夫妻都比恋人更务实一些，这些都是生活的底噪。

她在一块石头上坐下来，听了一会儿林中啁啾的鸟鸣，脑海中的背景音乐渐入佳境，就打开放在膝头的演播稿。有一个温柔多情的女人从她的身体里分蘖出去，长发披肩，巧笑嫣然，回眸的时候会投下娇羞的眼波，在男人心底激起涟漪。那女人袅袅婷婷地在林子里走，一步一朵莲花，一步一方旖旎，除了万千风情，还有万千骄傲。这风情和骄傲，都使男人思之如狂，念之成殇。

她想到了恋爱时的自己和丈夫，那时的他，从来不会对她大声说一句话。也许是那时候两人的距离太近的缘故，说什么都是私语，根本用不着大声说话。现在不行了，她和他说话往往要吼起来，才能使声波抵达对方的鼓膜。即使是这样，也没有什么用，声音经由耳道进去，又从另一个耳道出来，好像是凭空玩了一次穿越的游戏。要是她向他抱怨，他就说她贪心，说他嫂子从来就不会和他哥说这些没用的话。他嫂子那么精明的女人，当然不会对自己位高权重的丈夫说这些。

他们夫妻俩看嫂子的眼神，都是同情而带有那么一丝鄙薄的。但谁又说得准呢？嫂子一直认为做哥哥的才是当家立户的人，他提携着旁门左道的弟弟，使他不至于在大风大浪的海上翻掉人生的小船；至于那个清高的弟媳妇儿，空有一身傲气却并没有真正傲人的资本，不过是比一般家庭妇女多一份打工的收入而已；他们的儿子更可怜，谈不上聪明，简直连老郑家一半的优良基因都没有承继……她猛地合上手里的演播稿，闭目摇了摇头，像被虚构的生活无情地欺骗了似的。

九

下午2：00

下午男孩又背上了书包，从"小饭桌"出来，做出去上学的样子。实际上他在街角那里转了个弯，再次把学校抛在身后。从锦江路穿过去，不久就能在环城马路的行道树后面看见一条比马路还要宽阔的河。那是一条人工河，据说是好几百年前这座城市还是一座城池的时候，倾全城百姓之力挖出的护城河。几十年前，水路还盛的时候，河道通江达海，如今很少有人再坐船了，老码头推倒了重建，结果成了码头文化纪念园。"纪念"这个词儿，怎么听都带着时光久远的味道，不免让人伤

白噪音

感。男孩走过去，预备在那里把下午的时间一点一点掰碎，丢进河里，顺水流走。大人们总爱说"似水流年"，他还没有那样的体会，并且因为太闲了，忍不住想去挥霍它。

他把双手插在裤兜里，踢踢踏踏地往河边走。沿途种满了萱草，大朵大朵橘红色的花蕾跳跃在墨绿的丛中。他撇了撇嘴，继续往前走。一排茂密的女贞在男孩的头上开满了米粒似的白色小花，香味若有似无地钻进鼻孔，让他忍不住打起呵欠。一切美好的事物都容易使他产生浓重的睡意，好像穿行在梦境里，美好才是真实的。他每天醒来，母亲都会让他抓紧时间早读。他的早餐时间总是弥漫着英语单词的焦煳味儿。整整一个上午，他昏头昏脑，被四节课占据的上午时光显得黯淡而委屈，到了下午，他则开始为总也写不完的作业感到焦虑。有时候他会写作业写到凌晨一两点钟，眼皮像上了胶水，怎么也睁不开，他就闭着眼睛写作业，把一篇课文抄成一篇小说，把压力单位换算成电容单位。他觉得一天二十四小时实在是太漫长了，长得像一根打了蜡的麻线，在他的脖子上勒出一道道窒息的鸿沟。

现在，他总算有机会把脖子上盘旋缠绕的麻线扯下来攥在手里。

他扯一截，又扯一截，再扯一截，两手发了疯似的拼命倒腾着，狠狠团在手心里攒成一个肥胖的球，扬起手来，"嗖"一下丢到河中。

河水打着漩儿，"咕嘟"一下，吞掉异物，接着呜咽地流走了。他长出一口气，在河堤上坐下来，空落落地瞅着河面发呆。这时候河堤上走来几个年轻人，比男孩大不了几岁的模样。他们把自己打扮得很妖娆，浑身上下缀满亮晶晶的金属片和金属环，有些金属环穿进刺有青色图案的皮肉里，显得狰狞而怪异。他们摇摇晃晃地走近男孩，脸上带着物色到一个好猎物的兴奋表情。

十

下午2：10

从酒店出来的时候，几个人还勾肩搭背的，可到了停车场，那种饭局营造出来的兄弟情就立刻一哄而散。男人找了个代驾，他喝了几杯，并不多，但不再适合开车了。他主动坐到后座上，正好有时间好好消化消化酒桌上得来的信息。

不过是几个生意上的伙伴，有空就约出来互通有无。相互之间照应过生意，有时候也为了生意脸红脖子粗，但总归是走得近，说得上话，精明的算计之下还能垫上薄薄的一层情义。席上有一位告诉他，他的哥哥可能有麻烦了。这种消息听起来有几分熟悉的味道，他并没有太当真。他和哥哥的感情谈不上深厚，但亲兄弟也不至于盼着手足倒霉。

他出来自己单干的时候，哥哥从精神到物质上都没帮他什么忙。照他哥哥的说法，"你想好，路要自己走，别人说什么都是错"，好像多说一句鼓励的话，都拉低了他郑家老大的地位。后来遇到需要通融的事情，他也很少找哥哥出面，但哥嫂都认定，其实他是打了他们的旗号出去办事的。他不否认，对方多少知道他哥哥这层关系，但那有什么呢？后面的关系总要他自己来维护、开拓，把事情搞定。这中间跟他哥哥没有一毛钱关系，但他总不能为这个跑到哥嫂面前郑重地做出申明：我是自食其力的。

哥哥确实是个有能力的领导，在那个位子上经营多年，为公为私都赚了不少。这种事，不挑破，都是你好我好，一旦认真彻查，要说没有一点问题，说出去谁信呢？他有点替哥哥担忧起来，毕竟一奶同胞，小时候哥哥得一个苹果，还要分一半给他。那是最纯真的年代，他们什么都没有，却不分彼此，但到了拥有很多的时候，却不愿分享哪怕是一丁点儿的快乐和忧愁。怪不得上次回家，他见哥哥的脸色不是很好，父亲随口问了几句，哥哥竟然不耐烦地提前离了席，惹得一大家子都不愉快。

他还在想哥哥最近是不是夜里都睡不着觉，握在掌心的手机突然铃声大作。

"哥？"他讶异于他们的心有灵犀，接电话的手竟然微微有些颤抖。

"下午见一面吧。"哥哥的声音苍老了几岁，似乎非常疲惫。

十一

下午6：00

女人的步子碎而快，踩着鼓点似的，"咚咚"地往前迈，带出一种铿锵的节奏。她总是这样赶着生活的脚步，好像不追赶就不能把一天顺利地过完。下班的时候主任把她拦下来，说有个文件急要，她推不掉，只好一面腹诽，一面干活。这样的事也是经常有，白天闲着，管你是喝茶看报还是涂指甲织毛衣，临下班上头突然交代个什么，就得心急火燎地把活赶出来，好像晚一天就耽误了国家大事似的。早干吗去了？办事的人抱怨，上头却没有解释的义务，轮到下回还这样。上头顾的是大局，管你晚回家一个钟头耽误给孩子做饭还是错过一场期待已久的演唱会。女人一路小跑着，毛躁地想，幸亏早上把菜送回家的时候顺手择洗干净了。单位离家不过几步路的距离，倒把她累得气喘吁吁。

刚才丈夫给她打电话，说是晚上不回来吃饭了。她没在意，反正他不回来吃饭的时候居多。她胸口还憋着气呢，不回来正好，言语冷冷的，隔着电话都能摸到寒意。丈夫顿了顿，叹口气："我哥出事了，我现在在我爸妈这儿呢。"她愣了一下，问怎么回事。丈夫说下午本来和他哥约好了见面的，到时间，没见到他哥的影子，打电话也没人接。再后来，他嫂子哭着给他打电话，说检察院来家里翻了一遍。

"人被带走了？"她才想起来，这时候公婆那里一定是乱成一锅粥了，婆婆、嫂子和小姑都在抹眼泪，年迈的公公则捂着心口倒在床上，全家就指着丈夫呢。

"是，从办公室直接带走的。"丈夫嗑着牙花子，哧溜哧溜的像是牙痛，"算算时间，也就给我打完电话不到二十分钟的事。"

"那他是知道自己要出事。"

"大概早就知道，这些天都等着呢。"

"早没听你说。"

"他也没跟我说呀。"

"你没事吧？"

"我能有什么事？"

"那就好。"

最后两句说得含糊，夫妻间才有的默契这时候显出来了。放下电话，她觉得躲过一场灾难似的，心想昨晚的事就算过去了，丈夫回来得和他好好过日子。

她炒菜的时候脑子还有些乱，一滴热油从锅里飞出来，溅在她的左臂上，她赶紧把手臂伸进水槽，拧开水龙头冲洗一下。哗哗的水声伴着滋滋的热油锅，更增添了一种应接不暇的错乱。

她把灶火拧小，又翻炒几下，原本支棱在锅沿上的青菜服帖地瑟缩到锅底，碧油油的新绿也变成了老绿，一副被调教过的颜色。菜起锅，端到桌上，她愣怔一会儿，发现早过了放学的时间。儿子还没进家门，她走到窗台边，朝楼下看了一眼。渐渐昏暗下来的暮色里，有三三两两的人影在小区绿化带和健身器材那里棋子似的点了几处。儿子显然不在其中。

往日里也有这样的情况，老师拖堂，排到六点的课要到七点多才放学。做家长的哪里能够抱怨，人家老师也是牺牲了自己的休息时间来帮你调教孩子，不该不领情，倒是要作揖致谢的。她拿起电话，又放下，担心这时候是不是会扰乱课堂秩序。

又挨了半个小时，儿子还是遥遥无期的样子，她耐不住了。电话打过去，只是嘟嘟的没人接，她想儿子可能在公交车上，周围噪音大，听不见铃声。从家到学校有两三站路，儿子有时乘车，有时步行。她心里着急，拿了钥匙手机出门，预备去迎一迎儿子。一路引颈望着，不断拨手机，听筒里嘟嘟的声音换成了"您拨打的电话已关机"。再问班级群里的同学，都说早放学了，她的心一下子凛起来。

十二

下午8：20

妻子的电话打来时，他正低着头和父亲一支烟接一支烟地猛抽。他口袋里没装烟，父亲从大衣柜的夹层里拿出整条没拆封的烟，扔在茶几上，父子俩就开始头抵着头吞云吐雾。家里的大衣柜塞满了好烟好酒，都是大儿子孝敬的。现在老头抽着大儿子孝敬的烟，声音有些凄凉。"命里该有这一劫。"老头吞口烟，说一句，小儿子竖耳朵听着，不做声。他心里有点毛躁，这事跟他没关系，但现在好像都着落在他身上。

烟灰缸里已经盛满了烟屁股，嫂子的哭声一直没断过，好像一直哭就能让全家人更重视哥哥被带走这件事似的。妹妹说嫂子你歇会儿，那哭声就低一些，却仍抽抽噎噎的，让人感觉随时要气绝。

他把新的烟屁股从嘴里拔出来，狠狠摁在烟灰缸里，哑着嗓子说："嫂子，我正想办法呢。刚才给公检法系统的朋友打电话你也听见了，都说要走程序的，急不来。"嫂子泪如滚珠，说话都用上了双关："外面的人不急，里面的人急呀。到底你们才是亲兄弟，你做弟弟的不替他着急，那帮孙子，管你哥这事急还是不急呢！"母亲也在一旁添火头，说要多少钱，我们砸锅卖铁，总不能坐在家里干等着。妹妹打小儿就袖手惯了，家里凡遇上事，没有让姑娘出头的道理，现在嫁了人，回娘家更是做客一般，因此也指望着哥哥拿主意。仅父亲还理智些，在烟灰缸里又贡献了一枚新鲜的烟屁股，轻斥道："这都大晚上的了，人家都跟咱家一样，不吃不睡呀？"母亲这才放过他，起身去厨房下面条。

妻子的电话切进来，他头上的烟雾缭绕得厉害，似乎阻滞了听力，刚开始没听清，再一问，儿子丢了。这一惊非同小可，自己的屁股也被烟点着了似的从沙发上跳起来："怎么回事，果果到现在还没回家？"妻子的声音有了哭腔，问他是不是报警。他拿着电话往门外冲："我现在过去，咱俩益民街派出所见。"着急忙慌地，差点撞到从厨房里端着一锅面条出来的母亲。他也没顾上解释，几乎是破门而出。母

白噪音

亲"哎……哎……"地没拦住，端着一锅热气腾腾的鸡蛋面，一脸惊诧地立在客厅中央，问父亲怎么回事儿。父亲拍拍花白的脑袋，长叹一声："这寸劲儿，都赶上了。"

十三

下午9：00

派出所里值班的民警敲着笔录问她："你是说，孩子早上出门，一直就没联系？"

"我以为他上学去了，谁知道老师说一整天没见着他。"女人红着眼圈，说句话，掉颗泪，"我是真不知道他早上用我的手机给老师请的假。那时候我在厨房里，我还以为他在背单词。他每天早上都起来背单词的。吃了饭他就背着书包去上学了，和往常没什么分别，我以为他真的去上学了……"

女人不断重复"我以为"，她以为一切正常，所以一整天没跟孩子联系。警察张着嘴点点头，断定他们亲子关系不怎么样。这种事多了去了，十几岁的孩子，心里想什么从不跟家里人说，昨晚上遭了父亲一顿打，今早装作没事人似的去上学，走前还用母亲的手机给老师请了假，那就是不想让人找着，躲起来把昨晚没打成的游戏打个痛快。

"要不您先回去。"警察和蔼地建议，"有消息我们会通知您。"

女人失魂落魄的，不说回去，也不说不回去。警察有些尴尬，搓搓手，又搓搓脸。夜班要值到明天早上七点呢，要是这位伤心糊涂的母亲一直不肯走，就得到明天早上才能把她"交接"出去。这时候一个男人冲进来，夹着一股热浪，女人忙站起身。四目交对，女人"哇"地哭出声来，警察知道孩子父亲来了。

"这个年纪的孩子是不大好管，你们还好，父母都是有知识有文化的。前段儿抓了一批，都是半大孩子，叫家长来，好吗，家长比孩子还混蛋。"警察和男人一聊，发现彼此居然认识同一个熟人，这样关系就拉近了，说话不再是公事公办的口气。寻人这事，说难不难，说容易也不容易。男人提出调监控，警察说监控都是分段儿的，孩子早上从家出去，这段儿属于咱们派出所，但过了回龙桥就归回龙桥派出所管了，要调监控，得上那儿。照孩子妈的说法，她给"小饭桌"的托管老师打电话，老师证实孩子中午还在那儿吃了饭，那么确定无疑，最后看见孩子的地方，是学校附近。得追着学校附近的"天眼"，查查两点钟以后孩子的行动轨迹。"别着急，我先给回龙桥那边打个电话问问。"警察安慰夫妻俩，"孩子不就为打游戏的事儿出去的吗，兴许打了一天游戏，手机没电了。这身上又没钱，早晚得回家。"

警察分析得有道理，这道理夫妻俩也懂，但到底他们才是孩子的亲爹亲妈，一刻找不着孩子，一刻不能把心放回肚子里。等这边的值班民警给那边的值班民警打了招呼，赶紧谢了这边往那边找。

十四

下午11：00

夫妻俩不错眼珠地盯着监控画面，看见儿子背着书包从"小饭桌"出来，在学校门口的十字路口掉了个头，径直往锦江路走去。这段儿不长，总共也就几百米的路程，是个断头路。要是开车，到了尽头的高架桥墩那儿就没路了，但步行的人能从一个豁口拐进去，插到环城马路上。孩子悠悠闲闲地，从豁口的地方爬坡上去，消失在监控画面里。夫妻俩赶紧追下一段监控。五分钟后，又见孩子出现在车流如织的环城马路上。他好像有点迷茫，双手插在裤兜里，踢踢踏踏地走着，东看看西看看，等到路上的车稀了些，就穿过马路，走到对面的河堤上。

城市里的绿化搞得不错，河堤上栽了不少树，香樟、枫杨、乌桕、合欢、女贞连成一片，树下的花花草草也茂盛，深深浅浅的绿意衬着五色的花，沿着河流廓出一条蜿蜒的曲线。孩子走到河沿边上，探头往下看，河水平静，却让夫妻俩无端地紧张起来。接着孩子两只胳膊一撑，跃上了一米多高的堤栏。"果果！"女人忍不住叫出了声儿。丈夫一把捏住她的手，两人身临其境地追着一部惊心动魄的大剧似的，整个身子都在屏幕前僵住了，只剩下两对随画面移动的眼珠子。陪在一旁的警察也把细长的脖子往前抻了抻。

屏幕前的大人都把心拎了起来，那孩子却好像并不着急，而是脚踩着堤栏玩起了平衡木的游戏。他打开两只胳膊，像鸟儿那样展开翅膀，摇摇晃晃地数着步子沿河流向东而去。那段堤栏的宽度不会超过二十厘米，虽然比平衡木宽多了，但还是让人担心孩子脚下打滑，把自己摔进河道里去。女人握着丈夫的手，指甲已经深深抠进皮肉，丈夫也顾不上喊痛。他们全部的注意力都灌注在那个满不在乎的孩子身上，他往前走一步，他们的心就跟着往上提一寸。孩子走了一段儿，定住，转过身面对宽阔的河面。看不见他的表情，只看到他瘦得嶙峋的背影，孤孤单单地嵌在那里。做母亲的已经快要支撑不住了，她苍白的面颊因为脑部充血而变得赤红，目光

白噪音

开始摇摇欲坠。丈夫担心地搂住妻子，好让她万一不幸遭受"意外"的时候能够瘫在自己怀里。

孩子危险地站立了一会儿，然后在堤栏上一屁股坐了下来。大人们都松了口气。

这会儿，孩子陷入了沉思，他坐在堤上，遥望婉转的河流和河流上空翩跹的飞鸟，似乎同时遥望着自己的来处和去处。那也许是母亲温暖的子宫，也许是未来堂皇的大学，也许是低处暗黑的沟渠，也许是后巷污秽的垃圾桶……总之孩子背对着大人们，沉浸在自己的世界里，一声不吭，一动不动。

这样几乎静止的画面持续了几十分钟，直到几个奇装异服的年轻人闯入。

"这些人想干什么？"警惕的母亲首先尖锐地呼叫起来。父亲和警察都没有答话，他们专注地盯着画面，同样想知道答案。

看起来这群人还算友好，他们走到孩子面前，既没有抢夺他身上的物品，也没有动手虐待他，而是像刚结识的朋友一样攀谈起来。他们好像很聊得来，不久孩子就从堤栏上跃下来，和他们一起走掉了。他们消失在最后一帧画面的深处，夫妻俩还以为可以像调用之前那些分镜头一样继续追踪下去，可是警察一摊手，遗憾地说："没了。"

夫妻俩不明白"没了"是什么意思，是没有安装摄像头，还是调不出当天下午的监控录像？他们觉得既然都追到这儿了，怎么样也得把儿子的下落搞清楚。耐不住夫妻俩的追问，警察正了正帽檐，文文吾吾地表达了以下意思：后面的确还有个摄像头，不过最近刚好坏了，因为它架设在两个区划中间，管辖权比较模糊，所以还没有明确谁该去修理它。也就是说，孩子消失在这帧画面以后去了哪儿，今晚是没办法确定了。"等明天吧，我们和市局信息中心联系一下再看看。"夫妻俩还不甘心，试图说服警察再帮助他们查一查，警察打了个呵欠："对不起，我没有这个权限。"然后，警察合上幅度夸张的口腔，见夫妻俩一副心肝脾肺都被人摘了去的样儿，又劝一句："要我说，您孩子就是觉得在家、在学校里都憋得慌，找人玩儿去了。"

十五

下午 11：55

夫妻俩失魂落魄地回到家，谁都不说一句话。

再过几分钟，新的一天又要到来了。对于别人来说，可能是一个新的开始，但对于他们夫妻二人，却似乎是一种陈旧的痛苦的延续。他们已经来不及相互指责，来不及愤怒地表达对于对方的不满，这一切在新的、不确定的一天面前显得毫无意义。妻子推开门，脚步沉重得几乎再也抬不起来，突然，她的眼光在玄关处胡乱摆放的两只鞋子上撞出了一道火花。"果果回来了！"她惊喜地对丈夫说。丈夫也注意到了，那双运动鞋是儿子的，保持着一贯的豪放而无视规矩的姿势。两人对望了一眼，急急忙忙朝屋内冲去。

卧室里，孩子已经抱着枕头睡着了。他好像经历了一整天的困顿和颠沛，睡梦中还蹙着眉。手机随手扔在床头，和它的小主人一样，显出疲惫而局促的样子。母亲走过去，看着儿子那张睡梦中也不曾安稳的、稚气尚未完全褪去的脸，两滴热泪从眼眶中滚出来，啪嗒啪嗒地落在胸前。父亲站在母亲的身后，轻叹了一口气，揽住妻子的肩头。夫妻俩相拥着立在床边，默默地看着这个十几年前还只是一个婴儿的孩子，他长长的胳膊和腿脚都显出了日后可能长得比父亲更加高大，只是现在却紧张地收缩起来，紧紧抱着那只被月光浸透的棉枕头，又蜷缩成了婴孩的模样。他为什么不让自己躺得舒服一点呢？那张床明明够大，父母为了他的成长，专门订制了一张舒适而宽大的床铺。他们想让他的未来不受一丁点儿的局促，却偏偏忘了，孩子不愿意抵达的那些空白只是多余的部分。

母亲想起了孩子出生时的情景，她抱着初生的他，像是怀抱一颗冉冉而升的太阳。她的人生被他一下子照亮了，好像之前的那些青春的欢歌、理想的热情都不配再享有堂皇的地位，她从此因为成为他的母亲而变得崇高和慈祥，愿意为了这个小人儿把完整的生活换算成尿片、奶瓶和一地鸡毛。她不要望子成龙，她只要他的孩子健康快乐。这样简单的愿望，她以为会受到天佑的，谁知道鸡零狗碎的日子越是进行到热闹的声部，越是距离她的构图渐渐遥远起来。她被一种奇怪的力量裹挟着，一点点地帮助那些连她也感到讨厌的人夺走了孩子的快乐。她和丈夫的关系也变得不那么和谐，他们之间为了一点小事可以争吵不休，她慢慢变成了自己曾经鄙夷的妇人的样子。可是她又不能够自觉，总是以为自己付出了很多努力，并且因为

白噪音

得不到应有的报偿而感到痛苦和失望。

这些直到她亲眼在屏幕前看见失去孩子的危险，她才猛然觉醒和悔悟。幸好那只是一块断章取义的屏幕。

父亲也觉得愧疚。他想起了孩子被他托举在手掌上时的情景，那时的孩子那么小，那么轻，他一只手就把他举起来了。孩子在父亲的手掌中咯咯地笑，居然不怕那种突兀的高度。可是后来当他越来越能够通过自身的高度去望远时，却和父亲有了视差。父亲对于这种成长的题中之义，其实是有些惶惑的，他也是第一次做父亲，并且没有人好好教过他，如何做一个父亲。他自己的父亲虽然育有三个孩子，却在养育这件事上缺乏公平，使他误以为男孩可以接受忽略和粗暴的对待，他甚至认为这有助于磨炼男孩的性格和意志。

也是借助于那块断章取义的屏幕，他才知道自己错得有多么离谱。

夫妻俩看着孩子沉睡的脸庞，心底涌上无限优柔的情愫。他在河堤上歪歪扭扭地走出一种危险的平衡，看得他们头晕目眩。他展开双臂的姿势是想学习飞翔吗？他们感到了他的沉重，好像听到了振翅时羽毛扑簌簌掉落的声音。现在他们把镜头从屏幕拉回眼前，放大孩子脸上掩饰不住的疲惫和厌倦，仿佛将一场莫名其妙的虚构拉进现实。他们同时发出了深沉的叹息。

钟表的嘀嗒声敲打着夜色，像是在纯黛的夜幕里钉上一颗颗闪亮的铜纽扣，如此清晰，散发着金属的光泽。那场虚构出来的现实，使他们像恋爱时那样亲密无间地相拥在一起，送走了这一天的最后五分钟，送走了氤氲在他们之间的雾一样隔膜的东西。妻子把头靠在丈夫的胸口，轻垂的睫毛微微颤动："我们一家人，一定要好好的啊。"

"嗯，好好的。"丈夫用力搂了搂妻子的肩头。

细密的月光沙沙作响，如同催眠的乐曲，清清浅浅地洒了一地，水波流动的月色中浮漾着一朵白莲花似的云。没来由地，她突然在丈夫怀中想起自己已经有两天没有提交音频作业了。哦，她终于也做了一次坏学生，就像她有时候恨铁不成钢地指责那个没有及时完成作业的孩子一样。不，不一样，她是成年人，她完全可以找一个立得住脚的借口，说自己在生活的底噪中没有来得及交出完美的作业，不过她并不想这样做，因为，此时她正看到那朵亦真亦幻的白莲伸了一个懒腰，在昼夜不息的河流中悄悄开出无数瓣玉色的花来。

寻找芭蕾

王锦秋

王锦秋，安徽繁昌人。1993年毕业于解放军艺术学院文学系，中国作家协会会员。出版有《月印京西》《露水街之恋》《戎装天使》等著作。曾获中华优秀出版物奖、全军文艺优秀作品长篇小说奖、总后勤部军事文学奖等。

一

太阳才出来，横山桥就开始浮躁。

独眼崔大炮栽在街心，像根枯朽的树桩，一脸怪气地说："那白狗居然站了起来，头顶一块花毛巾，鬼狐狐地向我招手哩！"

街人黑封着脸，一朵乌云飘过心头，湿漉漉的，尽管头顶的天空很晴很朗。

"买富回来了！"不知谁喊了一声。

买富果真踩着那条官道，背锣挎鼓地朝街人走来。

"这回在家多蹲几天，择个日子来段脚尖舞，让咱展展眼开一次洋荤，享受一下部队大头子待遇。"盯秤的胖子边忙手里的活计边赔着笑试探。

"把心搁肚子里吧，仔细耽误了你挣票子。今后你老随便哪个时辰动了心思，就用手中的锤子敲敲墙，一刻工夫我就从隔壁过来给你跳。"

众人笑在嘴上，纷纷打趣说："像你这般胖猪样子，根本不配给你跳脚尖舞。"

胖子并不在意街人的玩笑，而是对买富的说法有了几分警惕，问："不回队伍了吗？"

"不回！"买富答得斩钉截铁。

"莫非大头子们腻味了脚尖舞，改了口味喜欢上了新的花样？"裁缝凑过来问。

"如今队伍一切安排都按照打仗的式样和尺码裁剪，派不上用场的碎布，哪怕再五光十色也是多余，一寸都不允许保留。"

买富说得胸有成竹，上头的精神他得掰开揉碎了传达给街人，否则过后就会传小道消息，说他是犯错误让队伍给开除了。

裁缝一把扯过深陷望呆之中的婆娘，相互咬起耳朵。

一个脸上有了几分得意："幸亏没听你的，让螺蛳跟他那个……"

另一个却在鼻子里哼了一回："咱可不是痴长了一把年纪，还能让这等毛手毛脚的货色给玩了?!"

胖子断定买富退伍已是白纸黑字，放下手中的活计，一脸的茫然和困惑："独眼崔大炮不是拍了胸脯，让你能穿上四个口袋的军装吗?!"

裁缝白了一眼胖子说："那是老黄历了，现在队伍上掌舵的一律都是笔杆子、四只眼，崔大炮才一只眼，照人家的眼光差了十万八千里。"

胖子依然没从迷津中上岸，喃喃自语："崔大炮虽说眼睛小点，肚子里的兵书并不少，那么多的胜仗可不只是靠枪杆子，还得依仗脑子，神机妙算，不然队伍上能封他为战神，小诸葛?!"

裁缝婆娘鄙视胖子的一派胡言，冷笑了一回说："什么妙算？我看是瞎算!"

街人睨见买富并没站下脚步，就趁势剪了话头，敲锣卖糖各干一行去了。

二

买富退伍了。

买富，纯种的横山桥人。买富身世奇特，其母怀孕时，红花山新来了一条狗，一条大得出奇的狗。红花山曾经有过这恶物，但好多年已不再见，且从未有过白的。买富母亲夜里昏睡的时候，梦见一彪形大汉破门而入与其交合。买富母亲摸到那大汉屁股后面有条尾巴，惊恐万分大呼救命，大汉倏地变成一条恶犬，夺路遁去。后来，买富的母亲就怀孕了。

一日，买富父亲酩酊大醉，腆着肚子回家的时候，见门前有一大得出奇的恶犬，拿着一根白骨咬得脆响。买富父亲酒醒了一半，抄起一把铁锹就要揍那恶犬。恶犬见势不妙，逃之夭夭。那恶犬疲于奔命之前，还留恋地看了屋里一眼，眸里似有泪水涌动。

买富父亲推门进屋的时候，不见了买富娘的踪影。床上只剩一摊污血，血中有一婴儿，那婴儿就是买富。

自此，买富跟父亲相依为命。

买富跟别的娃娃一样苗壮成长，唯一不同的是，买富的功课特差。上课时，别的娃娃随教书女先生一块遨游知识的海洋，买富却伏在桌上，聚精会神地勾勒女教书先生的肖像，画得惟妙惟肖。女教书先生缴了买富的画儿，令买富在学校操场上罚站一小时。买富规规矩矩执行了，女教书先生私下却把买富的画儿一丝不苟地贴在自己的床头。

自此，女教书先生频繁传唤买富去她家里，按照玉石雕刻的流程，相料、问料、选题、设计、画活、制作，一步一个脚印，再小的细节也不放过。硬是把街人眼里又臭又硬的顽石，雕琢成一块夺人眼球的通灵宝玉。她不但传授给买富作画的秘诀，而且指导买富立起脚尖跳舞，青蛙般横竖又撕胯子。据权威人士崔大炮透露，女教书先生并非芸芸众生，而是从大上海来的千金。早年跳脚尖舞红透上海滩，还有裁剪舞蹈服装的祖传绝技。当然街人是无缘亲眼领略女教书先生的高光时刻，但他们迷信崔大炮，把那一只眼的家伙尊为横山桥看世界的耳目。

三

后来，买富去福建福清吃了军饷。先是开了一年炮车，队里见买富眉清目秀，举止透出文艺气息，都说这样的材料与炮车根本不搭，干脆令买富去了演出队。报到的那天，队长听说买富来自江南小镇，断定这小子的层次在素人之下，就让买富随便舒展几下手脚。买富按照女教书先生传授的脚尖舞，随便来了个亮相动作，把队长给镇住了，傻瓜一样地待在那里。随后，买富认真地展示一段舞蹈。有人喊："快来看，他还会跳《天鹅湖》！"围观的越来越多，买富的舞步也更加出神入化。多年以后，官至高位的队长被问及谁是生命中的贵人，一定会想起买富来演出队报到的那天。当时，队长处于一个十字路口，新来的首长在观摩演出队汇报演出后，居然没有鼓掌，起身率一干随从出了礼堂，把按计划列队等候首长接见的演员晾在舞台。后来，从秘书那儿得知，首长认为没有芭蕾舞压轴，节目再多也是没有灵魂的演出，就像没有花椒，再辣的火锅也不能命名为重庆火锅。看来能够刺激首长味蕾的，要么花椒，要么芭蕾。队长在绝望之中越陷越深，演出队就那么几十号人，翻箱倒柜搜出一个女兵，队里都喊她娇娇，小时候学过芭蕾。娇娇是个典型的"美女"，从背影看，那身段、条形、流线，生动得让特别古板老派的男人，怕是也要多看几眼。但是，如果转身瞥见娇娇的面容，无论是何种类型的家伙，都殊途同归，来不及喊一声，就想夺路而逃。在演出队里，女兵都是从各部队掐的人尖儿，各有各的可以吸粉让人疯狂打"CALL"之美。演出队对把娇娇拿到台面上，还是持谨慎态度。多数演出时，娇娇都是忙于一地鸡毛的幕后事务。不过，碰着有不太重要的小众场面，娇娇还是可以上台伴舞一回。

如果不挑面容，娇娇也可以跳女一号白天鹅。正当队长为男一号王子人选等米下锅时，买富主动送上门来。队长已如死灰的心开始复燃，像正在水中沉沦突然抓到一根救命稻草。可是，让娇娇出演白天鹅，万一惊吓了首长那就是政治问题了。为了稳妥起见，队长起草了专门的呈批件，并把买富和娇娇的照片附后。没想到，呈批件一路绿灯畅通层层关卡。首长还在呈批件上画了个酒窝一样的圆圈，并写了一大段重要批示，其中就提到了主要演员选得很准。

演出队的《天鹅湖》首演很成功，权威的标志就是首长带头鼓掌，信步上台接见演员。

首长握住买富的手，问："王子的老家什么地方？"

"安徽！"买富心想，繁昌在地图上可能也就米粒那么大，首长日理万机，可能没时间知道繁昌，更不可能听说过横山桥。

"安徽什么地方？"首长追问一步。

"芜湖！"买富退却一步。

"芜湖什么地方？"首长再问一步。

"繁昌！"买富再退却一步。

首长愣了一下。

买富有几分局促说："不好意思，地方太小，没几个人知道。"

首长正色说："繁昌不可小视，当年渡江战役，从毛主席为新华社撰写的新闻稿中，全世界就都知道中国有个繁昌。"

"繁昌什么地方？"首长又追问一步。

买富已经退到后墙，反而有了底气，大声说："报告首长，横山桥。横渡长江的横，黄山的山，长江大桥的桥。"

首长一直握住买富的手，仿佛一旦松手，这小子就会逃之夭夭。听说买富来自横山桥，首长紧握的手又加了一把力，说："渡江的时候，我们班的那条船就是从夏家湖登陆的，好像距离横山桥不到5公里。"

喜出望外的买富想说的话太多，纠缠在一起乱麻一样，半晌出不来一句，只是满脸的尴笑。

首长改用地道的横山话说："买不到的到横山桥去买，卖不掉的到横山桥去卖。"

买富无比崇敬地仰望首长，私下想：当年与首长一起渡江的成千上万，后来当上首长的能有几个，差距就在这里，人家连横山桥那么鸡零狗碎的土话都能张嘴就来。

首长跟所有演员握手之后，并没立即离开的意思，又回到队列的中央。他说："当年参加新四军的时候，还是个娃娃，以为马上就能上战场，与小鬼子真刀真枪拼杀。没想到被安排在战地服务团，师傅是个大姐姐，跳芭蕾舞的上海人。当时心里很不是滋味，越想越觉得来错了地方。别的小伙伴都像跟屁虫一样，欢乐地追逐师傅学这学那。我却躲着芭蕾姐姐，无动于衷地杵在一边，横竖躲不过去，只喊姐姐，不喊师傅。仿佛那声师傅就是魔咒，能把自己变成只会跳舞的天鹅。于是，就有了刻骨铭心的深夜逃跑未遂。挡住我去路的，是我的师傅，不对，是那位芭蕾姐姐。"

"想当逃兵？"她问。

"你们穿着军装不去打鬼子才是逃兵。"我答。

芭蕾姐姐笑了，说："你不是练过武术吗，今天你如果赢了我，就放你去打鬼子；如果我赢了，你就跟我回团学芭蕾。"

我轻蔑地笑了一回，心想：咱一身散打的童子功，还敌不过你的花拳绣腿？！

不料，芭蕾姐姐刚出手，我就吓了一跳。这哪是想象中的舞蹈，分明就是杀气腾腾的格斗芭蕾。素日甜美的公主范，转眼之间分崩离析，破壳而出的是一位全副武装的战士。

胜败已成定局。首先，从心态上我就输了。芭蕾姐姐出腿顺畅，有着极强的控场能力。芭蕾舞的协调性和武术的灵敏性，让她总是能抢得先机，我的散打式快节奏受到一定的遏制。在她信手拈来的攻防面前，因为找不到进攻的法门，我的一身武艺无法得到施展，有些方寸大乱，无力扭转被动挨打的乾坤。

是芭蕾舞，让我心服口服地留在战地服务团。

如果不是皖南事变后，战地服务团撤销，我可能会成为像师傅一样优秀的芭蕾舞者。

那天，在茂林那场战斗中，我的师傅在敌军的包围中，闪电一般跳起了她的格斗芭蕾。飓风所到之处，席卷了苍蝇一样鼻青脸肿的敌人。无可奈何的敌人抓住我当人质，威胁师傅立刻停息她那要命的格斗芭蕾。

我得救了。师傅却被捕，掳去上饶集中营。

是芭蕾舞，让我从敌人的伏击圈中突围成功，给了我第二次生命。

首长说，感谢演出队给他一个机会，头一回讲芭蕾舞，讲泾县云岭，讲新四军战地服务团，讲师傅和她的格斗芭蕾。

送走了首长，队长踅回舞台，找到首长刚站立的位置，掏心掏肺地把每个队员都表扬一回。当然重点突出了一下娇娇和买富，称他们是黄金搭档。

四

不久，队长提拔到机关领导岗位工作，让许多热衷私下琢磨配备干部的老几打脸，为什么不按套路出牌，思来想去无论如何烧脑，也看不懂这是什么打法?!

队长知道，即使再排几个人，他也上不了群众传说的人选榜单。据消息灵通人士评论，他的上位纯属捡漏。面对众说纷纭的人，队长都以可掬的笑容回应。让这些狂妄自大的老几盲人摸象去吧，就是把大象摸成奶牛，或毛驴，或骆驼，或野猪……也摸不出那枚明亮的镜子。那镜子藏在队长心里，他早就从镜子中看到了真相，像一部无比烧脑电影的复盘解析，权威，通透，原汁原味。对从镜子中看到的一切，队长丝毫没有外露，但却告诉了买富。深夜，队长在自己的宿舍置办了酒菜，找来买富个别谈话。看见买富有几分不安，队长干脆脱了军装上衣，命买富也别穿军装。笑着说：这样我就不是队长，你也不是士兵了。脱了军装的队长像大哥，没穿军装的买富像老弟。

队长说，升职跟打仗一样，一靠人，二靠武器。在所有人眼里，咱既没人也没装备，赤手空拳光脚一个，任凭如何上蹿下跳，别人根本没把咱当作对手。现在咱一个光脚的，居然横空出世，成功逆袭如林的强手，多么让人大跌眼镜，捂脸，蒙羞。凭什么?!

买富答不上来。他一个新兵蛋子，队长的问题在深水区，不是买富这样的小卒子敢摸着石头去涉足的。

队长自问自答："凭咱有了老弟你，又有了芭蕾舞，人和装备兼得。"

队长的脸上洋溢着从未有过的幸福和陶醉。不对，曾闪现过一回——那天队长的老婆产下了双胞胎，一夜之间龙凤兼得。

买富更加一头雾水，问："那天的芭蕾是大家一起跳的，他们不是有装备吗?"

"他们也是装备，属常规通用装备。你是撒手锏，怎能与他们混为一谈?"队长答。

"那娇娇呢?"买富又问。

队长噎了片刻，打了个嗝，很响，说："娇娇是女一号，按芭蕾舞传统原本是红花，你是衬托她的绿叶。但是演出过后，官兵们都把你夸成了红花，大红花；娇娇呢，反而淡成一片绿叶。首长曾学过芭蕾舞，你们的一招一式，怕是逃不过他的眼睛。所以说娇娇至多算是战术导弹，而你就是咱演出队的战略导弹，王炸。"

五

转眼三年到了，同期入伍的战友都退伍了。老队长找买富个别谈话，告诫他安心留队，组织自有安排。近段时间，买富经常梦回横山桥。还是那条青石板街道，密密匝匝的店铺分列两边。奇怪的是，街上空荡荡的，棍子都撂不到一个人。他想呼唤街人，原本透熟如葡萄的嘴、脸，就是喊不出他们的名字。螺蛳！他终于脱口而出一个名字，俨然挤出一颗弹指可破的葡萄。螺蛳应声打东街裁缝铺里出来，还是女学生的模样。

买富上前一步，说："螺蛳，我喜欢你。"

螺蛳的大眼睛扑闪着，问："真的吗？"

买富说："上初中时就开始喜欢，只是不知道怎么告诉你。"

螺蛳的大眼睛继续扑闪，问："那你怎么天天跟桂花腻在一起，还让她骑在你的脖子上？！"

买富说："桂花太野，感觉里就是个洗不净的泥猴，从来就没把她当个女孩。"

螺蛳的大眼睛依然扑闪，说："嘴硬，所有横山桥人都说独眼崔大炮对你有私心，是想让你上门当他的外孙女婿哩。"

买富说："螺蛳，你的眼睛可以不那样扑闪吗？我的心都快蹦出来了。"

螺蛳的大眼睛更快地扑闪，说："不信，你们男的都这么诓我，千篇一律，也不换个说法。"

于是，从买富的胸口真的蹦出一只小兔子，飞也似的奔向螺蛳。

螺蛳抱起小兔子，当她的手摩挲着小兔子的时分，买富的身子立刻战栗如在凛冽风中；她把小兔子揽入那片神秘的山坳，买富瞬间感到云彩一样的芳香扑面而来；她的眼泪簌簌落在小兔子身上，买富的舌尖马上就有味道泛起，很烫。

买富吃不准螺蛳眼泪的味道，像一壶从没啖过的茶水。就问："好端端的怎么哭了？！"

螺蛳说："挺可爱的小兔子，怎么就沾染了一股脚尖舞鞋的汗味？！难怪街人都说女教师是妖精，专吃男人骨血。"

买富说："女教师不是妖精！个别咂舌根的，代表不了横山桥人。"

螺蛳耻笑买富一回说："崔大炮让那妖精啃得骨瘦如柴，依然不离不弃。如今又蛊惑你去跳什么脚尖舞。"

买富黑着脸喊："女教师不是妖精！"

寻找芭蕾

螺蛳问："不是妖精，为啥只长岁数不长皱纹？为啥年龄比我奶奶老，嘴、脸看上去比我还要小？为啥街人都赔着笑央求我家裁剪衣服，她却躲在屋里东拼西凑缝奇装异服，专拣人多眼杂的时辰穿出来招摇过市？"

螺蛳说着话，就把小兔子还了买富，转身远去。

买富手忙脚乱却难拽住螺蛳，喊："你去哪？"

螺蛳并不回头，说："我要嫁人去了！"

买富欲哭无泪。情急之中，天上滚来一阵惊雷，把买富逐出梦境。正值子夜时分，买富摸了一回胸口，小兔子还在活蹦乱跳。他多次试探重返梦境，却再寻觅不到路在何方。外面雷雨正酣。

六

横山桥传说买富要当军官，还要讨不花钱的随军家属。没想到，部队裁军，买富孤独一人回了横山桥，只带回一条破军被，一身旧军装。

其实，当军官讨不花钱的随军家属，对买富来说并不是传说。

部队裁军之前，老队长找到买富，问："有什么打算？"

买富说："退伍回家。"

老队长说："有点可惜，白瞎了你的装备。"

买富说："如今的部队，飞机、坦克、舰艇和导弹都能跳出气壮山河的芭蕾，那才是保家卫国的撒手锏。咱演出队的装备，怕是要淡出舞台了。"

老队长说："还是那句话，你的情况特殊。"

买富说："都一样，庙拆了，还留我们这些和尚干吗？"

老队长问："你走了，天鹅公主怎么办？"

买富的思想短路了片刻，反问："你是说娇娇？"

老队长说："对呀，娇娇怎么办？"

买富说："回家继续当公主呗！"

老队长又问："让你陪她一起留在部队继续当王子，行不？！"

老队长的催眠话术，牵着买富悄然拐向一条匝道。

猴精的买富此刻一点睡意也没有，唯恐一失足踏上那条不可掉头的路。

买富说："没听懂。"

老队长呸了买富一口，问："跳了几年王子，听不懂中国话了？"

老队长又问："行不？！"

买富说："演出队没了，上哪去跳芭蕾？"

老队长说："你不可能跳一辈子芭蕾，演出队的庙太小，装不下你这个大和尚了。"

买富说："留在部队不跳芭蕾，别的咱也不会呀！"

老队长说："不跳芭蕾，你也是王子。别让外人小瞧了演出队，咱这里不但出明星，还出干部，甚至放卫星出大领导哩。"

老队长递给买富一张表，说："如果答应和娇娇的婚姻，就回去填了这张表，下个月去陆军学院军官学员预备队报到。今后，就在备战打仗的舞台上跳别样的芭蕾。只要记住芭蕾，舞台到处都有，但王子只有你一个！"

买富还想说点什么，老队长却背剪手出了办公室。

"白给你一个老婆，还外送一个提干指标，能不动心？！"买富试着问自己。

"不！"买富脱口而出。

买富听到一个声音问："果真不动心，为啥一直紧攥着提干表不敢松手？"

买富自己扇了自己两个耳光，决计把那该死的提干表撕得粉碎。刚要动手，眼前却不断闪现自己身穿军官制服的嘴、脸，让买富的手失去了原本的坚硬。迟早撕表并无大碍，何不趁机在当军官的海市蜃楼中陶醉片刻？！这样想着，买富眼前又开始情景再现，只是比刚才多了个螺蛳，小鸟一样依偎在他的身边，脸上一派随军家属的幸福。螺蛳不再纠缠女教书先生是不是妖精，只是千恩万谢芭蕾让她成为光荣的随军家属。说话之间，闯进来气急败坏的娇娇，一针见血地指责螺蛳鸠占鹊巢，命她趁早夹住尾巴滚开。螺蛳并不与娇娇理论，起身就走，说："妖精才稀罕当随军家属哩，一股脚尖舞鞋的汗味。"

"你去哪？"买富追问。

"回横山桥，找人结婚！"螺蛳说。

买富奋力去追螺蛳越来越淡的背影。

娇娇喊："回来，不然我就撕了这张表！"

买富驻了脚步，回过头来，但见破碎的纸片雪花一样飞舞。

欲哭无泪的买富，手里攥着最后一张纸片望洋兴叹，仿佛手执船票，眼睁睁看着刚刚离港的客船缓缓远去。

<h1 style="text-align:center">七</h1>

买富在外面的世界吃了四年军粮，混了四年的世事，学得许多处理姑娘的手

段。没几天，他就把横山桥的一朵花螺蛳的魂儿给偷了。螺蛳爹恼羞成怒，捉了螺蛳就狠命撕嘴，尔后把螺蛳锁在厢房里，一日三餐从窗口送饭。

螺蛳已是铁了心要嫁给买富，就视死如归地抠了墙上的石灰朝肚里吞。螺蛳爹见拗不过女儿，把绷满弓弦的劲儿泄得一干二净，只好依了女儿。但还是得把买富传来，有板有眼地骂了一回，很不情愿地把一个纯情如水的黄花闺女白送给了买富。

于是，螺蛳爹把买富喊作姑爷。

买富螺蛳一块儿跟螺蛳爹学裁衣。买富猴精，又有女教书先生嫡传的时装设计功夫，把螺蛳爹的手艺学得极圆熟，裁出来的衣服比螺蛳爹裁得更胜一筹。螺蛳爹干脆全脱产出来做老板，买富裁衣，螺蛳帮衬，小日子火辣辣，着实让人眼红。

其间，还有个小插曲。据横山桥风传，就在买富和螺蛳的婚姻生米做成熟饭前一天，一辆部队的小轿车开到了横山桥头。从车上下来几个军人，向望呆的盯秤胖子打听买富。胖子以为是来抓人，多年的口吃旧疾复发，半晌说不出一句囫囵话来。还是一边修钟表的江北佬大歪能压住事，不慌不忙地领着一干军人来到螺蛳家门口。早有街人把部队来抓买富的消息通报过来，裁缝魂都飞了，趁势把自个一百多斤软成一堆。裁缝的婆姨武士一般挡在门口，迭声说：长官，你们找错门了，这不是买富家。不料从里屋冲出来螺蛳，把一干军人迎进屋里，说："这是买富的家，我是他的未婚妻，买富这会儿在客户家量体，我去寻他回来。"据说买富进屋的时候，给一位花白头发的军人敬礼，喊："首长好！"给另一位中年模样的军人敬礼，喊："老队长好！"还有一位与螺蛳年龄擦上擦下，买富喊她娇娇的女军官，男人面相女人身子，让门外围观的街人生出许多奇怪来。买富闭了大门，街人依然不肯散去，恨不能把眼睛和耳朵从门缝里钻进去。

据说崔大炮和女教书先生目击了当时谈话现场，甚至是谈话的重要参与者。裁缝夫妻虽说也在屋内，但早就被螺蛳关闭到卧房，就算把耳朵贴在墙壁上，也听不到任何动静。

屋内具体谈了什么，横山桥流传好几个版本。尽管独眼崔大炮都称之为山寨版，但有一点是相同的，也是得到他点头认可的：部队肯定不是来抓人的！

一日，买富去给一个弥留之际的老太太裁老衣，忙乎了整整三小时才收工。买富慵懒地走在回家的路上。翻越红花山的时候，买富支撑不住了，就草草地睡在山花丛中。身边一条小溪细若头毛丝一般。梦中，买富清清爽爽地听到身子下边有种萌动的脆响。买富睁开惺忪的睡眼，从附近山民那儿借来一把铁锹，拼命挖起来。不一会儿，土中露出一块石碑，上面字迹历历在目。买富觉得不能等闲视之，花了几块钱，央求两个山民将石碑抬进了乡政府院子。

没几日，官道上过来一辆小轿车，就歇在横山桥上。车里分娩出许多大肚皮的男人。原来，买富挖出的石碑是宋朝时期的墓碑，上面详细地记录了一个贵族妇人的墓穴位置。大肚皮的男人们惊讶横山桥这片沉寂的土地，非但沉睡着一个神秘的古墓，而且还有着迷人的山水，古色古香的庙宇；单是那漫山遍野的映山红，就迷人眼睛，吊人胃口。据说，大肚皮男人们在酒席上合计由公家出面，拿出大把的钞票，在这儿建一个风景区，让满世界的人都来瞧瞧这儿山水的姿色。兴许，洋鬼子也会来闲逛哩！到那时，横山桥人再不用为凄惶的光景愁煞了身子骨，就靠在榻上大把大把地数钱吧！没准，还要见识见识洋鬼子的钱哩！

古墓挖出来了。

古墓仿照贵妇人生前的住宅形式，营造了大规模的地下墓室。除有大量的贵重器物和陶俑外，还有许多在墓壁上绘制的壁画，描绘贵妇人的权势和财富，以及许多神话、历史故事。

墓室的主要部位是一幅非常热闹的壁画：玩把戏的演出场面，是何等的炽热，动人心弦，尤其是其中的飞刀舞和顶竿，真是精彩极了。人物形象笨拙古老，人体不合比例，有些地方只有寥寥几笔，好像未完成的速写一样。但是，人物形象活灵活现，十分传神。整个画面的意境，充满了力量、运动和速度，显示出一种古拙而又有气势的艺术风格。

还有一幅画上都是十七八岁的妙龄女子形象，那是由十几个人组成的两个对称的行列。右边一组九人比较清晰，由手挽纱巾者率领，其后各人分别执玉盘、方盒、烛台、团扇、高脚杯、拂尘、包袱等物，徐徐而行与左会合，画面高低参差，疏密有致。人物有正面有侧面，也有背面，或凝视，或默视，或倾听，或低语，彼此呼应，连成一气，毫无松散杂乱之感。其中一个高髻侧身的宫女，其嘴、脸之美是不多见的。

街人惊诧的是，贵妇人的尸体完好无损，静静地睡在那里，一具沉睡的僵尸。

横山桥像开了锅的粥一般沸腾了。

怪事！几千年的尸体居然不烂！

出了鬼哩！

买富拿着纸笔，潜心地临摹着壁画上人物衣服的款式。

壁画上人物的衣纹组织得既严整又简练，非常利落洒脱，勾勒的用线犹如屈铁盘丝，柔中有刚。在用色上也很见匠心，在绚丽的色彩中，间隔以大块的黑白。女子的衣服，红绿色相互穿插，有对比又有呼应，色彩不多，但却显得丰富而又统一。仔细观察，还可以看到服装上织绣的花纹细如毫发，极其精工。

"祖宗英明哩！择下了这等风水宝地，我们子孙没有理由不享福哩！"独眼崔大炮没有跟街人一起鼓噪，他是见过世面的人哩！

八

横山桥通电了。一台发电机，突突地发动了，就有了电，发亮光。街人都听说过这玩意儿，见过的却少，老朽们也让人扶了去看。家家户户都有了一盏亮亮的灯，像太阳一样。于是，男女老少就围了那太阳看稀罕，看着看着就咯咯地笑，把整条街笑得蜜一样甜。

通了电后就开始修路，政府掏出了许多白花花的银两，听说如果把修路的钱用钞票铺在马路上，可以从横山一直铺到芜湖市区。红花山挡住了横山桥人的好奇目光，也挡住了外面侉子的脚步。

新修的路上行得板车，推得鸡公车；稍微平坦的路段，还骑得钢丝车。拦路抢劫的红毛野人早已绝种了，脚夫的种却不绝如缕。他们顺着尘土飞扬的官道，或运油盐，或运粮米，或运百货，或运毛竹……山里送往山外，山外搬往山内，忙得很！偶尔，身后一串铃声，一辆辆钢丝车冲过来，车后凳上坐个黄花女，或坐个小妇人；或去山外看花花世界。他们大都是城里的女戏员、柜台妹、端茶杯子的半大小子，或是戴大盖帽的男女官人，活得好累，就相邀来爬红花山，逛山水。脚力饱满的，麻利上山，看庙宇干尸墓画，折几朵映山红，当天赶下山去。脚力温柔的，恐怕要在山上过夜。男男女女三个一群、五个一堆，燃许多枯枝败叶，疯男女就围着火堆载歌载舞，吃从城里捎来的山珍海味，然后，就有几对男女脱离组织，自行玩去了。

横山桥的市场今不如昔，街人荷锄，妇人理家，清贫如洗。只因红花山发掘了古墓，横山桥被辟为旅游风景区，山外的侉子们疯了般云集横山桥，才出现众多店铺。街人已有三分之一弃农经商，赚得不少露水钱，将破败街面，养出几分兴旺景象。

古朴街风，开始发生令人惊惑的变化。如若谁家不开一个卖货的窗口，街人面前便矮了几分，不痴则呆，让街人暗地里骂。昔日独产猎户脚夫的横山桥，焕发出一段老树开花的风流。于是，这地方，终日沸沸扬扬，红男绿女来来往往不断。白天自不必言，夜晚，通街欢歌笑语。城里来的小鸳鸯们，如果月亮姣好，便汇入草地，拧大收录机播放的舞曲音量，染一身如水的月色，扭动腰肢跳舞，把街人的心跳花了：过日子，还有这种过法?! 做人，还能这样做人?!

九

买富跟螺蛳的日子，没有随着横山桥的热闹锦上添花，而是出人意料地生出了一根弯弯曲曲的枝丫。小两口闹起了别扭，不是女的深更半夜极抒情地啜泣，就是男的睡了大半宿重新披衣出门去旷野，痴眼瞧天上的月亮。

不为吃，不为穿，又是为的哪桩事儿?! 吃得快活了! 街人毒毒地骂了一回。

其实，买富心里清楚，螺蛳也晓得，就是说不出口。

"我勤奋了半天，你咋一点反应也表现不出来?"买富有些生气。

"我是你的地，你愿怎么犁都行，关我什么事呀?!"螺蛳说。

买富不再说话，像一头寡味的水牛，有板有眼地把该犁的地都犁过一遍，就大汗淋漓地倒在田边地头独自生气去了。

螺蛳却极快地进入梦乡，悠扬起此起彼伏的鼾声。

买富感觉到自己还在体验胸中的海水渐渐退潮，螺蛳却在最美好的心理和情感际遇中与他分道扬镳了。螺蛳破坏了买富的美好幻觉，她不懂得精细地领略买富的爱情，不懂得赞赏从买富身上所得的欢愉，不懂得把那美丽壮观的潮汐推向极致。

"见天就晓得睡觉，莫非你们家老祖宗葬在困山上?!"买富朗声骂。

螺蛳依然把头放沉了睡。鼾声一浪高过一浪，有时那鼾声居然还拐着弯儿。

瞧着妻子憨态可掬的睡样儿，买富觉得一片漂亮的云彩在他面前撕得粉碎。那个总爱送给买富一个羞涩的飞眼的螺蛳妹子哪里去了?! 那一瞬间的短暂凝视，沟通了两颗心灵，买富觉得没有任何东西能比这原始的、摄人心魄的骚动更加真实可信了。买富永远怀念那个头发和全身皮肤都能散发出映山红气味的螺蛳。那是买富初恋幸福的源泉，买富觉得那是一盅酒，一盅怎么也喝不完的醉人的美酒。

可是，螺蛳把那盅酒无情地倒了，酒盅也摔得粉碎。

"螺蛳! 我们该谝谝了!"买富说。

"谝吧! 我听着哩!"螺蛳说。

"你还爱我吗?"买富问。

"亏你还当过兵哩! 不爱你能嫁给你?! 不爱你能天天给你温酒洗衣洗脚暖被窝?!"螺蛳剜了买富一眼。

买富想起螺蛳的许多贤惠来。打新婚之夜破了身子后，螺蛳的的确确成了横山桥标准的小妇人。都说买富是前世修来的福哩!

于是，买富觉得有些冲动，就捉过螺蛳的嘴，在她耸起的双唇上轻轻擦拭，有如蝴蝶的翅膀"分花拂柳"。后来，又转为按摩术般的轻揉慢掐以及诗一般的那种疾驰而过，不易觉察的触碰。许久，买富才从轻柔淡雅一转而为亲昵的音阶以至强高音，买富用舌头探索着、爱抚着螺蛳的嘴唇。

螺蛳微闭着眼睛，像一本随意翻开的书软在那里。买富就英武地把螺蛳放平在床上，动情地亲吻着她的身体。

买富在动情地吻着，吻着一片原始肥沃沉睡的土地。高山，高山荒芜着；河流，河流封冻着；平原，平原干涸着……买富极想顷刻间吻来一个热热闹闹的春天，让每一寸土地都盎然着春意。

"别总像个娃娃猴高上低的，快一点，明天还要赶早裁衣哩！"螺蛳很不耐烦地推开买富，熟练地就想引买富入港。

买富浑身的勤奋劲儿倏地不见了踪影。像是爬红花山，眼看着巅峰在望，缤纷的映山红在妖媚地招着手，可是，一道不可逾越的鸿沟横在眼前。买富真想纵身一跃，即使注定要跌入悬崖粉身碎骨。

买富没有狼牙山壮士的气概，他没有跳，只是血红着眼睛，拼命吼着："裁衣！裁衣！整天就晓得裁那些活死人穿的衣服，憋死人啦！"

螺蛳歪在一边淌泪。

那天晚上，买富始终疲软着，任螺蛳百般撩拨也无济于事。

螺蛳的手麻了，毒骂一回："这孽根！"

螺蛳快快睡去，腮边还挂着豆大的泪滴。买富睡不着，就披衣推门出去。

外面的月光很好。买富痴眼瞧着月亮，眼睛很湿很潮。他觉得月亮也在哭泣，月亮的泪水冰凉冰凉的。他晓得月亮的心思，即使月亮缄默在天上。于是，他也仰了面目，把满腹的惆怅详细地写在脸上，写在眼里。他感觉月亮在读，月亮读懂了他的一切。于是，月亮哭得厉害了，泪水很稠很密。

买富感觉自己极像一棵树，顽强地长着。可是一种看不见的东西像雾一样压抑着树枝树叶，不让它们茂密地伸向蔚蓝的天空。脚下的土地也无情地板结起来，硬得像一块坚固的磐石。那树就极其悲伤地一天天枯萎下去。

光景也就在买富的眼里一天天平淡枯萎下去。

终于，有一天买富还是跟螺蛳亮明了态度。

"我们这样下去没意思哩！"买富说。

"是没意思，可是咱爹咱妈还不是没意思了一辈子，横山桥的人谁家有意思了。独眼崔大炮说过，人就是一条混世虫，混吧！"螺蛳说。

"可我不想混!"买富说。

"你是让城里来的侉子把心搅野了!"螺蛳说。

"可我还是不想混,你说咋办?"买富问。

"你说咋办就咋办,关我屁事!"螺蛳火了,立起身想走。

买富晓得再不说就来不及了,于是,使劲地咬了咬嘴唇说:"咱们散伙吧?"

螺蛳趔身凝视着买富,诧异的眼睛像一头受惊的小鹿。"散伙就散伙,有什么了不得?"螺蛳把大长辫子狠命向身后一甩,遁去。

那天晚上,买富做好了迎接挑战的准备。可螺蛳稳得惊人,比往日还要柔顺。买富一点思想准备也没有,根本没有料到螺蛳来了这一招。买富有些想溃败的意思,就怯怯地朝螺蛳干笑。

"别嬉皮笑脸的,明天就去雨云尼姑那里。"螺蛳说。

"做啥?"买富问。

"算算咱俩的命合不合?"螺蛳说。

翌日,买富跟螺蛳买了一个西瓜,坐在河边吃了,就联袂爬上了红花山。

萝卜庵里,螺蛳烧几炷香,暗中祈祷一番。其内容,绝密,连菩萨也未必晓得。雨云尼姑在她耳朵边,娓娓动听地吟一卷经。螺蛳心里舒畅些了,脸庞也红些了。

萝卜庵里,甚是洁净,石条铺就的场地,条与条的缝隙间生出一种小草,极绿,院子似乎就有了匀称的图案。古树挺立着,树干已被香客的手抚摸得滑亮,幽幽如有漆光,有几片红布吊挂在枝头,上书"有求必应"的字样。

"求求你了,这可是宗大事哩!"螺蛳说。

雨云尼姑拿了一截树枝在地上写了一行字,让螺蛳报出自己的生辰日期,又报了买富的生辰日期,然后默不作声,眼皮眨动,末了口里念念有词,就抬头看买富与螺蛳的脸。螺蛳紧张得出气不匀,脸呈青色,不停地追问:"大相合不合?"雨云尼姑摇头晃脑地唱出一段诗文来:

> 羊鼠相连一旦休,从来白马怕青牛。
>
> 玉兔见龙云伴去,金鸡遇犬泪双流。
>
> 蛇见猛虎如刀刺,猪和猿猴两相斗。
>
> 黄道姻缘无定准,只为相冲不到头。

螺蛳问:"怎么讲?"

雨云尼姑说买富是火命,螺蛳是水命,相冲啊!火遇水,水必灭火。再者,买

寻找芭蕾

富是早晨生的，是启明星；螺蛳是晚上生的，是长庚星；两颗星星不能同时并存呵！

螺蛳倏地瘫软在地上。

下了红花山，买富就和螺蛳一块去扯了离婚证。

买富跟螺蛳的离婚在横山桥是开天辟地头一遭的大事。

街人觉得，买富螺蛳的离婚跟那块发掘的古墓碑有关，跟红花山上那只头顶花毛巾立起身子的恶犬有关。

独眼崔大炮栽在街心，如一棵枯干了心的老树。"那恶犬昨天夜里下山了，咬死了我的小白猫，小白猫的毛沾着鲜血飞得满地都是……"他说。

十

买富感觉在横山桥蹲不下去了，就背上行李，去了红花山外的世界。买富走的那天，是一个很美很壮观的早晨。太阳红得羞涩，畅快地淌着无垠的温柔；空气湿甜湿甜的，伸出舌尖，就有一些鲜活的甜战栗，麻酥酥的。

买富觉得前面的光景跟才出山的日头一样，朝气蓬勃饱满着希望。

于是，买富就在那很浓的氛围里悲壮地走了。

买富把和螺蛳的一场夫妻权当成一个梦。一个没有多少色彩的梦，丢在红花山麓。

买富来到芜湖市区。

"我要告别过去，重新做人！"买富仰望着烈士们伟岸的雕塑，在心里悄悄地说。一踏上芜湖城，买富就去了趟烈士陵园。买富觉得只有在先烈们面前，他才能庄重起来，光景也内容丰富意义深远了。

芜湖是个古城，是方圆几百里最繁华热闹的码头，有名的江南米市。长江浩浩荡荡而来，其中屋宇参差，楼台层叠，宛如图画。买富当兵的时候，火车路过芜湖，可只是路过。买富他们坐的是用来装猪的闷罐车，一节车厢只有一个屁眼大小的窗户。新兵们轮流每人看十分钟，轮到买富爬上窗户时，火车早把芜湖城甩在屁股后面。扑入买富眼帘的是荒荒的田野，跟红花山周遭一个样。

现在买富可以亲眼瞧一瞧，亲手摸一摸芜湖城了。那种感觉就跟一个从未沾过腥的汉子第一回入洞房一样，不是用激动两个字就能表达清楚的。买富既想一个箭步扑入洞房，痛解多年饥渴，又想迟疑一下，仔仔细细体验一下那种一脚踏入洞房，一脚滞留在门槛外的瞬间感觉。买富觉得那种感觉一个人一生只能拥有一回，他想把那感觉掰成许多份，一点点细嚼慢咽。

从码头的石阶上来，走过车水马龙的大街，便绕到小巷里。那小巷蛇状缠绵，仿佛没有尽头。就在这纵纵横横歪歪扭扭的小巷里，屋舍建筑别具一格，正面没有一家类似的，进深也是一家大来一家小。从前，芜湖城是大码头，栈多，店多，馆多，铺多，有钱的大户人家房屋雕梁画栋，门楼曲曲折折。

买富闲得无聊，走遍城里角角落落，看了穿大襟褂子直筒裤的人，也看了戴太阳镜穿着露出乳沟裙子的女子。新旧掺杂，俊丑共生，买富不免感慨万分，喟叹自己没能早来，也惋惜螺蛳一次没来过。

螺蛳要是来过一次，她也不会那样心如止水！

买富这般思想，肚子就咕咕响起来，看着那随处都是的商店货铺柜台上的糕点，口水如泉涌出，买富费了很大劲儿才把口水咽回肚里。人总是想着活下来的门路，买富脑瓜灵，一刻工夫就寻到挣钱的好门路。船一靠码头，他就凑上去，嘘寒问暖一脸的春色。并说他可以当脚夫，把所带的大包小箱背上肩，城里人舍得花钱，不舍的是力气，自然就有许多钞票落入买富的荷包里。一些弱不禁风的女子一下船，望着连接船与码头的窄窄木板颤颤悠悠，嗷嗷乱叫，蹲下再也不肯动了。买富跑了过去，在木板中间把女子拉住了。他闻到了女子身上的那股厚厚的香味，一种只有城里女子身上才有的香味。买富喝令女子："眼睛盯着我的后脑勺，不要看江面。"那女子就心甘情愿地依了买富。有几回，那热烘烘的身子竟彻底地贴在买富的后背上。

上了码头，女子就兴奋地唱着歌走了。买富仍处于甜蜜的回忆里，不停地闻那只抓过女子的手，怪香怪香的。

"我把她的手都快抠破了，她还说谢谢。这样的便宜事一生能有几回?!"买富自言自语地说。

买富有了钱，就吃饱肚子在大街徜徉。走到镜湖公园，买富让一阵渺茫的歌声滞住了脚步。

叫我唱歌就唱歌，叫我乘船就下河。

别的事情我不唱，单唱情妹等情哥。

阴一脚啊阳一脚，不是等郎等哪个。

站了又怕人识破，假装勾腰扎裤脚。

买富寻了过去，仰头看时，一块金匾灿然夺目，上书：安娜时装屋。买富花了五毛钱，买了一张票进了时装屋。时装屋是三间房，房里没隔墙，四根光柱子，左一排右一排竹躺椅，人人一边品茶，一边看时装表演。还有一位妙龄女子独自一边甜甜地唱着情歌。

时装表演的女子川流不息，像鱼缸里的金鱼一样翩翩起舞。一会儿春光明媚，一会儿烈日炎炎，一会儿秋高气爽，一会儿雪花飘飘。季节在女子们的身上魔术般变化。

买富的眸前不断地浮现许许多多很美很美的画面：或是一群身着海军蓝外衣内着粉红色衬衣的女子，在绿油油的草地上奔跑，阳光是粉红色的，很柔很嫩；或是身着柔蓝衫子杏黄裙的女子从阳伞和宽边帽的遮盖下勇敢地跑出来接受金色阳光的抚弄，在海滩、湖滨和游泳池畔戏水、日光浴，海水湛蓝湛蓝的；或是硕果累累的秋天枝头，身着桃红色裙子的小姑娘，偷偷地摘了一颗石榴，甜蜜地尝着，机警的眼睛巡视着周围；或是一群身着橘红色呢绒或暗棕色裘皮大衣的女子潇洒地在飞舞的雪花中说笑。买富甚至还想到了洞房花烛夜时，身着高粱红棉袄的新娘，还有那淌着热泪的红蜡烛。

后来，买富眸前的女子倏地都变成了螺蛳的嘴、脸，笑吟吟地向他走来……

"先生？！"是螺蛳的声音？！

买富睁开眼睛，立在他面前的是刚才唱情歌的妹子。时装屋里人都走散了。

"这不是买富哥吗？！"唱情歌的妹子锐呼着。

买富诧异地审视唱情歌的妹子："你是？！"

"我是桂花呀！"

"桂花？"买富想起那个整天像个泥猴一样尾随着他的黄毛丫头，难道眼前这个艳乍的漂亮妹子，就是独眼崔大炮的宝贝外孙女桂花？！

买富留在了安娜时装屋。白天去茶炉上煤，给客家续水，夜里睡在茶炉边看门。桂花是安娜时装屋的女老板，准确点讲，桂花并不是正宗的老板，垂帘听政的是贩子。有人喊桂花老板娘，桂花顷刻变脸，她从来没有想把自己一生最美好的光景付给贩子，贩子不配。桂花眼下的艺名叫安娜，是来芜湖城后才取的名。安娜时常在梦里追忆自己叫桂花的那段时光……

十一

在没来芜湖的时候，桂花在横山桥开了一个不大不小的茶馆。

桂花的茶馆分楼上楼下两层，楼上是雅座，用的是盖碗，喝的是好茶，自然价格也贵些。客人大多是街上的头面人物，时常有人请来茶馆小憩。这些家伙总是手叉腰，外面披一件褂子，走起路来，恨不得横着走，大概以为这样别人才会注意自己。楼下是散座，四条相连的长凳子围着一张黑乎乎的四方桌。来者大都是做手艺的和街上的闲散人员。

桂花每天起得很早，生火，烧水，和面，擦桌子，洗茶碗，一阵忙碌，为早市做准备。集市人多，茶馆就兴旺。来吃早茶的参差不齐，周边农户来早市卖米、卖菜、卖鸡等农副产品，售完回家前必来茶馆歇脚，着急赶路的，丢下两毛钱拿两个包子或两根油条，喝一杯茶，当然是大茶壶里的高沫茶，边走边吃，一脸的春风得意。这是男人的专利，女人若是如此会被笑掉大牙的。也有一些游手好闲的，街人戏称雅客，私下咒为二流子，或摊炮子的，大事做不了，小事又不做，见天捧着小茶壶，五分钱的茶水可以喝一早上，见人都熟，方圆百里的新闻他都抢先一步晓得，说得天花乱坠，直到散了早市没了听众才走。

拉呱的街人多数去了茶馆，桥头的澡堂子和西街的剃头店门可罗雀。桂花不但人乖得俨然一只勾魂的小兽，还把茶馆拾掇得不染一尘，不像剃头店到处是头毛耳屎，更不像澡堂里浊气悠扬一股臭脚丫味。街人宽松地坐在茶馆里，呷着煨得溅起来的茶水，嚼着湿漉漉的五香焖豆子，心境明朗多了。就是呱起古今来，思路也有板有眼。到了兴致正酣处，央求桂花唱一段曲子助兴。桂花并不怯场，手成兰花指，忧忧怨怨地唱：

小妹家住东山坡，哥家住在西山窝。

隔山隔水不隔音，情歌唱了几千箩。

东山西山开新河，河水滚滚波连波。

哥驾船儿过山来，一同唱起鸳鸯歌。

满茶馆喝彩。临窗的那个略闭眼睛，用手轻击茶桌，欲仙欲死地受活。

街人片刻快活，并不吝惜几个零钱，付账时多赏几个小费。桂花追将过去，把小费塞与那人，黑封着脸说："用鞭子抽人哩！谁要你这个。"街人晓得桂花性烈，终究拗不过，只好满脸愧意离去。

一夜之间，从城里涌进来五六个贩子。

贩子大都二十郎当岁，好像一条条摇头摆尾的活鱼，以优美的姿势扑进了一泓恬静的清水里。

横山桥失去了往日的斯文，变得愈发浮躁奔放起来。桂花的心儿野了，见天跟贩子鬼混，越发让街人看不过眼。贩子中，谁有个新式玩意儿，比方说收音机、游戏机，她追着要看，追出十里八里不在乎。后来，她干脆锁了茶馆，随贩子到城里

寻找芭蕾

去鬼混几次，短则三五天，长则半个月。

"树挪死，人挪活哩！"桂花说。似乎不去外面游游，就活不出命。二十三岁了，仍是女光棍一条，在家卖茶，姑娘不像姑娘，寡妇不像寡妇。偏偏她生得娇美，个子比街中男人还高半个头，又识得许多字，政府来了公家人，总喜欢往她茶馆里钻，而把那些的确没有开封的原装黄花女冷落在一边。尽管她疯疯癫癫，闯江过海的，她的身价似乎并不因此而轻了半分，反而有斤两了，街中的汉子，从不敢打她的主意。

街人叹气：桂花那眼皮抬得太高，没调教好，生在横山桥，却长出颗洋葱心，总想到城里去瞎野。横山桥的男人，几乎没有一个能配不上她！当初，就不该由着她的性子，更不该送她去学堂……

桂花又好气又好笑，她的心里有着一杆秤哩：嫁汉子，一生一世的大事，玩笑不得，马虎不得。好比花几千几万去做一宗大买卖，货色该挑就挑，该选就选。生意做吃亏了，过几天还可以扳本。嫁人嫁吃亏了，找谁扳本去?!

桂花心野了，就渐渐淡了经营茶馆的心思。情歌不唱了，掇个小木凳，坐在茶馆门前，边卖茶，边看书。来了过路客人，也不抬头，听见一阵咕咕响，又听见盘子里硬币当啷一声。桂花长得十分成熟，像枝头红得软弱的柿子。贩子们捎来的一条连衣裙裹在身上，峰是峰，沟是沟，显山露水的，几多风骚！她越发不屑做卖茶的小本经营，攒不起劲，眼睛死死地落在书上，跟书中的几个红尘女子，一起春心勃勃，一起悲欢离合，泪儿涟涟是常有的事儿。

茶客喝茶的时候，心猿意马，从桂花敞开的领口里，觑到她的脖子，魂都飞了。

茶客毕竟是城里来的老手，又端起一盏茶。

"姐姐！好香呵！"茶客说。

桂花没应。

"我想让姐姐喂我！"茶客佯装撒娇。

"回家让你娘喂去！"桂花骂了一回。茶客讨了个没趣，扔了两枚硬币，悻悻地滚蛋了。

桂花要随贩子去城里当商店婆喽！消息像生了翅膀，飞到横山桥的每一个角落。听说，那城里来的贩子一眼就相中了桂花。桂花坐在茶馆门前，就穿那件风骚的连衣裙，撑一把小花洋伞，戴副茶色太阳镜，那气势比城里妹子还要逼人。再加上桂花身上天生的一股映山红香味儿，浓浓的，湿湿的，掺着甜津津的感觉，不相中她才怪哩！

街人凑在一堆儿，什么说法都有。

"哪有这么便宜的事呀，怕是用锁把贩子的金刚钻给锁住了吧！"

一片冷笑。

一个汉子用干活的螺蛳刀，拼命地挖出一堆耳屎，轻轻一吹，吹得满天都是。"这世界！也没人管一管？！她把猪狗不如的贩子招到横山桥，自己一拍屁股走了，留下那些马蜂一样的贩子随意践踏横山桥花一样的女子。"

一个妇人站在屋脊上，一蹦三尺高，朗声骂道："要骚让她在横山街骚，横山桥的男人莫非都是太监？！我看你们男人也别再缩手缩脚得像个乌龟，该怎么弄就怎么弄！不然，你们就仔细当一辈子光棍，眼睁睁看着那些贩子把横山桥水灵灵的妹子像逮小鸡一样，一个个擒走！"

讲得好哦——街人一片喝彩。

独眼崔大炮躲在街边的旮旯里，屏住呼吸听着街人的叫骂。桂花是他的掌上明珠，他活了一世人，就挣得这一份宝贵的家当。横山桥人都晓得桂花娘让一个外来的小木匠搞大了肚子。小木匠连夜逃之夭夭，桂花娘要去寻死，独眼崔大炮哪里肯依，日夜守着女儿。桂花生下不到一个月，桂花娘就义无反顾地睡进月亮河里。独眼崔大炮一把屎一把尿地好歹把桂花养大，桂花比她娘长得还要漂亮。

"娘和外婆去什么地方了？"

"天上，跟嫦娥娘娘住在一起。"

"娘和外婆长得漂亮吗？"

"漂亮，和你一样漂亮。"

桂花就把眼睛烫烫地飞到头顶叫作天的地方。独眼崔大炮一把揽过孙女，眼睛很潮很重。桂花就像一朵开得很艳的花儿，柔柔嫩嫩地长在独眼崔大炮那根枯老弯扭的枝丫上。

桂花要去城里，独眼崔大炮赔着小心劝了几回。外孙女不依，他只有独自淌泪的份了。独眼崔大炮对外孙女从来都是百依百顺，他好像在偿还一笔债，一天天，一年年，总也还不完……

十二

桂花跟贩子一块来到芜湖。

贩子在横山吹得云山雾海的，其实，贩子在芜湖城里算得上贫下中农了。

够不上三寸高的一沓钱，买些衣服，卖出去，倒来倒去，钱还是三寸高。贩子心灰了许多。一盅山芋酒，一碗白菜煮豆腐，贩子的眼睛让酒浇得血红。

"别人挣钱像玩把戏一样，咱咋像难产的女人一样。"贩子打了一个醉嗝，指指对门。

"那个秃子有啥了不得的本事，他的钱咋像母鸡一样，天天生蛋，见天吃香的喝辣的，四十岁爬到头上了，居然捞了个十九岁的黄花闺女。自打那漂亮的小姑娘进门后，秃子的生意更是锦上添花了，这好事怎么净往一个人头上堆。我算是栽了，花钱养了你，还见天板着脸，像死了三个爹似的。"

桂花火了，把一碗豆腐汤全泼在贩子的脸上，啐了一口，道："从明天起，我卖我的茶，你卖你的衣服，咱井水不犯河水。"

翌日，桂花真的卖起茶！来往的船多要在芜湖停泊。停了，不少船夫就上桂花那儿喝茶。一条长长的板凳上，摆五六只脸盆，水里漂一毛巾。桂花给客家换水搓毛巾，茶客们先花几角钱，买半盆水，擦把脸。洗过脸，男女捧起盖碗的云雾香茗，大大方方地扔下十块大钱，不许找零头，言称小费。电风扇吹过悠悠自然风，男女们牵牵汗湿的单衫，喉咙里咯出一股清香，竟打起哈欠来。十块大钱买个劳累后的惬意，世间没有比这更便宜的东西了。

碰到酣畅处，桂花照例唱情歌。

哥家门前一条河，别人去少妹去多。

一条抹布捶半晌，不是为你为哪个。

大哥大哥莫那样说，爹娘在家我应不得。

娘爹出外我来看你，装洗抹布看你一回。

桂花唱得情趣盎然，茶客朗声叫好，尽兴而去。临走时，顺便在贩子那里买一件时髦的女人衣裙，鬼晓得是给自己黄脸婆买的，还是送给哪个相好的。桂花的情歌唱得好，茶客的心儿挑逗起来了，他们觉得世界花花绿绿还是自己的家好，万事万物再好，也比不过女人的一种温柔。

桂花的茶生意做得很红火，贩子的时装也卖得疯快。

贩子的心儿明朗多了，一张马脸堆满花朵。他晓得所有的幸运，都是桂花带来的，他一夜之间就赚了那么多钱。贩子把桂花喊做心肝宝贝，还把时装屋的牌子更换成一块大气的金匾，正式命名：安娜时装屋。新匾正式揭彩那天，贩子燃放了许多电光爆竹，一条街弥漫着硝烟的馨香。

也就是从那天开始，桂花更名为"安娜"。

安娜是一种外国新潮时装的名称。

谷 雨（第一卷）

晚上，贩子买来了好酒好菜。

"挣得多，花得快，这才是正儿八经做生意哩！"贩子用牙起开了瓶盖，斟满了两盅酒。

"宝贝，敬你一杯！"贩子温柔得像头绵羊。

安娜一口吞进肚里，眼睛眨都没眨一下。

贩子又满了一杯。

"不敢再喝了！"安娜说。

"喝吧！人生难得几回醉哟！"贩子挺悲壮地说。

安娜又干了一杯！

贩子朗声叫好，使劲拍着巴掌："痛快！我就是喜欢你这股辣辣的劲儿。"

安娜感觉屋顶在悠悠旋转，贩子的嘴、脸也在忽远忽近，扭曲着狰狞着；酒不再是辣的，好像有点儿甜。

安娜夺过贩子手中的酒瓶，怒斥着贩子："你要是个男人，再干三杯，敢不敢？"

贩子手舞足蹈，脸上一派晴朗灿烂。

安娜端着酒盅，感觉脸皮僵硬，说话声颤音软，想立起身子腿却先软了，瘫在地上，不省人事。

翌日清晨，安娜醒来，听到身边有豪迈嘹亮的鼾声。侧身一看，贩子全裸地躺在自己的身边，满脸油汗，口水淌在枕巾上，鼻子冒着明灭的气泡。

安娜一把扯住贩子的耳朵，一只手就毫不犹豫地在贩子的脸上抠出五个血印。

"畜生！畜生！畜生……"

安娜拼命地撕打着。贩子麻利地滚落下床，精光着身子跪在地上，浑身瑟瑟发抖。

"我说过，跟你到城里来，是做生意，不是嫁给你，你怎么说话不算数？"安娜像一只急了眼的小白兔。

"我实在太爱你了，就控制不了自己。"贩子怯怯地说。

"放你娘的屁，我去告你个流氓！"安娜穿上衣服想走。

贩子一把揽过安娜的腿，哭成了泪人儿："你可不要糊涂，我真的爱你！现在城里年轻人都是这种爱法。"

"你们都是流氓生的！"安娜又是一阵暴风骤雨似的捶打落在贩子身上，贩子像一尊雕塑一样，木然地跪在那里。

事后，安娜冷静地想：贩子也是个说得清楚的人，嫁他就嫁他吧，谁让自己投

寻找芭蕾

胎错了地方，落在那个该死的横山桥。

这样想着，又痛痛快快哭了一回，安心当起小妇人来。热汤热水侍弄贩子，把个贩子供得像尊菩萨。

安娜愈发精心经营，白天卖茶唱歌卖时装，晚上去听服装裁剪课；虽说忙得不亦乐乎，生活倒也充实，别有一番情趣。贩子见天漂在野外，把时装屋交给安娜独自经纪，说是要去广州跑一宗大买卖。

这几日，安娜觉得身上有了异样，发困，想吐；后来就反流酸水，却极喜欢吃醋。她有些害怕起来了，但总不相信真的是那回事。难道那一夜就那么灵验吗？!

可绳怕细处断，果然就断了。安娜还真以为有了病，就去大夫那儿号脉。大夫当着众人面说："女子，向你道喜了！"吓得安娜魂都飞了。回家来，安娜愁得吃睡不安；去寻过贩子的下落，贩子仍在路上。安娜不晓得肚里的冤孽该留下还是打掉？她得要贩子先拿主意，要不，就赶快结婚。

贩子根本没去做买卖，贩子跟一个破鞋在鬼混。那破鞋的男人领着一个三岁的小女娃来时装屋闹事。安娜好说歹说，总算没让事态火上浇油。那男人貌似知识分子，架着眼镜，一脸的之乎者也。安娜晓得知识分子造反只开花不结果，就塞了把糖给那小女娃。知识分子晓得安娜也是跟他属于一个战壕，就默默地领着孩子走了。

安娜打掉了肚里的冤孽，却依然在时装屋里卖茶唱歌卖时装。只是不再唱情歌了，总唱一些让人听了想哭的曲子。

大路口上三棵树，每日雀鸟闹沉沉。

大的打食养小的，小的长大养娘亲。

雀鸟却有行孝道，人不行孝是畜生。

一路走一路想哇，思念我娘好伤心。

安娜泪儿就如断了线的珍珠簌簌而落。她想横山桥了，想如枯木一样的独眼崔大炮，更想那魂牵梦绕的亲娘……

可她再也无颜回那生她养她的横山桥了。走的时候，她笑着跟街人再见。

"还回横山桥？"街人问。

她把头摇得很坚决："再也不回这鬼地方了！"

安娜把眼泪一点一滴地咽回肚里。于是，一个先前的安娜又潇潇洒洒地忙碌在时装屋里。她拼命地赚钱，挖空心思学习时装裁剪技术，还招聘了八个姑娘做时装模特。

贩子照常来时装屋，空手缩着脖子来，走时揣走许多钞票。

"就当养了一条狗！"安娜说。

十三

买富在安娜时装屋干得很出色。

安娜觉得买富来了后，她的担子轻多了。买富跟其他乡下人不同，买富挺机灵，眼里有活。那小子好像能读懂安娜的眼睛，晓得她什么时候心情舒畅，什么时候抑郁烦恼，什么时候怒火中烧，什么时候暗自悲伤……他能恰到好处地放上一段曲子，或递上一盅浓茶，或随手关上门，或递过来一个极复杂的眼光。安娜担心迟早一天，自己心底的一个很潮很湿的角落，会让买富一眼看穿，心思完完全全地曝露在一个男人眼里。于是，安娜警觉地守着自己心里的那一方圣土。可她总摆脱不了那种莫名的恐慌。她依稀感觉：那阳光虽然还没照到她那一方圣土，却离得很近，她已觉得有些热有些烫……

安娜总在夜深人静的时候裁衣，好像许多写书的先生喜欢在灯下熬夜一样。安娜在深夜的时候，思路畅快得像一条明亮的小溪，想象也跟一个幼稚的娃娃一样，大胆而充满情趣。安娜把一颗火热熟透甜蜜的女儿心，全溶在那些五颜六色的布里。她用这些布精心裁剪着，构思着一个个绚丽的梦。当男男女女穿着她裁剪的衣服，跑着笑着的时候，她流泪了，她的梦得到了人们的承认。

安娜花了很多心思，设计了两种新潮的泳装：她在游泳衣上添了斜线，就明显地增强了身材的苗条和优美。她设计的这套泳装系列，打破了传统泳装的局限，款式大胆、新奇、别具一格。衣服用料少，袒露得多，但能达到不同体态的女子都拥有的理想的效果。安娜推测，这套泳装系列投放市场后，肯定会受到欢迎。

裁完衣服后，安娜兴奋地推开窗户。夜色很凉很湿地涌了进来，月光依然那般温柔如水，整个城市都沉睡在这厚厚的月色里。

安娜冲动地从柜子里取出酒，又从厨房里端出几碟剩菜，狼吞虎咽地吃喝起来。直到酒足饭饱，才摇摇晃晃地去屋里睡了。

一阵疼痛把安娜从梦中惊醒。吃了凉菜，她闹肚子了。安娜跳下床，直奔厕所。她愣住了！买富正如饥似渴地伏在系列泳装上指手画脚。

"好啊！买富哥，你怎么能在我这儿搞地下工作呢?!"安娜叉着腰，黑封着脸，威严地对着买富。

"我在找东西哩！"买富低语，头弱得像株含羞草，眼睛根本不敢和安娜对视。

寻找芭蕾

"你留在安娜时装屋，是为了学手艺的。你卧薪尝胆，天天晚上趁我裁完衣睡觉后，就偷偷起来学。我没说错吧？买富哥。"安娜逼视着买富。

买富感觉安娜不是个正宗的母老虎，表面上很凶，其实心里菩萨着哩！就梗着脖子干脆地问："你说怎么罚吧？只要不让我滚蛋就行！"

"罚你交学费。"安娜说。

"行！我可以不要工钱，权当付学费吧！"买富说。

"没那么便宜！"安娜诡秘地一笑。

"那你说怎么办？"买富心虚了。他觉得，自己判断错了，安娜是城里的安娜，不再是横山桥的桂花了，兴许她已经变成一个正儿八经的女魔王！

"罚你设计出比我更好的泳装来！"安娜说。

买富愣了。

"明天交货，不然别怪我不讲旧情了！"安娜一跺脚，吓了买富一跳。

安娜就在买富的眼里英武地远去，摇着腰肢进了厕所。

买富还真让安娜的英武吓破了胆，连夜揉着惺忪的睡眼，喝了一杯糖开水稳住了神，设计了三套跟安娜不一样的泳装系列：

第一套泳装别出心裁地应用了三角形，使女子腰肢显得纤细，胸部显得丰满，胸部两条对比强烈的横条花纹增强了这种错觉，并且深色的短裤使臀部变得苗条，也不抢眼。

第二套泳装是三点式，穿在身材窈窕、匀称的女子身上效果最佳。整套服装都用深色滚边，面料则是鲜艳色彩。深色的滚边和背带使胸部显得丰满，裤子部分明显的横线使髋部增宽，但是裸露的肌肤使身材显得越发苗条优雅。

第三套泳装胸罩很有特色。这样褶皱的胸罩适合胸部非常丰满的人，并且在某种程度上掩饰了其肥胖。当然，胸部丰满的女子穿着更显得漂亮迷人。此外，深色调有助于充分体现这种外观效果。这套泳衣把旁人的视线引向腹部。裤腿边优美、倾斜的线条则使两腿显得更加修长。

买富把设计图送给安娜的时候，安娜怔住了。买富的设计太出色了，她做梦也没想到，身边的这位光晓得勤劳干活的退伍兵，居然有这样的花花肠子。安娜把自己的泳装设计图撕得粉碎。

买富真的成了安娜时装屋的宝贝。

那三套泳装系列投放市场后，几天就被抢购一空。

安娜时装屋在芜湖城的名气越发大起来，许多女孩子有事没事总爱挽着男朋友一块儿来安娜时装屋。说是来随便看看，走的时候总是大包小包的满载而归。

十四

买富跟安娜就像开在一根枝丫上的两朵花儿，竞相怒放着，也相互衬托着，把一男一女映衬得更加出色。

灯光下，买富喝酒了，安娜也喝了。买富一喝酒话就多，他斜躺在竹椅上，快和地吸着带锡纸的香烟，夸奖安娜的王八汤炖得够味儿，手艺绝不逊色于铁山宾馆的厨神级大师。又说做一世人，该吃就吃，该喝就喝，不活出几分滋味，对不住自己。

买富吐了个烟圈，说出一句谑话："你看我这双眼睛怎样？"

安娜当真看了看，认为极平淡无奇，说有黑有白，白眼膜，黑瞳仁，就是有点儿斜！

"对！斜就对了！我这双眼睛跟别人不同，世界在我的眼里是倒着的。听说过没有？！人生下来的时候，都是倒着看世界的，只是后来长大了，也就慢慢正过来了。"买富有些醉了，舌根发麻。

"有了这双奇特的眼睛，再大的世界也能吃得下！眼下做生意跟打狼一样，没有一双好眼睛，怕是自己连骨头带刺都填进狼的肚里。"

"买富哥，用你的火眼金睛看看我今后该怎么办？"安娜天真得像一个傻妹子，痴痴地望着买富。在好男人面前，安娜愿意这样。

"你呀！趁早甩掉那家伙，另起炉灶。"买富说。

"我是个女流之辈，不比你们顶天立地的男子汉。有点事儿缠缠手脚，闲了念几本歪书，烦了，去趟九华山，跟尼姑们下几盘棋，敲几记木鱼，乏了，卡拉OK去唱几嗓子，看几部刺激的洋人电影……一辈子，还图个啥？！"安娜说。

"在别人的胯下过日子？"买富问。

"我不花别人的钱，我也挣钱！"安娜说。

"那也很窝囊！"买富冷冷地说。

"怎样才够味？"安娜问。

"人活在世上，跟混在世上，是两码事。人身上有许多本事，往往自己还不晓得。明明能当将军，却双脚陷在泥水里，跟在牛尻子后头吆喝，反而心满意足。我不打算混了，要正正经经活几年，做几宗大事情……"买富正脸正色地说。

安娜见买富说得有鼻子有眼，愈发好笑："再回部队，去当娇娇的王子，尔后当将军？"

寻找芭蕾

"不，当老板。如今横山桥被辟为旅游风景区，城里人疯了一样去逛风景、看古墓，我要回横山桥办时装公司！"

"我可再也回不去横山桥了，就是死也要葬在芜湖这样的大码头。"安娜说。

买富沉思了片刻说："安娜！天下大得无边，你要到哪里去?！跑到哪一天才收得住脚？大码头？不就是看看电影，逛逛商场，跳跳舞？大城市早先也是一片荒土坟地，全靠人捧出来的呀！城市再好再热闹也是别人的城市，咱有精力跟人跑，倒不如把横山桥变成一个城市，我们街人自己的城市。"

买富的眼里有泪，猛地干了一盅酒继续说："横山桥这条藏在红花山怀里半死不活的街，表面看来瘦得只剩一张皮，挤不出几滴汁水。但是，横山桥又是一条独一无二的街，有千年的古墓，不腐的干尸，还有疯长的映山红。瘦女子的奶子，你不吮，一天比一天干瘪。你用力吮，汁水却旺得很。吮得三五年，瘦女子就肥了，活了；街人也跟着肥了，活了。"买富忘不了螺蛳那双快要干涸的眼睛，木然死寂的神情，忘不了独眼崔大炮谝不完的古经，忘不了只穿大襟褂子打折肥腰裤的横山桥人……

他决计从此抱住横山桥的瘪奶子吮，吮不出汁水，就吮血。迟早有一天，横山桥也会变成像芜湖那样繁华的城市。

"也能看展览，逛公园？"安娜问。

"当然，我们还要造大学、医院。"买富说。

"也开个娱乐城吧?！"安娜说。

"那你就得玩命干！"买富狠狠地说。

买富和安娜回到了横山桥，那是一个阳光很好的中午。

那天清晨，横山桥又浮躁了一回。独眼崔大炮惊愕地对刚从被窝里钻出来的街人说："日怪了！红花山上的恶犬居然生了一只小犬，缠绵着吃奶哩！那恶犬的眼里还淌出了很慈祥的目光。"

买富和安娜要在横山桥兴办安娜时装公司。寻谋了几日，决计在红花山下的那块荒草地造屋。

街人像被捅了马蜂窝一样，把心中的不快搅得沸沸扬扬。

社会主义的天下，断不能肥了几个人，瘦了一街人。好比横溪河水，大家淘米捶衣洗马桶，可以；独自截流灌田，你王八蛋试瞧。

想在那片荒草地造屋，更是痴人说梦。那片荒草地是横山桥祭奠祖宗拜佛的场子，开先叫通天府，覆盖了许许多多土地庙。后来让一帮败家子毁灭性地犁平了。现在，他买富居然起了贪心，容得吗？不容！

街人秩序井然地依着辈分大小列队走到荒草地里。

"买富，快出来见爷！"

安娜从临时搭的帐篷里觑见街人挺悲壮的样子，就害怕地拽住买富。买富挣脱了安娜，走出来。

"我出来了，谁做我的爷?!"买富问。

人群默然，谁也不愿先站出来当爷。

"你要在这里造屋?!"不知是谁仓促地喊了一嗓子。

"是有这打算。"买富梗着脖子说。

"地是横山桥的，不是你私人的。要造就得掏钱。"

"要多少钱?"买富问。

"一千！"有人一跺脚一咬牙，报出了数目。

"太少了！"买富挑逗着街人。

"三千！"

买富从怀里掏出一沓钱说："三千！我可以马上付给你们。不过，我们在这荒草地上造时装公司，街人谁都能沾上光的。等时装公司造成了，横山桥的大姑娘小媳妇都能进公司缝纫衣服，一天少说也能挣得五块十块的。有本事，不要向我要钱，要掏那些来旅游的城里人的荷包，甚至让外国鬼子也心甘情愿掏钱买咱横山桥的衣服。"

"时装公司光招女人，我们男人能做什么?!"人群里问。

"男人可以推销衣服，还能去许许多多大码头沿街叫卖哩！要不了多少年，我们会把横山桥弄成花花绿绿的服装城。"买富站在一个土堆上慷慨陈词，俨然一个统率千军万马的将军。

街人谁与钱有仇?!男男女女傃地把买富密密匝匝地围住。央求在他手下的花名册上登个名字，找个金饭碗。

买富喊出安娜，让街人排好队，一个个地报名。

十五

安娜时装公司办得很红火，横山桥也像遇到好光景好茶饭的瘦女子，日渐丰满红润起来。就连螺蛳也说服裁缝夫妻，一起入股安娜时装公司。螺蛳还托崔大炮说情，拜女教书先生为师，学到不少裁剪时装的手艺。螺蛳原本模样一流，肤白皮嫩，经女教书先生点化，更添了不少神韵；虽说这类东西看不见摸不着，但有了神

寻找芭蕾

韵的螺蛳就是打眼，灵动；让女人看了侧目，男人见了心痒。有人私下猜测，这女子八成是跟女教书先生学了脚尖舞。

国外的一位时装巨商，从报纸上看到安娜时装公司开发芭蕾服装的消息，打算跟买富他们合资。那时装巨商是个华侨，听说不久要来中国，想见见买富他们。

买富和安娜要去芜湖，跟时装商洽谈。街人把他们送出很远。

"有空让人家来横山桥看看，捎个口信，就说咱横山桥人对得住客人哩！"独眼崔大炮掸去买富身上的尘埃，眼睛里淌出浓浓的期待。

买富安娜去了，前面是一轮红得鲜嫩的日头，街人立在那里，直到买富他们从眼里渐渐消失。街人感觉：那轮鲜嫩的日头，离他们很近很近。

芜湖饭店在风景如画的赭山公园南麓和镜湖公园东侧，是芜湖最大的酒店。买富和安娜在那里见到了时装商。

时装商是个极温和的老太太，从气质上看，年轻的时候一定很漂亮。她要宴请买富和安娜。

在二楼典雅的小餐厅里，老太太热情地招呼买富和安娜坐在她的身边。老太太的助理按照老太太的意思点了许许多多芜湖名菜名点。有清蒸鲥鱼、五丝鳜鱼、烹刀鱼、菊花鸡丝、芙蓉鸡片、三味豆腐，还有小笼汤包，当然少不了主菜王八汤。

"这次回国除了合作项目，还有别的安排吗？"安娜问。

"有的！我这次回来还想完成一个夙愿，就是寻找失散多年的同学，也是我的救命恩人。可是，政府花了很大心血，至今也没得到任何下落。"

老太太嘤嘤啜泣起来。

买富剜了安娜一眼，怪她引出老太太的一段伤心事来。安娜也局促不安地一边安慰老太太，一边迭声表示歉意。老太太住了泪水，从秘书那里接过一个玫瑰色的小软包。

"这项链原来是打算送给我同学的，就送给你吧。安娜小姐，你肯收下一位孤老婆子的一点心意吗？"

安娜回眸买富，买富微笑地冲她眨了眨眼。

安娜从自己脖子上小心取下自己的项链，放在桌子上，脖颈微向前倾，候着老太太给她戴项链。

"这项链是谁给你的？"老太太泪水涟涟地问。

"这是女教书先生送给我的。"安娜困惑地望着老太太。老太太的泪儿如泉涌出，唇角剧烈抽搐着。老太太晕倒了。

原来那是一款名字项链，私人定制。心形花朵叶子吊坠上，镌刻了个"蕾"

字，打开吊坠盒子，里面藏有一位白俄罗斯女人的照片。

老太太那儿也有一条几乎一模一样的项链，只是在吊坠上镌刻的是"芭"字。

那个照片上的女人是一位芭蕾舞明星，在上海开办了一家知名芭蕾舞学校。虽然桃李满天下，但她还是希望把衣钵传给老太太和女教书先生。在送走最后一批关门弟子前夕，她办了个舞蹈学校派对，排场很大，来了很多业内大腕级人物和社会名流。在派对上，她给两位最得意门生分别颁发了特别的名字项链，还宣读了配套的寄语。

女教书先生真的是老太太失散多年的同学。买富和安娜安慰老太太早点休息，明天陪她一起去横山桥。谁知老太太无法坐等天亮，一行人当即连夜赶往横山桥。

十六

翌日，横山桥醒得比往常早很多。

街人三个一群五个一堆，所有交头接耳的脸上都洋溢着节日般的兴奋。

包打听的碰面头一句话不再是：吃了吗？而是："知道吗？昨晚出大事了！"

听的那个大惊失色，问："谁家出事了？"

包打听的添了几分神秘，说："那个跳脚尖舞的女教师，有人连夜找上门来了，还是从国外来的假洋鬼子。"

听的那个被撩拨得血压骤然攀高，问："男的女的？"

"一个老太太！"包打听的说。

得知不是男的，听的那个血压直线回落。谁知包打听的又卖关子，说："邪门的是，女教书先生矢口否认，并出示户口本，证明那老太太认错人了！可是老太太哪肯依饶，拿出项链说话。女教书先生依然水都泼不进去，一口咬定那就是普通的项链，根本不认识吊坠盒里的白俄罗斯女人头像。"

听的那个已然目瞪口呆，俨然一副入戏太深的痴迷嘴脸。

虽然同样的话题，不同圈子里的说法不一。包打听的一律眉飞色舞，拿出浑身解数让自个声情并茂，不然就白瞎了这千载难逢的事件，还有打探消息的不眠之夜。街人无不感到横山桥的非凡和厚重，虽说昔日的辉煌难再，但如此天方夜谭居然栩栩如生在横山桥，再次证明瘦死的骆驼比马大。估计三山高安马坝中沟等其他邻居乡镇闻讯后，对横山桥肯定更加服帖；纵然是荻港那样货色，可能也得对咱刮目相看，再不敢掉以轻心。不少街人对自己昨夜睡得太眠横竖不能原谅，好像错失了一宗兴许一夜暴富的买卖。

有好事者串听了所有圈子后，感到许多关键节点驴头不对马嘴，想着找高人指点迷津，才察觉少了一位灵魂人物。于是，就喊："独眼呢？崔大炮怎么没来？"

包打听的笑了一回，说："正让那个老太太缠着哩，要是能来，除非他是拔毛分身的独眼猴。"

听说崔大炮与事件有了干系，仿佛给白坯子豆干上了臭卤，让人更有嚼头。两女一男，明摆一桩三角恋！就像东头街上槽酱坊里小秃子头上的虱子。这才叫正宗横山桥臭豆腐干，闻起来臭吃起来香。街人好不快活。

有的问："崔大炮认账不？！"

包打听的回："不置可否，对着老太太笑，从没见过崔大炮那样的傻笑。"

听的并不同意，说："独眼那是揣着明白装糊涂，这才是高人哩，大智慧；不比咱目光短浅，一点就着像个炮仗。"

包打听的冷笑一下说："那老太太万里寻亲，谁知热脸蹭着凉屁股，急火攻心当场昏死过去。独眼崔大炮虽说战场上杀敌如麻，见此光景也是失魂落魄的嘴脸，头一回在街人面前跌相到让先人蒙羞的田地。幸亏买富沉着指挥，果断喊来了救护车。按芜湖弋矶山医院的说法，再晚一步，怕是警局那儿又要新添一宗人命案了。"

老太太性命没有大碍，但是大夫诊断，她的阿尔兹海默症状加重了。

女助理告诉买富，其实老太太的病确诊已有时日，总梦见有一只看不见的手，黑板擦一样吞食她的记忆，而且速度越来越快。老太太认为记忆的消失远比生命的消失可怕，所以迫切需要两位医生，一位是拯救生命的，另一位是抢救记忆的。女助理是位非虚构小说的作家，专门应聘为老太太撰写回忆录。这次谈合作项目，原本没安排老太太来，不料她情绪失控到拒绝一切治疗。她说："再迟一步，恐怕连回家的路都忘记了！"

女助理递给买富一沓文稿，让他转交女教书先生和崔大炮，可以直接在稿纸上增添删改。她说："这次回来，听说芜湖这边找到了同学家以前的保姆阿姨；老太太很激动，头一桩大事就安排与那位阿姨见面。当时我全程在场记录，不敢漏掉一句一字。不过，那位阿姨年纪大了，说的都是一些记忆碎片；之后整理录音的时候，发现许多前后矛盾，重复，甚至张冠李戴。再联系阿姨核对补充，得知她突发脑梗，正在弋矶山手术抢救。"

十七

晚上，买富和安娜翻开女助理文稿的扉页，好像推开了一扇通往过去的大门。

一九四九年四月二十日，晚上九点十五分，年仅十七岁的崔大炮从夏家湖上岸后，向国民党守军发起冲锋，迅速占领了江边地堡。那时，他是排长。无情的战火夺去了崔大炮的一只眼睛，崔大炮在医院里熬过了最痛苦的半年时光。待到他出院的时候，部队早已走了，崔大炮就留在了芜湖，孤独地踯躅在那个陌生城市的街头。

组织上让崔大炮安心居家休养，等待着为党和人民继续工作。崔大炮闲得难受，猛然记起一位狱友托他找一位家在芜湖的同学，准确点说，是他们共同的救命恩人。那是皖南事变的时候，崔大炮和那位狱友都是被俘的新四军战士，那位狱友是战地服务团的，原本在上饶集中营，崔大炮在茅家岭监狱。后来，那位狱友越狱逃跑失败，被转押到茅家岭监狱。崔大炮对那位狱友面熟，在云岭的时候，看过她跳芭蕾舞，在新四军官兵中粉丝不少。不过，她对崔大炮没有任何印象，尽管崔大炮百般启发诱导，说某次当她舞到高潮处，他在台下振臂高呼芭蕾万岁。不久茅家岭暴动，他们冲出牢房后，男的跑得快，一个都不少地摆脱了敌人的追捕。崔大炮发现她因腿伤严重没跟上，踅身搀扶着她一起奔跑。他们与前面的狱友失散了，在山里转了将近十天，被当地的乡丁抓住，关进了上饶集中营。当时日军逼近上饶，上峰指令集中营就地处决羁押的犯人。命悬一线之际，幸亏她的同学是国民党高级军官的太太，通过国民政府战区高层出面，才保释出了她和崔大炮。她是华侨，准备去国外治疗腿伤；崔大炮当然是去找部队，继续他的南征北战。分手的时候，她嘱托崔大炮择机去找一下那位同学——他们共同的救命恩人。

崔大炮打算先找到恩人落脚的地方。

恩人当时被安排到新横街四十八号暂时住宿。新横街是条靠江的小巷。他七拐八弯多方打听才找到了。

虽然他只穿了洗得很浅很浅的旧军装，提着一个破包袱，但他的出现仍然引起了人们的注意。一些妇人从公用水井边仰起头来注视他，然后窃窃私语地评论着。衣衫褴褛的孩子，把食指放在口中，瞪大了眼睛把他从头看到脚。他径直穿过这破得不能再破的巷子，来到了四十八号。

崔大炮愣住了。四十八号是一幢玲珑别致的小洋楼，还有一个不小的院子。微风拂来阵阵花香。

崔大炮怀疑自己是否记错了，可他清楚地记得，那个戴眼镜的白胖的老太婆反复地唠叨是新横街四十八号。

没错儿！就是这里。洋楼咋了?！有钱人住得就不许我们住一住?！再说，现今是穷人的天下，他崔大炮虽说少了一只眼睛，可大小也是个排长！

想到这儿，崔大炮陡增了许多信心，狠毒地瞧了门前石狮子一眼，大踏步地上了台阶，粗犷地叩响了门环。

院里有了狗叫，一个女佣人开了门。崔大炮走进去，把满院子很好的月光踩得粉碎。

崔大炮住在二楼，一个很大的厅还有一个卧室。房间里铺着猩红色的地毯，窗帘是双层的，里面是薄如蝉翼的白色纱帘，外面是厚重的浅蓝色毛呢帘。壁上挂着一幅画，画的是两个不害羞的女人。太阳把两个女人的皮肤晒成棕赭色，女人手中托着鲜红的果物，腰间系着黑色的裙子，女人的背后是暗绿色的树荫，透露出黄色的天空和橙色的阳光。

崔大炮断定，画上的女人是外国的女人。咱中国肯定没有这种浪货。独眼崔大炮感觉出一种说不出来的快感，就那样潇潇洒洒地沉沉睡去。

醒来的时候，已是子夜时分。一弯新月苗苗条条地亮在窗口。崔大炮是被一阵如泣如诉的箫声弄醒的。

很响地撒了一通尿后，崔大炮立在窗前，瞧着月色里的温馨世界。

是谁深更半夜吹箫呢？真有毛病，城里的侉子就是古怪，这么好的月夜，拥着女子睡觉还不是神仙境界的事儿！崔大炮抽了一根烟，又蒙起头想睡。

箫声又如一条小溪畅快地淌进他的心里，崔大炮渐渐地让小溪吸引住了。虽然他不懂音乐，可还是听出了箫声里的凄凉。再后来，他觉得那箫声像一把小刀，轻轻地划开了心里已经结痂的伤口。于是.他听出箫声里有了流血的声音，一滴一滴的；再后来，箫声住了，整个世界只剩下那滴血的声音，一滴比一滴声音大。

一只猫孤独地走上屋脊，在月光里很冲动地抒情；那声音如泣如诉撕心裂肺，让人听了惊心动魄潸然泪下。崔大炮腾地从床上跃起，大声咒骂着叫春的猫儿。

"吵死人啦！想干就痛快地干，喊个屁！"

猫儿不叫了，崔大炮反而感觉自己好笑，仿佛自己也变成了一只多情的猫。

崔大炮醒来的时候，又是一个红火的早晨。

崔大炮用湿毛巾擦了擦眼屎，就哼着一支挺革命的歌曲下楼了。他想去街头吃一碗桂花元宵。

吃桂花元宵是借口，其实，崔大炮是想多看一回那卖元宵的妹子。那妹子不像是芜湖城里人，却比城里的妹子货真价实。不施粉黛，少了许多搔首弄姿，更重要的是小姑娘穿着一件天蓝色的大襟褂子，浑身透出一种草叶的芬芳。崔大炮感觉那妹子比桂花元宵还要甜美。昨天，要不是着急找这该死的新横街四十八号，他肯定买一碗元宵，坐下来三阳开泰地品尝一番。

"长官！我们少奶奶请你去吃早点。"女佣人守在楼梯口，头微微低着，双手合十贴于腹上。

崔大炮开始觉得有点滑稽，他一个土包子进城，居然受用这般厚礼。后来，才猛然记起芜湖已经解放了，他是胜利者，世事已不是原来的世事。

于是，崔大炮把手朝后一背，清了清嗓子，头微微昂了昂："有两点需要讲一讲：一是今后不要长官少奶奶地乱喊一气。芜湖已经解放了嘛！现在是人民共同当家作主，大家一律喊同志。二是我今天早晨要去街上吃桂花元宵，明白了吗?"

"是！长官！"女佣又喊了一声。

"怎么记不住呢?！是同志，不是长官。"

崔大炮感觉光说已经远远不够，就指手画脚起来。

于是听到一阵女子的笑声，诧异地抬起头。楼下餐厅的门口，一个风度翩翩的女子用手绢捂住嘴吃吃地笑哩！

崔大炮感觉那女子的面容似曾相识，又回忆不出在哪见过。仔细想来天下美人的面容相差无几，所有男人都不会生分。

"我们早餐也吃桂花元宵，请吧！"那女子脸上开着一朵不败的笑。

崔大炮感觉自己心里有一种东西在崩溃，噼里啪啦地让人触目惊心。崔大炮最惧怕的就是那女子一双深不可测的眼睛，像两个黑洞洞的枪口。可是，崔大炮什么时候又怵过枪口呢?！那刀光火影的战场，崔大炮领着全排士兵冲锋陷阵义无反顾，从没把黑洞洞的枪口甚至喷射烈火的炮口放在眼里。可那女子的眼睛不像枪口那样内容单纯，她那狐狐的光搅得人心里沸沸扬扬的，乱着哩！在崔大炮感到心里开始很乱的时候，那女子的眼睛里就缠绵出一根很细很细的线儿，不由分说地系住了崔大炮的魂儿。于是，那女子踅身向餐厅里袅袅走去，崔大炮也别无选择地随她去了。早餐果真是吃桂花元宵，还有一碟白菜风干而腌制的香菜，一咬脆响，满嘴喷香。一碟麻油拌臭豆腐干。臭豆腐干是芜湖城里豆腐王的正宗手艺，闻起来臭，吃起来喷香。一碟酱黄瓜，小巧玲珑的黄瓜，绿油油的苗苗条条躺在碟子里，光是看着就乖觉可人。

有钱人家就是奢侈，喝咱穷人的血哩！崔大炮在心里毒毒地骂了一回。

崔大炮狠狠地咬了一个元宵，烫得他失声尖叫起来，一分为二的元宵坠落在碗里，溅起很高的水柱。一条很细很亮的水线挂在崔大炮的唇上，一颤一颤的，绵延到碗里。

"不要太心急了，又不是打仗，打仗恐怕也要沉得住气哩！"那女子笑着说。

崔大炮臊得脸儿绯红，觑着那女子很斯文的吃法模仿着。

寻找芭蕾

那女子吃一个元宵。

崔大炮也吃一个元宵。

那女子撮起嘴吹一吹汤，浅浅地喝一口。

崔大炮也撮起嘴吹一吹汤，浅浅地喝一口。

那女子翘起兰花指。

崔大炮也想翘起兰花指，可一时半会儿学不成，手指便生硬地翘着。

那女子罢了碗，用餐巾小心地揩着嘴。

崔大炮却舍不得放碗，他还没吃饱。

"你一个男人家，吃饭这样秀气，还是个当兵的，不像！不像！"那女子说着，眼睛依然很温柔地歇在崔大炮脸上。

崔大炮一脸尴尬地罢了碗，呆板的笑冻在脸上。

"以后跟我们一起吃吧！横竖也就是添双筷子，你一个大老爷们在外面混世事挺不易的，也不要见外，按时来吃饭就是了，早饭六点半，午饭十二点，晚饭五点。"那女子边用牙签剔着牙缝，边向崔大炮说着。

"是！少奶奶！"崔大炮脱口而出。

"不要乱喊一气，芜湖解放了，一律喊同志，就叫我芬芳同志吧！"那女子笑着说。

崔大炮梗在那里，手足无措地看着那女子。

"我最喜欢你这样了，像个孩子。"那女子折断手中的牙签，笑着走了。

"再不幸的时候，她也是笑呵呵的！"女佣说。

"这么大的楼，就你和少奶奶住？"崔大炮问。

"就剩下少奶奶和我，还有一个满地跑的娃娃。开先，这儿住着一个很兴旺的大户人家，天天热闹非凡的。老爷是上海的大学教授，搞纺织的专家，在老家芜湖开着几千人的织布厂。太太身体硬朗，人又和善，脑子又不糊涂。少爷留洋回国，是个军官，在南京总统府里干大事。娶了漂亮的少奶奶，生了一个美丽可爱的女儿。多好的一家人！仗一打起来，这世事就像娃儿的脸，说变就变。老爷相信共产党，时常有地下党的朋友来家里做客；住上几天，陪老爷喝茶下棋，天南海北地拉呱，兴致热烈了就着河蟹刀鱼喝上几盅。有一回，老爷还从上海捎来了两部电台，让我亲手交给上门来取的地下党。老爷不断地催促少爷尽快与国民党一刀两断，在他看来，共产党赢天下指日可待。没想到三年前少爷挨了枪子，据说是与顶头上司的姨太太有染，让那位大头子亲手给毙了。据南京来的传说，那位大头子几乎是哭着把少爷给杀了。少爷是他亲手栽培的一棵小树苗，眼看着就成栋梁之材，如果当时少爷服个软，发誓与那骚货一刀两断，那位大头子也可能枪下留人。可少爷一脸的威武不屈，好像是上司睡了他的女人。老爷太太从此病倒在床上，眼看着一天不如一天。老爷太太过世后，这么大的家私全扔给少奶奶，她一个女人家哪历过这般世面啊！少奶奶要强，好歹总算把局面撑住了，人却一天天清瘦起来。这世界，人旺财不旺，财兴人又不旺哩！"

女佣自言自语了许久，崔大炮没听透。他在心里只是喃喃地唤着一个名字：芬芳！芬芳！

崔大炮晚上横竖不能入睡。

那该死的箫声准时就响，像那弯弯的月亮一样，弥漫着整个世界。

渐渐地，崔大炮感觉那箫声像是为自己吹的。每一支曲子甚至每一个音符，他都能呱出一个古今来。听着那箫声，崔大炮觉得自己变得越来越小，变成一个迷路的孩子；食指吮在嘴里，眼睛惊恐地打量着四方。周围是一片金色的沙漠，一望无垠。迷路的孩子一会儿向东，一会儿向西，一会儿向南，一会儿向北地奔跑。他不晓得自己从哪里来，想到哪里去。后来，那孩子哭了，哭得很伤心……

崔大炮已经离不开那箫声。他吃过晚饭。就静静地伫在窗前，等着那魂牵梦绕的箫声。崔大炮焦渴地等着，他像一个陷入爱河的情种，等着心上人来约会，时间一滴一滴地落着，崔大炮听得见自己的心跳。

当箫声再一次响起的时候，崔大炮控制不住自己，鬼使神差地随着箫声悄悄地下楼了。

依然是很好的月光，崔大炮就在这如水的月光里飘着、游着，来到一片竹林。

烟光、雾气、月光浮动于疏枝密叶之间，竹子静静地挺立在那里，瘦长瘦长的。地下有一些脆黄的叶片，是一些熟得不能再熟的过去，又仿佛是竹子滴落的泪珠。

崔大炮踏着地上的枯叶，向竹林深处走去。箫声住了，一女子从石椅上款款立起，轻盈地踅过身。

"芬芳！是芬芳！"崔大炮失声叫了出来。

"把你吵醒了！"芬芳低着头，抚弄着手中的箫，活脱脱一个纯情少女的形容。

"你也喜欢吹箫？"她问。

"不！我不会吹箫可我喜欢听，听到你的箫声我就想哭！"崔大炮如实说了，说完之后他又后悔，一个大老爷们怎能在一个还不了解的女子面前说自己想哭呢。

芬芳诧异崔大炮这样的枪杆子，居然能听懂箫声里的悲伤来。于是，情不自禁地告诉崔大炮，她每天吹的曲子叫《天鹅湖》。说的是一位王子爱上变成天鹅的公主，为了把公主的人形从魔咒中拯救出来，与魔鬼巫师以命相搏，失败后追逐公主一起跳崖葬身于天鹅湖里。

崔大炮认为：指望一位手无缚鸡之力的王子战胜魔鬼，那是痴人说梦。如果芬芳能让《天鹅湖》重来一回，兴许他能乘着箫声飞奔故事中，杀了魔鬼，解除魔咒，让天鹅变回公主，与那多情的王子有情人终成眷属。

箫声再起，更加如泣如诉。之后，还跳起了脚尖舞。芬芳告诉崔大炮，脚尖舞的官名叫芭蕾舞。

崔大炮佯装一脸的无知，心里却说：早在云岭的时候就知道芭蕾，洋人名字，云山雾罩的；不如命名脚尖舞，一针见血，直接，痛并快乐着。于是，想到要寻的救命恩人也是学芭蕾的，就偷瞄了一回女人的脖颈处，并没看到什么名字项链。

"对不起，让你过了一个伤心的晚上，都是我的箫声惹的祸。"她说。

崔大炮心里焦急万分，他想告诉芬芳：自己如何天天等着她吹箫，她吹箫时他又如何哭得死去活来，哭完之后他又如何觉得心里很热很躁……

月光里，崔大炮如一棵树站在那里，凝视着她渐渐消失的倩影。

翌日晚上，芬芳的箫声准时跟月亮一起弥漫。

崔大炮立在窗前，如痴如醉地听，直听得泪流满面。

崔大炮依稀感觉，芬芳的出现是命运的安排。尽管他努力保持自己内心的平静，但这种安排像一只看不见的手，以巨大的、不可抗拒的威力攫住他，使他飞蛾扑火般投身燃烧。崔大炮听说过英雄好汉的软肋藏在脚跟，恨不得一刀取出那东西喂狗。他毒毒地骂：没有这败家的东西，咱照样健步如飞。

崔大炮觉得唯一能拯救自己的，就是迅速摆脱那如魔鬼一般的影子。首先应该从这该死的箫声下手。

"这箫声就跟汽车叫娃娃哭老太婆打哈欠大姑娘打呼噜一样，一点儿意思都没有！"崔大炮让意念跟自己说。

"这箫声即使有意思也是别人的意思，跟你崔大炮一点儿关系也没有！"崔大炮让意念又跟自己强调了一回。

"这箫声就是跟你有关系，你也装糊涂不知道，别人不会把你当成傻子！"崔大炮最后命令自己。

这样想着，崔大炮就泥鳅一般钻进被窝，脑子里依然很乱很烦。

箫声还是执着地淌进房间，淌进他的心里，溅起几朵挥之不去的浪花。

"见鬼！真见鬼！"崔大炮骂着撕扯着自己的头发。

崔大炮感觉自己像一只呆萌的蝉，毫无防备地裸站在阳光的枝头，而芬芳却在茂密的林中伸过来一根竹竿，那竹竿系着圈套，一步步逼近手无寸铁的蝉。崔大炮觉得：蝉其实已经发现逼近自己的圈套，可无力飞离阳光的枝头，蝉只有唱着歌等待跌入圈套。

又一个月夜，崔大炮没有等到箫声。

夜静得可怕。崔大炮像一匹红了眼的狼，在屋里蹿着。一会儿窗前，一会儿床上，一会儿门口，他觉得魂儿没了，整个人像一具空洞的壳儿。

时间风一样疾步如飞，月亮悄无声息地淌着血。崔大炮觉得再不能待在屋里，就疯了一样冲下楼来，来到那片竹林。

"我晓得你会来！"芬芳说，唇角挂着轻蔑的笑。

女人可能才洗罢澡，头发蓬松地披在后肩；没有穿紧身长袍而是短袖和裙子，露出了玉白的小腿和胳膊，甚至那没有扣紧衣领而半遮半显的一截脖颈儿。

突然，崔大炮瞥见那生机勃勃处的项链吊坠，启明星一般闪烁着。他突然想起要找的人，据说就是有一条名字项链。崔大炮的独眼追逐着那颗最亮的星，恨不能一把捉过来，看看吊坠上是否刻有"蕾"字。可那吊坠顽童一样跟他躲猫猫，还明灭着可爱又可恨的目光。女人坐在石椅上，摇动着团扇，头发拂动袅袅，玫瑰花瓣也翩翩欲飞。崔大炮的独眼让那吊坠搞累了，好不烦躁，汗水如泉涌出。

"你怕热吗？"芬芳问。

崔大炮嘴上说不热，脸却像血泼过一样。

芬芳说："你那脸不但绯红，而且还出了许多汗哩！"

说罢把扇子递过来，也把极复杂的目光递过来。崔大炮觉得她的眼里有了别样的话语，让他想起横山桥古寺里的那眼老井，想起四周长满毛茸茸水草的九莲塘，想起五道门人家挂满庭院的葡萄吹弹可破……

崔大炮的身子在颤抖，他并没去接扇子，而是使劲握住女人绵软的手，直到掐出一道深深的红印。

芬芳没反抗，她直挺挺坐着，身子稍稍靠后。她那双美丽的眼睛直愣愣地望向远处。

于是，项链吊坠上的那个"蕾"字，就在崔大炮的独眼里恣意绽放。他思想着趁势打开吊坠盒，却发现怎么也指挥不了自己的手。

芬芳猛地推开崔大炮，爆出一阵短促、傲慢的笑声。她挣脱跳起身来，一会儿便消失在那条小径中。

崔大炮枯坐在那里，像一具遗弃的蝉壳。

一连几天，崔大炮没有下楼。直到有一天，女佣慌里慌张地撞开他的门，哭着

寻找芭蕾

说少奶奶不见了。女佣怀里的娃娃大声地哭着。

那天早晨，女佣领着娃娃去菜市场买菜，跟一位卖菜的女人厮打起来，双双扭到了公安那儿，直到临近午饭时分才回来。少奶奶不见了，只留下一张字条。

那字条一直深埋在崔大炮的心里，俨然吞咽下了一颗樱桃，从核到皮，一点都不向外吐露。

再后来，女佣也回乡下去了。崔大炮觉得在城里待的时间长了，就抱着芬芳的女儿回到了横山桥。

独眼崔大炮每天准时立在街心，背剪手，一副超然脱俗看破红尘的嘴脸。

"没劲，结婚是没劲透了的一件麻烦。"独眼崔大炮感慨。

"给你个黄花闺女，你的劲儿怕是比谁都大。"街人并不认可崔大炮的说法。

"你以为我没见过黄花闺女？！桂花的外婆当姑娘时嫩得轻轻一掐就出水，还不照样和我相处了，也就那味儿。任何事儿打人嘴里一过，就五光十色神乎其神，就像咱红花山，如果上了电视，还不是天上人间般的一等山水，可你天天住在这里，却恨不能与这鬼地方一刀两断。"独眼崔大炮滔滔不绝地说着，不留一丝一缕间隙让街人插话。

"光听你吹得玄乎，谁见过桂花的外婆？！鬼晓得她是何方人氏，怎样的嘴脸。"街人说。

"我还能骗你们不成？！桂花的娘长得如何？！桂花长得如何？！"独眼崔大炮步步紧逼街人。

街人都像树一样噎在那里。独眼崔大炮无比高调地亮了一回嗓子："晓得我崔大炮是有本事的人了吧！"

十八

据说，芬芳老太太从医院出来，请崔大炮和女教书先生去芜湖，车子直接开到横山桥，在街人的簇拥下，乌龟壳一样爬到崔大炮家门口。

大门紧闭。崔大炮在门上留了张纸条：我们在红花山上等你。

崔大炮的足智多谋让街人有口皆碑，既没丢一个大男人的脸面，也不让假洋鬼子说咱横山桥人没胸怀。这一仗打得漂亮，赢得体面！

有人警惕地问："这'我们'都有谁？"

那个笑着说："多么幼稚的问题，当然是崔大炮和女教书先生。"

这个嘴角有了几分讥笑，说："兴许还有那天专门来寻买富的部队首长。"

那个反驳，问："有谁见了军用小车开进横山桥了？"

这个说："人家是大头子，天上飞的地上跑的水里开的，在他眼里跟自行车一样任意调用。说不定此刻飞机已经降落在红花山上。"

那个问："飞机降落的声音跟打雷一样，怎么都没听见，难不成横山桥人都是聋子耳朵？！"

这个说："打仗的飞机都是来无踪去无影，像横山桥九莲塘古月寺里的大和尚，疾走如风不留下任何痕迹。"

有人开始担心，问："这几位跑到山上，该不会搞出人命吧？"

那个也锁起眉头，说："果真打起来，也没个劝架的。"

不知是谁突发奇想，喊了一嗓子："不如赶快通知弋矶山医院，开一辆救护车停在山脚。"

这个开怀大笑，说："你们以为是当年红花山上土匪内讧，还是过年朝山的龙灯之间殴斗；眼下山上的这几位主，哪个不是有头有脸的人物，肚子里装得下大江大河，还能为陈芝麻烂谷子的儿女情长撕破脸皮。再说都到了日落黄昏的年纪，男的女的也就相差无几，即使躺在一张床上，也不过相安无事称兄道弟。"

这样说着，众人的心也就宽了许多。

又有人问："那老太太肯定不能再与咱横山桥合作项目了吧？"

那个说："老太太曾经是新四军，咱横山桥也算是她的第二故乡。若论实力，她老人家从身上拔一根毛，也比咱所有街人绑在一起的腰粗。提起合作，咱都脸红，明摆着是老太太给横山桥贴钱哩。"

芬芳老太太把一干随从留在山脚，独自上了红花山。山上的在一起少说也有两三个时辰，山脚的是断断听不到山上的说了什么，但见隐约有箫声穿过漫山遍野的映山红，瀑布般飞流而下。

"是《天鹅湖》。"买富立起脚尖，摆出王子一样高贵的姿态。

从山上下来，芬芳老太太告诉买富，崔大炮同意她把安娜带走，去法国做她的财产继承人。

安娜不肯跟老太太去法国，问题可能出在买富身上，因为安娜害羞地说她已经悄悄地爱上了买富。

要么买富跟安娜一块儿去法国，要么买富不要拖安娜的后腿；否则，她是不会跟安娜时装公司合作的。老太太亮出了态度。

买富沉默不语。他的确没法说，他爱安娜毫无疑问，可他也爱刚刚红火的安娜时装公司，更爱那个虽还在梦里但已是呼之欲出的横山时装城……

安娜一脸愁云地来找买富。进退两难的关头，她需要买富当面说一回爱她，哪怕是一把将她揽进怀里从此两人再不分离，像通天府那棵古树一样把根深扎在横山桥的沃土里。

买富说安娜该去法国，因为老太太的病需要她，再说法国的确比横山桥好几千几万倍。

安娜捂着脸跑了。她太冲动了，根本没有察觉买富说话的时候也想哭，不然她肯定不会跑的。

安娜跟老太太走了。

独眼崔大炮突然疯了，把花毛巾顶在头上，学着狗叫，手舞足蹈吓得小屁孩们哭娘喊爹。

买富送走了安娜，失魂落魄地朝回走，远远地，见螺蛳正在那里等他……

蓝房子

朱斌峰

朱斌峰，中国作家协会会员，安徽文学院第四届签约作家。曾于《钟山》《青年文学》《小说月报》《雨花》《天涯》等发表小说，多部作品被《中篇小说选刊》《长江文艺·好小说选刊》《作品与争鸣》选载。

一

这场雪比天气预报来得早，下得刚刚好，覆盖了一些物品，但没有遮住蓝房子。

蓝房子是去年夏天出现在彩山村的，那是一幢由外乡人建起的三层玻璃小楼，蹲在村后的山谷里，跟村里白墙灰瓦的旧民居和新建的水泥楼很不一样，吸纳着日光、云朵和星光，蓝蓝的，发着亮儿。听村长说，那是城里的大老板租下山地建成的民宿，就是那种供游客居住的小客栈。可大山里的彩山村少有人来，哪有游客入住那儿呢？蓝房子很冷清，偶尔才有三五条人影摇曳在屋内的灯火里。

初雪后的晴日，彩山村的母牛怀胎了，稻草垛堆高了，山溪变细了，被峰峦围住的一方天恍惚高远了。村口的土菜馆前，数个村民静静地坐在矮凳长椅上，像是要坐成木头雕像。

庚爷眺向山谷里的蓝房子，一脸不屑：哼！房子得用木头和砖瓦做成，那才牢靠！用玻璃做房子，就不怕被石头砸碎吗？

土菜馆老板娘笑：庚爷，现在人造屋不用木梁，家具成套从城里买回，火葬不用棺椁，看来您老的木匠手艺传不下去了。

男孩天生插上嘴：就是！有玻璃能防子弹，还怕石头？城里的高楼都是大玻璃墙呢。

庚爷脸黑下，提前染上了夜气。

老妇头发斑白，像是被霜打过：听说蓝房子的主人，是个花天酒地的大老板，

蓝房子

那种人为啥要在咱们这儿造屋呢？蓝房子做好了，没见人常住过，不住人的房子还能叫屋吗？山外人就是奇怪！

庚爷心沉了沉，回头望了望身后的村庄。

彩山村不知在大山里藏过多少年了，民舍依山而建，山溪穿村而过，石板路随溪蜿蜒，石拱桥横跨溪上。那些砖木结构的旧民居，鱼檐瓦堆叠，马头墙起伏，正在灰旧的时光里破败着。村里人一直以上山砍树摘茶、下地栽稻种菜为生，以前的秋日，民舍阳台屋顶上会晾晒起黄澄澄的稻子、红艳艳的辣椒、青绿绿的果蔬，一匾又一匾，高低错落，就跟斑斓的绸缎似的。可自从年轻人纷纷出外打工后，村里人越来越稀，人去楼空的老宅坍塌着，晒秋的场面就是漆匠甩落的漆点了。而此时冬日到了，彩山村被薄雪覆盖着，一片白茫茫中只有山谷里的玻璃房子蓝幽幽的，就跟夜间的猫眼似的——那个地方叫春天里。

二

庚爷能感觉到自己，在跟着刨子、锯子、凿子一起生锈了。当年，他是九龙冲的大木匠，会造屋会打家具会制嫁妆也会做寿材，大山里的家家户户都请他做过木匠活。可好多年过去，他不得不接受山村不再需要木匠的事实，就收拢起石磨、风车、犁铧、梳妆台、搪瓷杯、老虎鞋之类的物件，在大队屋里办起彩山人家民俗馆。那是一间黄土墙稻草顶的大院落，墙上还残留着红漆白粉的标语，深挖洞广积粮、人民公社好、农村要想富少生孩子多种树什么的，和屋内的旧器物很般配。庚爷总窝在院落里，用刨子刨出一地木屑花，做着山村孩子坐过的木童车，一辆一辆地排在晒稻场上。来此游玩的城里人偶尔会顺手牵走一辆木童车，丢下散碎的木工钱——那些钱够庚爷在土菜馆里喝上半个月的小酒。

庚爷遇事不急不躁，可蓝房子让他有些上火。他边刨起翻卷的木屑花，边在心里对自己说：一个地儿出现奇怪的建筑，不是好兆头！当年日本鬼子在梨山冲修起炮楼，梨山村章氏一族不就惨遭灭门了啊！当年桃山冲搭起一顶勘探帐篷，后来建起矿山，现在矿石采空了，那些矿工就丢下一堆红砖房子跑走，那从矿井里流出的水不就发臭了啊！蓝房子来了，恐怕彩山村就要遭殃喽……庚爷的担心不无道理：此地大山重重，山脉俯冲而下，形成了九条隔山隔水的山冲。他没有走出过大山，可对九龙冲熟悉得跟自己的掌纹一样——他晓得哪座山有青檀木、金丝楠木，晓得哪道岭上杉木长得直、毛竹长得脆，晓得每条冲的前世今生——那些在他眼里是薄雪遮不住的。

庚爷不喜欢玻璃，跟他儿子义哥有关。那时节，大山的夜晚是被煤油灯点亮的，电灯泡还是稀罕物。五岁的义哥兴冲冲地举着灯泡，走在从村供销社前往祠堂的青石板上。忽地一声碎响，他摔倒了，灯泡碎了，那尖尖的玻璃碎片在他粉嫩的脸上咬出血来。庚爷急得把雪白的痱子粉大把大把地扑在儿子的脸，血止住了，可义哥的脸上从此留下了并不明显的瘢痕。义哥出外打工后，发过财，可已经好几年没有回村了。庚爷梦见过蓝房子哗地倒塌，碎成一地，一块块碎玻璃张开尖利的小嘴喊着儿子的乳名。

这天，庚爷又做好一辆木童车，他满意地拍拍身上的木屑，对自己说：好木匠是从不用一根铁钉子的！

三

一间带阁楼的旧民舍翻新后，门楼挂上红灯笼，门前伏起大黑狗，就是乡村土菜馆了。

政府要发展乡村旅游，村长就对老板娘说：你干事干净麻利，家又在村口，就办农家乐吧。村长没有说的话是：你丈夫在外生死不知，一个人带着儿子过日子不容易，还是找点生计吧。老板娘听说这是政府号召也就答应了，于是村里人帮她粉刷房子，收拾庭院，挂上红灯笼，一家土菜馆就落成了。老板娘烧饭用的是柴锅，烧菜用的食材是自家种的蔬菜、自家养的鸡鸭，烧法跟村里婆姨们家常做法一样。没想到隔三岔五真有山外人开着轿车来吃，说土菜馆里的菜肴新鲜本色，有个戴眼镜的斯文客人酒喝多了，还趴在桌上哭着说他吃到母亲的味道了——听说那家伙是县里的文史专家。村里人觉得土菜馆的菜蔬无甚稀奇，只有庚爷和金勇这对老少鳏夫时常会钻进馆里，要上一盘菜喝点小酒儿。

这样的冬日，雪铺满大山，就没有外人来了。老板娘闲闲地站在暖日下，跟村人说着话儿。她的脑瓜里偶尔会闪出金勇在山上逮东西的影子。这是金勇最忙活的时节，雪看似下得薄，可越往山里走雪就越深，从鞋底慢慢淹上膝盖。他一年到头游手好闲，只在冬日上山忙活。

老板娘记不清丈夫的模样了。丈夫是儿子天生出生那年去山外的，一去就再也没回来过。她觉得丈夫是失踪了，可那戴眼镜的文史专家说，从法律上来说丈夫是死亡了。她有时看着电视里的故事就会想：丈夫会不会发大财娶了小的，不想回来了？会不会犯了事被抓进大牢，没法回来了？会不会在城里建筑工地上干活时，被水泥吞没了？会不会被恶人谋财害命，扔进海里漂走了？她胡思乱想着，一边入迷

蓝房子

地假想着丈夫的遭遇，一边又摇头否决着自己的想法。她知道丈夫是老实本分的人，不会出那些事儿的。可她不明白：村里的年轻人有钱没钱都会回家过年，为什么丈夫一去就没音讯呢？她越想丈夫的模样就越模糊，甚至梦见过丈夫变成了金勇：那家伙站在夏日的溪水里，光着毛茸茸的瘦腿，而溪水里摇曳着另一个光腿男人的倒影。她在梦里心儿随着溪水荡漾，醒来后怔怔地出神，觉得夏天真是坏天气。

老板娘记得蓝房子主人的样儿，那个面饼脸的男人偶尔会来山里，跟几个人走进土菜馆里吃饭。听说他是城里的大老板，可点菜很节俭，只吃素菜，不喝酒。奇怪的是，他仿佛有些怕狗，每回进土菜馆都会绕着黑狗走，莫不是他小时候被狗咬过？

四

金勇穿着皮夹克和高筒靴走在雪地里，头顶上雪花随着风飘飘洒洒，脚底下踩着深深的雪，眼睛发着亮儿。他瘦棱棱的，身子总发飘，干不动重活，却能在厚雪中寻得宝贝。即便他是捉野鸡逮野兔的好手，可在九龙冲人眼里仍是不务正业的人，要想找老婆就难了。他似乎对此并不介意，平日懒懒散散地喝喝酒打发时光，而在冬日眼里只有这些了。

金勇去过大山外，干不了建筑工地上的重活，不习惯电子厂的作息时间，没有修车开车的手艺，在街头流落过一段日子，忽然觉得自己在城里就是一只野物，就回到村里再也不愿出外了。他在山冲里东游西逛，对父母的责骂声叹息声充耳不闻，甘愿做浪荡子。他只是有些畏惧庚爷，那个古板的老头是他的族伯，曾虎着脸骂过他：金勇，你这个样子，上不能光宗耀祖，下不能传宗接代，还配姓金吗？要是在旧年月，你会被逐出金家祠堂的——那种话就像凿子一下一下地凿过他的心。他也有些怕老板娘，每次见到她都会躲躲闪闪，像是要努力地藏起自己多毛的腿。可无论怎样，他就是不愿出外打工，只肯在大山里跟动物相伴。

其实，金勇是有想法的，只是把那念头一直藏在心里。他常去五里地外的桃山冲转悠，那儿有座矿山，半山岭上矗立着井架，山坳里错落着红砖平房的家属区，一条柏油路串起矿工俱乐部、邮电所、百货店、地磅房，就像藏在大山里的城堡。那儿曾经很热闹，机关大楼顶上的大喇叭里总有歌声响起，矿工俱乐部里偶尔会放场电影，露天球场上跳跃着青工打篮球的身影——那时，从山外来的工人热火朝天着，他们穿着统一的工装，操着南腔北调的口音，开采矿石运往城里的钢铁厂——

据说那个城市就是他们的来处。他们雄赳赳地合唱《咱们工人有力量》，头顶矿灯帽走来走去，过着衣食无忧的生活。那时，九龙冲人都很羡慕桃山冲人，那儿也是九条山冲之一，只是有了那些矿工才变得热闹了。可谁能想到矿山忽然就衰败了，有人说那是矿山被挖空了，也有人说那是国家不养矿工了，让那些头戴矿灯帽的家伙自寻生计了。没过几年，那些人就三五成群地消失了，整个矿区就无人了。金勇亲眼看见矿山从红火走向衰落，那让他有些措手不及——他小时候很想去矿山当工人，从没想过矿工们会逃之夭夭。他偶尔会去矿山转转，有一回走进空荡荡的矿工俱乐部，看着那一排排椅子，忆起小时候大白天在那幽暗的大院子里看电影的情景，恍惚做了一个离奇的长梦。他心里一动，闪出一个念头：要是能在那偌大的房子里圈养野鸡野兔，该是多么惬意的事儿啊！可他不敢把这个想法告诉别人，那样会招来嘲讽的。他只能悄悄想象着那个养殖场的场面，让自己兴奋起来。

金勇觉得蓝房子不该出现在彩山冲，而应立在桃山冲里。

<h2 style="text-align:center">五</h2>

这个冬天，只要午后的日光暖暖地抵达山冲，彩山村人就会聚在土菜馆前，说说村里远逝的老人和出外的后生，像在梳理一棵大树的枝丫根须，可最后话头总落在蓝房子上。他们猜测玻璃房主人的故事，说来说去就那么几句话，却扑朔迷离着。而蓝房子静静地蹲在山谷里，整个冬天不见一个人来，只有风偶尔吹响的门铃声传出，把村人从梦里惊醒——村人说不清自己是不是在期待蓝房子有客来临。

果然，冬天一过，山上的野花刚吐出花苞时，一个长头发的男人出现在春天里。村人对他的身份看法不一：庚爷说那家伙是在晨光中提着画架来到彩山冲的，他穿着沾满颜料的牛仔服，跟乡村漆匠一个样儿——他应该是画家。金勇说那家伙是穿着皮夹克，在夜色里走进山村的。他甩动长发、东张西望的样子有些鬼鬼祟祟，引得土菜馆的黑狗不声不响地跟着他一直走进蓝房子。蓝房子一盏灯亮起后，他的身影就在玻璃屋里游来荡去，看上去就像踩点的小偷——那人可能是来蓝房子藏身的逃犯。最权威的版本当然属于土菜馆老板娘，她说那家伙是在晌午时分出现在村头的。一辆小轿车悄无声息地驶来，他从车里钻出，一手拎着黑色行李箱，一手提着椭圆长条盒，径直向山谷里走去——那样儿有几分像携带着乐器的音乐家。无论长发男人是什么人，村里人对他的印象都是一致的，都说那家伙的言谈举止有些怪怪的。

老板娘记得那天是倒春寒，风冷。她热情地向长发男人打起招呼：老板，进屋

蓝房子

暖暖身子哦。长发男人却说：我不怕冷，整个冬天就是靠着一根蜡烛取暖的。现在春天到了，怎么会冷呢？

金勇记得当时那一见生人就叫唤的黑狗，向着长发男人狂吠。那家伙转身丢了一个包子状的食物，还对黑狗笑着说了声：朋友，你好！

庚爷也记起长发男人走过彩山人家民俗馆时，跟自己有过一番简短的对话：

老人家，您是个好木匠！

哦，你……从哪儿来？

我从低洼的地方来。

那你要去哪家？

我要去春天里。

…………

庚爷觉得那家伙说话貌似平常，却答非所问，就像梦游的人。

村里人很快就达成一致认为，不知根不知底的山外人有些奇怪也很正常——男孩天生总结说：长发男人就是外星人。

六

村里人起初并不知道，蓝房子主人把那山谷里的玻璃房叫作春天里——是土菜馆老板娘发现的。老板娘闲着无事时，在手机上划拉搜索老歌《春天里》，竟然搜到了蓝房子，它在网上的名字叫"春天里民宿"。她像烫了嘴似的，大呼小叫起来，引得村人把脑瓜凑了过来。手机屏幕上，出现了好多蓝房子的照片：一张照片上，白云绿树间，玻璃房像齐整的水晶发着蓝光——那是村人熟识的。而另外的几张照片是屋内的陈设，有榻榻米的客房、以书柜为墙的客厅、铁板焊接的楼梯，还有满天星光的阳台——那是村人陌生的，他们从未走进过玻璃房。村人啧啧地咂着嘴，发现手机上的蓝房子比山谷里的蓝房子好看多了。他们喃喃地念着"春天里""春天里"，就像唤着新生儿，觉得这个名字挺顺口，叫起来嘴里像是飞进一只小鸟。

春天里一直很安静，在日光下倒映着白云，在月光下收纳着星星，即便里面有几条人影也仿佛几株摇曳的树影。可长发男人住进屋里后，春天里的夜晚就发出奇奇怪怪的动静了。起初玻璃房里很静，只是比空无一人时多亮了一盏灯。长发男人足不出户恍若在冬眠，直到夜晚才整宿整宿地看着碟片，电脑屏幕忽闪忽闪着，声音很小，听不出是战争片还是爱情片。没过几天，长发男人出现在玻璃房的三楼阳台上，坐在月光里，从椭圆长盒里拿出一种琴扛在肩上拉了起来，那琴声并不响亮却很细很长，传到村人的耳朵里就变成一根欲断还连的金属丝飘来飘去，让村里的老人失眠了。数日后，长发男人在夜晚的山谷里奔来奔去，先是唱歌接着狂吼，最后啊噢啊噢地学起狼叫来，那喊叫声竟然引得土菜馆的黑狗一呼一应地跟着狂吠起来——村里人知道每每月圆时分，狗对着月亮发出狼嗥声，那是返祖现象。他们不得不承认长发男人学狼叫学得很像，让黑狗也跟着返祖了。

彩山村人被春天里的声响折磨着，却没人去劝长发男人，就连村长也佯装不知情。他们习惯于忍耐，只是恍恍惚惚觉得山谷里关进了一只怪兽。

七

此刻，村里的水圳仍像往常一样荡着水波，不远处祠堂静静地立着，那就是山村的一双眼睛，落在粉墙黛瓦间。

老板娘在水圳里浣衣，把大青石上的衣物捶得啪啪响，耳朵却听着祠堂前庚爷和数个老人说话的声儿。

庚爷显然好几日没有睡好觉，眼睛熬红了。他抬头看天，话题跟往常一样从天气开始了：看看！看看！说是开春了，可这鬼天气，山岭上的云冻住了，山腰满是雾气，这天气坏得让人想骂娘！

老妇咳嗽着：再过些日子，山上的茶叶就要吐绿了哦。

庚爷抢白：就算满山长出茶叶，谁来采？村里还有能采茶的大姑娘、小媳妇吗？

一老人抖着花白的胡须，将手搭在眉头上向村头看去——那只手僵硬了，以前却是砍竹篾做竹器的好手：就是就是！老天爷给山里人的恩赐没人要了，都往山外跑喽。

老妇突兀地看向庚爷：以前咱们村是不许外人进村的，是不？

庚爷点头：那是……桃山冲那个铁矿，原本是想在咱们这儿开的，可那些工人硬是被咱们金家人挡住没能进来……要不哪还有彩山村啊？

老妇抻长脖子：是吗？听说当年日本鬼子都没能进村。

庚爷翻翻眼皮：有几个日本鬼子进来过，可在咱们村九屋十八巷里莫名其妙消失了……咱们祖上在这里安家立寨，不只是建了屋舍，还建了防御工事呢。

老妇眼神像是被圳水洗了：可防御工事能防一百年，还能防一万年？这不，村里还是有外人住进来了！

老人们不再说话，可心里想着一个人——那个春天里的异乡人。

蓝房子

老板娘没有说话，只是将手中的衣槌捶得慢了。

彩山村是古村落，住着金氏族人。据说当年一位将领带着金家军路过彩山冲，见此地风水好，就建起屋宇扎下根来。有个从城里来的文史专家说，村里的古民居看上去参差杂乱，其实是以水圳和祠堂为阴阳按着八卦布设的。村头隘口和村尾山腰处两座石楼，曾经是村里的粮仓，其实是古代军事防御工事——碉楼。那个爱耍嘴皮的家伙也许真没乱说。村里一直有着禁止外人进村的规矩，即便有外人闯进村里也会迷路的。可现在村子破败了，一些倒塌的老宅子露出石头的地基，一些新建的水泥楼张牙舞爪着……

日光又亮了一寸，老妇忽然说：你们说，蓝房子里那个长头发男人整天在弄啥呢？

白胡老人蹙着眉头：是哦是哦，难道山外人都是那个样子？

老妇盯着庚爷看：他那么闹腾，不会把狼招来吧？

庚爷觉得有细针扎在脸上，板着脸没有说话，可眼神像墨斗的尖锥似的，眺向不远处的玻璃房。

老板娘看着水里的鹅卵石想：那个长发男人或许是太孤单了，一个人待在山谷里闷得要发疯了吧？她忽然有些生气，把衣槌捶得更响了。

八

与此同时，金勇正跟长发男人站在玻璃房前，隔着数级台阶一高一低地说着话儿。长发男人不时打着呵欠，像是刚从睡梦中醒来。金勇看上去恭恭敬敬，可话里似乎透着嘲讽。

你晓得不，村里人都在谈论你呢。

我？我跟你们不熟啊……有什么好说的？

他们说你学狼叫学得真像……你是不是在动物园里做过饲养员呀？

没有没有。我只在九岁时参观过动物园，我不喜欢那些被关在笼子里的动物，即使有一些鸟飞来飞去，可它们跟天空还隔着一张铁丝网。

唔？那你到底是干啥的？

说我是雕塑家、行为艺术家都行……我为一些城市设计过雕塑，身上也涂满油彩扮演过雕塑……我都不知自己是干什么的、能干什么。

长发男人的目光被一只啼叫的鸟带走了。

金勇的声音尖起来：这么说，你到过很多地方了？

谷 雨（第 一 卷）

是啊，这些年我一直漂着……城市太光滑，扎不下根。

那你到咱们这儿来，做啥？

不做什么……只是想找个远离喧嚣的地儿，一个人安静安静……

你不会是躲债才逃到这儿来的吧？金勇脸上像是落了一层薄雪：电视上说，有些城里人公司垮了……就跳楼，就四处躲债，你不会是那种人吧？

长发男人瞪大眼睛：怎么会？我从不差钱……如果说欠债，也许我欠了情债。

那你晚上那么折腾做啥？

长发男人有些羞赧：我原以为安安静静，过上不被人打扰的日子挺好……可是一个人……那种孤独真难熬啊！我得发出点声儿，要不会爆炸的。

既然你那么喜欢热闹，为啥不回城里去？

我……长发男人像是舌头短了一截：可是……可在城里我又觉得烦躁，不想回去。

金勇诡秘地笑了。

长发男人仿佛醒过神来：对了，你说村里人都在谈论我，他们说我什么？

他们……金勇眼珠转动：村里人说你是魔术师。

长发男人眼神跳了跳：魔术师？

金勇尖尖地盯着长发男人：是啊！他们还准备请你，在村里耍个魔术表演呢。

我？我能表演什么魔术？

他们想看你……怎样把木棍变成花，怎样吃玻璃、嘴里喷火……

长发男人慌了：我……我哪会那些啊！

嘻嘻！既然不会，那你为啥要蓄一头长头发？你以为腰里别着死耗子，就能冒充打猎的吗？

金勇说完深深地剜了长发男人一眼，扬长而去。

长发男人怔怔地看着金勇的背影，目光被那瘦棱棱的身影牵出了山谷外。他没有听见金勇丢下的一句话：哼！只要进了大山里，就逃不过我的眼睛！

九

彩山村人爱玩纸牌，喜欢把"春"字牌沾上米粒，让鸟儿飞来叼去。他们从黄昏到午夜，围坐在老式自鸣钟下玩着纸牌，暂时忘了山谷里的玻璃房子。自鸣钟偶尔会响起，一个大钟摆兀自摇来晃去，似乎要永远循环往复下去。

彩山村从祖上起从不轻易让外乡人进村，但欢迎魔术师到来——以前村人把那

蓝房子

种人唤作变戏法的。那种人走南闯北，对任何一个村庄的秘密都不感兴趣，只关心怎样把平常的事物变得神奇起来，但会带来更远地方的消息，比方大漠风雪、草原牛羊什么的。每回有魔术师来，村人会以丰厚的酬劳热情地把他们请到祠堂里演上几场，但在他们离村时，会把各家各户的孩子看管好，防止好奇的孩子偷偷跟着魔术师而去。可现在村里没几个孩子了，村小学的操场上早就长满荒草了，而魔术师再也没有来过。

男孩天生不喜欢纸牌，他在电视上看过魔术表演，很期望马戏团能带着马和猴到山冲来。

长发男人终于不再独自折腾，开始走近村人了。

长发男人每天都去土菜馆吃午饭，却从不喝酒，没过几天就跟土菜馆男孩熟了，教天生用橡皮泥捏起兔子。有了玩伴，天生自然是欢喜的，就陪着长发男人在村里钻来钻去，去水圳边看长颈鹅，在旧宅里寻石雕，去村尾碉楼看蚂蚁搬家。

村里人见到长发男人会浅浅地笑，从不当面问东问西，只暗地里猜测他的来路，他们已习惯沉默了。那男人显然很想跟庚爷聊聊天，钻进彩山人家民俗馆，缠着庚爷求教木雕工艺，可庚爷总沉着脸不多话，一脸不耐烦。而他并不识趣，总往那土墙院落里钻，不停地给庚爷递上香烟。天生曾指着他的鼻子说：你真是没脸没皮！庚爷爷不喜欢你，你干吗还要往那儿跑？他只是笑笑，脸上浮着一团模糊的云。长发男人也想跟金勇交朋友，每每在土菜馆与金勇相遇，总会往金勇桌前凑。自从长发男人进村后，金勇到土菜馆更勤了，他不爱搭理长发男人，总是用尖尖的眼神瞥着那飘来飘去的长头发，连天生都看出那眼神里有着敌意。他偷偷地问老板娘：姆妈，为啥金勇叔不喜欢长发叔呢？老板娘脸红了红，用手指敲敲儿子的头没有说话——她当然晓得两个雄性之间的敌意来自哪里了。

有一天，长发男人在土菜馆吃午饭时，忽然对着手机发起火来，显然是在斥责电话那头的山外人：你搞的那个话剧还叫艺术吗？还想让我回去给你做舞美？你那玩意儿……台词听起来合辙押韵很美，可那是人说出来的话吗？看你那玩意儿，还不如听乡里人说说他们真实的事儿……你就是个谎言制造家，我不陪你玩了……屋里的人惊讶地望着他，不知他的嘴里为什么会冒出一串古怪的话来——他们看见长发男人气呼呼地放下手机，就像拍死一只蛤蟆。

谷雨（第一卷）

十一

没过多久，村人发现长发男人一吹口哨，男孩天生就会雀跃而起，跟着他钻进大山里——那一高一低的身影在山岭间隐隐现现……

庚爷看到长发男人和男孩向半步亭攀去了。北山岭上有一亭，据说站在亭上能眺见彩山村的全貌，看久了会觉得整个山村像八卦盘旋转起来。据说那儿有个石头屋，屋前有个山洞，只要对着山洞吼一声，彩山村人都能听见如鼓的回音——很早以前，石头屋里长年住着老人，只要村里村外出现火情盗情，就用那山洞里的回音向村人报警。那天，长发男人和男孩沿着崎岖的山路往上攀，钻过碎影摇曳的竹林，走过落满松针的松林，才爬上半步亭。亭子早就荒弃，只剩下石头铺成的台基，台基长满苔藓，石头屋倒塌一地，一棵银杏树从石堆里钻了来，就像银发的老人。

男孩仰起小脸，日光在他脸上打出光晕，一对眼睛就跟银杏果似的。

长发男人喘着粗气：这……这就是半步亭？

男孩露出牙龈：是啊是啊。

男人四处张望：那……回音洞在哪？

男孩靠在银杏树上：那山洞早就找不着了……找不着也没啥，其实整个山冲就是回音洞！

男人笑：是吗？

你不信？那你听好啦！男孩撅起屁股躬起身，对着山下喊起自己的名字：喂！天生！天生——山冲里果然回荡起稚嫩的喊声，仿佛树、竹还有山岭里藏着的动物都模仿男孩喊了起来。

男人大笑：果然……果然整个山冲就是回音洞啊！

金勇看见长发男人和男孩向银鱼洞攀去了。那个山洞在大山的悬崖下，很大，能容纳百余人。洞内平日少有水，可一到夏天就会涌出大水来，水里还游动着一尾尾银色的小鱼。村人觉得那个洞是连江通海的，要不山上怎么会流出那么多水、那么多鱼呢？长发男人摇着强光手电筒，跟着男孩钻进山洞里，半晌才走了出来。金勇一直藏在洞外的树林里，他不知道两人在洞里做了什么，只听见长发男人钻出洞时说了一句话：这个洞好藏人，一定有人住过！

村人想：也许那个古怪的长发男人无所事事，对大山怀有好奇，才让男孩做导游游山玩水吧。村人不担心他俩会在大山里迷路——只要有庚爷和金勇在，大山里

蓝房子

就不会走丢人的，也不担心长发男人会把男孩拐跑——那男人是蓝房子主人的朋友，跑了和尚跑不了庙的——只有老板娘暗地里叮嘱儿子不要跟着长发男人疯跑，可男孩只要一听到口哨声，就跟中了魔似的，又颠颠地跟着长发男人往山上跑去。

十二

你不能让天生跟着那个家伙往山上跑！金勇在一次酒醉后对老板娘说：那样很危险哦！

老板娘洗碗的手停住了。

金勇看着她沾着泡沫的白胳膊，不知该说什么了。

老板娘慢慢擦干净手臂，盯着金勇：你是怕……天生在山上跑，会被磕来碰去？

金勇摇摇头：不，不，大山不咬人，村里的伢子都是在山上长大的。

老板娘斜睨着金勇：那你是怕……那人会将天生拐走？

金勇晃着脑瓜，舌头打着卷儿：不，不，那家伙只是有些怪，但不是魔术师。

老板娘的眼里长出细针：那你怕啥？

金勇哦哦着说不出话来。

老板娘逼近一步：那有啥危险？你怕啥？

金勇觉得酒劲往上冲，丢下一句：我怕那家伙把天生的心带野了！说完慌忙走了出去。

那一夜，老板娘没让黑狗送金勇回家。金勇回家后没有睡着，醉眼盯着窗外的月亮，在心里数着一只兔、两只兔、三只兔，帮自己入眠。可他数着数着，忽地想起自己好久没有去桃山冲，没有做过矿工俱乐部里养野鸡的梦了。他有些烦躁，他不喜欢这样的春天，尤其是春天的夜晚。他盼望着冬日早一点到来——到那时，长发男人肯定早就离开蓝房子而去了，大雪会如约而来，把大山藏起来的。他喃喃地劝自己：还是等等，等等吧。

十三

某个黄昏，山谷里的蓝房子刚刚亮起灯火时，庚爷把男孩喊到彩山人家民俗馆里说起话来。偌大的土墙院落灯火幽暗，布下旧器物的影子，就跟剪纸似的。庚爷坐在藤椅上吸着烟，烟雾让他的脸更模糊了。男孩一会儿骑上木童车，一会儿钻进老式大衣柜，一会儿摇起风车，就跟上蹿下跳的猴子似的。一老一少的对话声时断时续地飘出，被黑狗的叫声阻挡着，没法飘得更远。

庚爷爷，您这儿就是个迷宫……真是捉迷藏的好地儿。男孩环顾屋里的物件，撸撸鼻子，有些伤感：可是村里只有我一个伢子，没人陪我藏猫猫。

庚爷喷出一口烟：是啊！爷爷老了，也不能陪你玩……对了，你跟蓝房子的人在一起，玩啥呢？

能玩啥？我就带着他在村里溜达，上山看看呗……那家伙总是问东问西，对咱们村很好奇呢。

哦？那他问你啥了？

他问我村里有多少房子，山上有多少山洞……

庚爷的手被烟火烫了一下：那你咋说的？

我就告诉他……咱们彩山村有九百九十九间房，有水圳、有祠堂……以前外乡人进来会迷路的。

庚爷语气急促起来：那你跟他说过咱们彩山金家的来历了吗？

男孩笑了，牙齿在灯光下很白：说了啊！我说咱们彩山金家是匈奴人后人呢。

你……小伢子家家的，怎么能小嘴巴巴的，啥话都往外说？……那他说了啥？

他说我说得对……这一带祠堂的立柱墩大多是石鼓样儿，可咱们村祠堂的立柱墩不一样，是马蹄状的……

庚爷脸色沉了下来：你怎能在外乡人面前乱张嘴，不怕风吹掉舌头吗？

男孩嘻笑：这有啥不能说的？

庚爷的脸比灯火还黑：咱们祖上有规矩，这事是不能跟外乡人说的！

村里不是有规矩，不许族人出外讨生活吗？可我爸不就是在大山外丢掉的啊。村里人一长大，不都往城里跑吗？

庚爷被烟呛住，咳嗽起来。

男孩走过去，蹲下身扶着庚爷的膝盖仰起小脸：庚爷爷，咱们彩山金家是匈奴后人，这是秘密吗？

庚爷支支吾吾：其实也没啥……咱们先人本来生活在草原上，跟当时的朝廷打仗，打败了就逃到这大山里，隐姓埋名，休养生息……先人怕朝廷知道咱们金氏身世后派兵围剿，就立下了这个规矩，也不让外人进村，还在村里修起防御工事，想保子孙太平……

男孩一脸憧憬：这样啊……那咱们先人骑过马吗？要是咱们还生活在草原上，那多好啊！

蓝房子

庚爷目光飘向窗外，声音低下来，像是自言自语：其实那是老皇历了！现在盛世太平……前些日子城里来的文史专家还找我问过咱们的家谱……就算外面人都晓得咱们是匈奴后人也没啥了……

男孩欢叫：就是就是！

庚爷回过神来，盯着男孩的脸：天生啊，虽说这不是秘密，可村里还是有秘密的，你不能啥话都跟外人说哦。

男孩转动眼珠：咱们彩山村还有啥秘密呢？

庚爷板起脸：不管有啥秘密，你就是不能跟外人乱说，听懂没？

男孩看着庚爷凝重的脸色，认真地点了点头。

庚爷缓和语气：天生，你觉得蓝房子那人是干啥的？

男孩歪着脑瓜：他应该是画家吧？

庚爷哦了声：那就好，那就好……可他真是画家吗？

风扑进来，像是要吹灭屋里的灯，却带来新生花草的气息。庚爷知道那是春天的风，是从山谷里吹来的。

十四

忽然，一个消息在彩山村传开了：彩山上有绿孩子。

这个传言是从男孩天生的嘴里说出来的，起初他总是说梦话：绿孩子！绿孩子！还在梦里吹着口哨。老板娘在午夜被他吵醒后，以为儿子魔障了，就开始追问儿子。男孩这才说出长发男人说的绿孩子故事，以及他俩上山寻找绿孩子的那些事儿。

长发男人说，每座大山都有绿孩子。那些绿孩子生活在树上，皮肤和头发都是绿的。他们不吃米谷，不吃面包，可能是靠食用浆果和蘑菇活着，也可能是靠皮肤吸收月光长大的。当月亮升起时，绿孩子会从山洞里钻出来，裸着身子躺在树枝上，皮肤在月光下越来越绿，像玻璃一样发起光来。绿孩子的牙齿有毒，只要咬人一口，人就会发高烧说胡话跟梦游似的，然后也会绿起来。不过，他们并不轻易咬人，只有爱上那个人才会咬上一口，也不攻击人，而是见人就躲。他们不用筑巢造屋，不用春种秋收，只是聚在树上跳来跳去，快活地发出嘎嘎声，载歌载舞。他们不知从何而来，不知是野人还是大山里的精灵。长发男人还用橡皮泥捏了个绿孩子，是长辫子女伢，看上去有些害羞。长发男人还说：彩山冲也不例外，也有绿孩子，他要带着男孩捉个绿孩子。

男孩说完这事后，被老板娘狠狠地拍打着屁股，就尖叫：为啥打我？难道绿孩子就是咱们村的秘密吗？

老板娘没有用力打，却打得很响，那是打给村人听的。

老妇走上来劝：别打伢了！哪儿有啥绿孩子啊，那是蓝房子人编的故事哦。

男孩趁机挣脱开，边跑边喊：我就要捉到绿孩子！我就要变成绿孩子！

老板娘骂骂咧咧地想追上去，却被老妇拽住了。

消息就这么传开了，村人听到传言后，面面相觑，连声说：怪不得长发家伙带着天生满山跑了。

十五

夜很深，风在盘旋，让长发男人觉得山谷就是一面鼓。

长发男人在等着睡意的到来，久候未至后忍不住拨打起手机，跟电话那端的人说起话来：

呵呵！这里真是荒山野岭，够封闭的……村里的年轻人都出外打工了，唯一的年轻女人就是土菜馆的老板娘，也就三十多岁吧，过早地发福了，丰满得像维纳斯……我怎么可能跟她发生浪漫故事？那个令人尊敬的老板娘在院子里捉鸡的样儿，就像一只大母鸡……她切断鸡喉咙的刀，却下得又快又准……不过她炒菜挺合我的口味……

村里有个怪老头，一个老木匠……他看上去挺顺应时代潮流的，搞了一个民俗馆，馆里展示着好多乡村老物件……他每天都做木工活，脸也板得像木头……奇怪的是他只做童车，就是给不会走路的小孩学步的木车，村里都没有怀孕的女人了，他做那童车给谁呢……山村里很少有游客，更没人来买童车，难不成他要把那童车摆满整个山村？

嗯，也许有件事你会感兴趣……这个村庄的人都姓金，还有祠堂……听说他们的祖上是匈奴人后裔，为避战乱才躲进大山里的……这里的古民居看上去是徽派风格，可有些细部装饰有着草原民族的味儿……你可以到这里来拍个纪录片，记下一个古老村庄的变迁史，远比你拍什么网络剧有意思！

你问我在做什么……在这大山里我能做什么……早没心思搞雕塑了，就跟一个村里的男孩满山转悠……我跟那男孩说这座大山里有绿孩子，那男孩就兴冲冲地跟着我跑呢……这里太寂寞太无聊了，我想，要不了多久我就会回来了。

…………

长发男人说着笑着，窗外的月亮就像一只偷听的耳朵。

十六

庚爷生气了，他晓得一个流言会毁掉一个人，甚至会毁掉一个村庄。假若绿孩子的流言传开，山外人就会来彩山冲寻找绿孩子，那山村不就会被嘈杂的人流糟蹋了吗？他强按着心里跳动的火苗，脸快绿了。

这天早晨，庚爷在打盹时梦见自己的儿子——那个脸上被灯泡咬出瘢痕的人变成了绿人，就倏地惊醒了。他决定去找长发男人，不能让那家伙再造谣生事了。他也想去蓝房子里一探究竟，那座玻璃房子虽说建在彩山冲，可他还从没进去过——也许除了村长和男孩天生，村人谁也没踏进过一步。他气冲冲地走出彩山人家民俗馆，却在土菜馆前遇见了长发男人。与往常一样，那时晨光正在山冲亮起，远处山野还在雾气里。一群鸟正在村头的水桦树上啁啾，想要叫醒什么。长发男人站在院子前发着呆，头发似乎又长了几分，不时地甩动头发把眼睛露出来。数个村人或远或近地围在他身边，就连爱睡懒觉的夜猫子金勇也来了——那让庚爷有些恍惚，觉得他们是在早早地等着自己的到来。

庚爷走来，把步子踏得响响的。

老板娘抬眼笑：庚爷，您老早啊！

庚爷冷着脸点点头，没有说话，就像气鼓鼓的皮球生怕漏气似的。他走近长发男人，高声喂了下，把那人吓了一跳，也把村人的目光吸了过来。

长发男人发蒙着：庚爷……您老有事吗？

庚爷挺直腰杆，话从嘴里喷了出来：我问你！你凭啥说大山里有绿孩子？咱们族人世世代代居住在这里，谁也没见过绿孩子，你一个外乡人才来多久，凭啥胡乱说？

长发男人怔怔地看着庚爷，像是不认识面前的老木匠。

庚爷抬手指指靠在树上的金勇：金勇！你是咱们这儿有名的山里精，大山小岭都跑得熟……你说说，你见过绿孩子吗？

金勇慌忙站直身子，摇起头：没有没有！啥绿孩子？咱们这儿只有野物，没有野人！

庚爷盯住长发男人：你一个外乡人，不是信口雌黄嘛！

长发男人忽地笑了：庚爷，我只是编故事，逗天生玩儿。

村人的目光从长发男人身上拔出，凝在庚爷的脸上。

庚爷脸上发热：逗伢子玩，就能胡说八道吗？

长发男人笑得更欢快了：呵呵，您老莫生气……这算不上胡说八道，也许能算童话。您老怎能为这事较真呢？

村人的目光在长发男人的笑声里乱了。

庚爷有些羞赧，发现自己是把棒槌当成针了，可嘴仍硬着：童话？你是作家吗？你会编聊斋吗？

长发男人收住笑：这个……我只是开个玩笑……

庚爷挥手打断长发男人的话：外乡人，即使你是作家也不能胡编乱造！即使是开玩笑也不能说过了头！你那话是对九龙冲大山的不敬……还有……有些话传来传去，就会让人信以为真的……你那话说不定会给咱们村惹上麻烦的！

长发男人愣住了。

庚爷拍拍长发男人的肩膀，转身背着手踱去，走了很远恍惚还能听见长发男人的笑声追来。

庚爷走回彩山人家民俗馆后，一天都没出门。当星星从窗外探出眼时，他眺向夜气里的蓝房子，脸上放出光来。很久很久之后，他对自己说：无论怎样，我得想法子把蓝房子里的怪人赶出彩山冲！

十七

大山里果然出现了绿人，不是绿孩子而是绿毛怪，而且就出现在夜晚的春天里。

长发男人第一次见到绿毛怪，是在刚刚入眠时。那时夜已沉，他刚进入浅浅的梦境，梦见城里剧团的女演员穿着古装，甩着衣袖咿咿呀呀地唱着什么，却被一声突如其来的狼嗥声惊醒，睁开眼就看见窗玻璃上贴着一张毛茸茸的野物脸——一个长满绿毛的人形怪物正爬在外面的玻璃墙上。他吓得用被子盖住头，半晌才露出头向外看去，发现玻璃墙上空空无物。他一直睡在二楼客房里，从不拉窗帘，以便在半梦半醒时看见头顶的星光。他盯着星空看了许久，怦怦乱跳的心才平缓下来，心想刚才的一幕应该是自己做梦了——也许是天天说要捉绿孩子，说出梦魇来了。

长发男人再次看见绿毛怪后，就确认那不是梦境也不是幻觉了。那时，黑黑的夜气包围着一灯独亮的玻璃房，长发男人正坐在客房里看书——那是一本关于乡村建筑艺术的书，他看见一群热情洋溢的艺术家走进地僻人稀的乡村，在稻田里立起雕塑，在山村里刻下经纬度的石碑，在水乡湖面上建起水上小音乐厅，说是要以艺

蓝房子

术赋能乡村振兴。他看得热血沸腾，想象着自己把彩山村废弃的碉楼装饰成画廊的场面，嘴角都笑弯了。可他从书里抬起头时，又看见绿毛怪像大蜘蛛般趴在玻璃墙外，那鹿头般的眼里闪出一道闪烁的光。他隔着玻璃，眼睛发直地望着绿毛怪。绿毛怪没有闪去，竟然在玻璃墙上魔术师般地做起动作来。月光隐在山峦后，像是布设着舞台背景。绿毛怪猴子般做起鬼脸，人字形的躯干立在两根竹竿的交叉处，双手张开扭动起来。一声惊叫终于从长发男人的喉咙里冲了出来，绿毛怪好像就在等着他的喊叫，仿佛听到观众喝彩的演员，闻声一鞠躬就谢幕不见了。他想追出去，却迈不开脚。他捂着胸口对自己说：我真的看见了！难不成我一语成谶，这大山里真的有绿怪人？这不可能不科学啊！他说着说着就闭上了眼睛，没看见天幕上的星星正朝他眨着眼儿。

天一亮，长发男人就在玻璃房里踱起步来，想着自己要不要从春天里撤走。他收拾好行李箱做出拔腿就走的准备，却又停了下来，却想等待再次看见绿毛怪。

十八

日头一出来，长发男人逃亡似的走出山谷来到村里，想在人群中抛开心底的恐慌。

此时，山村的鱼檐瓦上跳着明晃晃的日光，仿佛夜晚被收藏到人去楼空的老宅里了。水圳里一群鹅抻着脖子嘎嘎叫着，让祠堂显得愈发寂静了。老板娘在水圳边洗着刚采的蘑菇，在淘洗着大山的耳朵。庚爷在用大扫帚打扫着祠堂，不时抬眼望望四水归堂的天井。

长发男人没有看见男孩天生，却不时遇到村人。他很想跟他们说说绿毛怪的事，却一直没敢开口，担心一说出来会让村人觉得自己是疯子。村人也不跟他说话，看他的眼神有些意味深长，连土菜馆的黑狗见到他也向旁边躲去。他隐隐觉得村人知道这桩怪事，只是不想说破而已。他在村里走了好几个来回，听见村人三三两两地聚在一起说话儿，可只要他一靠近就会散去——他觉得村人那些话是故意说给他听的：

——城里的搅拌机比咱们山上的野兽还凶，会咬人！金老二家小子的左手不就是被那玩意咬掉的啊！

——可话说回来，那些后生一进城就不愿回来，城里还是好挣钱，还是舒坦些。

——人生一世，草木一秋，在哪儿不是过日子？城里是舒坦些，可怪事也多！

你没见三婆家的媳妇进城后心就野了，没两年就跟人跑了吗？小三子在外发了财，神气活现地开着轿车回来过，可前些日子不就被抓进号子了吗？

——是哦。小三子还在村里建起三层水泥楼，一直没人住……没人住，要房子做甚？

——衣锦还乡，建房买地，也算是光宗耀祖了吧？

…………

长发男人走走停停，渐渐恍惚，觉得自己跟村人似乎隔了一层透明的玻璃。他能听见村人的说话，却看不真切村人飘来飘去的身影。他转身向春天里走去，心想：我真的该走了——也许在村人的眼里，我就是绿毛怪。

长发男人走过金勇家时，透过山楂树的篱笆，看见金勇在给房子窗棂刷漆。那是一间破旧的老宅，粉墙脱落露出青砖，木门开裂可门上的对联仍鲜红着，窗子很小却安装着铁窗棂——那显然是前几年安上的，与房子有些不协调。金勇正站在长凳上刷着绿漆，一股呛人的油漆味飘了过来。

长发男人清清嗓子喊：金勇，刷漆啊！

金勇像是受了惊吓，手一抖，数滴油漆滑落在地上，回过头慌慌地应：是哦。每年春天，我都会给家里的窗户刷一遍油漆，防锈嘛。

长发男人眼睛被绿漆映亮了，他看出金勇站在长凳上的样子有些眼熟，便在心里笑了——他决定继续在玻璃房住下去，也许还会有奇闻趣事发生。

十九

夜晚的蓝房子灯火并没有如村人所愿熄去，仍在亮着，把玻璃房点成了蓝幽幽的灯笼。

还没到晒霉的夏季，庚爷就在祠堂天井的日光下翻晒起家谱，一股樟脑丸的气味弥散开来。城里的文史专家来过三次，想借阅金氏家谱。那个戴眼镜的家伙对九龙冲掌故了如指掌，还说一些家谱多有避讳之处，并不完全属实。庚爷看不惯那家伙洋洋自得的样儿，就拒绝了。庚爷看着眼前被风翻动的家谱有些烦心：逢年过节，好多村人从城里带回他们的儿女，他看着那一张张陌生的小脸就心急——那些流散在外的金家子孙就跟雨后春笋似的钻了出来，家谱真的该再修再续了。可村人忙着挣钱，谁还顾得上祠堂和家谱呢？庚爷想起儿子，又想起蓝房子里夜晚的灯火，真想伸手捉住窜来窜去的风。

天上的月光有些乱，金勇坐在夜气里，满肚子闷气。他亲眼看见某个有月的深夜，蓝房子灯火熄去，长发男人摇着强光手电筒，脚步轻快地走出山谷，钻进土菜馆里。他躲在水桦树后，像在蹲守野物。土菜馆大门关了许久，他真想冲上前用拳头砸门高喝：开门！开门！无耻的家伙——不知过了多久，土菜馆大门才"吱呀"一声开出一条缝儿，长发男人踅了出来，摇着手电筒而去。他跟着长发男人走进山谷，忍不住跳上前拦住那家伙问：你大半夜去土菜馆做啥？长发男人扬了扬手里的长条物件：哦，春天里停电了，我去找老板娘借蜡烛，跟天生说了一会儿话。金勇看出那长条物件果真是蜡烛，只好转身走去，心里却在嘀咕：为啥黑狗见到深夜来访的长发男人不叫呢？

老板娘偏头疼又犯了，她不喜欢长发男人来找儿子玩：儿子跟着那个城里人满山跑都晒黑了，脑瓜里也像城里人那样满是奇思怪想了，还说要去城里去找他的父亲——如若儿子哪天偷偷跑去大山外寻找失踪的人，那就麻烦了。

蓝房子的灯火兀自亮着，山村的夜晚隐隐不安起来。

二十

就在等待绿毛怪第三次出现时，长发男人打了好几个电话，招来黑黑白白的轿车，也招来一群奇装异服的男女，于是一场聚会在春天里闹腾开来。

那天晚上，一盏大灯从玻璃房牵出，高挂在大树上，雪白的光驱赶着夜气扑着翅膀乱飞。那群人在树枝上绷起吊床，在石头前搭帐篷，在平坦处架起烧烤架，一下子就把山谷填满了。起初村人站在山岭上围观着，他们看见长发男人把长发扎了起来，一张长脸终于水落石出了。那群山外人不是长发就是光头，有人戴着丁当的耳环，有人穿着红色的风衣，分不清男女，还有一个人头戴宽檐帽，脸上涂着油彩，手拄文明棍，站在灯暗处一动不动，就像蜡人似的。

村人听见那群人说话声像蜜蜂般飞来：

——山村的夜晚真的很美好，月亮、星星，看上去伸手就能捉到。

——是啊！山野，无拘无束把自己释放，真适合狂欢！

——春天里，果然春天就藏在这里……一个春风沉醉的晚上，多好啊！

——嗯，据说长期仰望头顶的星星，可以治疗脊椎弯曲的病！

…………

后来，山谷里到处都是混乱的影子、嘶哑的歌声，村人实在忍受不了就陆续离开了。那群奇怪的人仍在灯火下吃着烤肉喝着酒，喝得啤酒罐乱乱地堆起。他们在草坪上跳舞，踩得草茎东倒西歪，像被扫荡了。他们对着话筒唱歌，唱得山谷嗡嗡响——他们就这样闹腾了一宿，让彩山村整夜失眠了。

那一夜，村里的灯火都亮着，却无声无息，只有土菜馆的黑狗对着春天里一阵一阵地狂叫，叫着叫着就趴在地上肚子抽搐起来，吼叫变成了低低的呜呜声。庚爷一直坐在彩山人家民俗馆里，只在黎明到来时才说了一句话：老天爷，那个家伙在村里待得太久了！

<h1 style="text-align:center">二十一</h1>

长发男人没想到，警察会来春天里。

春天里聚会后的第二天上午，长发男人听到彩山村流言四起，就像突变的天气让他措手不及。村人站在土菜馆前，眺望着山谷里的玻璃房，语气里有着恐慌、厌恶和疑惑，交头接耳说起话来。

金勇像一头被烟熏的野獾来回走动，嘴里喋喋不休：太吵了！太吵了！那些人就是一群疯子！

他们还是小偷！胖妇人兴奋得两眼发光，中气很足：我家的三只鸡昨晚不见了，就是他们把我家的鸡烤吃了！

白发老妇声音细弱：就是！那个长头发的家伙就是流氓……我见过他……深更半夜在土菜馆前转悠，还敲了门……天生娘没让他进门……天生娘，你说是不是有这事儿？

老板娘涨红了脸，点点头又低下头，显得很委屈，像是被人欺负了。

金勇看向庚爷，眼里闪出隐秘的笑。

庚爷的目光缓缓扫过一张张熟悉的脸：大家说的是！那长头发的家伙一到蓝房子，我就觉得他有些古怪。他在咱们这儿住了一个多月，整天游手好闲，成精作怪的！咱们不能让这种来历不明、东游西荡的人留在山冲里了！

金勇应声：就是！咱们得把他赶走！赶走！

白发老头看上去有些为难：可咱们怎么能……说把人赶走就赶走呢？

胖妇人激动得手舞足蹈：打电话给派出所啊！就凭他偷鸡，就该让那品行不良的家伙滚蛋！

白发老头支吾着：你有他们偷鸡的证据吗？公安是讲证据的。

胖妇人气汹汹地喊：难不成我家的三只鸡变成凤凰飞走了？证据当然有！蓝房子那儿一堆鸡毛，就是我家鸡身上的！

金勇眼珠转动，看向庚爷：庚爷，咱们要不要报警呢？

蓝房子

庚爷板着脸：这个……你就看着办吧。

金勇笑了，掏出手机拨打起来。

庚爷看看金勇，背着手向彩山人家民俗馆踱去。

村人没有散去，站在土菜馆前，等着警笛声传来。

约摸过了两个时辰，警车从镇上派出所赶来了。胖妇人早就从自家鸡窝里抱出一只鸡，一见公安就迎上去，指着鸡腿上的铜环，说她家的鸡都戴着腿环，如若春天里的来客偷了她家的鸡，准能在那山谷里找到铜环的。两名公安走进山谷，果然找到一堆鸡毛和三只铜环，于是就去找长发男人了。

长发男人躲在石头后观看了这场演出，真想上前跟村人争辩，可他知道任何辩白都是徒劳的。他在心里呻吟着，心想自己是该离开春天里了。

二十二

长发男人离开彩山村时，只悄悄地跟庚爷告过别。他曾想自己离开时，会给山村每家每户送上一件雕塑工艺品，来一个礼貌的告别礼。他没想到自己会灰溜溜地离开，临行时不甘心，这才趔进彩山人家民俗馆，去找村里的老木匠的。

晨光中，长发男人和庚爷面对面坐着，就像一对泥偶。

长发男人犹豫半晌才开了口：老人家，我要走了，您老能告诉我，我在村里究竟做错什么了吗？

庚爷冷着脸，目光躲闪地飘向窗外：那个谁……你能坦白地告诉我，你究竟是啥人吗？

长发男人自嘲地笑：我只是搞雕塑的，也用木头为剧团做过舞美道具……说起来我俩还是同行呢。

庚爷眼神跳一跳：你真是搞雕塑的？

当然啊！除了雕塑，别的活我都不会，要不怎么混到这种居无定所的境况？

那你在村里东探西问干啥？你要找的绿孩子……究竟是啥人？

那真是我跟天生逗着玩的……其实我到这儿来，就是疗疗伤。

唔，你得了啥病？是被玻璃划伤的吗？

我就是……在城里过得累了倦了，想换个寂静的地方调理自己……

庚爷收回目光，聚在长发男人的脸上。

长发男人兀自说着：前些日子，我真是太失败了……我申报高级职称，竟然论文答辩没有通过，那肯定是有人背后捣鬼了……相爱多年的女友和我分手了，肯定是有人横刀夺爱了……我接了个雕塑活儿，甲方起初很客气，可等到付钱时就变了脸，肯定是有人挑唆了……

庚爷打断他的话：你总说有人背后捣鬼……依我看那是你心里有小鬼……是名啊利啊情啊闹的……

长发男人被噎得脸红起来。

庚爷叹了口气：其实我心里也是有小鬼的……也许每个人心里都住着小鬼。

长发男人缓过神来：老人家，我最后想问一句……彩山村到底有什么不能曝光的秘密呀？

庚爷垂下头：年轻人，你莫要问那么多，还是心无挂碍地离开这儿吧。

长发男人起身笑笑：庚爷，那您多保重。

庚爷也站起身来：保重！保重啊！

长发男人走出庚爷的目光时，日头已跳出了山坳。

二十三

当天，金勇也走进了彩山人家民俗馆。他一直畏惧庚爷，从不敢钻进那间土墙大院里，这次是挺着胸耸着肩走进的。庚爷正在做木工活，没有抬头，凭着脚步声就晓得谁来了——虽说金勇今日的脚步跟平日不一样，踏得底气十足，却还是掩饰不住什么。

金勇走进屋，挡住从门外射进来的光线，喊：庚爷！

一片木屑花从刨子里翻卷而出，庚爷哦了声：金勇，来啦！

金勇赔笑：庚爷，那个长头发怪人总算走了……他怎么吓都吓不走，终究还是怕公安……还是庚爷有主意！

庚爷怫然不悦：这话别乱说！有些事不光彩，就让它烂在肚子里！

金勇的瘦肩缩了下去：庚爷，我……

庚爷软下声儿，叹了口气：其实事情是瞒不住的……大山里满是耳朵呢。

金勇瞥瞥门外，压低嗓子：庚爷，我……我想在桃山矿废弃的矿工俱乐部里养野鸡……您看？

庚爷眼神跳了跳，有些意外：哦？也好！你也老大不小了，该找点正事做了。

金勇盯着庚爷：我想……想等野鸡养殖场办起来，让义哥跟我一起住。

义哥？庚爷惊呼了一声，他当然知道义哥就是自己的儿子，就是那个脸被碎灯泡咬过的人：你……你咋晓得他在村子里？

金勇语气平静:我晓得,村里人都晓得,只是大家都不说而已……就这么大的村子,天天生活在一起,能有啥秘密……哪家多了一只猫、少了一只鸡,有谁不晓得?村里人都晓得义哥从外面回来了,就藏在祠堂里。

庚爷的身子就像散了架的旧家具软塌下来。

金勇的声音像风:您老把义哥藏在村里也不是事儿……虽说那长发家伙走了,可只要蓝房子在,还会有人来的,那样义哥迟早会被人发现的……我想把义哥带到桃山矿去,那儿早就空了,是不会有人看到他的……我晓得义哥喜欢吃野鸡,他正好也能陪我做过伴……

庚爷费力地吐出话来:你就不想打听义哥……他为啥要从城里跑回来,躲在村里吗?

金勇摇摇头:我不想知晓……也许义哥跟我一样是平足板,不适应城里吧?

庚爷生气了:胡说!你和他都不是平足板……咱们彩山金家人没有一个平足板……他原本在城里开了灯饰厂,后来借了高利贷,还不上债才逃回来的。

金勇笑笑:不就是差别人钱嘛!我晓得义哥是不会干坏事的!

庚爷喃喃:金勇,好伢子!叔看你看走眼了哦!

金勇低下腰:没有啊,庚爷……我跟义哥是一起光屁股长大的……当年我得了大病,还是义哥从城里回来,费钱费力把我送到医院做手术的呢……说来说去,咱们都是彩山金氏后人嘛!

庚爷不再说话,紧紧抓住了金勇的手。

门外,日光越来越亮,一群鸟唧唧地飞过。

二十四

这天夜里,天生发现家里的黑狗总拖着尾巴,在村里钻来钻去,鼻孔里的长毛都被声息吹得竖了起来,像是嗅着气味寻找什么。难道是它忍不住春日的天气,要找白狗耍流氓?天生跟着黑狗走,想瞧个明白。村里好多老宅子没住人,黑狗从破窗破门里挤进空房子,片刻又钻出来,像是在巡查每家每户的警犬。天生看着黑狗,忽然有些想念长发男人,觉得他跟黑狗有些像。

不知过了多久,月亮出来了,照得山村更黑了。黑狗跑进祠堂后,天生便站在门外等着——那间大屋里据说住着好多故去的先人,天生是不敢夜入的。他在门外站了许久,忽然听见一声惊叫传来,接着看见一个男人从祠堂里慌张跑出,身后跟着狂吠的黑狗。那男人走得又快又小心,边走边东张西望,很快就穿过村巷消失在村外的夜色里。天生看清了男人的脸——一张有着瘢痕的脸，他记得那是庚爷的儿子，好多年前还开着轿车带着城里女人回来过——要不是那个城里女人长得像传说中大山里的狐狸，天生未必能记住那男人的。

后来，天生想起那晚发生的事就觉得奇怪：他回家后跟娘说起那个脸上有瘢痕的男人，还没说完就被娘狠狠地打了一巴掌。老板娘厉声呵斥他，说他看花了眼，让他不要把这事说出去。更让天生觉得奇怪的是，那晚夜未深，黑狗叫个不停，村里竟然没人走出门瞧瞧，也没人看见那男人，难道那男人只有自己和黑狗才能看得见？天生想：也许那人跟绿孩子一样，也是彩山村的秘密吧？可村里到底还有多少秘密呢？

天生觉得那天晚上黑狗叫得太凶了。

二十五

蓝房子的灯火好长时间没有亮起了。

长发男人走后，彩山村恢复了往日的宁静。土菜馆的黑狗又欢实起来，对着前来山冲的外乡人吠叫了。老板娘仍在水圳边浣衣，庚爷仍在彩山人家民俗馆里刨制木童车，金勇仍懒洋洋地等待冬天大雪的到来。村里人仍三三两两地聚在土菜馆前，谈论天气和村民在外打工的传闻。

蓝房子仍静静地立在山谷里，就像是白昼里的蓝眼睛。那蓝色玻璃墙看似很深，能吸纳天上的白云、夜晚的星星，可它太光滑了，日光在上面站不住脚。彩山村人知道，它是在等待另一些山外怪人的到来。

蓝
房
子

剩下的夜晚和白天

许冬林

许冬林，安徽无为人，中国作家协会会员，作品发表于《北京文学·中篇小说月报》《十月》等刊物。著有长篇小说《大江大海》和散文集《外婆的石板洲》《春风里一直走》《与岁月慢慢商量》等。获奖若干。

一

那个深秋的晚上，我躺在二妈家的床上，想着我的奶奶。想着奶奶的时候，仿佛有春雨、夏雨、秋雨、冬雨带着各种温度和姿势，湿在心上。

二妈的梳妆桌上方，那只圆溜溜的灯泡正散发出柔而黄的灯光，又叫人想起热气腾腾的灶台和锅里的食物。我想起那些日子的黄昏，奶奶坐在灶膛边烧柴，她的脸上铺满柴火燃烧发出的玉米黄的光。从前的那些黄昏，都是奶奶的黄昏。她从厨房走出来，将碗儿碟儿端到餐桌上，我站在餐桌边，嗅见她灰色、黑色、藏蓝色的衣服上，还有她脑后灰白的发髻上，一直都飘散着柴草燃烧所余留的焦香。然后，门外天色渐深，也像她的衣裳，从灰色、藏蓝色到黑色……

可是，在这个夜晚，我的奶奶，她将像一个客人一样来到我们的家，短暂停留。

在我的家乡，丧葬习俗里还有一个迎接逝者"头七回家"的传统。失去至亲的巨大悲伤随着棺木入土，不能控制地攀升到情绪的顶点，然后，坟茔垒起，像一个微型的山脉，白色孝衣脱下，丧事算是完毕。父亲和姑妈等终于在疲惫和悲痛中坠落，坠落进忽然找不见奶奶的沉默里。我们沉默，沉默等待。我们终于迎来奶奶的"头七回家"。

我们还需要一场温柔的告别。

这一日，父母亲早早准备好迎接奶奶"回家"的一应物事。二伯和父亲下午就在扎梯子。他们从河边砍了一小捆还没枯透的芦苇，扛回到门前的场地上，我和弟弟，还有堂哥帮着摘去芦苇叶子。二伯选了几根粗壮而长的芦苇，并排做帮，父亲将另外一些芦苇裁断，作为横穿在两个帮之间的搭子。他裁了一小捆，然后数。据说梯子有多少搭子，是根据奶奶的岁数决定。奶奶62岁去世，二伯和父亲用稻草为榫卯，扎了64个搭子，因为要在岁数的基础上，再加上代表天和地的两个搭子。扎好的芦苇梯子并不重，我们小孩子轻易都能搬动。如果不是为了迎接奶奶，迎接一个必须肃穆凝重的时刻，那个芦苇扎成的梯子该是我们多好的玩具。

父亲扎芦苇梯子时，神色平静，动作舒缓。这样的时刻，仿佛一条大河穿过浪花奔腾的峡谷，此时静水流深，河面宽阔无垠。暮色自门前的许家塘对面的田野上漫卷过来，我们小小的临水村庄像一幅卷轴一样，被卷进了幽暗的天光里。雀鸟归巢，鸡鸭也进窝了，猪被早早喂过也乖乖躺在猪圈里不再哼哼或嚎叫……村庄铺开一片黑缎一样安静的夜色，好让我们迎接这个刚刚变换了身份的客人。

奶奶喂过的那条未取名字的白狗也浪荡回来了，它半卧在屋檐下，和我们几个小孩子一样好奇，怔怔看着我父亲和二伯将芦苇扎的梯子扶起来，靠到屋檐旁。黑猫在屋顶的黑瓦上悠然独步，来来回回，好像也在等待着什么。

那芦苇梯子是给奶奶爬的吗？我心里惶惑不已，又不敢问父亲，唯恐打破了这有些神秘的寂静之夜。如果是给奶奶爬的，那奶奶的身子该有多轻呀。奶奶成为没有重量的奶奶了，像河边的芦花一样轻，像她曾经燃起过无数次的炊烟一样轻，像夜晚的风一样轻……可是，奶奶要爬这么轻的芦苇梯子上屋顶去干什么呢？爬高那样的事，除了我家的猫爱干，便是我们这帮不安分的孩子爱干了。奶奶是大人，大人应该是不爱游戏的。

母亲捧着一个陶质煨汤的罐子，那里面晃荡着一个煮熟的鸡蛋，这我知道。这个鸡蛋将在这一夜被胆大的孩子"偷吃"掉。母亲将陶罐放在门前的场地上，且靠近静寂无人的许家塘边。我看看母亲手里的陶罐，心里又想起奶奶。这么些年，家里的饭是奶奶做的，灶膛里的火是奶奶添柴烧的，陶罐里的汤也都是奶奶煨出来的……奶奶像是一个神奇的裁缝，在我们家，每一个白天是奶奶打开裁剪的，每一个夜晚也是奶奶缝好折叠起来的。而那个黑色的陶罐，似乎是专属奶奶的生活工具，那弧形的提手上，覆盖了多少层奶奶的汗渍和她烧柴产生的草木灰呀。

现在，奶奶把她最常用的劳动工具丢下了。丢给我们，丢给这个夜晚，用来完成一件神秘的事情。

母亲放好陶罐，望望我们这群馋嘴的孩子，叮嘱道：现在还不能"偷"啊，要等天黑尽，等外面都没人了，才能去"偷"。我和堂姐是女孩子，自然不敢在这个夜晚去"偷吃"，我们只安心等待天色黑尽，只是好奇着今夜奶奶将以怎样的方式回到这个她已经离开了七天的家。倒是几个堂哥和弟弟望着那个小小的老旧的陶罐，神色里有藏不住的暗喜和期待。

这一晚没有月色，远方的田野黑得更结实了。几点暗淡的星光下，近处的许家塘水面上，一片片黛色的波光摇荡，仿佛来自遥远的另一个世界。弥散的水汽里含着辽远的沁凉之感，它和着夜色，将门前场地上的梧桐、草垛、猪圈都笼进了蒙蒙的夜色里。田野黑了，乡路黑了，路上的人影黑了，场地上那个藏了熟鸡蛋的陶罐黑成一个抽象的符号，几乎不可寻了。

这浓黑的夜色也像要把我们小孩子收进去，收进黑暗里，我们隐隐害怕起来。我们在大门口跑进跑出的，不知道自己怀的到底是怎样的心情，有期待，有恐惧，有好奇，有焦急……屋子里，油灯已经点亮，灯光低矮淡薄，柔软地撑着堂屋——我们的房子仿佛小如贝壳。这一晚，大人们不点电灯，房子不能太亮；这一晚，油灯是个驿站；这一晚，奶奶的魂魄将会借助灯光的明暗来告诉我们她的回家与离去。

姑妈、姑父，还有伯父、伯母，他们伴着父亲坐在堂屋里，坐在柔软稀薄的灯光里，像一粒粒豆子包在豆衣里。他们沉浸在回忆里，三句两句，说着关于奶奶生前的旧事。他们说着说着，眼睛被灯光照得亮晶晶的。但他们没有哭，他们说着说着，又轻轻"笑"起来，仿佛是自我安慰，又像是自我解嘲。还记得，奶奶棺木入土时，姑妈仆倒在泥地上，嘶哑的声音喊不出一个完整的句子，她像是一串玻璃珠子断了线，掉地上碎了，四五个人都捡拾不起来一个完整的姑妈。可是，在这一晚，大悲大恸显然已经是不恰当的情绪表达。他们轻言轻语，慢话家常，节制着情绪。他们从回忆里缓缓牵出一条长长的驿路来，他们沿着这条驿路，远远迎候奶奶的到来。他们望望门外的夜色，又望望堂屋里的灯光，仿佛掐指计算奶奶进屋的时辰。

门外，偶尔有风吹树叶的声音，簌簌的，像下雨，又像什么人在私语。在南方的深秋，树上的叶子已经在凋落，却还未凋尽，夜色里，那些伶仃的叶子大约正在相互告别，谆谆嘱托着什么。风吹得木门发出轻轻的"吱呀"之声。风吹进屋来，吹得我的脸微凉，吹得油灯的光焰弯了弯腰，吹得墙上的人影子淡了又浓了……

母亲从灶膛里掏出一簸箕的草木灰来，父亲起身接过，在门槛内的地上均匀铺上，等待奶奶回家在那草木灰上留下脚印。姑妈也蹲身在侧，帮父亲铺灰，他们像在铺"红毯"，我无端觉得夜色和灯光都万分隆重起来。大人们说，奶奶属虎，到时候他们会看到老虎的脚印印在灰上。这个晚上，他们看不到奶奶，但是他们可以据此判断奶奶回家了。许多年后，我才想起来，我们那里是江北平原，湖泊众多，单没有山脉丘陵，父亲他们一辈子没有见过老虎，又哪里见识过老虎的脚印呢。也许，夜风在铺得平整均匀的草木灰上吹出来任何一种形状的图案，都可以被当作老虎的脚印，证明奶奶已经回了家门。他们相信，有一场看不见身影的重逢，在此时此地，他们全凭情意抵达，完成问候和嘱托。

父亲在门口铺灰时，母亲便开始驱赶我和弟弟，她怕我们跑进跑出，怕我们踩坏了铺好的草木灰，更怕我们乱纷纷的身影惊了奶奶。弟弟跟着堂哥先去了大妈家，我被母亲牵到了房下二妈家，这个晚上还被安顿在二妈家过夜。我心里也想在二妈家过夜，无论如何，这个晚上莫名让我害怕。似乎我的奶奶已经不再是我的奶奶，她有了另外的身份，她成了客人，在我家待一会儿就走，她从此与我们开始走向陌生。

二

我侧卧着身子，眼睛向着灯光。靠近灯光，令人心安，人和昆虫一样，都具有趋光性。电灯黄晕的光色在室内弥漫，让我又想起厨房，想起食物，想起奶奶煮的南瓜粑粑汤。那一年，我家的菜园里结了一个奇大的南瓜，奶奶牵了我一道去摘。篮子放不下，奶奶双手抱着，我也喜滋滋地跟着搭把手，跟奶奶一起抱南瓜。南瓜抱回家，过秤一称，二十多斤。那是奶奶种出来的南瓜，她分外高兴，仿佛一个超大的南瓜也可以寓意着家宅的好运。奶奶切了南瓜，又拌了米面，做了一大锅的南瓜粑粑汤，我吃到撑。那黄澄澄的南瓜汤，冒着白气，多像此时梳妆桌上的灯光呀。但是，我知道，奶奶再也不会做南瓜粑粑汤给我们一家人吃了。是的，再也不会。以后的菜园里，即便结上再大的南瓜，奶奶都不会去摘了。奶奶变得看不见，奶奶的身子变得比芦苇还轻，奶奶是客人……奶奶过了今夜，不再回来。

我躺在二妈的床上，躺在一个夜色席卷不到的光明地带，不再那么害怕，只是心里起了层层叠叠的思念和叹息。

这夜晚，和以后所有的夜晚与白天，都是奶奶过剩下的了。就像奶奶没有干完的活，我们接着去干；就像奶奶没有摘完的南瓜，以后我们去摘；就像这样的灯下，奶奶没有纳完的鞋底，就这么放下了；就像……以后所有的夜晚和白天，我们要自己去过了。

我听到窗外的黑暗中有窃窃的说话声，有急速的脚步声。我知道，不是奶奶。奶奶是轻的了。我知道，一定是堂哥和弟弟，是他们在"偷"鸡蛋吃。一天前，母亲已经怂恿弟弟在这一晚去"偷"蛋。母亲说，"偷"了这样的蛋吃，以后胆子就

剩下的夜晚和白天

大了。男孩子嘛，大人总期望他是个胆大的人。我也知道，男孩子长大，不仅是要长个子，要读书长知识，还要长胆。有了胆，他才是一个粗壮结实的男人。弟弟起初似乎不太愿意去"偷"蛋，虽然他很想吃那鸡蛋，但是他模糊听得我们的奶奶已经变成看不见的鬼魂时，他感到害怕。又想想，那鸡蛋放在小口的陶罐里，万一伸手进去，摸到了蛋，可是手抽不回来了怎么办。那么黑的夜，而且不知道奶奶在哪一片黑暗里观望他"偷"蛋。堂哥他们当然也想吃蛋，更想"偷"蛋，但是他们的手掌更大，就算手能伸进陶罐里，一旦拿了蛋，是肯定抽不回来了。

我听见堂哥和弟弟在门外的屋檐下低声说笑，猜想他们一定合作成功，堂哥陪弟弟深入黑暗中，小心找到陶罐，万不能一不小心一脚将陶罐踢滚到许家塘里。堂哥陪了弟弟，自然，那"偷"来的鸡蛋是要分一口给堂哥的。他们在屋檐下，又喜又怕地吃着鸡蛋。堂哥在这一晚又长了一寸胆，弟弟更是。明天，弟弟一定会得到母亲的夸赞。

弟弟和堂哥吃了鸡蛋，然后推开二妈家的大门，去另一个房间玩去了。我听见二妈家堂屋的大挂钟"嘀嗒嘀嗒"走动的声音，心里好奇奶奶到家了没有。我仿佛看见父亲和姑妈，还有母亲和伯父、伯母围着一盏油灯静坐闲聊的情景，他们一边说话一边看着油灯，据说当油灯的光焰忽然低下去，低到接近熄灭，便说明奶奶已经到家。奶奶不能让家人看到她，奶奶要把油灯的光按下来，她要在半明半暗的光线里伸手，去摸家里的每一样物件。奶奶摸时，所有人静默无语，静默在黑暗中，静默在穿堂而过的夜风里，不打扰奶奶对这个家的每一寸触摸。他们认为，奶奶一定对这个家有万千留恋与不舍，就像他们对奶奶的思念和牵挂。当暗下去的灯光忽然抬起身子，重新撑高我们家那青砖砌就的平顶房子时，那表示奶奶已经转身，与他们无声告别。

奶奶回家来。奶奶表达完不舍。奶奶动身。奶奶今夜走了，这次真的远行，从此不再惦念。

从此，剩下的夜晚和白天，都是我们的了。

三

在一秒一秒相连的寂静里，我忽然听到了鞭炮声。我知道，是奶奶已经回家完毕，现在起身告辞了，父亲燃放鞭炮，表示隆重的相送。鞭炮一路响着，向西而去，落在小村西边的牛屋边停住。奶奶出村，父亲和姑妈他们送至此处，不再相送。他们和奶奶，彼此不见，在心里挥手，在心里叮嘱。

那个用芦苇扎的梯子，据说也要扛走，扔到牛屋边的小河里。还有那个陶罐，一样要扔掉。

我躺在床上，躺在明亮灯光的照拂里，听着送行的鞭炮声经过二妈家屋后。我心里想，奶奶沿着这条西去的路远走不归，她此刻知道我在二妈家睡着吗？她会路过这个点了电灯的明亮窗口边吗？她会悄悄探看我一眼吗？

我想起从前许多个夜晚，在这样明亮的电灯下，奶奶或者缝补衣服，或者纳着鞋底。特别是秋天，因为秋雨绵绵而受潮的棉花被父母连壳摘回家，一箩筐一箩筐积压在家里，等着细细去剥开和晾晒。奶奶白天要忙家务，剥这样的受潮棉花全靠晚上。奶奶坐在灯下，成了分割黑白的人。在她的竹制小椅边，地上一堆黑色是棉花受潮的壳，旁边一筐白色是新剥出来的棉花。这样的时候，我们都听奶奶话，帮奶奶打下手，清理一堆堆剥过的黑壳，抱走一坨坨新剥出来的棉花，晾开在芦荻编的席子上——棉花不能受潮，受潮一焐就会发黄，品相不好就价贱。

这样的时候，父亲和母亲也剥棉花，但是他们把灯下最好的位置给了奶奶。奶奶年纪最大，眼睛自然不如我正值盛年的父母。剥棉花的奶奶弯腰坐在灯下，周身披覆黄晕的灯光，像一粒已经灌浆完毕的结实的稻子。

现在，奶奶沉入无边的死亡之黑中，像被我们弃掉的棉花壳一样的潮湿的黑中。而我们，蓬勃活着，在阳光或灯光之下，在光明的世界，在像棉花一样蓬松而洁白的人世。奶奶和我们，就这样从此分居在黑白分明的两个地带。

第二天，我早上上学，路过小村西边的牛屋边，看到水上漂着那个芦苇扎成的梯子，眼睛莫名有些生疼。那个芦苇梯子卡在伸到水面的野蔷薇枝丛里，风吹不走，漂了许多时日。后来，大约是充当榫卯的稻草先行腐烂，那个芦苇梯子终于散了架，一截一截，渐渐不见。而我们对奶奶的思念也化成了一块一块的时间片段、事件片段，叠到心底，埋到时间里。

许多年后，我想起那个芦苇的梯子，感慨生命恰如芦苇，脆弱易凋，可是又一茬一茬，春风吹又生，绵延恒久。有一回跟父亲提起那个芦苇梯子，我好奇地问父亲：奶奶爬上那个梯子要去屋顶干什么呢？

父亲笑说：那个梯子不是给奶奶爬的。

我一惊，更好奇了。

父亲又道：奶奶"头七回家"，不是孤身回家的，会有几个鬼魂陪同她回来。奶奶进家门，难免不舍，难免这里摸摸，那里看看，可是陪同的鬼魂会在门外催她，于是我们要扎一个梯子，供他们爬上爬下地玩。还有那个陶罐里放鸡蛋，也是让他们伸手进去摸，因为鸡蛋在罐子里滑动，又可以混混他们的时间……

剩下的夜晚和白天

啊，原来这样！我感叹不已。

果然奶奶已经是客。陪同她回家的另一个世界的人，已被父亲他们款待。我忽然发现，死别这样的大事，到了"头七回家"这个情节里，已经减重，有了一种童话般的轻盈和诙谐。我们心里通常所虚构和猜想的"鬼"是如此顽皮，如此贪玩，就像个孩子，他们像玩滑滑梯一样攀爬芦苇梯子，像捉鱼一样去捉陶罐里的鸡蛋。

也许，不是死亡变得轻了，是我们活着的人在慢慢放下死亡。既已死别，那么，接下来生的人还要向死而生，还要结实地生，把剩下的夜晚和白天填满，填成自己的疆土。生的人，懂得不能一直背负死别的沉重，他们相信在另一个世界里，故去的亲人将会再识新的友朋，结成旅伴，不再孤单。

好吧，你已不再孤单，我这边也且慢慢放下。

你来了。你是客人了。你从主人变成客人，我这边隆重以待。

可是，我们又多么理解奶奶作为一个新客人的心情，理解她的不舍，一如理解我们自己。所以用一种极具童话意味的爬梯子和摸鸡蛋来争取更长的时间，好让奶奶完成回望，完成告别……

办完奶奶的头七之后，奶奶的去世，终于被我们最后完整地确认。

这个世上，因为奶奶不再回来，所以永远没有奶奶了。

奶奶的坟离中学不远，直线距离大约只有几百米。上中学之后，我常常在上学或放学的时候稍稍绕点道，这样可以经过奶奶所在的那片坟地。奶奶的坟边，疏疏落落地还立有七八座坟，都是我们这个临水的小村里故去的老人。总计不到十座坟的这片坟地，坐落在一片微微起伏的沙地上，坟茔之间有村人种植玉米、花生、红薯，还有苎麻、棉花之类。

我经过那片坟地，像经过另一片没有人声的村庄，心里并不害怕。我想，如果没有奶奶，我经过这里大约是会害怕的。我相信奶奶隐居在另一个世界里，依旧像庄稼地上的阳光一样慈祥，也像她坟前生长的那两棵楮树一样硬朗。奶奶和庄稼在一起，和草木在一起，依然温暖有力，可以保护孙辈，就像从前一样。

我每次路过那样的坟地，都会在心底轻轻喊一声奶奶。她不再像"头七回家"那样带给我隐约的恐惧，她从鬼魂又转变成了另一种温暖有力的存在。我路过坟地，我遥望奶奶，奶奶成为我暂时还不能完全理解的一处生命地标。

奶奶走后，我似乎无师自通地学会做很多家事，细想想，到底还是从前跟在奶奶身边默默学会的。我会缝补衣服，知道选择同色的棉线，将开了口的衣服从反面缝缀。从前奶奶缝好衣服后，会在线头处打结，然后贴过脸，用牙咬断线，这个我也会。我从前看奶奶用嘴咬线，总以为那衣服是甜的，针线是甜的，待我自己咬线，才知道全是为了省事。我会生火做饭，坐在灶膛后面烧柴，火光熏得满脸汗水，我用毛巾擦汗，竟然全是奶奶从前在灶膛后面擦汗的姿势——毛巾搭在脖子上，右手撩起毛巾一端，迅即在脸庞上抹上一圈，像拖着毛笔画个圆。每个周末，我会把家里的脏鞋拎到屋后的长河边去洗，我蹲身在水边的捶衣石上，常常引得路人好奇地观望。他们大约见惯了我奶奶在河边洗衣洗菜，可是现在，捶衣石上的那个老人换成了一个十三四岁的姑娘。

曾经，奶奶在河边洗衣，棒槌抡起，在空中划出一条条弧线。水花溅落，水面圈圈波纹荡向远方，奶奶嵌在河水温柔的皱纹里，她的背影散发着一种不可捉摸的永恒之美。我或坐或立在奶奶身后的石阶上，看水里的淡墨色倒影，一个奶奶和一个孙女，还有婆娑的榆树和柳树，我们一起水墨画似的贴在一个平面上，空间感被抽去。如今，我蹲在捶衣石上，一边洗鞋，一边好奇细看自己的倒影。如那些或熟悉或半生不熟的路人所言，我的脸长得真有些像奶奶。微微摇晃在水底的那个墨色的面孔，因为是倒影，皮肤的颜色和质地都消隐不可辨，只有面庞的形状显得分外突出：我的微呈鹅蛋的上半张脸的脸型、我的长额头和美人尖发际线，这些都是属于奶奶的生命遗留。我心里一惊：奶奶不曾完全消失。我和奶奶，像水边的那棵柳树，一根主枝已然枯萎，可是底部又生出相似的嫩芽，嫩芽长大，抽出相似的柔长枝条，伸展出相似的眉形叶子。我和奶奶，一荣一枯，可是依旧生长在一起。在生命的隐秘处，纹理相接。

我还在长。我长得更高了，手脚更勤快了，力气更大了，奶奶丢下的那些家务，我一一接手过来，配合妈妈打理家中日常。在没有奶奶的日子里，我们一家四口的日子过得照样起承转合地流畅。我像一棵树，越发茂盛，把奶奶凋枯之后豁出来的那片空间一点一点地填补。除了我，父亲也在填补，母亲和弟弟也在填补。这个没有奶奶的家，像一只船，在短暂的歪斜之后，大家慢慢调整各自的落脚点，开始向着远方沉稳而轻捷地行驶，并且不时掀起欢快的浪花，从容迎送着乡间的日出日落。

而我，随着长大，越来越发现自己的性格也那么酷似奶奶。奶奶乐观、刚强，不轻易流泪。我也一样，我喜欢在寒冷的冬天独自穿过旷野，一个人去学校，或者去陌生的地方。我喜欢触摸那些冰冷的坚硬的事物，我喜欢跟貌似强悍的外物进行对峙，我不怕，我更不娇气。我常常失败，常常感到遭受冷落，可是我只愿意一个人向隅而泣，让流出的泪水再一点点流回到心底去。我和奶奶一样，都是骨头很硬的人。

在我们那个溪水一样安静而活泼的小村，奶奶走后，她的妯娌，她的同辈的村人也相继走了，一茬一茬的生命荣枯在轻吟般的流水声里完成。如今年轻人多半外出，小村的主人变成了我父母这一辈人。在外谋食的我，偶尔回乡，在长长的河堤上会遇见三三两两已经老去的旧时村人。他们常常惊诧于我的容貌变化，欣喜于认出了我是某某家的女儿，但是，他们从来没有说过我是谁谁的孙女。虽然他们从前无数回路过我家的屋后，跟我的奶奶在榆树荫下拉过无数回家常，但他们想不起提我的奶奶了。不过三十来年，我的奶奶像水一样彻底从时间的缝隙里漏掉了。

不过几十年，一个人，就归于荒芜。

我不忍任其荒芜下去，仿佛她的荒芜，便是我的生命一部分在枯萎。我似乎总在寻找一个结盟，我对所有有关奶奶的信息比从前更加感兴趣。因为我知道，再过几十年，待父亲和姑妈这一辈故去，这个世上记得奶奶的，只有我这一辈子。再随着父辈和我这一辈将来的生命之树凋零，我的无名的奶奶将彻底归于零。包括欢欣，包括悲伤，统统归于零。

我开始喜欢跟父亲打听奶奶的旧事，从奶奶的童年，到她最后的"头七回家"。我和父亲以这样的方式阅读奶奶，仿佛在阅读我们自己的一部分生命。听父亲微笑述说奶奶旧事时，仿佛奶奶还在我们的言语间生长，我们又成为一个茂盛的植物部落。

每回老家，回小镇，我喜欢逛菜市场。因为在菜市场，我常常能遇见在那里卖菜的我的表姑——奶奶娘家那边的嫡亲侄女。她比我姑妈长得还要像我的奶奶，高鼻，大眼，牙齿整齐，爱笑，说话声音洪亮。而且，表姑六十上下，和我少时眼里的奶奶年纪相仿。表姑爱种菜卖菜，也和我奶奶当年一样。每次路过表姑的摊位前，表姑总是一眼认出我，萝卜青菜，瓜类豆类，塞一大包给我。然后我们站着在嘈杂拥挤的菜市场里说一会儿话，说过她笑我也笑。我们都觉得亲切，大约我们都能在彼此的脸上找到我奶奶的影子。我暗暗问自己，我这样热衷去菜市场，内心隐隐盼着遇到表姑，是否也是一种迢迢地暗自寻访。奶奶从村庄里像水一样漏掉了，没有几人再记得她，她最后只是成为我们寥寥几个有着血缘联系的人内心的秘密，像方言一样，只被极少数人群所懂。

几十年后，当我不再寻访，当我也失去肉身重量，变得轻盈，那些和奶奶还尚有一点关联的夜晚与白天将彻底终结。可是，只要我还活着，就会和奶奶的一部分不断地相逢相识。人世便是这样辽阔，生命便是如此粗壮。

万象虚构

临时共处

黄在玉

一

老胡怎么也没想到，网上有句俏皮的流行语，会不经意间在他身上验证——来时好好的，回不去了。

阳春三月的江南，荠菜、春笋、藕带和芦笋并称四道时蔬。老胡清晨雷打不动地上农贸市场买菜带锻炼，一事两全。老胡前几天就发现市场里有了上述时蔬，回家和老伴闵婕商量后，今天一大早便买回所有食材，并协助闵婕包饺子、卤春笋。饺子一边包好，一边放进冰箱里冷冻。晚饭后，老胡打电话给女儿晓敏，问有没有人在家。晓敏说她在家呢。于是，老胡拎着冻饺，闵婕提着卤笋，给女儿女婿送去。他们老两口住西门的栖霞小区，女儿女婿住东门外的翡翠天境。他们路过峨溪公园时，遇见了闵婕的舞友成大姐。成大姐难得一次来得比闵婕早。

成大姐对闵婕说："马上就要开始了，你们拎着东西去哪？"她指的是广场舞就要开始了。

闵婕说："去女儿女婿家送点吃的，马上就来。"

老胡善解人意，说："那你就在这跳舞吧，我一个人送去，回头我们一道回家。"

闵婕说："那就辛苦你了，八点半散场，我等你。"

成大姐说："你家老胡真不错啊，对你没的说。"

闵婕笑道："那是，我等了他大半辈子，不好我能跟他嘛。"

老胡走到女儿家已微微冒汗，毕竟年岁不饶人。女儿晓敏为老胡开了门，并将食品接过去。老胡换上拖鞋，带上门，径直往沙发上坐下，交代女儿，饺子放冷冻室，笋子放冷藏室。

老胡没看到女婿，便问："小途还没回来啊？"

晓敏说："应该快了，找他有事？"

老胡说："也没什么事，随便问问。"

晓敏瞥了老爸一眼，心说：不就是想撞个南墙碰碰运气嘛，还跟我绕。

老胡对女婿小途那是相当满意。小途在一中当体育老师，不仅人长得高大帅气，还懂礼貌，正直，能干，而且爱好广泛，比如骑车、钓鱼、打羽毛球、下围棋等，业余生活丰富多彩。老胡家吃鱼一般不用买，什么鲫鱼、鳊鱼、混子（青鱼和草鱼的俗称）之类，女婿常往家里送，或者他和老伴顺道来取。唯一不满意的，就是他们结婚快两年了，还没添小孩。他问过晓敏好几次，晓敏只说，暂无计划，别无下文。趁今天过来，他想当着小途面，再次催催他们。过去是催婚，如今又催生，总是催来催去，何其烦人。可是，除了催，他们也没别的招数。其实，他私下里与亲家沟通过好几回了，大家只要有机会，便要做两个年轻人的工作，催两人抓紧生育，好让他们早点抱上孙子。趁他们几个老家伙身子骨还行，轮流帮他们带孩子多好啊。其实，两家合力催生至少一年多了，却丝毫不见成效，也不晓得问题究竟出在哪里。

晓敏怕老爸干等着急，除了给他沏茶、开电视，还给小途打电话，问他什么时候能回来，说老爸在家等他。小途问是否有急事，晓敏说估计是老生常谈的事。小途说他会尽快回来。

老胡坐沙发上看着电视，看热点新闻。关注国际形势是他早年养成的习惯。当前国际形势最大热点便是俄乌冲突。老胡是向着俄罗斯的，即所谓"挺俄派"，这一点他从来不隐瞒自己的观点。他希望俄罗斯能速战速决，尽快降服乌克兰。可是冲突已经一月有余，丝毫没有速决的苗头。他替人家俄罗斯着急，就像女儿当年没找对象如今没给他添外孙子一样，看着着急，可又没辙。

约莫过了四十分钟，小途风尘仆仆进了门。他叫了一声"爸"，遂换鞋、脱外衣，一边喊："晓敏，你出来一下。"

晓敏手拿一本杂志，不紧不慢地从卧室出来，问："有什么事吗？"

小途说："我们小区被封控了，只留一个进出口，而且只准进不许出。"

事发突然。晓敏杏眼绷得溜圆；老胡傻了眼。

"我刚才进来还没封啊。"老胡嘟囔说。

"就是刚刚，我进来的时候，已有人把守、登记，还有人在搭建临时工棚。"小途说着，进卫生间洗手。

"怎么回事？"晓敏追问着。

小途挤了洗手液一丝不苟地洗着手，水龙头"哗哗"作响。晓敏只得耐心等待。

"听说我们小区昨晚来了一位刚从疫情严重的城市回来的家伙，在他亲戚家吃了晚饭，今天发现那家伙核酸检测呈阳性，他亲戚家四口全部是密接者，都被隔离观察了，小区随后就被封控了。"小途洗完手出来，一口气说完。

"这么说，我回不去了。"老胡喃喃地说。

"回不去就住这里呗，既来之则安之，有什么大不了的。"晓敏轻描淡写地说。

"那你闵阿姨怎么办？让她一个人在家？"老胡有点担心。

"好办，她要是愿意，来这里也可以，想自由，一个人待家里也行啊。"晓敏说。

"还是晓敏说得对，就看阿姨怎么选择了。"小途附和道。

老胡立马给闵婕打电话，征求她的意见。可是，电话里的《太湖美》连唱三遍都没人接，他只好放弃，说："你阿姨在跳广场舞，估计是音响声音太大，听不见电话铃声。"

过了会儿，老胡又说没带降压药，问小途能不能买到。小途打电话给药店的熟人，熟人说可以送到小区门口，然后自己去取。老胡要了两盒缬沙坦分散片。小途很快将药取了回来。

他本想催生，却遇到这档子事，现在说肯定不合时宜，反正要住下，等有机会再说不迟。

二

明天，他俩约定的期限就到了，一盘好棋就要收官，游戏即将结束。

《离婚协议》早在他们办理结婚手续前就已准备好，签了字，放在床头柜抽屉里。一个月前，他们已到民政局婚姻登记处提交了离婚申请，今天冷静期结束，明天他们再去民政局履行一下手续即可。在民政局，他们给出的理由是感情破裂、已分居大半年；而给双方家长准备的理由却是性格不和，经常冷战，日子没法过，这也是他们不要小孩的可靠原因。届时，她将一手拖着拉杆箱，一手拎着旅行包，回到娘家。"一别两宽，各自安好"不适用他俩，因为他们一直两宽，各自安好。

早上，两个人都很平静，像以往一样，各自起床，各自处理自己的事情。

往常，男人烧水、拖地搞卫生、泡茶、洗漱，女人洗漱、化妆。然后出门各吃各的早点，分头去单位上班。中午，两个人都在各自单位吃饭。晚上，有饭局赶饭局，没饭局，他可以邀一两个朋友或同事上大排档；她也能约闺蜜或同事去刷麻辣烫。没有邀约时，就点外卖对付。有时，双方家人送来好吃的，他们也会在一起分享。虽然同在一个屋檐下，他们就是两个熟人，比较近的关系是"群友"。房子是他的，三室一厅一卫，他俩各占一间，剩余的那间是书房。书房和卫生间一样，两个人轮流进。逢节假日，他们便分头找哥们、闺蜜或同学、同事小聚或旅游……整整两年了，基本上都是这么过的，挺好的。只有在双方家长及亲朋好友的眼皮底下，他们才表现得像一对和睦的小夫妻。

两年前，他俩被逼无奈，才私下相会，私"定"了终身。

本来两个人根本不熟，都是经人介绍进了一个名叫"春谷懒虫"的交流群，才成为"群友"的。这个群里有二十多个不婚男女，当然，有人暂时不想结婚，也有人一辈子不想结婚。正因为他们都懒得结婚，所以群名才叫"春谷懒虫"。他们当中，绝大多数是大龄青年，少数是相对年轻的月光族单身狗。但凡有人"还俗"，就要主动退群，这是群规。只有他俩例外，虽然结婚了，却还待在群里，享受群友待遇。

有一天，她在群里咨询如何应对亲朋好友、单位同事的催婚逼婚和介绍相亲，她说她简直受不了来自各方的巨大压力，眼看就要崩溃，求大神们帮忙出个主意。于是，大家七嘴八舌说出各种计谋，有阳奉阴违计、抬高门槛计、苦肉计，还有装疯卖傻计等，全是老掉牙的别人玩过的东西，毫无新意。

这时，有个网名叫"艳阳天的雁"说：我倒有个主意，只不过实施起来比较麻烦。（微笑）

众人催他：别卖关子，快说吧。

艳阳天的雁：可用瞒天过海和金蝉脱壳之计，保证能过关。

众人又催：说具体一点。

艳阳天的雁：明里走结婚的程序，暗里签假结婚协议，过个一两年再堂而皇之离婚，可达目的。（微笑）

有人称赞：这个主意不错，想想都刺激。（调皮）

有人担心：这主意够馊的，假结婚，在一起同居两年？多尴尬啊。（尴尬）

也有人质疑：绝对是骚操作，走程序是要打结婚证的，那不也算结婚了嘛。

她说：这个鬼点子不错啊！不就是做一两年名义夫妻吗，换来一生不婚和清净，比较划算，我能接受。（调皮）

有人说：等你离了，催声又起，还是不得安宁。

她说：一旦离婚，就成了过期的二婚头，他们会催，但不会催得那么狠，时间长了，他们会麻木、疲劳，进而知难而退，彻底放弃的。哎，谁愿跟我玩玩？（色）

有人"艾特""艳阳天的雁"：就你吧，馊主意是你出的，你就舍身相陪，等你

们有了实践经验，再来与我们分享。（龇牙）

有人补充道：最好随时分享！

艳阳天的雁：行啊，但我有个条件，我们这样不算还俗，还要留在群里，可不可以？

群主"呆呆虫"当即拍板：当然可以！（OK）

于是，他俩约了时间、地点，线下见面。通过自我介绍，才知道男方叫屠小途，二十九岁，身高一米七九；女方叫胡晓敏，三十一岁，身高一米六四。双方表示眼缘不错，比较般配，志同道合，可以合作。他们商定了假戏真演的诸多事宜，签下两份协议后，去民政局办理了结婚手续；拍了婚纱照；择日大张旗鼓办了喜宴，并举行了既简约又热闹的婚礼。群主"呆呆虫"受邀莅临了婚礼现场，以示见证。就这样，除了极个别闺蜜、哥们知情外，双方家长以及亲朋好友欢天喜地，尽皆满意，这是他们群体的功劳，催婚成功的成就感和现场氛围带来的喜悦荡漾在每个人的脸上。

洞房之夜，她睡床上，他睡飘窗上，都睡得踏实、安稳，相安无事。之后，他们理所当然分开起居，严格履行协议条款。

通过交流，他们才相互得知，他属暂时不想结婚的人，就想趁年轻多玩玩，等玩够了，若遇到有缘人再恋爱结婚。她却是一辈子不想结婚的不婚主义者。只因从她记事起，父母几乎大吵三六九，小吵天天有，最终在她考上大学那年两人离婚。婚姻不幸的阴影早就烙在她心里，她发誓不要泥潭一样的婚姻，过一个人的小日子，远离家庭琐碎的烦恼。可亲朋好友和同事们都在为她操心，甚至软磨硬劝，见面必催，动之以情，晓之以理，让她烦不胜烦。她只好用此下策，以期蒙混过关。两年一晃而过，计划实施周全，东方既白，曙光在前。

不料，突如其来的疫情封控，打乱了一切。并且，她爸要住在这里，他就得和她住到一起，一来要逢场作戏，二来要腾出房间。当然，他们一个睡床上，一个睡飘窗，像新婚之夜那样，依然井水不犯河水。

三

峨溪公园不大，却地处闹市。马路对面左侧是大润发商业区，右侧是华亿商业大厦，吃喝玩乐购尽在其中。晚上，峨溪公园是广场舞爱好者扎堆的地方，有跳热身舞的，有跳交谊舞的，也有跳健身操的，还有跳劲舞的，五花八门，热闹非凡。

闵婕和成大姐是跳交谊舞的常客，有时候没有男伴相邀，她俩便搂着跳。闵婕

临时共处

身高一米七，成大姐不过一米六，二人搭档，倒也协调。她俩擅长旋三，跳起来相互借力，柔韧回环，宛若太极滑步。两个舞者融为一体，在音律里荡漾起来，宛如湖泊中起起伏伏的波浪。

兰姑子最爱看她俩跳舞，跟着她俩在人群里转悠，时而目不转睛，时而喜形于色。"噢嚎，跳得真好！""噢嚎，看得过瘾！"兰姑子说话一惊一乍，不少人说她脑筋不好，视她为异类。成大姐却说她一张嘴巴拉拉的，会讲得很。闵婕原本不认识兰姑子，是成大姐将兰姑子的故事讲给她听，她才留意起这个女人的。

兰姑子年轻时是个身材苗条模样标致的姑娘，在县轴承厂上班。早在她念初中时，就和一个高中男生好上了。男生参军后，两人通过鸿雁传书，谈了一年多恋爱。没承想，男生回来后却和别的女孩结了婚。兰姑子深受刺激，导致精神分裂，整天疯疯傻傻，穿着邋里邋遢，皮肤变得糙黑，至今孤身一人，与老母亲相依为命。很少有人知道她白天在哪里，在干什么，但她晚上除了雨雪天气外都会出现在峨溪公园。她不跳舞，在人群里来回穿梭，浪来浪去。她喜欢跟人搭讪，说些老县城里发生过的往事，比如南门河里淹死过哪些人，过境火车撞死过什么人，等等。她还喜欢拍男人肩膀，被拍的人会吓一跳。这时，女舞伴会拿男人开玩笑，说："兰姑子喜欢你了。"男人便摇头苦笑。大家都知道她是疯子，并不和她计较。

兰姑子第一次见到穿旗袍的闵婕，冷不丁在闵婕的翘臀上拍了一下，笑嘻嘻地说："噢嚎，鸭蛋脸配黄毛小波浪，还穿旗袍、别胸花，前凸后翘，漂亮，极品美女啊。"闵婕被她弄得很尴尬，很难为情。第二次相见，兰姑子眉飞色舞地说："美女哎，你打扮得好有个性，我就喜欢你哎。我要是男的，肯定会追你，像你这样，容易招蜂引蝶的。"闵婕听了越发难为情，也有点不爽，却不好发作。成大姐说："她没恶意的，你把她的话当耳旁风就行了。"有一次，闵婕见兰姑子靠近她，以为又要拍她屁股，她赶紧转身躲避，回头看见兰姑子站在那里，两眼泪水汪汪。闵婕于心不忍，便问她怎么了？兰姑子说："你是不是讨厌我？其实我不是疯子，即使是疯子，也不是武疯子，我又不打人不害人，我就是傻泡泡的，就是喜欢你哎。"闵婕竟然被感动了，上前一边安慰，一边掏出纸巾替兰姑子擦眼泪。

成大姐因忙家务且路远习惯性迟到，被兰姑子说成"迟到的春天"和"迟来的爱"。成大姐梳着盘发，喜欢穿红着绿，颇有文艺范，听兰姑子这么说她，笑得越发灿烂，戏称兰姑子真是"活宝"。

早到的闵婕会在一旁静静等待，时而看别人跳舞，时而看看手机。若有男舞伴邀请，她也会先跳一两曲。有位糟老头子，年逾耄耋，花白头发，肤如古铜，满脸的褶子，眼稍斜口略歪，但穿戴还算齐整，长袖白衬衫该扣的扣子全部扣上，时常

谷 雨（第一卷）

垂手站在一旁观舞。闵婕试探性邀请老人跳一曲，老人受宠若惊，随即和闵婕一道步入舞池，气定神闲地和闵婕翩翩起舞。舞毕，闵婕走出舞池，坐在花木周边的护栏条凳上，兰姑子冒了出来，挨在身边坐下，扭脸小声道："你是白天鹅，他是癞蛤蟆，别人都不愿跟他跳，就你主动找他跳。"

闵婕说："可不能这么说，尊重别人是起码的道德，何况人家是老人是长辈。"

"噢嚎，我讲错话了。"说着，兰姑子突然抽了自己一嘴巴，"你讲得对，是我缺德，嘴欠，不该这么讲长辈。"

闵婕有点蒙圈，狐疑地望着她，心想：她正常啊，懂情懂礼，听人劝，怎么会是疯子呢？莫不是她言谈举止异于常人，别人都说她疯了，三人成虎，所以她在别人眼里也就不正常了。

有时候，在闵婕和成大姐跳累了中场休息时，兰姑子便凑到跟前请她俩吃傻子瓜子或毛栗子。成大姐表示从来不吃零嘴。兰姑子双手伸向闵婕。闵婕不好意思吃，手直摇。兰姑子说："噢嚎，嫌弃我了呢。欸，我又不是'孬子'，我的东西都干干净净的，你放心吃，吃坏了找我。"闵婕反而却之不恭。

久而久之，闵婕从同情到有点喜欢她，还送她一件大半新的旗袍和两条牛仔裤。兰姑子将旗袍按在胸前，喜滋滋地说："噢，我穿这么漂亮的旗袍，说不定有男的要追我，嘻嘻。"

后来，倘若一天不见面，闵婕便向别人打听："兰姑子今天怎么没来？"

别人都用异样的目光看着她。有人开玩笑说："你是不是想她？"

闵婕坦诚地说："不瞒你说，没看到她还真有点想。"

今晚，闵婕就没看到兰姑子，问了几个人都说没看见。见她神情失落，成大姐安慰道："或许她遇到什么事就没来了，也正常啊。"

刚过八点半，一首《我在拉萨等你》播放完，终于曲终人散。闵婕和成大姐作别，她要等老胡一道回家。她掏出手机给老胡打电话，一看，里面竟然有四个老胡的未接来电。她赶紧拨过去："喂，到点了才看手机，刚知道你打了我几个电话，是不是有事？你现在在哪？"闵婕急切地问。

老胡说："我还在晓敏家里，他们小区被封控了，我现在出不去，你是回家还是来这里，随你便。"

"啊，小区被封控了，你出不来了，那我怎么办？去你那里就出不来了，我还是先回家吧，明天再决定是否去你那里，好吗？"闵婕的声音里夹杂着些许着急忙慌。

老胡说："好吧，你先回去，戴上口罩，注意安全。"

闵婕说:"好的,拜拜。"

闵婕一个人心神不宁地朝西边走去。半路上,听人议论,说傍晚有好几个小区被封控了,除了翡翠天境,轴承厂小区也是其中之一。难怪没见兰姑子来峨溪公园,她心里终于释然。

走到小区门口,闵婕欣喜地发现,栖霞小区没有被封,她赶紧给老胡发微信报平安。

四

他俩是有故事的人,他俩的婚姻来之不易。相对老胡而言,他们是半路夫妻;而对闵婕来说,他们是青梅竹马的"磨难"夫妻。老胡的一位作家朋友曾经记述了他俩颇具传奇色彩的爱情经历:

想到自己快年过半百还去"相亲",小婕撇嘴笑了笑;想到是去和少儿时的小伙伴相亲,小婕的心竟如少女般"砰砰"地跳。他也该到耳顺之年了,岁月如梭,光阴荏苒,这么多年过去了,他长什么样啊?少年时代的记忆碎片从她脑海深处翻腾起来,犹如海水涨潮,一股脑浮现在眼前。

他俩都是军人的后代,十来岁时,由于两人的父亲不约而同被调到一起工作,他们成了一个大院的孩子。男孩叫小光;女孩叫小婕。

李白有诗云:"郎骑竹马来,绕床弄青梅。同居长干里,两小无嫌猜。"李白虽是浪漫主义诗人,但其爱情诗的成就远不及白居易,他的这首《长干行》显然和《长恨歌》不可同日而语。而《长干行》的可贵之处在于,它衍生出两个耳熟能详的成语——青梅竹马,两小无猜。

他们算不算青梅竹马呢?在县人武部大院,在学校里,两个天真无邪的小屁孩,常在一起耳鬓厮磨,玩过家家、玩躲猫、玩泥巴、做作业、分好吃的,几乎形影不离。但他俩并非两小无猜,而是两小有猜。那时,父亲的同事们都当他俩是天造一对地设一双的金童玉女,双方父母在一次聚餐时当面订了"娃娃亲",两人听得真真切切,却懵懵懂懂。大人们只当是玩笑,谁也没当真。久而久之,渐渐长大的两个少男少女也似乎心照不宣。早熟的小婕,已然春心萌动,她时常含情脉脉地看着小光,关注他的一举一动;有意无意地疏远人家,用矜持掩饰少女的羞涩。只是小光呆如梁山伯,没有察觉。她的日记本上写满了纯情少女的心事,譬如,小光的装束、神情和举止言行,特别是小光看她的眼神、跟她说话的语气、留给她的印象等,一个细节也没放过。她跟妈妈学会了打毛线,偷偷地为小光织了一双露指手套，因为她注意到，小光的手一到冬季就要生冻疮。小光接到手套的第二天，回赠她一条碎花手绢，被她视为信物，珍藏至今。

读初二那年，小光的父亲从皖西调到皖南，小光到了一个陌生的地方生活、上学。小婕还在原地读书，经常放学后，找不见小伙伴，总在他们玩耍的地方发呆发傻，显得无比失落。逐渐长大的她多次幻想，他有一天会突然回到这里，出现在她面前，让她惊喜不已。可是，幻想终究没能化为现实，男孩仿佛天外来客，兀自来，待了几年又兀自去，杳然如烟。

多年来，两人如南极、北斗一样，天各一方，杳无音讯。长成棒小伙的小光子承父业，走进军营，成为一名英气勃勃的军人。后来，他通过努力考进军校，毕业后成为一名出色的军官。出落得亭亭玉立的小婕迟他两年也走进军营，同样经过军校培养，成为一名骄人的女军官。再后来，英俊潇洒的男军官和一名女医生结婚生子。而英姿飒爽的女军官为守儿时"娃娃亲"之约，一直未嫁。其实，她相亲的次数连她自己都记不清，后来麻木了，反正和谁都不来电，跟人家见面权当安慰心急如焚的家人们。她的心事，她的思念，她的柔情连同有限的记忆全部倾洒在几本精致的日记里。她想，或许他们之间今生真的有缘无分。

转眼，他们过了不惑之年，各自的父亲也都退离了工作岗位。转业到地方工作的小光和女医生终因感情危机而分道扬镳，爱河断流，缘到尽头，只一个"离"字最解脱。亲朋好友为他左牵线右搭桥，希望他尽快再续姻缘，可他不为所动，仿佛要紧闭自己那扇受伤的情感之门。而小婕几年前也同样转业，个人问题依然高不成低不就，熬成了华发剩女，已然是个"独身主义者"，其实，她似乎还在等待那个虚无缥缈的儿时缘分。

人生虽无常，却有机缘巧合。这年年初，他们的父亲有一位共同的老战友，无意中知道了两个人的现状，便有意撮合。他俩居然不约而同地开了窍，都答应见上一面，难道是缘分袭来，椰风挡不住了？

见面的刹那，两人都在心里一怔——真的是他（她）？！虽然他们的脸上都被无情的岁月刻上了一丝丝皱纹，他们的两鬓都已花白（小婕甚至成了"白毛女"，却从不染发，直至结婚时才将白发染成栗黄），但他们年少时的眼神和轮廓时隐时现，同居大院的旧时光，又在两人的心底油然泛起……

前缘再续，小婕扑在小光的怀里悲喜交加，泪流满面；小光将小婕紧紧搂住，心里早已五味杂陈。

小婕喃喃地说，我俩是订过娃娃亲的，你这个家伙怎么能要赖皮不要我呢？突然就跑不见了，音讯全无，让我等了这么久，等得好苦好累啊。

小光柔情地说，对不起啊，怪我粗心大意，是我一不小心把你弄丢了这么多年，算我欠你半辈子的情意，我会用后半生来还给你，陪伴你！

水到渠成，瓜熟蒂落。他俩很快登记结婚，成就一段美满姻缘。

有缘人的缘分到底有多长？谁能说得清道得明？往往，缘分是命运和上苍的安排，也是自己漫长的守候与等待，一旦时机成熟，缘分就像插上翅膀一样，绕得再远，依然会飞进你的怀抱。

小婕就是闵婕，小光便是老胡，老胡名叫胡曙光。这篇短文曾在本市文联的内刊上发表过，老胡一直珍藏着那本杂志。文章中提到老胡和前妻所生养的孩子便是晓敏。

五

老胡一觉醒来已是凌晨五点，窗外还是黎明之前。

皖南沿江一带的季节原本守时，四季分明。可是，近年来生物钟明显紊乱，春季少雨、夏季高温、冬季温暖，而秋季缩成了五指中的小拇指，甚至比小拇指还要短，像被无辜砍掉了一大截。

老胡不慌不忙起床穿好衣服，上厕所、烧水、洗漱。他有早睡早起的习惯，这个习惯是在部队养成的。早年在福建野战军当炮兵时是这样，考上军校也是这样，后来调回地方人武部还是这样，习惯成自然。他曾读过曾国藩传记和家书，知道"半圣"就爱起早，"半圣"认为"起早，尤千金妙方，长寿金丹也"。俗话说，早起的鸟有食吃……可见，起得早，活得好。他每天早起之后要跑步、打军体拳，做早操。看来今天不行了，昨晚，女儿女婿和夫人都交代他，最好不要下楼，以防病毒形成气溶胶传播。

天刚拂晓，小区里传来流动喇叭声，提醒全体居民上午七点至中午十二点戴好口罩下楼做核酸检测。老胡想：既然要下去做核酸检测，说明可以下楼，哪怕在小区内跑几圈也好。于是他戴好口罩，拿了钥匙，悄悄下楼，在小区里跑起来。刚跑不久就遇到了同道中人，陆陆续续至少十来个。军体拳是在小区转盘广场上练的，有点松垮，成了花拳绣腿。附近有人在搭建帆布棚，老胡猜想一定是核酸检测临时场所。

回到家中，女儿女婿还没起床。他便坐在沙发上看手机。闵婕已发来微信，问老胡需要什么，她可以去超市或农贸市场去买，然后送过去。

老胡：昨晚，晓敏从大润发网购了不少吃的喝的和用的，目前不缺什么，需要时再说。又问：你想不想过来？

闵婕：暂时不过去，我能自由出入，假如你们需要买什么，我能跑腿。

老胡回了个"OK"。

往下翻看，老胡发现已有关系非同一般的微友给他发来"早安"或"早上好"的小图片、小视频、一小段加表情的文字。早年他不屑这样问候来问候去，觉得没什么意思，还浪费时间、占用手机内存。自从发生疫情以来，他觉得战友、同学、朋友之间见面越来越少，各自生活越来越不易，每天通过微信问候一下也是一种常联系的方式，挺好。特别是当下，常与他联系的人原有二十多位，他用心甄选了十二位，这些人可谓相识不悔、久处不累、远离不忘的老友，坚持每天联系，翻看、回复，复制、粘贴，精心挑选图片、文字，确保每天不重复，忙得二一添作五。有谁一天没发来问候或没回复，他便心里嘀咕：什么情况？莫不是……

去年，他有一位老友，曾经是地方国企老总，每年建军节都要到人武部慰问；两人都是篮球爱好者，几次上场切磋过球技。因此两人结下真诚友谊。也就是三天没见回复，他去电询问，电话关机。不久，他看到一则市纪委监委网站发布的消息才知晓，那人已涉嫌严重违纪目前正接受调查，令他唏嘘不已。所以，大家约定俗成，倘若一天、两天没音讯，也无须打听，过三天就有必要打电话或视频聊天，确认一下，生怕谁出什么大事。因此，他再忙都要抽空或主动问候或一一回复。

闵婕曾笑话他，说每天能把这么枯燥、无聊的事坚持做下去，而且几年如一日，真不是一般的毅力。老胡咧嘴笑笑，说："就当每天打卡，没事找事干，起码相互之间知道这人还活得好好的。"

快八点了，老胡放下手机开始准备早餐。老胡烹饪有一手，在家一天三餐都是他做，闵婕插不上手。今天准备生煎饺子、荷包蛋，配热牛奶和橙子。

晓敏、小途先后起床、洗漱、吃早餐，两个人几无交流。况且，家里没有小孩，委实冷清。老胡也不便多话，闷头用餐，餐后洗涮。

昨晚，晓敏、小途分别联系了各自单位，领导都明确答复，住封控小区的一律居家办公。晓敏是文旅部门的公务员，小途是中学体育老师，实际上两个人居家都无须办公。于是，饭后晓敏进书房看书，给自己充电；小途看电视，先是浏览新闻频道，然后再看体育频道。

老胡洗涮完毕，提醒他俩得去小区广场做核酸检测。三人随即戴好口罩，一道去广场，同样一路无语。

广场上已排成了两条长队，秩序井然。

临时共处

晓敏做完即刻往回走，没有等小途和老胡。老胡看在眼里，觉得不对劲。回去的路上，老胡问小途："你俩吵架啦？"

小途说："没有啊。"

老胡暗舒一口气，说："看晓敏一直不声不响的，还以为你们闹别扭了。"

小途说："哪里，就那样，话少。"

老胡趁机问："你们都过三十了，怎么还不要孩子呢？"

小途说："这个我说了不算，得问晓敏。"

老胡嘟囔道："问她也是白问。"

回到家中，晓敏早进了书房，小途还是看电视。见老胡也想看，小途便问："爸，您想看什么频道，我给您调。"

老胡说："先看新闻，再看体育吧。"

新闻热点依然是"俄乌冲突"。

为了冲突双方谁是谁非问题，翁婿二人你一言我一语，抬起杠来，公说公有理婆说婆有理，都想说服对方，但都无法达到目的。两人嗓音越来越大，差点就脸红脖子粗了。

晓敏开门从书房探出头，一脸茫然，问："你们在干吗？"

两个男人立马停止争论。

小途说："没干嘛，我和爸在商讨国际局势，吵着你啦？不好意思哈。"

老胡赶紧附和："对对，我们在商讨国际局势，声音大了点哈。"

晓敏说："商讨国际局势还要大声嚷嚷？比嗓门吗？喊。"说完缩回书房，并关上房门。

老胡小声说："看体育频道吧，随便看什么都行。"

小途遂将电视调到央视五套，锁定北京冬奥会重播。

六

上午，"春谷懒虫"群里有人"艾特""艳阳天的雁"和"敏于行者"，问他们办理离婚手续是否顺畅；两年来有何得失，快跟大家分享，必须竹筒倒豆子，不得保留。"敏于行者"正是晓敏的网名。好几个人附和，没见回应，有人问：怎么还沉默不语了呢？

两个人一直没有回应。群里连续"艾特"，（疑问）的表情刷屏了。直到晚上十点多，他们才分头回应。

艳阳天的雁：对不起！各位，今天是本人报名参加抗疫志愿者第一天，防护服穿了一整天，白天很忙，没工夫看手机，迟复为歉！（抱拳）

敏于行者：跟大雁一样，我也是志愿者。我们所在的小区被封，昨天没法去民政局办手续，可能要延期，等这一波疫情结束再说。（微笑）

…………

呆呆虫：勿忘初衷。（调皮）

艳阳天的雁：初衷未改！（抱拳、憨笑）

敏于行者：初衷永恒！（OK、抱拳）

特殊时期，变化大于计划。昨晚睡觉前，他们都看到单位工作群里转发的关于征集志愿者的通知。晓敏当即在网上报名了。

她问小途："你去不去？"

小途说："当然去啊，待在家里弄不好要跟你爸干起来。"

晓敏"噗嗤"一笑："瞧你们两个大老爷这点出息，真服了你们！"

其实，两年来，他们住在一起假扮夫妻，并非乏善可陈。

举办婚礼后的第四天，他俩外出旅游。当然不是度蜜月，而是借机结伴纯玩。他们去贵州逛了五天，又去云南大理待了两天，所有费用AA。每天发照片到朋友圈，到"春谷懒虫"，回复群友疑问。

群友甲：二位外出旅游，晚上是啥模式？（调皮）

类似的问题早在他们结婚第二天就提问过。当时有群友问："洞房花烛夜，春宵一刻值千金，你们是怎么度过的？老实交代。（调皮、龇牙）"

敏于行者："看过《永不消逝的电波》没有？向李侠、何兰芬两位革命前辈学习呗。"

群友甲：哈哈，他们俩后来修成了正果，看来你们也想修成正果咯。（坏笑）

敏于行者：可能吗？喊！你们除了关心人家睡觉那点事，就不能问点别的？（撇嘴）

群友乙：孤男寡女同居一室，一点不为所动，除非大雁是唐僧转世、行者是宫雪花第二。（龇牙、捂脸）

艳阳天的雁：契约精神，必须恪守！（微笑）

他回复群友还是这句话，冠冕堂皇的理由，体现他言行一致。

这方面，晓敏对小途相当满意，尽管她没有也不想对他刻意了解，对他满意完全是无意中的感受。双方都是契约的履行者，对付催婚催育才是他们的共同目标。

每年寒暑假，小途都要外出旅游，而且骑游远行。目的地多是西部地区，新

临时共处

疆、西藏、青海、甘肃，适合骑行的地方基本上已跑遍，有的线路重复跑。他发回的照片和小视频令群友羡慕不已，有时也让群友为他担心，担心他在野外的安全和健康。此外，他还单独给晓敏发一些有意思的路遇、奇闻和三言两语的感受。回来也会和晓敏闲聊，回答晓敏的疑问，比如当地风俗、有些网上传闻是真是假以及吃喝拉撒住等。

他们相约远游的骑友来自全国各地。经常和小途相约的有三人，一个江西人、一个河南人，还有一个辽宁人，女的。四个人中两个是教师，一个是退休公务员，另一个是私企小老板；小途最年轻，辽宁人次之。

晓敏问："路上有美女拦车求搭载的吗？"

小途说："当然有，但不是拦我们的摩托车，而是拦自驾游的小车或货车。"

晓敏又问："晚上你们怎么睡？"

小途说："沿途有旅馆睡旅馆，没旅馆睡驿站，有时是一间空房子，地下有凉席，是别人留下的，像住大通铺，凑合一晚。"

晓敏说："有男有女，就没故事？"

小途期期艾艾说："可能……有吧，辽宁那女的好像……跟河南那男的有暧昧关系。"

晓敏说："不错啊，男女搭配，跑起来不累；再有艳遇就完美了。"

小途脸红了，嘟哝道："反正我没有艳遇……不知道跟你在一起算不算艳遇。"

晓敏说："既算也不算，按说本姑娘是你合法的老婆，你是我合法的老公，但却没有夫妻之实，算也是白遇。"

"白遇也是遇。"小途嘴不怂。

自从他们同居一室，小途外出总给她带点小礼物，像西藏的牦牛角梳、新疆的天珠手链、甘肃的苦水玫瑰和青海的茶卡盐雕等，真是心细如发。牦牛角梳就放在她的手提包里，对付她的披肩发特别顺手；天珠手链戴在右手腕上，与左手的腕表相辅相成；苦水玫瑰配龙井、红枣，每天美滋滋地品尝；白羊造型的茶卡盐雕摆放在她床头柜上，让属羊的她真心喜欢。

"欸，你我只是临时搭戏，你没必要每次都要给我带礼物，搞得我欠你好多人情，怪不好意思的。"晓敏觉得受之有愧。

"那等你外出旅游时，也可以给我带点小礼品，吃锅巴还蚕豆，那样就互不相欠了。"小途轻松化解晓敏的愧疚心态。

果然，晓敏出远差或旅游回来，也给小途带了礼物。比如领带、腰带、钱包、佛珠手串之类，也不管他是否喜欢，主要是还个人情罢了。然而，小途是体育老师，日常一身运动装，领带和腰带用不着；移动支付时代，钱包基本被淘汰；倒是佛珠手串爱不释手，走到哪戴到哪。

没过几天，疫情越来越严重，封控的小区也越来越多。原先喊人下楼集中做核酸检测，现在改为上门检测。晓敏被抽到检测组，协助医务人员收集被检测人的健康码信息。这项工作其实很累，楼上楼下来回跑，一天下来，个个腰酸腿疼。而小途被安排到物资调配组，负责给住户送政府配备的食品和外购商品，同样很累，很辛苦。夜晚回来，他俩抓紧洗漱，只简单交流几句，便很快各自沉睡。

七

老胡独自一人在女儿女婿家百无聊赖。早晨，老胡做好早餐，晓敏和小途匆匆吃完就下楼工作去了，他们半夜回来时，老胡已呼呼入睡。现在不准下楼锻炼，他只能在客厅舒展一下身躯，活动一下四肢，无法跑步，也不能打军体拳。除了干点家务，余下的时间一是和闵婕视频，二是看电视（主要看NBA录播），三是翻手机。他们家所在的栖霞小区也被封控了，闵婕同样困在家中。

"你要是早点来这边就好了。"老胡在视频里说。

"原本打算去的，没想到说封就封了，现在后悔也没用，巴不得早日解封。"闵婕说。其实，她根本没打算去，一个人自由自在不好吗？搂着空气哼着音乐也能跳舞。还有一个原因在她心里闪了一下——晓敏毕竟不是她亲生女儿，隔着一层肚皮呢。

"听晓敏说，没个把月解封不了。"老胡忧心地说。

"不就个把月嘛，挺挺就过去了。"闵婕觉得无所谓。

一晃十来天过去了，老胡感觉自己的体重在增加，站在落地电子秤上一称，果然重了近一公斤。

这天晚上，老胡不想早睡早起了，他想熬个夜，找找饥饿感，把体重控制住。小途十点之前到家，可晓敏还没回来，他们就一边看重播的体育赛事一边等。

老胡问："你爸妈他们还好吧？"

小途说："他们还好，小区也封了，不然我爸还要给我们送东西的。"

这边被封的第二天，小途爸曾送来几袋肉鱼蛋葱姜蒜一类的食品，还是老胡到小区门口的卡点处取回来的。两亲家隔着一道无形的门槛线，简单聊了几句，无暇说催生的事。非常时期，说也没用。

老胡说："现在政府隔两天配送的菜保我们吃足够了。你闵阿姨一个人也是同样一份，根本吃不了。"

小途说："应急物资也不好细分，只能每户一份，人口实在多的，可适当调剂。"

老胡说："政府做的没话说，起码让居家隔离的生活有保障。"

过了大约十来分钟，晓敏还没回来。小途拨打了电话。铃声响了很长时间才有人接："喂，你好！你是找胡晓敏吗？"不是晓敏的声音。

"你好！对，我找胡晓敏。我是她爱人，姓屠。"

"她刚才突然晕倒了，可能是劳累加闷热所致，我们给她掐了人中和脖颈，已经醒了，你最好过来一下。"对方报了所在小区的名称和位置。

"好，我马上就去。"

老胡也听到了通话的大致内容，急切地问："晓敏没事吧？"

小途说："没事，累着了，我马上过去。"

老胡说："我和你一道去吧。"

小途说："不用，您在家烧点开水，等我们就行。"

晓敏现在所在的小区在城北，有点远，去时搭别人的顺道车。他俩不在同一小区服务，况且，晓敏的核酸检测组流动性大，不像他，基本固定在一个比较大的小区之内。

摩托车风驰电掣，"呜呜"鸣响，平常要十来分钟，现在五六分钟就到了。孰料，晓敏刚才上吐下泻，在场的医生给她喝了藿香正气水，症状有所缓解。

晓敏瞄了小途一眼，虚弱地问："你怎么来啦？"

小途说："你是我老婆，我是你老公啊，当然要来啦。"

晓敏闭了闭眼睛，貌似交织着幸福和羞怯，是别人无法体会的那种感觉。忽然又冒出闪念：脸皮真厚，谁是你老婆？嘁！

大家建议送晓敏去红十字医院观察一晚。

"不用了，回家吧。"晓敏有气无力地说。

"还是去医院观察一晚吧，听话。"小途的口气不容置疑。

晓敏瞥了他一眼，轻声说："那就去吧，给我爸打个电话，免得他着急。"

小途给老胡打了电话，把晓敏的情况简要说了，强调没什么大问题，让他不要着急。

老胡问："要不要通知她妈？"

小途小声征求晓敏意见。晓敏说："不需要，没什么大病，何必搞得人人不安。"

来到医院，急诊医生做了诊断，开了药水输液。晓敏安然睡去。小途在一旁的椅子上凑合了半宿。

翌日，小途将晓敏送回家，交给老胡照料，自己去了服务小区。中午，小途给老胡打电话，询问晓敏的状况。老胡似乎不在状态，跑去问晓敏怎么样了，晓敏说好多了，下午打算去服务小区继续志愿者工作。小途听了老胡的复述，便让老胡把电话递给晓敏。

小途在电话里诘问："就不能多休息半天吗？养精蓄锐的道理不懂吗？"

听得出来，小途急眼了，于是晓敏答应下午在家休息，心想：这家伙是不是傻掉了，假戏真演，入戏太深……这样想着，不禁偷偷一乐。

老胡不在状态是一个突发情况所致。老胡早晨给那些每天相互打卡的微友发送或回复图片和文字，其中一人三天没信息了，让他有了某种不祥的预感。电话打过去，果然不是本人接的，而是那人的儿子接的，说他老爸感染了新冠，加上有糖尿病、高血压等基础疾病，经抢救无效，于昨天夜里去世了。老胡心情沉重，一边请家属节哀顺变，一边转了五百元过去，说疫情当前，不能前往吊唁，请家属代为祭奠。那人的儿子说，家父临终交代丧事从简，一律不收人情费，请胡叔见谅。

去世的人叫安文龙，是老胡当春谷县人武部军事参谋和副部长时结识的老朋友。安当时是县医院院长，也是老胡前妻的领导。老胡因负责征兵体检工作，多与之对接。他俩除了工作关系，私下关系也不错，老胡和前妻离婚前还征求过安的意见，是那种可以掏心掏肺的朋友。后来老胡转业到地方工作，而安当了卫生局局长，直至调离本地，他们依然保持联系和走动。

老胡将老安突然去世的事通过视频告诉闵婕，让她没事多锻炼，加强营养，提高免疫力，不要老是坐沙发上看电视，像个人肉马铃薯一样。

闵婕将手机放在适当的位置，然后做健身操给老胡看，哄得老胡竖起大拇指，连声喊好。

第二天，完全康复的晓敏被调整到本小区做志愿者，这样离家近，方便早出晚归。当初是因为本小区志愿者比较多，晓敏、小途才被分出去。晚上小途回来，晓敏才知道，是小途帮她找了相关领导，才把她调整回来的。晓敏瞟了小途一眼，甚为感动，道了声"谢谢啦"。

小途说："谢就免了，非常时期，希望能照顾好自己，保重身体。"

晓敏点点头。当他们分别躺下时，晓敏侧身盯着飘窗上的男人，久不能寐……

老胡得知志愿者可以自由出入小区，吃早餐时便对晓敏小途说自己也想当志愿者。

没等晓敏开口，小途先说："您已退休，岁数大了，血压又高，许多事您做不了。再者说，您万一感染了新冠，相对年轻人来说更麻烦。"

老胡看向晓敏，晓敏说："你女婿说得没错。"

老胡只好打消了念头，老老实实待在家中。

八

这是个多事之春。除了俄乌冲突和疫情暴发，三月二十一日还突发了东航空难，给人感觉是马尔萨斯的幽灵在作怪……

时间慢慢悠悠地过去，如病踏踏的老牛拖着破车一样，赶不动，只能缓慢前行。人间四月天，室外春光明媚，桃花妖娆、柳丝如绦、碧水映蓝天，以往游人熙攘的公园里毫无人气、车来车往的马路上空空荡荡、车水马龙的街道上冷冷清清。清明节不能上坟扫墓，今年已是第三个年头。偶尔贵如油的小雨淅淅沥沥地下，老胡就又腰待在窗前看雨，任思绪被淋湿而发霉。

封控四十多天后，小城终于实现了社会面"清零"，疫情得以控制，被封控的小区陆续解封，不少市民挂国旗、燃放烟花爆竹以示庆贺。

归心似箭的老胡回到家中。闵婕像小鸟一样依了上去。不抱不知道，一抱吓一跳，两个人都稍微发福了……当晚，他和闵婕重温了小别胜新婚的美妙感觉。

第二天上午，闵婕和成大姐相约晚上去峨溪公园跳舞。成大姐说要和播放音乐的人联系一下，省得到时候英雄跑白路。直到晚饭前，闵婕才接到成大姐回话，就一个字"中"！她高兴得像闯关成功的少女一样蹦了起来。

晚上七点，闵婕准时抵达峨溪公园。此时，公园里已有人群聚集，人们像笼子里飞出的鸟儿，飞到树林里，叽叽喳喳，欢呼雀跃。不少人在相互寒暄，或倾诉居家隔离的各种感受。也有人在声讨那个从疫情城市擅自回来还到处乱跑的家伙……

闵婕四处张望，一望成大姐，二望兰姑子。居家期间，她与成大姐隔三岔五或打电话或视频聊聊天，却无法与兰姑子取得联系，因为兰姑子没有手机。偶尔和成大姐聊到兰姑子，成大姐也说没法联系。

首支歌曲缓缓响起，为数不多的男女走进了概念中的舞池，跳起了慢三。正当闵婕翘首相望时，有人邀请她跳舞。她定睛一看，原来是那位耄耋老人。老人穿了一身笔挺的西装，配了玫红色领带，梳着背妆，精神矍铄。

闵婕眼睛一亮："是您啊。"

老者说："是我呀，差点死掉了，二世为人，抓紧跳舞。"

闵婕问："怎么了您，感染新冠了吗？"

老者道："那倒没有，在家宅了四十多天，差点憋死了，哈哈！"

闵婕夸张地仰脸一笑，说："哎哟妈哎，您老没憋死，差点笑死我了。"

一曲终了，闵婕见成大姐站在池边正专注地望着他们，便和老人分手，走向成大姐。

见闵婕朝她走来，成大姐莞尔一笑："又做善事了，给你点赞。"

闵婕瞪着桃花眼问："我做什么善事了？"

成大姐说："全场就你愿意陪老头跳舞，还不是做善事吗。"

闵婕笑靥如花，说："就这呀，我还以为捐款被你逮到了呢。"

第二曲开始了，她俩边跳边聊。聊着聊着就转到兰姑子身上。

成大姐说："你要是真的想她，我明天带你去她家看看。"

闵婕说："好啊，明天上午就去。"

回到家中，闵婕开始挑选衣裳和食品打算明天送给兰姑子。老胡问她看谁，明天再挑选不行吗。

闵婕说："一个挺可怜的朋友，女的，都说她脑筋不大好。"

老胡说："哦，那女的叫什么？"

闵婕说："讲，你不认识，指，你看不见，明天回来再告诉你。"

轴承厂小区位于小城东北部，离峨溪公园足有四五里远，难怪兰姑子每次来回都是骑一辆随便扔的破自行车。闵婕开车先接了成大姐。成大姐也带了礼物，说是带给兰姑子母亲的，他们曾经同住在南门外蔡家塘一带，是老街坊、旧相识。到了小区门口，成大姐向人打听，很快就知道了兰姑子家住哪里。成大姐叩着兰家防盗门，门里有人问："哪个？找谁？"

成大姐大声说："兰阿姨，是我，成一诺，请问兰姑子在家吗？"

开门的是一位白发老妪。成大姐又叫了一声"兰阿姨"，随即向闵婕介绍："这是兰阿姨，兰姑子妈妈。"

兰母说："快进来，快进来。"

进门后，成大姐说："这是闵婕，是兰姑子朋友，兰姑子在家吗？"

兰母说："在家在家。"又大声喊，"湘玉，你还不出来，你朋友来看你了！你们来就来，拎这么多东西干吗，哎哟，真是的。"

只听有人在房间里说："谁啊？我哪有什么朋友。"

房门开处，兰姑子出来了，一股淡淡的清香随之而来。她里面穿着旗袍，外面罩一件烟色开领线衫，盘了发髻，施了淡妆，显得优雅娴静。闵婕和成大姐惊愕不已，这哪是峨溪公园那个疯疯傻傻的兰姑子，分明是个有品位的资深都市丽人，除了肤色，其他方面不逊于她们多少。

兰姑子热情洋溢，说："哟，原来是你们两位，一位大姐，一位小妹，快请坐。"说着，转身去沏茶。沏好，双手端送给她俩。又给她母亲端来一杯白开水。

她俩虽然落座，但目光却未曾离开兰姑子。正疑惑呢，兰姑子笑道："你们看我觉得不对劲，是吧？"

她俩讪笑、点头，不知道怎么说才得体。

于是，兰姑子告诉她们，不久前，她经历了一场异乎寻常的蜕变，像蝉一样，从黑暗的地下艰难地爬出来，攀附在一棵老朽的树干上，使出平生的力气，慢慢从壳中挣脱出来，解除了束缚，终于变成了现在的兰姑子——兰湘玉，一个脑筋正常的女人。没想到，这一切要归功于四十多天的居家隔离！

封控第二天，她在家待不住，要往外跑，母亲没拉住。当她跑到小区门口，人家不让出去，还告诫她没戴口罩不能乱跑。她就找小区另外几个旁门，不料，旁门都被堵死。她试图翻墙或翻铁栅门，没能成功，还划破了手指和裤子。她只得在小区内浪了半天，口渴了、饿了才回家喝水、吃饭；吃喝完又出去浪，天黑才回家。中途有人让她去做核酸检测，她跟着去了。但她既没戴口罩，又不想排队，别人只好让她加塞。可是，她没有手机，也不记得身份证号码，没法做。有位戴眼镜的男大白让她回家取身份证来，她说她有身份证，但不知道放哪里了，让男大白去她家里帮忙找找。男大白哭笑不得。有知情人告诉男大白，说她脑筋不好，随她去吧。她在两排长队中间窜来窜去，一会拍男人肩膀，一会摸女人屁股，有人哄笑，有人尖叫，有人让她快滚蛋，不要在这里捣乱。她说这是公共场所，你能来，我也能来。社区女领导过来劝她回去，说这里有病毒，感染了会死掉，你没戴口罩，很危险。她被吓着了，才悻悻走开。翌日她就不敢出门了，也不让她母亲出门，说外面有病毒，染到了就死，太怕人。母亲要去做核酸检测，她靠在门上，不让开。之后，她整天躺在床上胡思乱想，一会上天，一会入地，一会在河里不停地划水，划得精疲力竭……三天三夜没能合眼，时常头痛欲裂，人瘦得脱了形。她母亲以为她病了，要送她去医院，却听说没有48小时核酸检测阴性证明不让进，只好含泪放弃。第四天，兰姑子突然起来要吃要喝，脸上也增添了火色。渐渐地，她母亲发现，兰姑子变得安静了，要么窝在沙发上看电视，要么在房间里悄悄打扮自己。后来，兰姑子完全正常了，见到家务活就做，反过来服侍母亲。她母亲喜极而泣，在她父亲遗像前作揖、念叨，感谢死老头子保佑了女儿。小区解封后，母亲问她怎么不出去走走？她感觉现在反而不好意思出去了，像高加林去卖馍，怕见熟人。

成、闵二人听了觉得不可思议，倘若不是亲眼所见，万万不能相信这是真的。成大姐说："这相当于凤凰涅槃，浴火重生，可喜可贺！"

闵婕也说："祝贺你重获新生！兰姐，真为你高兴。"

兰母乘兴对她俩说："承蒙你们看得起她，还来家里看她，你们就是她的贵人。往后请你们俩多带她出去玩玩，让她开开心心。另外，有合适的，就帮她介绍介绍，好让她成个家，老了也不孤单。"

兰姑子竟然羞红了脸，说："我妈真是闲吃萝卜淡操心，净想些不着调的事。"

成大姐说："阿姨你放心，我们一定会放在心上。"

"你们别听我妈瞎扯，不嫁人还不能活啦。"说着，兰姑子站起身，去拎水瓶要为她们续水，不料，水瓶里的水只够续一个人的。她赶紧去厨房烧水。

兰母对成大姐说："我家湘玉年轻时也是个呱呱叫的姑娘，你是晓得的，都是被那个姓胡的给害的。当时我和她爸要去上级人武部去告他，湘玉死活不让，说不能毁了人家的前程。"

成大姐睃了闵婕一眼，连忙对兰母说："阿姨，过去的事就让它过去，不要再提了。我们会为湘玉物色一个更好的人，你老人家放心吧。"

临别，她俩鼓励兰姑子要出去走走，一来活动筋骨，二来融入社会……虽然社会上有小人和冷漠的人，但有爱心有包容心的人更多。

兰姑子笑着点点头，说："本来我还担心人言可畏，听你们一说，我想通了，今晚就去峨溪公园，拜你们为师，学跳广场舞。"

闵婕说："那好啊，我们晚上不见不散。"

回去的路上，闵婕实在忍不住，问："她妈说姓胡的、人武部是怎么回事？我怎么感觉与我家老胡有关，是不是他？"

成大姐默然片刻，说："就是你家老胡，我之前没敢告诉你。"

九

这几天，"春谷懒虫"群里异常活跃，主要话题便是围绕"艳阳天的雁"和"敏于行者"展开。他俩的行为，让众群友大跌眼镜，也让人一言难尽。有人语重心长：不要信誓旦旦，世上再无唐三藏。有人振臂高呼：要捍卫尊严，做一个意志坚强的单身狗！……群情激奋，不一而足。

小区解封之初，热心的群友便"艾特""艳阳天的雁"和"敏于行者"，再次提醒他俩勿忘初衷，记得去办理离婚手续，尽快总结宝贵经验，好让有意者照葫芦画瓢。没承想，他俩竟然违背初衷，弄假成真——

敏于行者：敬告各位群友，我已骑着大雁飞入围城，城内风景独好，祈盼祝福！（抱拳、玫瑰）

艳阳天的雁：相遇两载，逢场作戏；同战疫情，患难与共；假戏真做，缘来真爱；愿与行者，永浴爱河。（憨笑）

艳阳天的雁跟着发了个满额的红包。红包三分钟被抢光。随之"恭喜""谢谢""新婚快乐""早生贵子"之类的道谢和祝词刷屏。

呆呆虫：首先祝福二位喜结秦晋之好！但此等行为已与初衷背道而驰，惟愿你们不离不弃，白头到老。（抱拳）

群友甲：果然如我所料，效仿李侠、何兰芬的戏路，假结婚后相爱，剧情通透，毫无新意。（撇嘴、调皮）

群友乙：原来你们将计就计——巧施瞒天过海计，最终金蝉脱壳，由单身狗变成了一对新人，都是套路啊，佩服！（强）

群友丙：送你们一副打油对联：一对狗男女，两个大叛徒。横批：滚出群去（龇牙、偷笑）

呆呆虫：现在我宣布，艳阳天的雁和敏于行者计谋失败！鉴于二人背离初衷，违反群规，故逐出本群，恕不想留，望你们好自为之！（再见）

于是，小途、晓敏双双道谢后主动退群。

时间回到那晚，晓敏侧身盯着飘窗上的男人，久不能寐。她觉得，这个男人有个性有主见有爱心，当然也有缺点，人无完人嘛……总之是个可以托付终身的人，机不可失，失不再来。她决定，收了他。

第二天晚上，小途洗漱完毕进到卧室，像往常一样默默走向飘窗，但见飘窗上空空如也。他疑惑地看向床上的晓敏："请问我的被褥哪里去了？"

晓敏红着脸说："被褥我收了，本姑娘还想收你的人，就问你从还是不从？"

小途有点发蒙，问："你什么意思？你是菩萨收妖精，还是女大王收喽啰？"

晓敏说："我学穆桂英收杨宗保，只要你从了，今晚就圆房。"

"那我要是不从呢？"

"不从很简单，解封我走人。"

"我从了，你不许后悔。"

"现在发誓不后悔没有用，我发过誓不想结婚，有用吗？关键是日后你给不给我后悔的机会，只要你不给我后悔的机会，我何来后悔？同样，我也不能让你有后悔的机会，这才是我们之间必要的承诺。"

谷雨（第一卷）

就这样，两人齐念"一、二、三"，同时撕掉了两岁多的《离婚协议》……一切都在悄然进行，白羊盐雕见证了他们的幸福美好时刻。

不久，晓敏的"大姨妈"没来，测试后，她发朋友圈：请各位长辈和即将升为长辈的注意了，本人造兽计划已实施，小神兽已在孕育中。（捂脸、跳跳、转圈）

亲朋好友们一片欢呼，一波波道喜的电话、微信接踵而至。

原本知情的闺蜜现在反而不知情了，惊讶不已，感觉遭遇背叛，立即致电质询：当初说好是假结婚，什么瞒天过海，金蝉脱壳，怎么突然就反转了？难不成是被那小子勾引、得逞了？

她嘿嘿一笑："那倒不是，是我突起色心，勾引了他。"

闺蜜损她："见过下贱的，没见过你这样贱不可赦的。"

小途同样发了朋友圈，小心翼翼地宣布自己就要当爸爸了。家人们终于舒了一口气。

那个知情的哥们一下子毛了，打来电话兴师问罪："你小子真要流氓了？"

小途淡定地说："不是，哥们，有句俗语，叫有心栽花花不发，无心插柳柳成荫，听说过吧？"

哥们借着清明打柳枝："好啊你，占了便宜又卖乖，要请我吃大餐啊，传授经验，助我脱单！"

小途说："没问题！"

晓敏妈打来电话，从一名资深妇产科医生的角度叮嘱晓敏，妊娠期间，哪些事不能做，哪些事可以做，哪些事一定要做。晓敏一一记下。

老胡也打来电话，说话吞吞吐吐、咪咪妈妈的，绕来绕去，不知所云。晓敏听得不耐烦，让他有什么话就直说。

老胡低声问："小途在不在你旁边？"

晓敏说："不在。"

老胡说："你和小途不是为了哄我们而假结婚吗？怎么又怀上孩子了？噢，有一天，你们不在家时，我找充电器，偶然看到了你们的协议书。"

晓敏说："嘿，你既然看到了协议书，怎么还那么淡定呢？"

老胡说："不瞒你说，小途那次跟我抬杠，我觉得他三观有问题，看到你们的协议书时我就想，幸好你们是假结婚；后来发现小途是真心对你好，我又希望你们能弄假成真，不要离婚。说实话，我就表面上淡定，内心一直很纠结。"

沉默片刻，晓敏说："人家跟你抬两句杠就扯到三观上，至于吗！"

老胡说："是不该扯上三观……现在你们既然怀了孩子，就说明你们不离婚了，

临时共处

是吧?"

"那你说呢?"晓敏反问。

"那我就放心了。"老胡如释重负。

十

老胡这几天心烦意乱,甚至焦头烂额。

闵婕从兰姑子家回来,便质问他当年和兰湘玉是怎么回事。老胡非常吃惊,说你怎么知道兰湘玉的。闵婕索性将如何认识兰姑子,直至上午去看望兰姑子的前前后后都倒给老胡听。老胡听后,顿时勾起了对陈年往事的回忆。

胡曙光参军前在春谷二中读高中,兰湘玉读初中。兰湘玉当年比较另类,喜欢男式着装,常将白衬衫或格子衬衫塞进直筒牛仔裤里,用皮带将裤腰扎住,走起路来昂首挺胸,马尾辫在脑后甩来甩去,嘴角自带微笑,像只骄傲的仔母鸡。只要她从人前走过,就会吸引众多目光。英气逼人的胡曙光喜欢打篮球,每逢篮球比赛,兰湘玉就是他们一方的啦啦队队长。中场休息,兰湘玉主动给胡曙光递毛巾擦汗,送茶水解渴。一来二去,两个人就好上了。只要放假,胡曙光便约兰湘玉要么看电影,要么看录像。毕业那年,胡曙光没能考上大学;兰湘玉没能考上高中。胡曙光子承父业去当兵。兰湘玉的父亲是县轴承厂职工,他找关系让女儿进厂当了临时工。两人鸿雁传书,谈起了恋爱。胡曙光考上军校,依然对兰湘玉一往情深,回来探亲时,两人越过雷池。胡曙光回部队后,兰湘玉发现自己怀了孕,赶紧写信给胡曙光,胡曙光回信,说现在还没到结婚的时候,让她把孩子做掉。兰湘玉请了一周病假,悄悄打掉了孩子。母亲服侍她,并让她一定要休息一个月。兰湘玉担心别人怀疑,一周后坚持上班去了。

不久,胡曙光由部队转到地方人武部工作时,公开了他和兰湘玉的恋情。胡曙光的母亲坚决不同意,说她儿子是堂堂的现役军官,怎么能娶一个工厂的临时工呢。她托人在县医院给儿子介绍了一名妇产科医生,逼胡曙光去相亲。胡曙光不敢和强势的母亲硬顶,只好去和女医生见面,企图敷衍了事。中午硬是被留在女方家吃饭,女方父母轮流陪胡曙光喝酒,将胡曙光灌得晕晕忽忽。饭后他就躺在女医生的床上休息,不小心生米煮成了熟饭。他和女医生很快成婚,以后便有了女儿晓敏。可是,日常生活中,他俩常因格格不入的脾性争吵不休,致使脆弱的小家庭最终走向分崩离析。

他还记得,他和女医生结婚前曾去蔡家塘找过兰湘玉,听兰家邻居说那丫头病得不轻，被她父母带到外地看病去了，没见着。第二次去，他将一封信托邻居转交给兰湘玉，信中跟她讲明了分手的原因，乞求谅解。从此，他们再未谋面。

这件事他想烂在肚里，过后没跟任何人提过，包括闵婕。

"你怎么能这样薄情寡义？你把人家害成什么样子你知道吗？"闵婕质问道。

"我确实对不起她，但你不知道我母亲脾气有多坏，不听她的，她会吵死人！我家老头子就是被她吵死的。"老胡的音调很低，他觉得很无奈，也很委屈。

"你把责任完全推给你母亲是不对的，你毕竟是个大男人，要有自己的主见。"

"我承认自己不对，对不起人家……我也不知道她后来怎么了。"

"她患了精神分裂症，一直有后遗症，没有成家，虽然现在恢复正常，但失去的人生已无法弥补……她妈妈说就是被你给害的。"

"哎哟，我哪知道会成这样……如今时过境迁，也无法偿还了。"

"老胡啊老胡，我要早知道你的人品变得这么差，我是不会等你半辈子的。"

老胡羞愧不已，他坐在沙发上，即使双手蒙面，也能感受到闵婕那蔑视的目光罩在他身上，并穿透他的皮囊，直射他阴暗潮湿的心房。

老胡设法打听到兰湘玉家就住在轴承厂小区，于是，他背着闵婕，戴上N95口罩，一个人骑单车找了过去。开门的是位老妇人，他估计是兰湘玉的母亲。

他问："请问老人家，这是兰湘玉的家吗？"

老人说："是的，你是？"

他说："噢，我是她过去厂里的同事，她在家吗？"

老人说："她不在家，她上班去了，你找她有什么事？我是她妈，等她回来我告诉她。"

他问："她在哪上班？"

老人说："说是在小燕子超市上班，还不是给人家打工。她本来不愿出门，怕见人。前几天来了两位朋友看她，帮她打开了心结，她才鼓足勇气出去的。"

他将一个笃厚的大信封递给老人，请她转交给兰湘玉，说这个是他多年前欠她的一笔债，现在还给她。老人问他叫什么名字？他说："您告诉湘玉，说那个人欠你的，她就知道我是谁。"

出了轴承厂小区大门，他要去小燕子超市，想看看兰湘玉现在到底是什么样子，但他不确定是否还能认出人家。小城的小燕子超市共有四家，分别在东、西、南、北四门。由于疏忽，他忘记问老人兰湘玉在哪个小燕子超市，他只得一家一家地跑，慢慢找。他先去了东门的小燕子超市，凭借旧时的记忆，从楼下找到楼上，始终没有看到轮廓差不多的穿工作服的中老年妇女。再去北门、西门和南门，也是一样边转悠边找人，还是没找着。他不死心，去前台向负责人打听，这里有没有一个叫兰湘玉的员工。南门店的负责人说没有。他又去西门店，还是没有。再去北门店，也没有。最后，他再次来到东门店，此刻他已汗流浃背、气喘吁吁。他问前台的女负责人："请问这里有个叫兰湘玉的员工吗？"

女负责人说："我们这里普通员工有好几十人，每天都有流动，我哪晓得每个员工的名字。"她扭头问离她比较近的女收银员："我们店里有个叫兰湘玉的吗？"

女收银员说："兰湘玉，噢，你是说兰姑子吧？她过去脑筋不好，前阵子突然好了，三天前来应聘上班的，应该在楼上化工日用品专柜那边。"

老胡道了谢，转身上楼去找。出了电梯，走过服装区和箱包区，他便看到离他几米远的地方，有个上了岁数的女员工正在给顾客介绍几种牙膏的性能。他先前来的时候曾与她擦身而过，还刻意看了她一眼，但根本没认出来，可能是大家都戴了口罩的原因。现在看她的眼神、举止和身材，确有几分旧时痕迹，几乎可以确定是她。岁月沧桑，人亦苍老，唯有情感压在心底，不消不涨……他在内心感慨。他放缓脚步，继而慢慢靠近，此刻，他犹豫着，权衡着，要不要上前跟她说话？是否与之相认？

"您好！请问想买什么？"是她在问他。

"我就看看。"他瞥她一眼，赶紧将目光移到货柜上，"噢，我买一瓶男士洗面奶，你给我推荐一款吧。"

她从货架上取来一瓶洁面乳递给他，说："这款不错，进口氨基酸、补水保湿、控油、深层清洁，应该适合您。"

他接过来，说声"谢谢！"便转身离去。他不敢久待，害怕自己不慎，会给她带来二次伤害。

付款时，女收银员问他："找到兰姑子了吗？"

老胡闪烁其词说："没、没有。"

他没觉得自己说谎，他认为，那个人不是兰姑子，而是兰湘玉！

女收银员嘀咕："奇了怪了，我亲眼看到她去楼上上班的，怎么就不在呢？"

出了超市，老胡刚打开自行车U形锁，忽然手机响了，是晓敏打来的。

"老爸，我妈去世了，你能不能跟我们去一趟芜城南郊殡仪馆？"

"怎么回事？怎么就突然去世了？"

"她前段时间被医院召回，有位产妇得了新冠肺炎，她不小心被感染了，没控制住病情，在ICU待了十几天，抢救无效，还是走了。"

"你怎么不早点告诉我？"

"早点告诉你有用吗?"

他好像被噎了一下,说:"我跟你们去,你们在哪?我马上就到。"

他刚赶到晓敏家楼下,手机又响起来。他下车,一手扶着车把,一手掏出手机,一看来电显示,却是闵婕。

"胡曙光你在哪?"

"我、我在晓敏家楼下,有事吗?"

"你能不能马上回来?我们该考虑考虑要不要离婚。"

"考虑离婚?扯淡吧你!我马上回不来,有急事!"

"你都出去老半天了,还有什么急事没办?你要是马上不回来,后果自负!"

老胡手机里传来一阵"嘟嘟嘟……"的忙音,他感觉血压在"腾腾"飙升,老脸像猪肝一样发紫,表情阴沉、凝重。

这时,小途将蓝色比亚迪唐新能源车开到老胡身边停下;晓敏探出头,绷着红肿的眼睛,用疑惑的目光打量着老胡。

老胡二话不说,毅然上了比亚迪。

临时共处

坟殇

周蕖

一

到镇上转转吧，或许能找到办法。

他撑着床沿斜着身体摸开关，"啪嗒"灯亮，压在身上的黑暗顿时消退。眯着眼坐在床头，定定神爬起来，穿睡衣套睡裤，他喜欢这样穿，不需衬衫衬裤，穿脱方便。走到窗前，拉开窗帘，外面黑乎乎，依稀看见庭院中桂花树影子在晃动。打开大门，伸手在外墙壁上揿亮庭院灯。庭院挺大，西边一排是卫生间和厨房，厨房和正屋的接头处搭着透明钢瓦，里面放着把藤躺椅。院墙边有块倒L形菜地，用砖块隔开，砖头粉着水泥贴着乳白色马赛克。菜地里种着蔬菜，有生菜、白菜、韭菜、大蒜、芸豆、萝卜等，武坤不打药水，不撒化肥，只用农家肥和菜籽饼做肥料，人吃一半，虫吃一半，反正他一个人也吃不掉。地面铺着水泥，拐角处长满青苔。桂花树靠近两窗之间，枝繁叶茂，像一把大伞撑在院里。圆柱形矮墙护住树根，墙上贴着灰色瓷砖。树上缀满一串串莲子似的果实，果实由绿色变成紫黑色便开始往下掉，歇两天不扫，地面铺了一层。

他胡乱洗漱一下，揪把生菜，到院门外鸡窝里摸两个鸡蛋，想想又放下一个，最近饭量不大。做了一碗生菜鸡蛋面，硬撑着吃完。去后面鱼塘抓几条鱼，留作中午吃。他不喜欢在镇上吃喝，总嫌外面饭菜不干净不好吃。搞东西除了送些给牛四，他很少卖，够吃就不干。出门时，天已大亮。走出门几步，又踅回家拿把雨伞，清明节前雨水多。

武坤穿着深蓝厚睡衣，右腋窝夹着折叠黄雨伞，头发乱蓬蓬，满脸褶子里结满烦恼和不快。

"嘎吱"一声，迎面停下一辆白色小车，村民委员会主任（后为叙述方便称"村主任"）戴着金边眼镜，笑嘻嘻走下来，老远掏出一支烟。武坤摆摆手。村主任和他儿子差不多大，住在镇上，开车上下班。

武叔，怎么还不进养老院呀？村里有镇上有，您随便进。

武坤脖子一梗，我在家快活得很，想玩就玩，想吃什么就吃什么，干吗要受拘束，干吗要花那冤枉钱？

您误解了，花不了多少钱，政府出大头，专门照顾农村留守老人。有人陪您玩，有人给您烧饭，生病有人帮您看。住在家里我们不好照应，假如像李叔……

死不了，放心，谢谢村主任美意。武坤丢下一句，继续往前走。

村主任咧嘴苦笑，摇摇头上了车。

武坤知道村主任为他好。老吴走了，老李走了，村庄就他一人。他们仨是发小，像一家人，能讲得来。经常在一块干酒，有好吃的一起吃，有好玩的一起玩。几年前老吴去儿子家带孙子。老伴死得早。儿子媳妇搞装修，加班加点，牙齿熬出血，在大城市贷款买了房，就是想孩子能上优质学校。老吴不想走也得走，无条件服从，能帮一把是一把。前年见过面，他过得很不好，像从绳子上放下来的。一见面，老吴紧紧捉住手，生怕他跑掉，眼里噙满泪花，老伙计，我做梦都想回家，真不想走啊。唉！没想到离开村庄没几年就死了，骨灰送到村里安葬。

老李身体差，不能干活，可能年轻时累坏了。老婆年轻时跟人跑掉，是他不离不弃拼死拼活养大一双儿女。他住在老屋，自己照顾自己，不想进养老院，不想和儿女住一起，怕增加负担。他们蜗居大城市，房子还欠贷款，起早摸黑，生活不容易。可儿女们不放心，不容分说，强行把他送进养老院，临走把家里所有的门都封死了。去年夏天一觉睡死了，儿女连夜赶回，捶胸顿足，哭得死去活来。医生检查是心脏病突发，如果住在家里，臭掉也没人知道。

武坤知道，他们仨都不想分开，都不想离开祖祖辈辈生活的村庄，可天不遂人愿啊。儿子一家在广州开店，不去帮忙哪行。老伴在儿子家做免费保姆，烧锅做饭抹桌扫地什么事都做。武坤也想住在儿子家帮衬帮衬老伴，一家人在一起，享受天伦之乐多好，但他实在看不惯儿子一家。媳妇在家像个皇后，踢倒油瓶都不扶，颐指气使，叫儿子向东，儿子不敢向西，稍不如意就甩脸色发脾气。儿子大气也不敢出，赶紧满脸堆笑哄。老伴从早忙到晚，他们眼睛就像瞎了一样，从不知道帮忙，不知道怜惜，更不知道感恩，好像一切都是应该的。他们饭碗一丢，不是靠在沙发上，就是躺到床上，打麻将，看电视，玩游戏，从来没有谁关心一下老伴。武坤私下严厉批评过儿子，可儿子根本听不进去。

天总是不开笑脸，油烟老是呛鼻，门窗整天关得死死。武坤心里堵得慌，身体一天比一天差。脖子扭扭骨节咔咔响；爬爬楼梯膝盖骨就抗议；看东西模模糊糊；咬硬物牙齿酸疼；耳朵蝉鸣听不清楚；刚刚讲的事一眨眼就忘；鸡还没叫就醒了，

坟
殇

再也睡不着。到医院做了各项检查，也没查出什么毛病。只有老伴知道病因，心疼他，她说你最好离开，不然死了都不知道怎么死的。

住哪呢？他想和女儿住一起，但不现实。女儿嫁到邻村，就随男方家去上海打工。房子是租的，很小，一家人挤在一起，他怎么好意思住那。

干脆回老家。重新维修老瓦房，安了网线。种种菜，养养花，钓钓鱼，扳扳虾，逛逛田园。累了，把躺椅搬到桂花树下，玩手机，听音乐，自找乐趣。说来真怪，自从回到村里，头昏耳鸣，眼花腰疼，等等，那些臭毛病竟然慢慢消失，腿也比以前有劲。还是老家好。

当地风俗，清明上坟上在前，最迟不能超过清明节。临近清明节，没想到，镇上公墓也比较冷清。

武坤倒剪双手，撅着屁股，在公墓窄小的过道里，一坨一坨走，四处张望，企图有所发现。坟墓挨坟墓，一排接一排，满满当当，找不到安葬空隙，想不到镇上公墓也人满为患。叹息着继续寻找，无意中瞥见拐角处两座新坟，周围打扫得干干净净，坟墓上靠满了崭新的花圈。走近才知道，一座是刚迁到这里的牛四家祖坟，另一座竟然是牛四坟。花圈上有牛四儿子媳妇名字，有孙子孙女名字，有好多他不认识的名字，奇怪，还有他武坤名字。这是怎么回事呢？

武坤和牛四是老友，每次上街，都要到牛四那挂一卯，送点自产蔬菜鱼虾，只要没事，一起动手做饭烧菜。有时牛四也下乡来。喝喝酒，谈谈天。牛四儿子大学毕业，在大连找到工作，谈的对象也是大连人。儿子结婚后和岳父母住一起，全家相处很好。孙子是丈母娘一手带大的，根本没他和老伴的事。他和老伴去过儿子家，总感觉那不是自己家，坐也不是，站也不是，浑身不自在。老伴死后，儿子儿媳叫牛四去大连，便于照顾。他不肯，他说，我土生土长在这里，生是这里人，死是这里鬼，牛四非要住在镇上祖父留下来的老屋里。

半个月没见，难道牛四死了，死了怎么也没人告诉他？武坤唏嘘不已。

他蹲下身，端详墓碑上雕刻的牛四标准像，意外发现碑下有一个二维码图案。武坤不假思索，掏出手机扫几下，就入了群，原来是牛四家庭微信群。

老朋友，你怎么跑进来了？牛四在群里用语音说。千真万确是牛四声音。

咦？你不是？我看见你坟墓，正准备去买纸钱，为你——

哼！我要是死了，谁会跑那么远上坟？这里不方便，私聊吧。

你没死，上啥坟？

趁我还活着，自己给自己上坟。我为先祖和自己买块墓地，砌两个坟，自己摆上花圈，烧完纸钱，放完爆竹，再拍几张图片保存。到了清明冬至，我就发到家庭

谷雨（第一卷）

群里，督促儿孙们上坟。在群里上香，点烛，献花，放鞭炮，躺在床上，动动手指，发发图片就行，现在儿孙们忙呀。唉！这年头……

那你在墓碑刻上二维码图案，是什么意思？

我怕后来流浪到外地的子孙回来，找不到家啊。呵呵，扫码就能进家多好，多方便啊。

那你为什么写上我的名字？

你是我的好友啊。我买了花圈写上你的名字，省得劳驾你。只要是我的好友都这样做，算作他们为我上坟。

牛四的话让武坤眼睛一亮，堵在他心中的疙瘩立刻解开。之前，他也想在网上建个纪念馆，但那方法太麻烦。要先输入逝者的姓名，出生时间，去世时间，等等，要一个一个来祭奠，儿孙们哪有那好记性。

<h1 style="text-align:center">二</h1>

离清明节还有半个月，武坤就打儿子电话，要求儿子安排好事情，赶回家上坟。再不回来，先人坟墓葬在哪都不知道了。他想好，打完儿子电话，还要打女儿电话。今年情况特殊，上坟，人人都要回家，要开个好头，要一直延续下去，不能中断。武坤认为，自己坚持上坟，是父亲言传身教的结果。父亲过世后，自己没有带着孩子们上坟，这是他过错。他活在世上，孩子们都不上坟，他死了，他们还会上坟，还会记住先辈？直到现在，他才理解父亲的良苦用心。活是干不完的，钱是赚不尽的，离家远不是理由。爷爷影响父亲，父亲影响他，他也要影响他的儿女们。

儿子在广州干得不错，买了房买了车。女儿家长期在上海打工。他们已经忘记老家。春节到了，儿子女儿打武坤电话，抢着叫他去过年。武坤摇着头说，哪儿也不去，我要上坟。父亲在世时，每次和叔伯们上坟，都带着他。那时候他们每次去，都要对祖坟进行清理。砍掉杂树拔除野草。坟头泥帽子风化了，得重新挖个坛口大的新帽子戴上。后来父亲手头宽裕，一人出资，不声不响把祖坟用砖块砌起来，浇上水泥。坟头竖起一块大石碑，上面刻着密密麻麻的名字。又在祖坟后面亲手栽上一棵柳树。

电话打通，儿子没接，再打还是没接。那事之后，他就不打儿子电话，儿子也不打他电话，说不到一块来。有事通过老伴电话转达。这次必须打儿子电话，必须和儿子当面说，咱老武家事，他不想绕弯子。

坟殇

电话终于打通，武坤声音里带着火药味，他没有任何寒暄，直接下达命令，要他清明节前一定要赶回家上坟。

儿子好像没缓过神来，老半天才说，老爸呀，你是不是头脑发热？你在家上上坟就行了，干吗绑我们上坟？就为了在几个坟墓边烧几张纸，放几挂鞭炮，你让我来回折腾。难道你不知道广州回老家一来一回有几千公里要花多少钱吗？你知道我走了豆腐店的损失有多大？这豆腐店还开不开？我整天忙得分不清丫头还是小子，你以为我闲？话又说回来，就是我想回去，媳妇能放我走？

蠢子！难道挣钱比孝心重要？电视上说，有人不远万里从国外赶回老家上坟，难道你比人家远，比人家忙？但儿子说话太快，快得像连珠炮，容不得他还击。儿子一停，武坤立马开炮，叭叭叭说完，对方毫无反应。原来儿子闭嘴时手机也紧跟着闭嘴。武坤气得浑身发抖。

冷静一想，这种态度也在他意料之中，说明那件事在儿子心中生了根。

那时候老吴老李还在村里，常常一起喝酒谈心。一天晚上，酒酣耳热，他突然叹一口气，对老吴老李说，假如我们死了或得绝症，儿女们会不会回来？三人争论半天，意见不一。思来想去，武坤决定拿自己试验，设局诳儿女，不就是来回花点钱嘛，儿女们多年没回家，算作过年回家一趟，没什么大不了。

于是老吴当着武坤面给他儿子打电话，你爸不行了。

儿子颤声问，真的吗，什么病？

胰腺癌晚期。

有没有搞错？大医院确诊了吗？在家还是在医院？怎么不治疗？

大医院专家会诊说恶性没法治。老吴开着免提，声音听得清清楚楚。武坤故意关机。

过了一会，儿子打老李电话，老李说你爸一直瞒着你们，赶紧回家，晚了可能送不了终。

同样的方法打了武坤女儿，女儿一听就大哭起来。

第二天上午，儿子女儿一家先后回村。儿子走进院门，发现院里院外干净整齐，厨房排气管往外冒烟，老爸挥动锅铲在多年不用的大铁锅中翻来翻去。吴叔李叔在正屋和厨房之间穿梭，桌子上酒杯碗筷摆得整整齐齐。看见儿子一家，老吴干咳一声，老李抓抓头，齐声笑起来。听到哈哈笑声，武坤握着锅铲走出来，瞥瞥儿子一家，呵呵，回来就好，我还以为你们忘记老家了。他摸皮皮头，孙子扭头躲闪。拉苗苗手，孙女跑到妈妈背后。直到每人塞了一张百元大钞，才换来两声爷爷。

不一会，女儿女婿也跨进门。

媳妇吊着脸，鼻子不是鼻子；儿子鼓着嘴，脸不是脸。武坤绷着脸指着儿女说，有什么好生气的，能耽误你们多少时间，能花你们多少钱？就当你们过年回来买东西孝敬我一回还不行吗？

儿子心胸狭窄，有奶就是娘，一切向钱看。吃过一次亏，能记恨一辈子，没指望了，不如放弃。怪谁呢，年轻时，他只顾挣钱，对儿子疏于管教。看来，只有在孙子身上做文章。孙子皮皮今年十岁，上四年级，从小到大，拉屎撒尿，穿衣吃饭，上学放学，来回接送，都离不开老伴。老伴的话应该管用。只要皮皮想回老家，谁也挡不住。孙女苗苗肯定要跟着回，说不定儿子媳妇也得跟着回。如果儿子媳妇确实没时间，也会叫老伴带孙子孙女回来。于是武坤打老伴电话，叫她想办法把皮皮搞定。打电话前，他查看了日历，今年清明放三天假，来回坐动车，不耽误上学。老伴沉默一会儿说，我试试看，你等我回话。

第二天晚上老伴打来电话，说皮皮要和他视频。武坤高兴得合不拢嘴，笑着说稍等。这次老伴真花了心思，真下了功夫，他很感激。孙子向来不喜欢他，讨厌他，恨他多嘴。从不和他直接通话，更不会和他视频。他想孙子，只能通过老伴。老伴有时趁孙子不注意，用手机屏幕对着他照一照。如果让孙子发现，他会迅速闪开，用屁股对着武坤。孙子是小皇帝，一家人都围着他转。

武坤奔到卫生间，洗脸刷牙，手脸抹了鱼肝油，脱下睡衣，衣柜里掏出中山装穿上。他要给孙子留个好印象。

视频打开，啊！皮皮长高了，又白又嫩。黑色的蘑菇头，小脸胖嘟嘟的，一笑两个酒窝。武坤故意做个鬼脸，引孙子发笑。爷爷爷爷，皮皮看着他甜甜地叫。武坤嗯嗯不断，心里像喝了蜜一样。看来，孙子长大了，比儿子强得多，孙子大有希望。

老家有汉堡、薯条、冰激凌吗？

没有！你要吃——

村里没有，镇上有，但不想买。他认为这些食品吃多了不好，没有自家的鸡鸭蛋、山芋和花生好吃。

有游戏机打，有短视频看吗？

没有！我带你——

他故意这样说，其实镇上有游戏机，家里有网络电视。他觉得打游戏会上瘾，影响学习；短视频一闪而过，快餐文化，对孩子没益处。趁这次上坟之机，他想带孩子去田野里转一转，感受一下田园风光；去小河边走一走，跟他们讲一讲先祖的

坟殇

故事。将来可能找不到自己的根了，希望他们不要忘本。

那上坟你给多少钱？

上坟给啥钱？但你需要——

呵呵，上坟给钱，拿钱买你上坟，上坟不就变味了吗？不知道老伴是怎么忽悠孙子的，他气得发笑。

上坟可以不上学吗？我不想上学。

这时，孙女苗苗在视频中露出头来，吵着说，那我也要去上坟，我也不想上学，天天上学烦死了！

不念书哪行，将来哪有饭吃啊，你们要——

那上坟有什么意思？是你爸爸，是你爷爷，又不是我爸爸我爷爷，不去了，哈哈……

皮皮的问话极快，武坤没讲完，就被孙子生生斩断。武坤努力克制自己情绪，清清嗓子，等孙子停下来，准备耐心地跟他讲上坟意义，告诉孙子，祖父祖母叫什么名字，曾祖父曾祖母叫什么名字。哪知道，武坤话还没讲几句，突然发现手机黑屏。问老伴，老伴说皮皮不耐烦，摁掉了，把手机扔给她，边跑边摇着头说，不回老家，没意思。

跟他爸一个德性！

武坤的心仿佛掉到冰窖里。他本来还想打女儿电话，现在突然没了动力。他们这里有个不成文规定，家有儿子，儿子孙子上坟，女儿不作要求。没有儿子才要求女儿上坟。现在儿子孙子都不上坟，他有什么理由要求女儿来上坟呢？武坤暗自落泪。

三

他们不回，咱一个人上坟！武坤一骨碌从床上爬起。

老天垮着脸，似刚刚哭过，泪水化作雾，化作烟，像幽灵一样在村庄，在田野，在山峦，飘来荡去，似乎在寻找什么。他挑着担子，扁担一头是小划盆，另一头是竹篮和锹。好像这些东西特别重，把他的腰都压弯了。

小划盆是祖父留下来的，多年没有油漆过，留下许多岁月的痕迹。小时候，武坤用它摘菱角，父亲用它放鹅鸭，现在只能用来上祖坟。他想把它再漆一次，可又不想漆，它也用不长了。

篮子上面压着一把锹，锹下面有鞭炮冥钱和写着书名的金纸。冥钱里有仿人民币、美元、金元宝和金条。金纸和书一样大小，上面写着中外近代出版的经典书名，有文学的，有史学的，有哲学的，等等。先祖们没有看过。祭奠的物品，是武坤特地上街买的。经典著作名，武坤先在手机上搜到，再一笔一画写在金纸上。从父亲那一代往上溯，先辈们都喜欢看书。他家是远近闻名的书香门第。武氏家谱，都是这一房先祖修的。没想到，到他这一代中断了。他不喜欢看书，没事就捧个手机打发时间。到儿子和孙子辈就更坏，除了喜欢钱，啥也不喜欢。

路上没有人，空旷的田野沉默着，弯弯的小河沉默着。武坤伛偻着腰，挑着划盆和竹篮，裹挟着一团烟雨，在河埂上踽踽独行。

祖坟离家二里多，在小河里的一块陆地上，老远就能看见。那棵柳树差不多有水桶粗，像一把大伞撑开，时刻为祖坟遮风挡雨。那水渚以前有一条埂连着河坝，由于年久失修，这条埂已经看不见。上坟只能靠小划盆过去。

武坤曾经问过父亲，祖坟为什么要葬在那里？父亲说，很早以前那里不是小河，是他家田地，后来小河扩建，把它圈了进去。

祖坟是祖父母、曾祖父曾祖母和高祖父高祖母的合葬坟，在渚上很突出，高高隆起的坟包抹了厚厚的水泥。墓碑上刻的晚辈名字，到武坤这一代就截止。武坤想把高祖后来的子孙全部补充上去，始终未能如愿。怪谁呢，除了武坤，谁也不上祖坟。武坤长叹一声，有的后代早就搬出村子，不知去向何方，武氏修谱也不参加；有的在大城市工作，全家定居在那里，从来不回村；有的在外地打工，过年也不回家，就是回家也不上坟。彼此从不联系，更不走动。他们为何不回老家，对修谱不感兴趣？是不是他们认为，没有儿子，或者说，虽然目前有儿子，将来也不一定有孙子，还回什么老家，还修什么谱？

上完祖坟，把小划盆放在家里，又马不停蹄奔到屋后上父母坟。父母坟在公墓里。近年，政府划定一块地，村里过世的人不得到处乱葬，要集中安放在一块。

一排排坟墓挤在一起，一个挨着一个，在烟雨中静默着。墓道狭窄，只能一人行走。如果再有人死了，都不知道往哪安葬。武坤在湿漉漉的墓道里缓缓走着，左右张望，仔细察看，心情沉重。没看到鞭炮纸钱燃烧后的新鲜灰烬。有的墓长年没人扫，坟头长满了野草；有的墓从残留的灰烬来判断，还是去年底来的。就连去年过世的老吴老李，也没人来上坟。两座新坟，一个在东边，一个在西边，默默相对，两相无言。

公墓里静悄悄的，只有野草在寒风中哭泣。

武坤看不下去，丢下竹篮和锹，奔到村里，一家一家敲门，大喊他们上坟。呐喊声惊起一群乌鸦，"哇哇"叫着在村庄上空盘旋。村里哪还有人，家家落满树叶，

坟
殇

门窗紧闭，有的门窗锈迹斑斑。

熟识的故人太多，武坤实在照顾不过来，只能匀一些冥钱，给老吴老李烧了。他觉得他们没死，不久前还在一起聊天呢，怎么会死？音容笑貌还在他脑海里回荡。恍惚间，他仿佛听到老吴老李在感谢他，老朋友，多谢了！多谢了！上完老吴老李坟，再去上父母坟，清理一下坟墓，烧了冥钱，放了鞭炮，在坟头潮湿的水泥地上磕几个头。

细雨还在下，这比头发丝还细的雨，淋不透他的皮夹克，却淋透了他的心。他的眼前一片模糊。据消息灵通人士说，这一带要搞开发，将要成为工业园区。远近大小村庄都要拆迁，公墓也跑不了。父母坟往哪迁？和祖坟合在一起？不行，那也不是长久之计，祖坟一到夏天就被河水淹没。况且，上坟还要撑小划盆，除了他武坤，还有谁会划呢？他甚至想到把骨灰撒到小河里。这样的事，伟人常干。伟人的骨灰不管撒到哪里，人们都会记住，因为他们的精神早就活在人们的心中。自己的先人只是凡人啊，撒掉，今后还会有人记住，还会有人来这里祭奠？不可能，绝对不可能，这样做就等于把他们的骨灰抛弃掉，这是多么的不孝啊！可不可以在广州买一块墓地？那更是天方夜谭。太贵了，买不起，就是咬牙买了，就算离儿孙很近，也保不准他们会来上坟。广州不是他们的根，他们的根断了，他们在广州只是一个匆匆过客，就像无根浮萍，谁也不知道将来他们会飘到哪里，流向何方？上海呢，那就更不用提了，女儿女婿一家在那里只是打工，房子都是租的，随时都有可能离开。

拆迁后我住哪？先人的坟墓放哪合适？等我死了，谁来上坟，怎么上坟？这些问题就像这霏霏雾雨，乱麻一样缠着他，让他喘不过气来。

四

武坤紧急行动起来，花高价请来最好的瓦匠石匠。租了一只小船，装上砌坟需要的石头砖头水泥黄沙等材料。紧挨着祖坟，建了两座坟，分别栽了石碑。一座给父母，一座给自己。石碑上雕上父母的头像，自己和老伴的头像。头像下面刻上后代的名字。父母的头像，有老照片，好雕刻。祖坟是合坟，石碑还是原来的，上面没有头像。武坤记不清先祖们的模样，也没有哪个能记清。武坤没有在石碑上刻上二维码图案，坟墓和石碑迟早会被河水冲毁，迟早会消失。墓碑上有多少后代，武坤就买多少花圈，写上他们的名字。三座坟墓被花圈团团包围，里三层，外三层，密不透风。最后一次集中上坟，最后一次大团圆。武坤非常慎重，握着手机，前后左右，咔嚓咔嚓照个没完没了。他要永久留存这些图片，也要反复叮嘱子孙永久保存。只要保存好，只要家庭群不解散，随时可以上坟。

高祖的儿孙太多，他管不了，也没能力管。只希望自己儿孙能年年上坟，他就心满意足。

清明节到了，武坤做好一切准备。

八点刚过，武坤就在群里发两张墓碑图片，先祖合坟墓碑和父母墓碑。把先祖和父母集中在一起上坟，这是他的创意。一切为儿孙们着想，越简单越好。一个个上坟，儿孙会觉得太烦琐，会不耐烦的。武坤深知儿孙们的脾气。

紧接着，武坤连续发出好几张图片，又是上香，又是献花，又是磕头，又是放鞭炮，他要做好示范，带个好头。他以为群里会马上回应，立刻热闹起来。哪知道，群里虾不动，水不跳。

武坤急了，在群里大声喊，胖胖（儿子）——慧慧（女儿）——快出来上先祖坟！女婿、儿媳不姓武，他没喊。

群里还是没有回应，如死水一潭。

武坤又大声喊，皮皮（孙子）——苗苗（孙女）——快出来上先祖坟！孙子孙女的手表电话功能很多，能视频，能定位，能发微信，能收红包等。

群里仍然没有动静。儿子一家好像睡着了。最后只有老伴出来响应，放一挂鞭炮，磕几个响头。

群里还是没有回应，如死水一潭。

武坤苦笑一下，发一个上坟签到红包。现在流行这个，他也不能免俗。

武坤的红包一露头，他就迅速点击，进去查看。发现他儿子一家出手最快，孙子抢到的红包最大，媳妇名列第二。女儿女婿动作慢了点，也捞到红包，一个二十元，一个三十元，也不少。

媳妇放几串鞭炮，火花四溅。跟着，儿子发个花圈，上面挂上一副挽联：祖父们永垂不朽！晚辈胖胖敬挽。孙子辈不甘示弱，孙子发烧香磕头图片，孙女送长长的花篮。女儿女婿也发花圈，放鞭炮。

霎时，群里热闹起来，武坤很高兴，又发一个红包，笑嘻嘻说，人人有份。

稍停片刻，武坤又把自己的墓碑图片发上来，上面刻着精心制作的标准像和名字，黑色底子，金色头像，红色字体，很显眼。

武坤大声喊，胖胖（儿子），花花（媳妇），慧慧（女儿），皮皮（孙子），苗苗（孙女），快来给我上坟！

皮皮苗苗哈哈大笑，齐声说，爷爷是不是疯了？

坟
殇

儿子惊讶地说，又犯老毛病，这样咒自己，犯忌讳呀？媳妇一连发了两个表情，又是跳舞，又是放炮仗。

武坤正儿八经地说，我没疯，我不怕咒，每个人迟早都要走那条路。我死了，你们上坟，我能看见吗？老家那么远，你们会来上我坟，鬼才相信。不如现在就给我上坟，让我看到，越热闹越好。你们不是很忙吗？不是手机不离手吗？那好，我死了，你们清明冬至不用跑到老家来，就在微信群里上坟。这样省钱省事，只是动动手指。你们再不愿做，那真不是人养的。

晚辈们被激将了，打起精神。纷纷送花圈，送花篮，上供品，磕头烧香，放炮仗。特别是儿子胖胖，还在网上搜了一首诗，稍为改动一下，发到群里，来表达他的哀思：清明时节雨纷纷，祭祖扫墓心诚恳。借问思情何处诉，拇指一按即发送。我的祝福长不长，今年清明复明年。

紧跟着，皮皮放了一串长长的鞭炮，又把这首诗复制重发一次。

看到这样热闹的景象，武坤乐得胡子直抖。连续发了两个大红包（其中一个是孙子专包），以示嘉奖。

接下来，进行有奖竞答。武坤说，谁抢答对，奖励大红包。

武氏老祖宗叫什么名字？

没有一个答出来，群里鸦雀无声。

你们的高祖父高祖母叫什么名字，曾祖父曾祖母叫什么名字？

没有一个答出来，群里一片死寂。

我爸爸我妈妈叫什么名字？

还是没有人答出来。

武坤带着哭腔说，我今年多大，有什么慢性病？

仍然没有人答出来。

其实，武坤早就做足功课，前几天就把这些信息发到群里，只是他们没有看而已。他们只要在群里往上翻一翻，就能找到答案。

武坤像泄了气的皮球，哽咽地说，这是，第一次，答不出来，我不怪你们。从今天开始，我把老祖宗，高祖父高祖母，曾祖父曾祖母，我爸爸妈妈，还有我的信息，全写出来，发在群公告里。我会不定期举办此类活动，谁先答出来有奖！如果再答不出来，我要惩罚你们！武坤恶狠狠地在群里喊叫。

嗯嗯，听说奖金不是一般大，儿孙们抢着答应，下次争取第一！

五

冬至转眼就到了，武坤八点准时打开家庭微信群。这次他没有事先把群公告里保存的墓碑图片发到群里，也没有大声吆喝，更没有发红包。他要考验一下儿孙们，看他们是不是有心人。要不然，他死了怎么办，还会有人提醒，还会有人发红包？他真心希望孩子们能自觉出来上坟。可群里一直没有动静。

他抱着手机睡觉，只要一听到微信群里的嘀嘀声，他就激动不已，赶紧查看。没有！没有！直到他睡着。一觉醒来，他急忙打开家庭微信群，翻了翻，除了一些狂饮滥唱的图片和低俗的表情，啥也没有！他们把冬至上坟忘到九霄云外。

武坤打开窗帘，外面正在下雪。小河上冻，麻烦就大了。他一骨碌爬起来，匆忙穿上衣服和雨衣，挑起划盆和竹篮，往河边走去。上坟的物品，他早就备足，就算孩子们在微信群里上坟，他也要到坟墓上去。只要没死，手脚能动，爬也要爬到坟上去。

上一次是一次，上一年是一年。武坤晕头耷脑走着，嘴里叽咕不停。

他趴在划盆头，卷起棉衣袖子，使劲往上捋，一直捋到膀上。双手当作桡子，和雨衣袖子一同插进冰凉的河水中。他咧着嘴，龇着牙，奋力拨动河水。小划盆极不情愿，一摆一扭，缓缓向着河中那块墓地游去。

雪花在小河上飞舞，在坟头上飞舞，在那棵柳树上飞舞。三座坟一字儿排开，紧紧挨着。那株粗壮的老树站在坟墓后面，叶子快要落光，只剩下光秃秃枝条，还在日日夜夜守护坟墓。

武坤流着泪，从竹篮里拿出手机支架，绑在一根枝条上，绑紧；掏出手机放到支架上头的卡槽里，夹紧，调整好角度。手机屏幕对准三座坟墓，完全能够管控武坤活动的范围；然后，他打开直播加号，选择好歌曲，点击视频录制。他要把这次扫墓直播视频好好保存，作为传家宝，留给后代。

冬天就要走远小树正在发芽/春光如同爱情那样温暖明亮/你曾对我说这不过是场幻梦/也曾告诉我这一切就要结束……在谭维维的《离去之前叫醒我》忧伤哀怨的歌声中，武坤首先来到祖坟前跪下来，焚香，点烛，烧冥钱，左一遍，右一遍说，你们需要什么，托梦给我，我尽力去办。突然他挺了挺腰杆，昂起头，大声呼喊高祖父高祖母名字，曾祖父曾祖母名字，祖父祖母名字。是时候了，你们该显灵，孙儿们不孝，你们要多多提醒他们；忘根忘本，背祖叛宗，你们要时时敲打他们……声如铜钟，震得雪花乱飞。武坤站起来，看了看视频，很多人进来，像潮水一样往

坟殇

上滚动。有的是粉丝，有的是游客，有的竖起一长串大拇指，有的送花圈送花篮，有的双手合十祈祷，有的打字点赞。他的脸上露出一丝笑容，眼里饱含热泪。

他来到父母坟前，焚香，点烛，烧冥钱，不停磕头，絮絮叨叨，阿爸阿妈，收钱吧。儿子不孝，没有管好儿孙。儿子无能，儿子对不起二老，都是儿子错……

上好先人坟，武坤开始给自己上坟。他给自己磕头祈祷、焚香点蜡烛、烧纸钱放鞭炮。最后坐下来，从篮子里拿出酒壶和酒杯，斟满两杯酒，一杯擎在手上，一杯放在自己坟头。自己跟自己说，老伙计呀，甭难过了，甭跟自己过不去。儿大不由父，女大不由娘。他们有自己生活，有自己天地。儿孙自有儿孙福，莫给儿孙做马牛。这年头，过好自己，做好自己就行……不说了，说多了也没多大意思，武坤声泪俱下，泪流满面。他抹一把脸，来，咱俩喝一杯，说完一仰脖喝个精光。

天空低垂，雪花还在飞舞，小河还在呜咽。那株老柳白了，武坤浑身也白了，仿佛穿着白色的孝服。

班长的"鸿门宴"

秦　超

一

我从梦里惊醒，红旗茶厂的公鸡正叫得欢。

我听见小屋的玻璃窗被敲得咣咣乱响，一个粗莽的男声在唤着我的名字。我从被窝里小心探出头，屋外月光雪白，一个黑乎乎的影子，堵在窗玻璃上，喊我的名字。

我的头皮一炸，浑身止不住地抖，汗毛"呼啦"一下全竖起来。这几天晚上，我都在班长家看电视剧《新白娘子传奇》，白蛇、青蛇、法海，一个个神神道道的，让人看了又爱又怕。回到宿舍，我要在床头柜上摆一把菜刀，否则晚上都不敢入睡。

我伸手在床头柜上一顿乱摸，攥紧了菜刀，才打开灯，壮起胆子冲窗外吼：谁在装神弄鬼哈！

那声音真听不出来。打开窗门，原来是我们长岭道班的班长。

他真成了"周扒皮"，这才半夜两点啊。

我也只有下床，气呼呼地拉开嘎吱乱响的木门，把班长让进了屋。他不知错了哪根筋，还穿着一套沾满沥青的蓝工作服，像从公路上补完坑槽才回来。班长高出我大半个头，一张黑红大脸，俯视着我说：都快愁死了，你还睡得真香，赶紧跟咱一起上油灶熬沥青去。

我故意问：天亮了再熬不行吗？

班长说：别废话，天亮让老田看到了，哪还能搞得成。

我在心里暗暗叫好，你不是出了名的狠人吗，遇到干瘦巴拉的老田怎么就歇菜了。

出了门，半轮残月挂在西天，照着身后一长排低矮的道班房，三面长墙围成了大院子，院子外面，就是我们管养的南铜公路，路南黑魆魆的一大片，是红旗茶厂

班
长
的
"
鸿
门
宴
"

的厂房和宿舍。茶山连绵起伏几公里，把红旗茶厂和长岭道班紧紧兜在怀里。

再有几天就是谷雨，绿油油的茶垅一天一个样，"两刀一枪"状的嫩芽，正吐散着温润、淡雅的茶香。

班长急火火地绕过菜园，穿过堆料场，我跟在后面一路小跑。在院子西边，杵着那口沥青油灶。

从学校毕业分配到道班半年多，我看班里的东西没一样不是又大又蠢的。油灶更不例外，像一只放大版的火柴盒，三米多高，十来米见方，靠灶膛的前面还竖着一根粗长的大烟囱。灶膛中间凹陷下去，安放着一口长方形的大铁锅。前几天，班长带着我们，在油灶前面的大油池里舀沥青，装进铁桶里，几百斤重，两人一组轮流用竹杠抬，哼哧哼哧地抬上灶台，再倒进大铁锅里。六十多米的距离，一百来步，顺着陡坡抬油上灶，感觉比登天还难。两个人须步调一致，肩上架着千钧重担，每走一步都要使出全身的力气，好像在和老法海斗法，稍不留神就给拖个人仰马翻。

班长对我这个学生娃还算照顾，只让我出一半的工，就这样我抬了十五桶，两个肩膀又红又肿，磨破的皮到现在才结疤，没好利索。

从那天起，我就不敢往院子的西面看，不小心眼光瞥见油灶的大烟囱，就像小时候捉鱼时摸到了一条蛇，陡然像被电着了，浑身的汗毛"呼啦"一下，全竖起来。

我硬着头皮来到油灶前，灶膛里架着大片柴，暗红的火焰熊熊跳跃，外面的地上乱七八糟散堆的也是大片柴。

班长说：咱熬沥青，你只管添柴就是。

灶台上升腾着刺鼻的沥青油烟味，驱散了春夜里的茶香，不时飘下来，直往我的心窝里钻，呛得我鼻涕眼泪全下来了。班长干了二十来年的工，特别能吃苦，当过市劳模，听说前几年才转正式工，也提了班长。他说自己早就练成铁肺了，每天不闻到沥青味，浑身就攒不起劲来。

我忍不住大声咳嗽起来，班子冲我直摆手，示意我小声点，惊动了厂区宿舍的老田就麻烦了。老田家承包的茶园就在院墙外面，前天早上我们开油灶熬沥青，就是被老田给闹停的。

班长扛着一根四米多长的油勺，披着月光走上灶台，在油锅周围来回走动，油勺不停地搅动着锅里的沥青。他多次教导我：大火长煮，里外常翻，受热均匀才能熬出好沥青，补坑槽才会牢靠。

我用大片柴垒起木凳子，坐在灶膛前，淡红色的火光闪烁在胸前，驱散了春寒。我忍不住抬起头，仰望着灶台上的班长，真担心他一不留神就栽进油锅里。以往邻县的道班，就发生过类似的事情，一个工人掉进油锅，杀猪样地惨叫，捞上来人就不行了。

班长的身子被一团升腾的油烟裹住了，在月光下既朦胧又清晰，像一串活动的剪影，贴在淡蓝的天幕上。

<h2 style="text-align:center">二</h2>

我歪倒在大片柴中间，再次醒来时，天快亮了。班长冲着我骂：就晓得躺尸，指望你啥事都干不成。我龇着满嘴牙，朝他讨好地笑。班长就是刀子嘴、豆腐心，你冲他一乐，他就没脾气了。

在我睡着的时候，班长不忍心叫醒我，喊来他的家属添柴烧火。他自己忙活了好半天，一刻也没停，挥锹给小四轮拖拉机上了高高一车厢石料，又推来沥青撒布机，放了满满一机肚油锅里的沥青，再将撒布机拴在小四轮后面。

班长摇响小四轮，钻进驾驶室，示意我坐到车厢的石料上去。我凑近他耳边喊：不等城里老徐他们来吗？班长没好气地说：等他们来，黄花菜都凉了，还不让老田堵在院子里？

小四轮出了院子，班长猛踩油门，排气管冒出一长串乌黑的浓烟，"嗵嗵嗵"的轰鸣声在茶山上四处回响，震醒了马路对面红旗茶厂的黎明。

开春后，连着下了二十多天的雨，我们道班管养的南铜公路要断了，到处是大洞小眼的水坑槽，狗都绕不过，也要掉坑里去。好不容易雨过天晴，班长赶紧带着我们熬沥青、补坑槽，倘若没补，上面要扣我们的工资不说，多少人指着我们脊梁骨骂呢。

茶厂工人老田找上了门，死活不让我们再烧油灶、熬沥青。老田下巴特别长，是个"地包天"，激动时说话下巴直哆嗦，让人担心它"咔吧"一声掉下来。他指着班长，唾沫横飞地骂：你们这些家伙，真是丧德啊，欺负我老头子，熬油的烟全飘到我家茶山上，鲜茶熏黄了怎么卖？一年四季就指望春茶卖个好价钱。

老田每天要来道班十几趟，看见我们熬沥青就往灶台上睡，往灶膛里钻。班长气得直骂：你别耍横，咱打你就一只手，多一根手指头都不用。老田说：你打，我要还一下手，"田"字倒过来写，打死我正好给你油灶当柴烧。

班长连开三次班务会，也跑县公路站向领导汇报了，遇到这样抓不上手的老田，真还想不出什么好办法。

班长的「鸿门宴」

小四轮摇摇晃晃开到县城蚂蟥涝，这段路坏得最厉害。家住城里的老徐他们已经开着班里另一辆小四轮，在路边等着了。

班长得意地说：要不是咱办法多，你们这月的工资要扣完了。这些身着蓝色工作服的道班工人，都爆出一阵粗俗的笑声。

补了二十来个坑槽，一车石料和沥青就用完了。班长留下两人，其余六人分乘两辆小四轮回道班装石料和沥青。

回到道班，院子外围着许多人，都看着油灶那边，隐隐听见有人在叫骂。

班长急匆匆下车，领着我们往油灶赶。

老田站在灶台上，骂得更欢了：天天就知道烧油灶，鲜茶都让你们熏死了。他手里握着长长的油勺，像端着一挺机关枪，恶狠狠地对着我们。

班长冲他嚷：你下来，小心掉进锅里烫死你。

老田骂：你们真是一窝猪，半夜熬油，尽干缺德事。

班长说：油灶，想怎么熬就怎么熬。

老田弯下腰，从油锅里舀起一大勺油烟滚滚的沥青，冲着我们就泼了过来。我们像炸了窝的马蜂，"呼啦"一下四散而逃。锅里的沥青有二百多度高温，泼在身上可不是闹着玩的。

班长远远地骂："地包天"，赶紧下来，沥青都是公家的，泼了要抓你坐班房！

老田说：我是从小给你吓大的，还就想坐班房呢。话音未落，又一勺沥青远远地泼了过来。

我们只好退到马路上。

茶厂的工人、家属都出来了，马路上挤满了看热闹的人，过往的汽车堵得动弹不得。人群里掌声大作，还发出嗷嗷的叫好声。

我们几个道班工人被围在中间，恓惶得像一窝兔子。班长的黑脸涨成紫色。他满身摸起香烟，抽出一支，手却直哆嗦，打火机就是打不着。

我还没见过这么大的阵势，这下子是犯了众怒。我可怜巴巴地看着班长，很想上前给他点香烟，却又不敢。

班长隔着院墙，冲着老田喊：你也不看看，路都要断了，再不熬油补坑槽，你们茶厂的茶叶怎么运出去？

老田说：我不管，你熬油熏着我家茶叶了。

班长终于点着了香烟，深深吸了一口，烟全吸进去了，好一会才冒出来。班长说：算你狠，下来吧，咱不熬就是了。

人群里一阵哄笑，像晒谷场上惊起了一群麻雀。

三

班长带着我，跑进红旗茶厂到处找人，终于在新投产的机械化制茶车间里找到了茶厂厂长。班长一把攥住他的手，把他从轰鸣的车间里拽了出来。

厂长推了一下鼻梁上的眼镜，眼角含着讥讽的笑，说：你是没茶喝，想打我的主意了？

班长说：就你那破茶，一股子土腥味，咱不稀罕。

厂长来气了，白净的脸涨得通红，冲着班长直嚷：我们前世欠你们的吗？你们用电接的是我们茶厂的变压器，用水通的是我们茶厂的水管子，喝茶也是给你们最好的"谷雨尖"，免费的！茶工们都说你们长岭道班专克我们红旗茶厂，对你们好管什么用。老田做得对，大快人心啦！

厂长指着连绵起伏的茶园，愤愤地说：满山的好茶叶，硬是让你们熬油熏得没个正味。

班长赶紧递了一根"红塔山"香烟，一个劲地赔不是，说：对不住了，大厂长，这是咱的口头禅，改不了啦。

厂长的脸色缓和下来。

班长赶紧说明来意，这趟就是专程来赔罪的，想请厂长和老田吃个饭。

厂长"嗤"的一声冷笑：你喊不动老田，就让我来喊他吧，你别指望我，我也不会去吃你的闲饭。

厂长点到了班长的痛处。在这之前，班长领着我，三次去老田家，门都没让进。

班长气呼呼地说：修路还犯法了，咱不修了，路断了你们等着茶叶上霉吧。他恶狠狠地把手中的烟头弹了出去，落到七八米外的一只母鸡头上。母鸡吓得不轻，拍着翅膀原地飞了起来，一边飞一边咯咯乱叫。

班长朝我挥手，我们转身就走，把厂长晾在那里。

走出很远，后面飘来厂长尖细的嗓音：你这个人呀，三句话讲不拢就翻脸，定日子吧，我来喊他。

时间定在后天中午。

老田那边传话，不去县城的大饭店，就在班长家。班长的家属做得一手好淮扬菜，茶厂人都知道。人也不能多，就厂长、班长、老田和我。老田对我这个学生娃印象还不错，说我懂礼节，和班里其他人不一样。

班长下血本了，买的香烟是过年才抽的红塔山，酒是双轮王，一箱六瓶。

第三天一大早，他开着小四轮带我去县城买菜，还没出院门，就见厂长一路跑过来。班长熄了火，从驾驶室钻出来。厂长直摇手，大喊：不行了，不行了，改日再约。班长说：咱菜都要买回来了，怎么说不行呢。

厂长说：改天吧，老田不愿意，猴子不上树，多打一遍锣。

班长说：咱也是堂堂的一班之长，修路架桥办好事，方圆几十里谁不知道咱，他一个小茶工，咱请他几次都不中，你厂长亲自请他也不中，好大的面子！

厂长对身后的厂区宿舍看了几眼，扯了扯班长的衣袖，示意班长小声点。班长气呼呼地把他的手打得老远，冲着厂长嚷：咱给他脸不要脸，你回去跟他说，咱就定今天中午，你们要是不来吃，咱装几车石料，把他家门连你们厂区大门都封起来。你们都晓得咱当年犯过混，一把扁担打倒了全村几十个小青年。

班长一米八几的大块头，满脸酱紫，瞪着一双通红的大眼，腮帮子上的肉止不住地跳。他扬起拳头，比农校毕业的厂长的头还大。厂长脸色灰白，一句话都说不出来。

班长转身从驾驶室找来摇把，抡圆了粗壮的胳膊，猛地摇了几圈，拖拉机就暴跳如雷地冒出黑烟来。班长冲着我直吼：上车，买菜去，他们要是不来，咱把他们的门牙都扳下来！

四

我们从县城买回许多菜，在班长家的厨房里铺开了杂货铺。班长和我负责拣菜、洗菜，他家属负责切菜、烧菜。班长只忙了一会，叹口气，跑到院子里抽闷烟去了。家属是淮阴人，身形比班长小了几大圈，用班长的话说，她是小人、小马、小刀枪。她烧得一手好淮扬菜，几口灶台、炉子火力尽开，蒸、煎、烧、煮全来，厨房里一下子飘满了鸡鸭鱼肉的香味。

不到中午，十几道菜端进会议室，在会议桌上摆开满满一大桌。班长站在会议室里，不住地看手表。

过了十二点半，我小声问：要不要去厂里请一下。班长一脸不屑：还去，他们不来，我们就三人吃。

院子里传来脚步声，厂长和老田一前一后进来了。班长迎上前，调侃道：我还以为你们不来了。

厂长笑：我们怕门牙保不住，还得来。

班长挠着头发，赔着笑：我，我那是讲胡话，你们不能当真哈。

厂长看着满桌菜，直咂嘴，说：你搞这一大桌子菜，不会唱的是"鸿门宴"吧。

班长笑：我搞的就是"鸿门宴"呢，菜里都下了毒，不敢吃吧。

老田龇牙说：我是"地包天"，五毒不侵，吃得多，喝得多，全能包得住。

厂长看着班长说：我有言在先，今天只喝酒，谈感情，不许耍酒疯。

班长说：你们来了就是贵客，我从来不"霸门框子"的，我……还练了一上午的话，在你们面前再不称"老子"了。

大家都笑了。

四人落座。

我从来没吃过这么味美丰盛的菜，青鱼头炖豆腐，老鹅汤，红烧蹄膀，白斩鸡，糖醋排骨……全是硬菜，我只顾上吃，顾不上给他们倒酒了。班长一把夺过我面前的酒瓶，自己充当"酒司令"。

班长指着眼前一道菜说：这是我家独门秘诀，腌的咸猪肉、咸狗肉，提前一天用黄酒和淘米水泡了，洗净，再用酱油豆子和作料一锅清蒸，味道鲜得掉眉毛呢，过年就剩这么多，一直舍不得吃，就等你们来呢。

老田几杯酒下肚，话也多了，连声说：班长到底是个实在人，够处！

厂长尝了几块，不住叫好。他眨巴着眼说：猪肉狗肉一锅烧，变成猪狗一窝呢。

班长笑了，说：你讲错话了，罚酒一杯。

厂长站起身说：我认罚，远亲不如近邻，道班和茶厂都是一家人嘛。大嫂子做了一桌子好菜，我们今天一醉方休。

我看见窗外一张小脸，透过玻璃不住地往我们桌上看。老田也看见了，把筷子往桌上一拍，骂道：丢人现眼的东西，让你别跟脚还要来，你是属狗的吗？

那个小男孩，从门外探出身子。老田叹口气，说：这是我家小四子，鼻子尖，闻着香味就过来了。

大嫂子赶紧盛来一碗米饭，给他夹上满满一堆菜，小男孩捧着碗筷出去了。

老田直摇头，说：他前面还有三个姐姐，也不怕你们说笑话，家里好久没见着荤腥了，这小子就是馋虫投胎。

班长哈哈一笑，我小时候那个馋，比他厉害多了，喝酒。

过了一会，小男孩又从门外探出身子，老田骂道：饿死鬼投胎，还没撑饱吗？

小男孩不应声，靠着门站着。

老田倒是乐了，说：这小子还讲点良心，自己吃饱了，还想给他奶奶、姆妈、几个姐姐也带点呢。

班长说：好一个孝顺儿子，带吧带吧，我就是请你们的呀。

大嫂子从厨房拿来一个小脸盆，把桌上的菜都夹了些，满满一脸盆，小男孩端着，一溜烟跑了。

五

五十三度的双轮王，两瓶都见了底。

老田酒有点上头了，冲着厂长嚷：全厂茶工，我家过得最窝囊，我就怪你，给我分的什么茶园，道班油灶一烧，我家茶叶就遭了殃，卖不上价！

厂长说：你自己抓的阄，怪得了我？我对你也够照顾的，跟你讲过几次，偷偷把你家的鲜叶子按一等价收，厂里统一制茶，谁也看不出来。

老田直摆手：大家都看着呢，我不能干那缺德事，砸了大家的饭碗，我也没好日子过。

班长端起大半杯酒，冲着老田竖起大拇指，说：我就佩服你，做人厚道。

老田歪歪斜斜地站起身，和班长碰杯，只眠了一小口。

班长瞪着大眼看老田。老田说：看什么看，我给你们坑苦了，正摘春茶的时候，你们老是烧油灶熬油，存心不给我一家老小活路啊。

班长说：我也没办法，不熬油怎么修路补坑槽，路都要断了，老百姓骂我修的什么鬼路，公路站领导还要扣全班人的工资呢。

老田说：你们发工资，又管不了我家的饭。

班长深吸一口烟，说：老田，你就给咱十天时间，让咱熬上十天油，我们起早贪黑，把一路上的大坑槽补了，小的就不管了，行不？

老田的"地包天"开始抖：你就想着你的事，怎么就不想着我呢，你哪不能停上一个月，让我把这季头春茶摘了？

班长把桌子一拍，"刷"地站起身，骂道：会议室是咱开会学文件的地方，酒菜搞了一大桌，这么高规格招待你们，你还不给咱面子。

老田说：谁稀罕，要不是厂长，我根本不会进你道班的门。

厂长踉踉跄跄站起来，拉着班长说：讲好了，只喝酒，不谈正事，怎么就不听我的？

老田说：你当厂长到月有工资，哪管我们承包户死活，别想和道班串通起来算计我，你们真要这样，除非把我家的茶山换到梅花山那边的茶山去。

厂长叹气说：怎么可能呢，你们都是自己抽的签，你要换，别人家也不愿意啊。

老田仰起头，把"地包天"端得高高的，说：那就别怪我，我还是那句话，我把四月份的春茶摘了，油灶才能烧。

班长指着老田的下巴骂：你个"地包天"，就是油盐不进，酒菜吃到你狗肚子里去了？

老田说：有种你就打我呀，打死我你想怎么烧就怎么烧。

我和厂长赶紧站起来，把他们两人拉开。

我把班长送回家，他瞪着血红的眼睛对我说：茶厂人没一个好东西，都盯着自己的那片山，他俩把我们道班往死里逼呢！

他从柜子里摸出一把自行车的链条锁，我以为他要回会议室打架，赶紧一把拖住他。班长吼道：跟他俩打架还用这个，撒开，咱有办法对付他们。

他的胳膊比我小腿还粗，径直从我的拖拽中抽出来，摇摇晃晃地向会议室走去。我赶过去时，他已经用链条锁将会议室的两片门扣绞锁在一起。

班长喷着满嘴酒气，隔着大门冲里面喊：咱代表县公路站——长岭道班，正式宣布——关你禁闭！待在里面好好想，道班能不能熬油？什么时候想通了，咱再开门。

厂长扑过来，在里面疯了一样地敲门，说：你别胡来，讲好的不能耍酒疯的！

班长说：咱没耍酒疯，咱今天就是要出一口恶气。

老田在里面劝厂长：怕个啥呀，好酒好菜在里面，我们继续吃，搞起来。

班长脸色铁青，三两步就冲到院子外面，我看他振臂一扔，那把钥匙沾着满身酒味，势不可挡，在阳光下闪着耀眼的银光，从空中划出一道美丽的弧线，一头就扎进了黑乎乎的沥青油池里去了。我赶紧跑过去，哪里看得见钥匙的影子。

六

班长打着酒嗝，晃起两个膀子，回家睡觉去了。

厂长在会议室里一个劲地叹气：还有王法吗？

我得听班长的，守在会议室门外。

厂长隔着十来厘米宽的门缝冲我招手，脸上眯着笑，眼睛不住地眨巴。他让我到厂里去报信，事后给我3斤茶厂最好的"谷雨尖"。

班长的「鸿门宴」

我才不稀罕他的茶叶，去厂里报信，班长绝对不会饶我的。

老田在里面说：小秦是才下道班的学生娃，你别难为人家，来来来，咱们继续喝，不能浪费了一桌子好菜。

老田端来五六个菜，隔门缝放地上，我们三人就坐在地上喝。老田给我倒了满满一大杯，足有四两酒。我早就喝了不少，五十三度的双轮王，这一大杯再下去肯定就醉了。我得留个心眼，老田鬼着呢，他肯定想把我灌醉了，然后找工具从里面弄断链条锁。一觉醒来，他俩溜之大吉，就剩下我这个傻子了。

我才不上这个当，喝一口就歪过身子，悄悄吐在地上。我敢断定，厂长、老田他们在门里面也是这么干的。

可惜了班长的好酒。

太阳渐渐西落，阳光照进会议室，里面金灿灿的。老田的脸在里面闪闪发亮，他忍不住夸我：小伙子，真精明，又懂礼，以后班长的位置就是你了。厂长说：你呀，太小瞧他，人家不会在道班干一辈子的。

大嫂子拽着班长，从家里过来了。班长冲着门里说：得罪二位，我酒喝多了就要酒疯，一觉睡过了头，要不是老婆打麻将回来，我还真不晓得干了这么大的蠢事。

里面没人应声。

班长慌了，赶紧回家找来大夹钳，几下掐断链条锁，推门进去，厂长和老田还坐在地上喝酒呢。

大嫂子把菜碗端回桌上。四人又坐回桌边。

班长一个劲地赔不是，他们两人死板着脸，就是不搭话。班长急得直搓手。

老田发话了：啥也不说了，喝酒，我们三个下午又干了两瓶酒，你得补回来吧。

老田拆开第五瓶酒，给班长倒上了满满一大杯，用"地包天"的下巴指着班长，说：主不请，客不饮，你要把酒补起来。

大嫂子端起酒杯要替班长喝，班长一把抢过酒杯，冲她直瞪眼，说：这是我们男人的事，你瞎掺和什么？

大嫂子说：他真不能喝了，屋里给他吐得满地都是呢。

班长把她推出门外，从里面关上门，端起酒杯说：对不住二位，我自罚！他扬起脖子，把酒一饮而尽。

厂长竖起大拇指。班长打着酒嗝，脸上堆着笑，眼神又开始飘忽起来。

老田说：你够种，关了我没关系，关了我们茶厂的厂长，酒疯耍得够大。

班长冲老田和厂长直拱手。

老田站起身，缓缓走到班长身边，给他又倒上满满一杯酒。老田说：要想我们不追究，这杯赔罪酒，你得喝。

厂长看着班长笑，我赶紧站起来，说：班长不能喝了，再喝出问题了。

班长冲我直摆手，说：我干的坏事，我认罚。他冲着厂长和老田说：多有得罪。端起酒杯，一口倒进喉咙，"噗"的一下，从嘴里呛出了一大口，喷得满地都是。

老田面色不悦，说，你怎么能耍赖呢？

厂长站起身打圆场，说：今天酒到此为止，不能再喝了，再说班长也不是真要关我们禁闭，人家闹着玩呢。

班长满脸通红，全身酒气，坐在凳子上说不出一句话。

老田说：班长，你人不错，办事公道，想着修路为大家好，我老田也不是不明事理的人，我心里是敬重你的。

班长激动得直点头。

老田说：你不是想烧油灶吗？再喝一杯，我就答应你，明天就让你烧。

班长忽地一下站起身，瞪着大眼说：我喝，讲话要算数！

老田说：我老田从不说瞎话。

班长口齿不清，舌条在嘴里直打转，吞吞吐吐地说：你……你们都听……听见了，咱……我干了……这杯，老田，就让咱……烧油……油灶，不许耍……要赖啊……

我看情况不对，赶紧站起来劝阻：不能喝，再喝就要出人命了！

班长说：咱身……身体好，酒……酒量大，早着呢，你小子，给咱……记着，喝了……这杯，明天……就……就熬油。

我对老田说：这杯酒我来替班长喝吧。

厂长也在打圆场，鼓动我来喝。

老田把眼睛对我一横，说：学生娃，你算老几？

班长说：老田……爽快人，任新茶不……不摘，让咱熬……熬油，咱也……也敬重你……你呀……

班长歪歪斜斜地走过去，张开双手，想给老田一个满满的拥抱。老田愣住了，转而就和班长抱在一起，两人还互相拍着对方的后背。老田的个子还不及班长的肩膀高，被班长搂着头，两人的模样很滑稽。

七

我真的喝断片了，什么事记不住。

醒来天已大亮，我躺在道班小屋的床上，床上床下一片污秽，全是我吐的酒菜。我挣扎着要起床，头晕目眩，只好又睡下了。

我直睡到第三天上午，才爬起床。走到屋外，满以为油灶一定是浓烟滚滚，朝院子西边望去，油灶那边根本没有一丝烟火。

我摇摇晃晃走到班长家，大嫂子看见我就骂：你们老的小的，都一个样，喝起酒来不要命，一下子喝倒四个，快活了吧。

我问起班长，大嫂子没好气地说：昨天下午酒刚醒，跑到茶厂转一圈，开着小四轮去了县城，到现在还没回来呢。

我一下子担心起来。

班长是太阳落山才回来的，小四轮一路欢叫着开进了道班大院。班长跳下车，冲我直嚷：明天一早，就跟着咱修马路去。

明天就上路，油灶还没烧，哪来补坑槽的沥青？

第二天，我们确实是补坑槽修马路了，在南铜公路靠近县城那一段，喷了满满八罐撒布机的沥青，补了两公里多的路面坑槽。修补后的那段路平整顺畅，过往的大小车辆从我们身边路过，都向我们鸣笛致谢。一辆小轿车特意停下来，一个中年男人隔着车窗，给我们扔过来两包烟。

这时候的道班工人是最自豪的，腰杆也是最硬的。

我们没在自家道班的油灶上熬油，更没有熏着老田家的茶园。

那天下午，班长去了老田家，准备再敲定一下烧油灶的事，没想到老田满口就答应了。班长在他家喝了一杯茶，看见他家不足四十平米的小平房，里面挤了爷孙三代七口人，老田的老母亲，还躺在病床上。

班长从老田家回来，开着小四轮去了县公路站。站领导同意后，又去了偏远的马坝道班，和马坝道班班长谈妥了借油灶熬沥青的事。长岭到马坝，来回路途是远了点，但熬沥青的问题总算是解决了，再也不会熏到老田家的茶园了。

班长这几天累坏了，让老徐把小四轮开回道班。他带着我坐在拖拉机的车厢里。

小四轮喘着粗气，沿着南铜公路爬上茶山，夕阳快要落山了。我远远看见道班的大院子，红房子，在一大片碧绿的茶山深处，真是万绿丛中一点红。我忽然觉得，我们又大又蠢的长岭道班，看上去也是挺美的。

几十位花花绿绿的大姑娘、小嫂子，正在茶园里采摘新茶，芊芊细指，在茶棵中上下翻飞。季节不等人，她们要赶在天黑之前再摘上一篮子鲜叶。今年的茶叶行情不错，老田他们要赚上一大笔喽。

四月的茶山，透着一股醉人的清香。

班长看见我目不转睛的样子，忽然公鸭一样地大笑起来。

班长就是这么烦人，把我的脸都笑得通红。

班长说：想讨老婆了吧？好啊，小公鸡想开叫了。你看上哪个漂亮姑娘，咱明天就给你上门说媒去。长岭这一带，方圆几十里地，没咱搞不定的事情哈。

班长的「鸿门宴」

桃花诺

安艳莹

一

黄昏时分，夕阳像孩子发烧的脸通红，照射在江城大地上。江城市紧邻母亲河长江，这座城市河流湖泊纵横交错，大小桥梁四通八达，是典型的江南水乡。

阳光佳苑是一个新小区，业主们搬迁到这里不久，大家并不熟悉。家家户户吃完晚饭，陆陆续续走出家门去散步。突然，一对老人的争吵声传来，邻居们不明真相，听了半天，是对老夫妻，因为男的接了一个女人的电话引发的争吵，大家纷纷来劝架。老头子见众人围观，深感丢了面子，他蹲在地上双手抱头，脑袋上稀疏的白发，被他搓成了一绺麻绳，显得有些滑稽。老奶奶不依不饶地边哭边说，双手抱着肩膀，嘴角已经泛起白沫。邻居们劝说着："天热，老人家注意身体，你们都少说几句吧。"老头子不断求饶："小陈，我都这么大岁数了，你这不是在往我头上按尿桶吗？"在邻居们的不断安抚下，关键是老头子的不断承诺下，陈奶奶才消了气，搀着老头子回家了。

这次吵架之后，邻里之间熟悉起来，很快从陈奶奶嘴里得到一些信息：她和老李是二婚，老头子比她大两轮，能做她的父亲了，所以老李对老陈像孩子一样宠溺。房子是新房子，家具家电都是全新的名牌产品。老陈每天早上把床上的名牌羽绒被和羊毛垫被晾晒好，衣服洗好，晒在外面好像开展销会一样。吃过早饭，换上一套名牌新衣服，手腕上戴着成色非常高的玉镯，颈子上套一条小手指粗的金链子，无名指上戴着金戒指。她挎着包包，穿上半高跟黑皮鞋，一扭一扭地出门逛街去了，买完衣服，再打点小牌，小日子过得滋润无比！

二

滋润的日子像流水一样过得太快，一晃八年过去，小区的人变化也很大。俗话

谷 雨（第一卷）

说：树老一秋，人老一年。老李的腰渐渐有点弯了，他不再出去工作。老陈渐渐有点嫌弃他，比如：身上总有一股味道，不能帮她做家务，眼神不如从前灵光，脑子更是不如从前，一问三不知。慢慢地，老陈不怎么好好做饭，也不怎么在家陪着他。好在老李自己能出去买着吃，饿不着自己。但是老陈玩牌输了，回来找老李要钱，就会吵架。吵的次数多了，邻居们也不劝了。老陈喜欢吃板栗烧鸡，有一回买了食材正在锅里红烧，牌友打电话喊她过去，三缺一救场，老陈忘了锅里的板栗烧鸡，骑着车就跑。老陈上了麻将桌，把人间烟火都忘了。可是家里灶上的火，却不管不顾地烧着，慢慢地浓烟从厨房窗户蹿出来，火光从烟道里喷出来，邻居们打老陈电话，总是不接，赶紧拨打报警电话110。警察叫来开锁师傅，撬开了房门灭火。遛弯回来的老李，当场吓得晕了过去，邻居们又叫120救护车来抢救他。现场一片狼藉，好在没有波及邻居。

古话说：火烧旺运。可是这次火灾之后，老李的身体一天不如一天，慢慢地不能自理。老陈本来就好玩，照顾他越发不上心。而为了再婚的事情，老李与儿女们也不再来往，可怜的老李就这样熬过了严寒的冬天，来不及迎接美丽的春天，驾鹤西去。

三

老李走后，屋里空空荡荡的，一丝声响都没有。老陈像泄气的皮球一样，干什么都打不起精神。她经常坐在桃树下面，看云卷云舒，看花开花谢，看春去夏来。桃子结了一树的果实，她和楼上的老潘坐在花坛边，老陈捧着桃子喃喃自语："老李啊，你最喜欢桃花，可惜你看不到了，桃子熟了，你也吃不到了，你最爱吃桃子。"她对老李的深情厚意深深地打动了老潘，也打动了身边的邻居，大家纷纷开始关心她。老陈在邻居们的关照下，心情开始好转。

平静的生活，却因为一个人的到来，再次激起了涟漪。一个高高瘦瘦的老头，不知从什么时候开始，经常造访老陈。时间长了，大家都以为老陈找了新老伴。有时他俩一起去买菜，有时一起去散步。楼上的老潘跟老陈关系不错，就问了老陈，老陈说："这个老头是我的同学，他一个人没事，经常过来玩。"这天早上，来了一对母女，气势汹汹地把买菜回来的老陈和老头堵在了门口。老头一看架势不好，脚底抹油要溜走。老陈急得大喊："老王，你去哪？这事你得当面说清楚。"可是他头也不回地跑了。老王老伴一看老王跑了，心里明白：你个老不死的，等回去再收拾你，我先收拾你个死女人。只见她一双胖手不由分说地抓住老陈的马尾，老陈痛得招架不住，直接跪倒在地，一个劲解释："姐姐，我真不晓得你好好的，老王说你早就没了，他一个人孤单。"老王的老伴一听气得大叫："你们都咒我死了，好，我今个成全你们。"说完，抢起她粗壮的胳膊，两个厚实的巴掌就落在老陈的瓜子脸上，扇得老陈眼冒金星。还没等老陈叫出来，老王的女儿穿着高跟鞋就踢到了老陈的头上。可怜的老陈，好虎抵不过两只狼。只有招架之功，并无还手之力。正在不可开交之时，一个洪亮的声音响起："住手！"原来老陈的老乡老汪来给她送鱼，正好赶上了。他把鱼扔在地上，拉开了母女俩。这时老陈已经被打得跟袋子里的死鱼一样直挺挺摊在地上，只有出气没有进气。老汪赶紧报警拨打110，然后打120，把老陈送进了医院。

四

　　警察把老王一家人还有证人老汪一起叫到派出所录口供。老汪才知道老陈被打的来龙去脉。原来老王年轻时当过厂里的一把手，当时已经娶妻生女。老王个子高人不丑，加上位高权重，厂里女工多，经常有人求老王办事，办来办去，他就把人给办了。其中就有老陈，那时候还是小陈。小陈家住长江边，被江水滋养得水水灵灵，如同绽放的桃花，这样的姑娘特别招人喜欢，何况怜香惜玉的王厂长。小陈家里本来不富裕，父亲生了一场重病，家里更是一贫如洗。就是这样的情况下，父母坚持叫年龄不够顶职的弟弟读书，小陈顶替父亲公职进厂上班。小陈的肩膀上，不仅扛着一个家，还有父亲的健康，还有弟弟的前程。她挣钱必须养家，给父亲看病，还要供弟弟读书。孝顺的小陈一一承担起来。可是父亲的病不容耽搁，她必须想办法搞到一笔钱，她偷偷去医院抽过两次血，可对于高额的药费杯水车薪。抽血之后，她回家休息了半天，就强打精神回到厂里上班。一阵头晕目眩，她的手险些被机器卷起，幸亏车间主任发现及时断电。主任大吼："小陈，你不要命了！"这时厂长快步走进来，"哎呀，主任，你吼什么，吓着人家小姑娘。小陈，你的手指流血了，快到厂医办公室去包扎一下，然后再到我办公室来，有什么困难跟我说。"主任使个眼色给小陈，她看看主任，看看厂长，两只脚像口香糖一样粘在地上不敢动弹。王厂长说，"小陈，在厂里都是一家人，有困难我帮你解决，你看好不好？"面对温柔帅气的厂长的好言安慰，涉世不深的小陈不好意思拒绝，她想：也许厂长能够帮她家渡过难关。包扎完毕，她怯生生地来到了宽敞明亮的厂长办公室，厂长先热情地给小陈倒了一杯茶，亲切地招呼小陈坐下，两人聊起了家常，越聊越近。小陈请求厂长能不能多结几个月工资给父亲看病。厂长说："厂里虽然也有困难，但不能坐视职工家里有病人不管，我批个借条给你，你到财务室去找会计吧。"小陈一听激动得站起来，好像父亲的病立马变好一样。厂长趁机拉住她的手，顺势往上摸摸她的胳膊。小陈那天穿着短袖，胳膊上抽血的针眼竟然被厂长发现了，"傻丫头，你去抽血了？有困难怎么不来找哥呢？"她心头一热：这个针眼，我的家人都没有注意到，厂长却看见了，多好的厂长，比家人对我还好，以后好好工作报答他。王厂长说："你这个傻丫头，下次再有难处一定早点跟我说！快去财务室吧，准你一个星期的假好好休息，抽血可不是小事呀。"

五

小陈回家歇了三天就来上班了，她要挣钱还债。这个懂事的姑娘，给车间主任和厂长各拿了一捆家里木炭烘好的笋干，逢年过节笋干放点猪肉红烧透鲜。可是姑娘没想到，她也跟笋干一样透鲜。车间主任是个男的，他不好明说，只好暗示，可是胳膊拗不过大腿，他也得听厂长的。临下班前，厂长叫车间主任通知小陈，来他办公室一趟。小陈的心中忐忑不安，不停地搓着双手。厂长先是感谢小陈送的礼物贴心，他最喜欢吃笋干。然后关心地问起小陈父亲的病，并且承诺可以在江城找到好医生给她父亲瞧病。小陈听得连连感谢。厂长说完叹了一口气。小陈问："厂长，您有什么难事我能帮忙的？"厂长说："没有，你这么懂事温柔，你嫂子要是有你一半就好了。"小陈说："嫂子我见过，年轻漂亮多好的人。"厂长说："那你是一家不知一家愁，她在家里脾气不好，不孝顺公婆，对我和女儿特别凶，别看你哥在外面风光，唉，一言难尽。"小陈正准备安慰一下他，厂长话锋一转，"小陈，你别管我了，你善解人意能力强，我想把你调到厂长办公室，怎么样？"小陈听了频频摇头，"不要不要，我不晓得做事，我还是跟车间主任后面学点东西。"厂长哈哈大笑，"你真有意思，厂长办公室才能学到本事，而且工资比车间翻一倍。你好好考虑一下，先不着急决定，回去跟父母商量一下，我想把你培养成办公室主任。"

就这样，近水楼台先得月，后来小陈做了办公室主任，后来做了厂长的情人，后来她未婚先孕，厂长想要儿子，说要娶她，让她生下来这个孩子。他要离婚，老婆不同意，便经常家暴老婆，老婆气得自尽了，他后来因为贪污受贿坐牢了……

六

后来小陈嫁给了贫困的大龄青年孙师傅，生下了儿子。老孙厚道老实，对她们

桃花诺

母子真心真意，对待儿子比亲生的还娇惯。小陈看在眼里，暖在心上，她给老孙生了个女儿晨晨，晨晨长大后考上了大学。老孙靠着木匠手艺给儿子娶了媳妇。哪知道媳妇刁蛮古怪，不知从哪里打听到小孙不是老孙亲生的，在老孙不能出去打工又得了癌症的时候，把老孙轰走了。老陈找儿子要钱给老孙治病，儿子劝老妈不要管老孙，反正也不是亲生的。老陈听了泪眼婆娑："儿啊，养恩大于生恩，你应该给你爸养老送终的。"儿子像老外一样无奈地耸耸肩摊摊手说，"我也没有办法。"老陈一气之下，陪着老孙离开了家，发誓再也不回来了。老孙去世以后，无家可归的老陈，来到女儿所在的城市，她去金陵医院护理病人，包吃包住。在那里，护理卧病在床的病人，挣钱比较多，老陈还清了老孙治病欠下的外债。病人家属看老陈护理病人很负责，人也踏实能干，就给老陈介绍了老伴老李，老陈这才回到了家乡江城市。自从跟着老孙离家开始，老陈吃了太多苦头。虽然老李年纪大，但是疼人。嫁给他，就是要享清福，好好爱自己。可是好景不长，转眼十年，老李也走了，老陈的好日子又结束了。

王厂长出狱后，到处打听小陈，听说小陈已经嫁人生子作罢。他又娶妻生女。数十载光阴转瞬即逝，他在小区碰到了正在捡废品的老陈。彼时的老陈，又死了老伴老李，满面愁容晚景凄凉。老王听说儿子是他亲生的，感叹老天对他不公平。无论如何他要离婚弥补老陈，这才出现二婚的老婆带着女儿殴打老陈的场面。

七

老陈住院期间，只有老汪来探望两次，给她留了点钱，要她安心养病，家里不用挂念。其实老陈最想见的是老王，可是老王从此黄鹤一去不复返了。儿子来了一趟，说是工作太忙再没有来过。女儿晨晨从金陵回来了，她日夜陪护在医院，想方设法地逗老妈开心。她一句没有埋怨老妈，她知道老妈这辈子不容易。老妈年轻时长得漂亮，由于家庭原因没有读书，遭人哄骗。可是老妈这恋爱脑，老了怎么还不开窍呢？聪明的晨晨想到读书给老妈听，慢慢开导吧。

终于出院了，晨晨要带老妈到自己工作的城市去生活。老陈也想开了，靠男人不如靠女儿。这阵子小棉袄日夜陪伴在身边，她感觉舒心许多。当初供女儿读书没有错的，自己就是吃了没有读书的亏，读书才能长见识呀。女儿在医院给她读书，她记住了书上有这么几句话：女人要有"三立"精神，经济独立，思想独立，人格独立。不依附任何男人，方能活出自我。

八

晨晨见老妈终于转过弯来，赶紧收拾东西去金陵吧。老陈在儿子的提醒下，突然想起卖了房子再走，防止夜长梦多。晨晨说："老妈您先安顿好家里，等你卖完房子，我回来接您。"在中介的推荐下，客户陆续上门看房。老李当初为了结婚才装潢的房子品相很好，买家很快看中了房子，并且交了定金。正准备过户时，房管局发现此房屋无法过户，因为公证处的遗嘱早已公证了。老陈不相信，因为房产证是老李的。但是到公证处一打听，果真如此。原来这套房子是老李和原配的拆迁房分得的房产，属于夫妻共同财产。还没有等到开发商交付房屋，老伴就去世了。房产证是老李的不假，不过是老李与老陈结婚前办的证。老李为了再婚，被子女逼着立了遗嘱：老李死后，房屋由子女继承。老陈没有买卖权，更没有继承权。但老李还是为老陈考虑了，留下一条遗嘱：老陈有居住权，可以一直居住到老，然后子女才能处置房产。

闹了一个大乌龙，杀鸡不成蚀把米。老陈感慨：自己是文盲，不懂法真不行。房子卖不成了，害得老陈赔了买家一笔违约金。儿子媳妇也不来了，晨晨回来要带她走，可是老陈担心自己走了，房子被继子收回，说什么也不肯走，女儿只好去金陵上班了。

九

这年早春乍暖还寒，雨水连绵不绝，澎湃的江水淹没了雕塑公园的一家三口。江边竖起了警示牌：水边危险，禁止洗澡垂钓。阳光佳苑小区外围也有一条河，这是长江的支流。每天清晨，女人们浣洗衣物，说话声捶棒声传得好远。周末，常有家长带着小朋友沿着河滩散步玩耍。公园里面花草树木品种繁多，很多树木在春天里郁郁葱葱，河边的绿地上长满了青苔。几个小朋友正在河边看小鱼小虾，叽叽喳喳地十分地投入，突然一不留神脚底打滑，一个小男孩踩翻了脚下的石头，幸亏身上穿着羽绒服有浮力，顺势漂在水面。孩子们像受惊的麻雀一样，声嘶力竭地呼救。正巧老陈在河边洗衣服，她拾起路边晒衣的长竹竿，不管不顾地下了河，把竹竿一点点送到小男孩身边。机灵的小男孩一把抓住了竹竿，被随即赶来的路人七手八脚地拉上了岸。小男孩虽然受到了惊吓，但身体没有大碍。男孩的父母急匆匆赶来，买了许多礼物千恩万谢，老陈坚决不收。这两口子都是知恩感恩的善良人，他

桃花诺

们为了表达对陈奶奶的感激之情，就写信给《江城晚报》，弘扬老陈舍己救人的精神。经过一番宣传，老陈勇救落水儿童的精神传为佳话。年底，老陈被提名为"江城好人。"

十

就在一切向好，老陈越发受到尊重之际。老陈的儿子声称为了孩子上学，把家里的老房子卖掉了，重新买的房子还没有交付，他们住进了老陈家里。儿子儿媳出去打工，老陈在家带孙子甘之如饴。孙子乖巧懂事，学习成绩前几名，不用操心，老陈逢人就夸孙子。几个月过去，儿子媳妇也没有拿回一分钱，老陈不得不动用了"老本"。这"老本"是老李给她存的养老钱30万元。儿子以买房为名，借走了15万元，后面还房贷，各种缺钱，都找老陈借钱，老陈心疼儿子，就拿给儿子，现在只剩10万元。老陈有点担忧，心理上的不安全感陡增。她想起老李说过的话："小陈，到任何时候，这钱不能动，关键时刻钱比你的亲儿子还靠谱。"但是儿子看上去不是不靠谱的人，打工也肯吃苦，就是挣得少，也是没法的事情，慢慢来吧。好在自己也有一份工资，总能生存的。

十一

老汪没事的时候，就买点东西，来看看老陈，帮她修理坏了的家用电器、水管之类。老陈心里明白老汪的心意。可是眼下她不想找老伴了，以后就跟儿子孙子过，儿子承诺过给自己养老。儿子每次回来吃饭，跟老陈聊天，总能把老陈哄得开心。儿子端起酒杯敬老陈："老妈，这么多年您辛苦了，养育了我，还帮我带孩子，儿子无以为报，只有努力奋斗，让老妈过上好日子。"话音刚落，老陈眼圈一红，儿子成熟了、孝顺了，自己受了这么多年的苦值得！儿子媳妇在外面打拼，日子总会好起来的。她轻轻捶着儿子宽厚的肩膀，靠在儿子肩上不知不觉睡着了，淌了儿子衣服上一大片口水。

就在老陈重新对生活又燃起了希望之火，家里来了不速之客。几个黑衣人找老陈讨债，声称她儿子欠了赌债。今天不给钱，就收房子。老陈说："房子不是我的，是我过世老伴的儿子的，我只能居住。"一个黑衣人凶神恶煞地指着她："那就拿钱来！"老陈慌忙给儿子打电话，可是儿子不接。她只好给儿媳打过去，电话接通了，儿媳问："小宝怎样？"老陈说："小宝挺好的。"媳妇冷漠地说，"没事那我先忙了。"她忙拦住媳妇："别挂，好媳妇，你手里有多少钱？几个人找我儿子要钱，待在家里不走，这可怎么办呀？"说着她哭了起来。媳妇说："你告诉你儿子，我没钱，赌债的事别找我，他根本就没有买房子，借你的钱全拿去烂赌了，他说房子烂尾都是骗你的，千万别信。你儿子的嘴，骗人的鬼。我和他早就离婚了，我被他骗怕了！""啪"的一声，电话挂了，老陈的脑袋嗡嗡作响，但是她想不能听媳妇的一面之词，儿子不会做出这般离谱的事情，她要亲口问问儿子。于是，她硬撑着发沉的身子打电话，继续呼叫儿子，终于接通了，她急切地说："儿子快回来，家里有人找你。"儿子说："老妈，我暂时有事，不能回来，你让他们先回去吧。"黑衣人抢过电话，"姓孙的，今天你不回来的话，就等着给你老娘和儿子收尸吧！"小孙赶紧说："大哥饶命，你们先回去，容我再想想办法。"黑衣大哥说："已经给你一个月时间了，你撒谎成性，今天就是最后期限。"小孙明白这些人什么事情都干得出来，老妈和儿子是自己的软肋，他们抓住机会，不会放过自己的。小孙无奈只好回家，恳求老妈借钱还债，拍着胸脯说："老妈，这是最后一次，不会再麻烦老妈，我一定改过自新，等房子到手卖掉就还给您。"老陈问："儿子，你跟妈说实话，你真买房子了吗？"儿子支支吾吾地说，"工程停工了，但是不会烂尾的。"知子莫若母，老陈一听就知道儿子撒谎，她拿出存折递给儿子，"妈就剩下这10万元钱，这是老李给我留下的养老钱，这是妈妈的命啊！"说完就栽倒在地。小孙对着黑衣大哥喊："大哥，快帮我救老娘！"黑衣人冷冷地抢过存折，夺门而出。小孙赶紧拨打120，送老妈去医院。经过详细检查，老陈平时血压高，没有吃降压药，在意外情况的刺激下，脑干出血，陷入了重度昏迷。

十二

老李的儿子来到医院看望老陈，小孙没好气地说："你是来看我妈有没有生命危险吧？我妈要是走了，你就可以收房了。"小李说："你这什么话，我来看看阿姨，她毕竟陪伴照顾我爸十年。"小孙马上递一根香烟，给小李点着了，他打着哭腔，艰难地抬起头说："哥，我错怪你了，你能不能借我点钱，我妈治病没钱……"小李说："我投资了一个厂，手头也紧张。"小李说："别逗了哥，你还紧张，谁不知道你是千万富翁。我妈住的房子也有她一份，今天就算清楚了吧。"小李冷笑道："公证处的遗嘱你们看了吧？白纸黑字写着房屋归我们兄弟姐妹所有。"小孙说："那你看着办吧，到时候我妈走了，我就住着，要钱没有，要命一条。反正我光脚不怕穿鞋的。"小李想：对呀，这个小孙可是赌博佬，什么事都做得出来。请神容

桃花诺

易送神难，不如花点小钱打发走他们。我今天来可是代兄弟姐妹打探消息的，既然小孙看出我的来意，也不是坏事。于是他俩就此事展开了协商，并且找了中间人调停。经过激烈的讨价还价，小李的几个兄弟姐妹给小孙出了五万块钱。条件是老陈去世之后，他们一家马上搬走。

接着，小孙以没钱治疗为由，给老陈拔了氧气管。睡在病床上的老陈虽口不能言，但是两行清泪挂在腮边。当天晚上老陈就在家里病逝了。

第二天早上小孙才通知妹妹晨晨回家奔丧。三天过后，晨晨正在整理老陈的遗物。老潘来了，晨晨眼圈一红，自责地说："阿姨，养儿养女有什么用，我妈临终时，我们都不在跟前，都不知老妈什么时候走的。"老潘说："你离得远，别难过，你哥其实挺孝顺。"晨晨说："阿姨，我妈还有一个儿子。"老潘惊讶地问："还有一个儿子？没听你妈说起过呀。"

晨晨哭着说："对的，老妈还有一个啃老的儿子。我这些年给我妈的生活费，我妈都给他用了。"说完，晨晨从床下掏出一个黑色方便袋子，里面都是保健品发票，一统计有十多万元的发票。

门外传来敲门声，老汪手捧一束粉红的桃花进来了："老潘你在这，社区成立了午餐中心，六十岁以上老人凭着身份证去登记，享受午餐补贴，你把老陈叫着我们仨一道，一个人吃饭太没意思啦。"老潘弯着腰，亦步亦趋地，神色凄然道："老陈再也不用一个人吃饭了！"老汪一惊："啊，她找老伴啦？"

自然小说两篇

何立杰

渔佬儿

你伫立船头，凝眸注视着那轮将沉入暮霭中的瑰丽的残阳，仿佛在追寻一个远逝的梦；褪了色的记忆，在忧郁的夕照中恍恍惚惚。你游移的目光，不可避免地又触碰了这条傍晚的河流，就像看到了自己未来的前程一般，眸子里又一次贮满忧虑与不安；尽管，前方的河水已被晚霞映染，但你还是觉得这河、这水与记忆中的河和水还是相去甚远。

这条河、这片水像自己一样正在慢慢老去！你咬着牙这么想。

你混沌的脑际里又一次飘过这条河、这片水以前的样子。

像你的爷爷和父亲一样，你是在船上出生并生长生活的。你记得那时河流水质清澈、河道宽阔、通江连湖，渔船可达泊湖、洞庭湖等四方水域，一次出船就是一两个月，日捕鱼一般都达数十斤，能养活一大家子人，渔民的日子尽管辛苦，但也很殷实，靠水吃水，有滋有味。然而，自打20世纪八九十年代渔业将集体制改为个体经营、包产到户后，集体的、公共的水面便越来越多地被承包开发，不断增加的围网和投放的网箱，在将河道、湖面挤得窄曲的同时，也使水质变得越来越富氧化；河道两侧无序凌乱的房屋也挤窄了河道、侵污了水质。鱼越来越少了，每日三五斤算是不错的收成；渔民为了生计，不得已将靠船的河滩围一部分起来养鸡养鸭，而这又加剧了河的污染。

于是，先前那种水清草茂、鱼多人欢、河宽湖阔的日子已经逐渐地远离而去了，退化成你头脑中的一个日渐模糊的梦。这个梦时常在你感到落寞时、在你没有收获时、在你独守夜晚的空船时从后台飘到眼前来。可眼下，老伴业已离世，儿女也陆续抛开这一行当逃离这片水域外出打工、外嫁岸上，你周围的一些渔户也纷纷上了岸，你一人独守这条三十吨的水泥船，如何抓得住那一直萦纡心头的梦？

现在，你那颗苍老的心还保留着一定的温度，你很想给自己的日子增添些活力，给萦绕你脑际中的那个有点遥远、有点褪色的梦刷上新鲜的颜色。于是这段时日，你越来越乱的头脑里充斥着各种情景和想头，既有回到过往滋润日子里的幻觉，又有关于响应政府"渔民上岸"的倡议，去岸上重启另一种形式生活的念想。这些有时相互矛盾的念头在你混沌的头脑里不断地打架，到现在也还没理出个头绪。于是你的心思就逐渐地随着夕阳下沉了。

眼下你伫立船头，就是在等几个人来帮你理一理紊乱的心绪。他们都是先后响应政府倡导已经弃船上岸的渔民，住在政府提供的公租房里。他们原都是与你同一队的渔户，都上了年纪，像你一样也是生在船上、长在船上，没怎么念书，没什么文化，他们该怎样摆脱摇摇晃晃的感觉，迈着老态的步子，在岸上摇摇晃晃地开辟新的生活呢？你不得而知，而这也是你今天宴请他们的用心所在。你为他们准备了一桌酒菜，以在河里捕获的鱼为主食。你相信在酒精的作用下他们一定会说得很充分，尽管——可想而知——你的菜肴并不丰盛。

他们几个陆续地来了，还是像先前那样有点摇摇晃晃。不过从那条将船和岸连接起来的窄木跳板上走上船时，他们还是表现出老渔民应有的稳定。矮脚方桌就放在船头的甲板上，几个人坐在矮凳上围桌闲聊。初秋时节天黑得晚，他们就着天光开始了热闹的晚餐。他们好像都没跑题，言语大都围绕各自上岸后的经历和感受展开，只是语气和手势在酒精的作用下都显得有些夸张，似乎他们那苍老的豪迈都缺少了些底气、所遭遇的困难也好像夸大了程度。你很少说话，只是认真地听着，偶尔插进几句问话，因为你指望着他们的言语或多或少对自己有些借鉴意义。

"我也没寻到什么好事做，暂时从这一片地方收鱼到城里去卖——也就是你们常说的二道贩子。收入多少就要看腿勤不勤了……"水根自嘲道，酒精催红了他那瘦削的脸。

"这大年纪还做贩鱼的事，够苦呵，"你有点怜悯地望着水根，"还能做多久呢？"

"没办法，暂时先这么混着。搞了一辈子渔，还能做点什么呢？"水根摇头道。

"我住城边的公租房，不多时托人介绍，到一个退休了的老干部家做家务，一个月一千来块钱。"菱花说，"没办法，其他事做不来，只能拣些粗活做，挣一个是一个。"

"你、你怎能去做那种服侍人的事呢！"你有点心疼地望着菱花，这婆娘曾是你的相好，你听她这么说，就好像是自己受了委屈似的。

"可我能做么事呢？我没文化，一生都在船上做杂活，"菱花辩解道，"都六十出头了，还能做么事，总不能现在就叫儿女养着吧。"

"你也该想想是不是上岸的问题了，年纪这么大了，一个人孤零零的怎么守得了这片水啊！"水根劝你道。

"是啊是啊，是该考虑了，"菱花也附和道，"不能再住在船上了。"

"上岸住，你也一样打鱼。"水根说，"政府在帮我们上岸，五六个部门都有帮助的政策，叫什么'六加一'，我也说不太清；这可是个好机会，别错过了。"

"……"

天光在几个人推杯换盏中渐渐转暗了。深蓝的天幕上，缺月如天钩静悬于中天。风悄然吹起，河面荡起了涟漪。这个简单的酒席已接近尾声，但几位老渔民谈性仍浓……

可是，你从他们的言语中并没有获得可资借鉴的信息，你对他们上岸后的生活并没有真正的上心，你仍然没有找到放弃眼前的活法去重启另一种生活的激情……

你将他们送走后，下意识地又观察起你的设施和领地。你的船眼下还十分牢固，你依然像先前一样用结实的四根绳索从不同方向用力均匀地将船固定，以对付突如其来的罡风。靠船的岸上，也还有你圈起的地盘，养着鸡鸭。你的日子到目前为止还在有序运转。这一切真的要将他们全部抛弃吗？离开了水，日子还能像这样有序运转吗？你在心里画着一个个大的问号。

你转过身抬起头，又将目光投向了这河、这水，你觉得自己的生命就是水做的，水的气味、水的颜色、水的性子已融入你的血脉，参与新陈代谢，在你周身循环。离开了水，自己的血液还能充盈并顺畅地流淌吗？

可是，在这越来越寂寥、荒老的水域里，自己又能怎样孤独地过下去？过去了的好情景毕竟不可能再回头了，那已完全化着了一个褪了色的梦境！而且自己已经不可挽回地老了。

你感到很无奈。怎样选择今后的日子？心里仍是一片混沌！

你干脆不再去想这些。今晚你酒没喝多，你挪着还算稳当的步子，拿着饵料走下船去，沿着河滩去设置几个大的扳罾；涨水有鱼，退水有虾，这是这些日子你每晚都要做的事。

不过现在，你还不知道，这是不是你设置的最后的扳罾。

你很娴熟地忙完这一切后，又走回到你的船边。此时你发现你的船篷里竟然有了灯光！是谁来了？你很久都没有接待过来客了，自从这里很多渔民上了岸后，来你船上走动的人就少了，除非像今晚这样请他们过来做客；每晚，你都是静静地独守船篷，很少启灯，借着月光看水、看河、想事，或者早早地睡觉，让篷外的风陪着你忽有忽无的梦境。可今晚，真的有仙客造访吗？你小心翼翼地从木跳板上了船，令你惊诧的是，竟看到菱花在篷里帮你收拾杂物。

"你怎么没回去？"你诧异地问。

"回不了啦，最后一班城乡公交车开走了，他们几个也都没走成，找地方玩去了。"菱花不紧不慢地说，"我就过来帮你做做事，把你请客的碗都洗了，再帮你收拣一下东西，太乱了……"

"哦，谢了谢了！"你不好意思地说，"那么，晚上你上哪歇呢？"

"我上大女儿家歇去。"

"等会我送你过去。"

"不用不用，"菱花连忙说道，"她家离这不远，走个十来分钟就到了。"

"……"

事情很快就做完了，谈话也很快打住了。你们在篷里有点发愣地坐着，不知还能重启个什么话头。今晚天气好，风很温柔，空气也不沉闷。你有点腼腆地望着眼前这位年轻时追过的女人，不知说什么好。

"你，别去给人当用人，别去。"终于，你找到了一个话题，尽管是前面已经说过的话题。

"不是当用人，是打点工，帮人家做点家常事。"菱花进一步解释着。

"还是别去的好。"你坚持说。

"不去，我又能做什么呢？"

"真不行，就到我这儿来做点事，我把钱给你。"你竟然斗胆说出了这话。

菱花红着脸说："你不也要上岸了吗？"

"我还没想好，"你嗫嚅着说，"看到你们现在这个样子，我真的还没想好。"

"你迟早会上岸的，你一个人睡在这条河里，日子没前途。"菱花不知是在劝告还是在发感慨，"现在政策这么好。"

"我还没想。"你依旧这么说。

"……"

你把菱花送下了船，送上了堤坝。你回来的时候，眼睛莫名其妙地湿润了。你无所事事，又了无睡意，喂了一遍鸡鸭后，又仔细检查了固定大船的绳索的牢固程度，因为凭经验你预感到过两天将会有大的风雨！

之后，你抄起了那堆丝网，划着舢板乘着月色，到河的深处布了网；当然，你不知道，你布下的这道网，明天会有怎样的收成。

走 耕

现在，你站在这片平坦开阔的田地的土埂上，望着连片葱绿的庄稼，望着自己这几亩长势良好的大豆，终于又找到了当年你躬耕于此的那种踏实的感觉。于是，你挂满汗珠的脸上，透出被霞光照亮了的微笑。

额头上沁出的汗水沿黝黑的面颊悄悄流淌，而你的笑意也随着汗珠均匀地铺开；你吸收并消化了大量从土地蒸腾而来的气息，并将这浓郁泥土味的气息输入大脑、融入血脉。

你已经很久都没有体味到这种散发着泥土味的感觉了。自打十年前，你和老伴为了给在城里开店做生意的儿子带孩子而迁居县城之后，就远离了泥土的味道。那几年，你匆匆忙忙，甚至没来得及将你曾经赖以生存的三亩多土地做出妥当的安排，就一头扎进县城去体味天伦之乐了；于是这几亩肥沃的土地硬是被抛荒了数年。后来，孙子入了幼儿园，你才在无聊的时候想起乡下的土地和旧居，头脑里开始滋生回乡的冲动。乡下离县城直线距离并不遥远，前些年往来不便是因为中间隔着一条长河，需要过渡或从远路绕行，近年造了水泥大桥，驱车往来只需二十来分钟。你买了辆摩托车，有时在热望的怂恿下独自骑车"回村看看"；但是，每次回村都感到自己像是一个游客——尽管你努力在思想上排挤着这种感觉——特别是来到自家的被抛荒的土地边的时候，你看到别人的土地郁郁葱葱，而自家的几亩地杂草乱生，感觉就像是这片美好乡土上的一块疤痕一样；每每沿地埂漫步，恍惚间好像那块伤疤就移到了自己心田里了，引得你心头隐隐作痛。这可是长江冲积平原最肥沃的土地呀，这可是孕育过自己生命、养活自己数十年的土地呀！你咬着牙在心里这么想。

可是，那时你也只能将这块疤痕掩藏在心里，因为孙子还小，老伴也是拖着个病身子，都需要你的照料。但你没舍得把地租出去，你怕租出去别人会虐待你的土地——就像把亲生的孩子寄养在陌生人家那样；你隐隐的有种感觉，你今后的剩余时光，或许还会交付于这片你曾赖以生存的土地。

果然，现在，你又能直接面对这片土地了。多病的老伴一年多以前突然离世了，孙子也已经入了小学。你整日在城里无所事事。于是，你又反复想到了乡村的土地和旧居，决心将那片撂荒已久的地重新用起来。好在现在农机租用很方便，借着机器的帮忙，自己这把老骨头似乎也还能对付得了这几亩地。当然，毕竟是花甲开外的人了，又多年未做过农事，你选择先种些黄豆、蚕豆等不用经常费大力的经济作物，隔三岔五骑摩托车前来做些锄草、施肥、摘枝、灌水等田间管理事务。尽管有时也感到有些劳累，但内心获得了某种充实和慰藉。

渐渐的，在村里地里，你心里越来越少了前两年回乡时那种旅游感了，你逐步地确信自己正一步步地回到了从前。你将村里自家的旧屋整修了一番，劳作之后便回到旧屋休息；同时，你又陆续地与村里人家有了走动和联系，特别是左邻右舍，造访的频次比先前还多，你还时常从城里带些物品来，作为礼物送给他们，有时候也接受他们的邀请去他们家做客吃饭喝酒，酒喝多了时间晚了便在这里过夜。去年，隔壁水花奶的男人过世，你还为她帮了七天的忙，让她十分感激。

现在，你又坐在了地埂上，将锄头和草帽放在身边的草皮上。你像一堆土疙瘩一样一动不动，任夕晖打在你僵硬的身上。风从南边吹过来摇曳你身旁的野草，拂动你有点凌乱的花发。风也带来了浓郁的豆禾和泥草的气味，直扑你的脸面；你将手头的烟扔了，有点陶醉地专注地捕捉这飘荡的清新气息。

太阳正奔向西宫，在天际拉开一片绚烂的殷红。远处，成排的树木被广阔原野推向天幕，与霞色彤云交融了，成为天与地过渡地带一抹多彩的浓影；眼前，广袤葱郁的田园像一幅画一样吸引着你——这在以前以农为生的那些年月是从未有过的。你有点陶醉，但很平静，脸上尽是安详的神色。

脸庞上的汗已被风吹干，后背上的汗也干了，现出几道银灰色的晕圈。

这时，打不远处走来的一个老妪招呼了你。你扭头望过去，见是隔壁的水花奶，心里一下子热乎了起来。

"你也下地回来了吗？"你也热情地招呼她道。

"是哟，给棉花打遍药。"

"你还种得动棉花？"你站起身来，迎着她说。

"地不多，勉强对付吧，"水花奶笑道，"闲也是闲着。"

"儿子们没过来帮帮你？"你说。

"指望不上，他们在外面都忙，打工的打工，做生意的做生意，一年到头的也难见他们回一趟家！他们还都反对我做农活；可是那些地闲着多可惜呢。"

"不是还有个大儿子在村里住吗？"

"别提他了，他自家的地都懒得做，荒在那里，"水花奶撇撇嘴说，"跟村里几个人合伙做生意搞养殖。"

"要我帮忙吗？"你竟然冒出这句话来。

"哪敢当啊！你现在是城里人了，住在城里，"水花奶调侃道，"再说你也比我强不到哪去。"

"哪能这样说，"你被水花奶说得不好意思了，"我不还是来这里种地了呀。"

"你这是'走读'——那些天天跑路去学校念书的孩子不是叫'走读生'吗？你天天住在城里，隔三岔五的跑来种地，我看你就是个'走读农民'，嘿嘿……"水花奶继续调侃你。

"哪来那么多新词！"你红着脸说。

"说笑呢。"水花奶笑嘻嘻地说，"晚上到我那喝两盅再回城去怎么样？'城里人'在这里干了一天的粗活，累了喝两盅解解乏。"

你没有回绝，只是朝她红着脸傻笑。虽然你感到有点不好意思，但终究还是没说"不"，你不知这是为什么。

"那我就回家准备几个菜去，"水花奶爽快地说，"再叫上村上几个老人来陪你，你可一定要来哟！"

你望着水花奶渐远的身影，内心涌起一股暖流，脸颊也开始热起来……

"走读农民！"你反复嚼着这个词，却有点五味杂陈的味道。

这女人！你想。

你想象着，晚间的餐桌，那些当年的老哥们还将送你怎样的新词。"走读"？"走耕"？

于是，对于即将到来的晚餐，你有点惴惴，又有点期盼了。

太阳完全落入暮霭之中的时候，你收起农具开始往回走——往村里你的那幢老屋老院走。你下地的时候把摩托车扔在了老屋的院子里，有意扛锄拿铲走到两里开外的你的农地里，目的是多嗅一口农地的气息，多看一眼庄稼的绿色；所以现在尽管有点劳累，也只能扛锄走了回去。但是你此刻的心情很好，所以感觉也就很好，并不感到有多么的疲倦；你憧憬着不久就能享用的水花奶专门准备下的晚宴，满脑子都是水花奶那温暖甜蜜的笑容。于是，你背着霞色偷偷地笑着，不过因为是逆光，所以你的笑容不易被察觉。

不知不觉你就走进了村子，走近了你的老宅。你正准备进屋的时候，被一位突然出现的汉子拦住了，你定睛看，见是水花奶的大儿子。

"老根华，我有话跟你说，"汉子把你拽到墙脚根，虽然压低了声音却很凶恶地说，"你少打我妈的主意，听见？不然别怪我对你不客气！"

"这怎么说？这……这……"你像遭受了一记闷棍一样，立马便被这句话给打晕了。

"我不想家里多一个后爸，我脸不好搁！听见?!"水花奶儿子继续恶狠狠地说。

"我、我没打你妈的主意，没……没……"你嗫嚅着，心里有些发虚。

"省省心吧，都一大把年纪了，别做难为情的事！"汉子放缓了音，"今晚你又害我妈忙活了一通，她那么大年纪了，你也好意思？！"

汉子说过便离开了，留给你一堆问号和满脑子的混沌。你的心情变得沉重起来，疲惫感也悄然袭上心头。

你没有吃水花奶备下的晚餐；你找了个理由，说是家中有急事便离去了。你骑车回来的时候，由于头脑昏沉，路上撞倒了人。

过了一小段时间，你没有出现在村里，没有出现在你的农地边。但你终究还是熬不过心里的那份欲念，又开始了你的"走耕"，又隔三岔五来到村里，来到你的地里；而且，似乎也没有完全遵循水花奶大儿子的劝告。

今年，你的大豆收成很好；你相信，你的这块地今后的收成会更好——不仅仅只有黄豆……

于是，你的那颗老心被绿色浸淫了；你觉得你的心终究还是泥巴做的。

去远方

程自桥

一

安平出了高铁站，站在站前偌大的广场，脑子像灌满糨糊，一时找不着东南西北。虽然他南下十九年，老厂的子弟也一个个的变得苍老体衰，但他还是一眼认出一些涌上来的人，走在前面的是梅天柱、金花、林钢。

林钢上前一拳头打在安平的肩头：平豆子，终于死回来。晚上不醉不下桌。说着麻利地接过安平的拖箱。

安平转身抱着梅天柱，哽咽着：柱子哥！这些年，我真的好想你们哦！

梅天柱双眼也起了一层雾水，拍打安平后背：好，好！这回我们在一块好好地扯上三天三夜。说着拉安平去停车场，上一辆有车棚的那种电动三轮车。回头对坐在后排的安平说：老弟，下岗工人，打不起车，只好开自个的电动车接你。

安平回头一看，后面竟然跟着近十辆电动车，有二轮的有三轮的，有敞篷的，也有他坐的这种全封闭的。他对老厂子弟这些兄弟姐妹这么隆重接站，不由得双眼泪珠直转，对坐在身旁的金花，一个劲地说：真的没想到，没想到。我、我当年没招呼就出走，这么多年了，他们还、还这样待我。

还有想不到的呢？金花说着递来一本厚厚的笔记本，笔记本上插着一支笔，还有一个小塑料罐。一脸凄楚地说：冉菊临走交代，托你在她坟前烧掉……

第二天中午，安平谢绝梅天柱和金花陪伴，两边衣兜揣着日记本和一小罐炒豌豆，手里捧着一束蓝色的矢车菊，背上背一个小双肩包，独自一人登上去龟山公墓的公交车。

安平下了公交，站在公墓大门前，他看了一排排整齐的石碑，像一个个人站立在天地间，冷眼看着这红尘滚滚的人世。抬头看看天，惨白的日头惨白的天空，就像他在金花手机里，看到冉菊那张最后日子里的脸。记得他出走那年，她的脸还是那么丰润俊美，怎么竟成这样苍白凄苦。岁月是把杀猪刀，也不能在这短短十九年，就像经历上百年，与同龄金花面貌相差甚远。

墓地真的很安静，风声鸟声也销声匿迹，走过爱恨情仇风刀霜剑的纷争尘世，都劳累了都疲倦了，此刻都悄无声息地长眠于此。安平蹑手蹑脚地轻轻行走在偌大的墓园，生怕踩痛一个个沉睡的鬼魂。

苍青的石碑刻着冉菊的名字，她永远47岁，墓前摆放着一大束蓝色的矢车菊。安平把手中的矢车菊轻轻放下，屏声敛息地站着，与石碑上冉菊瓷像里，那双哀怨、凄苦、孤寂的眼神对望：今天一个人独自来聆听，多年以后，我们终究会在地下相会，与你共享这一份长眠于地下隔世的宁静，也分担这隔世的寂寞与孤独。

安平静静地坐在墓前草地上，坐在一片惨白的日光下，用手抚摸绸缎封面日记本。安平清楚记得，这是他爸在冉菊上小学一年级时，作为入学礼物送给她的。那年，他与她同时入学，他却没得到他爸给的日记本。安平一直耿耿于怀，他就经常纠缠冉菊，让她还给他，冉菊死活不肯，连翻看一下都不允许。安平一直想看，冉菊偷偷摸摸地在这里面究竟写了些什么。那时他年少不谙世事，总以为她会在里面，记着他小时候调皮捣蛋，读书时打架斗殴的糗事，等等。

这本朝思暮想的日记本，如今就在安平手里，他却不敢急于打开，生怕会触痛里面安静的精灵，会不翼而飞。安平轻轻地打开第一页，翻读着冉菊日记，看一页，就撕下一页，就放进墓前火盆里，还放上几颗从那半罐里用二指捏出的炒豌豆。纷飞的灰屑，像无数只蝴蝶在空中盘旋，然后向远方飘逝，像是有人在如诉如泣。飘逝走冉菊一生中多少凄婉与决绝，哭泣出多少不堪与疼痛。

读着读着，安平才真正地走进冉菊向他一直敞开的心扉，进行一次真正意义上灵魂与灵魂倾谈。他意识到当年的出逃，并不是拯救她，而是把她推向灭顶的深渊。自己抽身逃之夭夭，把所有的灾难，全放在一个柔弱的女人身上，让她踏上一条不归的路……

二

9岁安平双眼呆滞盯着屋正墙，墙上挂着披着黑纱一男一女两张照片。10岁冉菊扎着两根麻花辫，一身蓝布衣裤，搂着安平也怔怔地盯着墙上照片，泪水滚滚而下。突然，安平哇地一声大哭，转身用头撞着冉菊胸口：菊姐，我爸呢？我妈呢？他们都上哪儿，怎么不要我了，不要我了……

冉菊摘下脖子上一块方巾，绸绢白底子上，是她妈手绣的一朵蓝色矢车菊。她拿着塞给安平：姐给你，你不是一直想要吗。

安平止着大哭，睁着还流着泪的大眼：真的给我吗？真的让我叫你姐了？接着一边大哭一边叫喊：姐、姐，我只有你这姐了……

冉菊从桌上拿着一小碗炒豌豆，哄着安平：你不常说嘴里嚼着炒豌豆，就不想你走的外婆吗？快嚼上这豌豆，就不想你走的爸妈了！来来，嚼嚼……

安平父母是从上海支援内地建设的技术工人，老厂建好后，留在厂里没回上海。前些日子，他爸参加县里一座新建煤矿大会战，没想到井下发生瓦斯爆炸，正在井下抢修设备的安平爸，被埋在几十米深的井下，人三天后找到，早已气绝身亡。安平妈一见到冰冷的丈夫，整个人往后一倒，心脏病复发，也没再醒过来。

安平的父母在上海早已没近亲，一个舅舅远在青海。冉菊母亲找到厂里，说是安平不能送到福利院，到了那儿就真成了孤儿。说她就一个女儿，身体不好也不想再生养，就把安平放在她家，一个是养两个也是养。厂领导也正愁着如何安置安平，这下心定了。当即决定：安平的抚养费外加一份照管费，全额发放到冉菊家，抚恤金由厂方代存，成年后悉数交给本人。为方便冉菊家照顾安平，特意在冉菊家屋横头添间屋，让安平搬去居住。

冉菊得知安平上她家，往后就与她一家人生活在一起。当晚躲到里屋，愤愤地拿出一直舍不得用，安平父亲给的那本绸缎面日记本，用铅笔咬牙切齿地在第一页写下：认了一个弟弟，丢失一块方巾，倒了八代的霉！安平，平豆子，我恨你！恨你！在安平的名字上，还重重地打了两个叉叉。

三

安平比冉菊小一岁，他俩是同一年入学，老厂子弟学校为了他们相互有个照应，把他们调整到一个班，上学放学一同去一同回，回家一块儿做作业，就这样形影不离地从小学到初中、高中，一直未曾分开。

高中毕业时，按政策，安平可以直接进厂上班，可他死活不肯，非要与冉菊、金花、梅天柱、林钢他们这些老厂子弟，一块下乡插队落户。老厂也明确表示，如果安平想回城进厂，说一声，他们会以组织名义，向上级有关部门打报告。

春天到了，老厂子弟插队落户的乡下，山坡、田野、水畔、路边，到处都有开着紫、蓝、浅红、白色花的野矢车菊。

冉菊下工后，在水塘边洗了一下脸，回到屋里，远远地看见她床头桌子上，摆放着一大束盛开着各种颜色的野矢车菊。她欢天喜地地上前闻着花朵上芬芳的气息，然后左看右看，惊喜地大叫：色彩好清丽，花形好美丽哇，这是谁采摘的？

金花笑了：我进屋时，这花就在你桌上，没见到什么人。听人说安平采的。

路过窗口的林钢，这时也不失时机地补上一句：你的小丈夫平豆子哪，不是他，是哪个呢。说着一溜烟跑开。

冉菊冲着林钢的远去的背影，恶狠狠地朝窗外吐一口唾沫：呸！你的钢豆子，你不跑哇，看我不扯烂你这张狗嘴。

一天晚饭前，冉菊抱着一垛洗好的衣裤，走到男知青宿舍安平屋门前，正欲推门，里面传来林钢与安平对话。冉菊一脚踢开屋门，把衣裤重重地撂在安平床上。她一手叉腰一手指着林钢鼻尖，气势汹汹地像打来一串串机关枪子弹：林钢，你又想使什么坏，让安平做什么！你不是不晓得，上次就你怂恿安平，向来检查知青生活的县工作组，提出过端午节吃红烧肉，大伙是都吃啦。后来呢，安平生生地被队长穿了半个月小鞋，要不是老娘送队长老婆一丈布票半斤红糖，安平这小鞋还不晓得穿到哪个猴年马月。

林钢望着冉菊一双怒不可遏的大眼睛，这与队里那头爱打架的老牯牛，厮斗时的眼还大还圆还红还吓人。他赶紧战战兢兢慌乱摆摆手：没、没……倒退几步到门口，转身拔腿跑开了。

冉菊盯着双手朝后放的安平，咄咄逼人上前一步：还有什么藏着掖着，瞒着姐不说。安平无奈地捧着一支红色的"新农村"牌自来水笔，手微微战栗地递到冉菊面前。

冉菊拿过来一看，笔杆上刻着一行"执子之手，与子偕老"。她双眸立马一亮，面带喜色追问：谁送的！哪个女孩相中你了？这个小女孩叫什么？

安平低下头嘀咕：姐，哪有女孩相中我哟，你看看下面落款。刚才林钢找我，就是让我把这笔转给你。我不干，他就骂我，是、是你的小丈夫……

冉菊这才注意到下面落款是林钢两个字。她拉下脸打断安平后面的话：别磨磨蹭蹭的，快洗洗，打饭去！这个就交给姐处理。说完咚咚地走了。

刚才林钢与安平对话，冉菊就听到林钢说"小丈夫"，她觉得也不奇怪，知青队里一些人，私下咂舌根也都说安平是她的小丈夫，整天呵护着。人家也不当面说，只能当耳边风，如果主动找人解释，是越说越说不清，越说越令人关注，就像泼墨画煤——越描越黑。

第二天，冉菊瞅着四下无人叫住林钢，把水笔递过去，口吻温和地对林钢说：这个我不能接受，不过还得说一声：谢谢。原因只有一个，我得等安平找到女孩。他成了家，他安好了，我才安好！她又喊住一脸沮丧的林钢：你人很优秀，会找到一个心仪的女孩。然后一脸严肃地说：希望你往后不要偷吃安平的炒豌豆，你也晓得，安平一想爸妈，从小到大就靠嚼炒豌豆，一嚼就能缓解些他不安的情绪。

一天，冉菊听说安平请假去黄墓渡，这一天，她都像热锅里蚂蚁，焦灼不安地等到傍晚，一听安平回来了，就火急火燎地找到安平。她神色紧张地把他从头到脚，看了一遍捏了一遍，劈头盖脸地问：怎么一个人去黄墓渡，也没与我说一声。一个人走二十几里路，路上沟沟坝坝，还要过河哩！身上没哪里碰着！

姐，我去买样东西。安平不满地嘟着嘴，小声嘀咕：我也不是小毛毛头，都成年人了。最后一句留在喉咙里：管我也管得太死了。

冉菊一下子怒从心头起，指着安平的手指不停地抖着：万一跌了摔了，怎对得起你爸你妈。告诉你，等你有了女朋友，我就不管你。冉菊向安平伸出手：拿出来看看，什么东西值得请假歇工。

安平从衣兜里摸出一支崭新的蓝色"新农村"牌自来水笔，毕恭毕敬地双手递给冉菊：就这！是买给你的，我晓得姐喜欢蓝色的。

冉菊一把夺过来，一看笔杆上还雕着一朵矢车菊。顺手揣进自己衣兜，心头一热，眼眶周围陡起一层雾，头也不回地转身走了。

晚上，冉菊失眠了，她起身拿出那支蓝色的"新农村"牌自来水笔，爱不释手地看了又看，然后用这支笔，在笔记本上愉快地写下：这笔，一直想拥有，今天安平帮我实现了的愿望，遗憾的是，少了像林钢雕的那8个字。她想了一下，几乎觉得有什么不妥，赶紧将后两句，用笔重重地画几下，改成：安平，真的谢谢你！

四

一转眼到了种冬小麦之时，麦种落地后，生产队组成一支青壮劳动力，去参加全县东山河大会战。

一个雨天，工地歇工，这里地处偏僻远离城镇，人大都窝在各自临时居住的屋里。这屋聚一堆打扑克牌，那屋坐一圈抽烟侃大山。冉菊用自己的一双棉手套，向房东换回一碗豌豆，借伙房大锅炒熟，揣在怀里找安平。她想今天没出工，歇着有空闲，没准安平又想爸妈了，便急急地四下寻找，却怎么也找不到人。

林钢看着忧心忡忡的冉菊，将手中一张牌甩出：打你一个小平豆，小丈夫进洞啰！

冉菊晓得安平在哪里了，她狠狠地瞪林钢一眼，在心里骂一句：这钢豆子，臭嘴一张，不得好死！她不想与他费口舌，得赶紧找安平，转身撑着雨伞，深一脚浅一脚向屋后小山疾疾爬去。

去远方

· 179 ·

这个不大的天然山洞，深不过四五米，却也能遮风挡雨。安平一个人坐在洞里一块石凳上，神情恍惚地盯着洞壁。

冉菊进去挨着安平坐下，将装炒豌豆的瓦罐递到他面前。安平从里面地掏出一粒，往嘴里一丢，慢慢地嚼着嚼着，人的情绪也慢慢地回转过来。

安平惊异地转过头：姐，这从哪儿搞来的。

冉菊诡异地一笑：办法总比困难多。

安平发现冉菊手上手套不见了，恍然大悟地惊叫：姐，你、你用棉手套换的。

别大喊大叫好不好！冉菊拉下脸：怪谁啊，来这工地时，我一再说，别拉下那罐炒豌豆。结果呢，还是拉下了。说完钻出山洞径直走了。

一天，安平突然发现冉菊在工地上，走路一瘸一拐，当晚他摸到冉菊住的工棚，隔着芦苇做的墙，对着她睡的床铺，轻轻地敲着喊着冉菊，让她出来一下。

不明就里的冉菊出了工棚，在一处无人的地方，对着安平劈头盖脸一顿怒骂：深更半夜地发什么神经，什么屁，快放！明早还出工，你哪没瞌睡。

安平低声下气地说：姐，我也瞌睡死了，一想你走路的样子，就睡不着。来来，我帮你把脚底水泡挑了就好了。不容分说就把冉菊摁到一块石头上，抓起她脚腕脱下鞋袜，对着一片亮如白昼的月光，说了一句：再不挑，明日就一步也走不了。你虽用锹兜土，不挑不抬不拉车，到住地到工地总要走哟，总不能让人背着来回。安平麻利地擦着火柴，把一根大针烧烧，用针将脚底水泡挑破，用手挤干黄水，再用嘴含口白酒向脚底喷射。

冉菊第一次不再以姐的身份自居，颐指气使说三道四，像乖巧温顺女孩坐着。她怔怔地盯着蹲在地上安平，把她双脚放在怀里，聚精会神地挑着水泡。一任安平手在她脚底游走，挤水泡按捺脚心揉捏脚腕。

冉菊心里有种暖流涌动，忍受着股股电流击溃心理堤坝。不知出于什么，或许掩饰内心无名慌乱，她轻轻地唱着不知从哪儿学来的歌：我是原野上的小花，名叫蓝色矢车菊，我爱大气和天空，我点缀着美丽的大地……我像青天一样湛蓝，别看我身材瘦小，我也用自己的美貌，打扮着原野、田垅和山腰……

安平抬起头怔怔地盯着月光下冉菊，少了一份平日严厉，多了一份难得妩媚。他惊喜地咧开嘴，忐忑不安地嗫嚅：姐，你、你唱得真好！你长得真、真美。难怪林钢死皮赖脸追你。

冉菊看着月光下安平一双黑色的大眼，眼波里荡漾着一种说不清道不明的涟漪，赶紧喝叱：胡说什么！姐被你挑破水泡，挑得痛死了，这唱得横不成曲竖不成调，胡乱哼两句转移注意力，还能大喊大叫，喊叫招来人，还以为有人杀人……

冉菊回到工棚，一点睡意也没有，想起不久前，在知青中偷偷地传阅一本没有封面的外国小说，也就不知道是哪个作家写的。小说是描写一对男女爱情故事，上面描述男主人公一段话，她几乎能完整背诵出。冉菊索性趴在床上，借着月光，在日记本上照葫芦画瓢似的默写这段话：这种款型男人，在世界上最罕见，他们一般不会轻易爱人，一旦爱了就会生死相许。他们是最原始的亚当，一直寻找着他们自己的夏娃，上帝从他们身上只取了一根肋骨，所以他们只有自己的夏娃，一旦找到了，夏娃就是他们身上的肉，肉中的骨，将永远被他们拥抱在怀中。她默写到这里，抬头望着窗外圆圆月亮，那月亮真像安平憨厚的笑脸，脑里也蹦出羞于出口的念头：安平还真酷似这种款型，他的揉搓还真激活了自己这么一个现代女孩，也想走进这沉睡远古的梦幻，与这种款型男人相濡以沫度过一生⋯⋯

五

冉菊、安平、梅天柱、林钢等老厂子弟，随知青返城大潮回到城里。老厂也以宽大胸怀，悉数接纳这些老厂子弟。冉菊、金花、安排在磨加工车间当磨床操作工，安平在这车间当设备机修工。梅天柱、林钢和其他人安排到车加工车间。

冉菊和安平一前一后蹦蹦跳跳跑进屋，冉菊忙命安平脱下工作服，换下自己工作服，又去找来她爸工作服，统统放在一个大木盆。她必须将这些脏工作服立马洗好，明天她和安平、金花，还有梅天柱和林钢，约定一块去爬五华山。最主要的是要按照金花意思，去完成试探一个人的真实想法，这个人就是面前的安平。他的想法，将确定她一项终生选择，更将注定她这一生走向。

她不知道试探的结果，有多少可能与不可能，确定与不确定，符合自己愿望的结果。一想到明天无法预测，冉菊的心就七上八下，做事也心不在焉地丢三忘四。

冉菊父母拎回十来斤猪肉两条大鱼，还有些杂七杂八的进屋来。冉菊望一眼父母手中鱼肉，疑惑地想：这不过年不逢节，买这干吗。没等她开口问询，她母亲就张嘴揶揄：哟，今日太阳打从西边出，每次洗工作服七拖八拖，都要挨到厂休日下午才洗，今怎变勤快了。

冉菊翘着嘴：哪是咦，明儿一早，我们几个约好去爬五华山，明日哪有工夫洗呢，你老人家也不帮把手。

明天不行！冉菊妈一屁股落在凳上，正好安平进屋来。口气不容置疑：你爸老毛病犯了，去不了长阳坡你爷爷家，明天你和安平去一趟，把这些鱼肉送去。饭菜好些，那些造屋的做事也上心些。说着起身往里屋去。

去远方

冉菊与安平一脸失望，相互对望一眼，又无奈地苦笑着。

冉菊妈把手里一件毛衣放到桌上，对冉菊数落起来：明把这带上，向华人在那里，就说你织的。一天到晚只晓得疯疯癫癫，这老娘替你打的，为你撑脸哟。好让他日后穿着跑长途，想家里有女人惦记，不会生外心。接着一声吆喝：菊子，告你啊！去了别像个闷头驴子不吱声，拉着黑脸给人看，像是人家欠你多少钱。上次见面，你那鬼样子，老娘都看不惯。这次，向华请半月假，租个农用三轮车，替你爷爷家拉沙拉水泥，拉钢筋拉砖瓦，这材料还都他家垫的钱。记好了，是我们欠人家的钱！

冉菊张大嘴吃惊地问：这钱是他家垫的？

你以为呢？钱会从天上掉下来，还是从地上冒出来。冉菊妈说着叹口气：你大伯生三年病，才走不久，你小叔还瘫在床上，欠下债一个钢镚子也没还。我们家这两个死工资，吃喝拉撒全赖着，哪有什么积余。这屋一下被大风刮倒，不造没地方住，造又没钱。向华爸妈开明，他们拿钱先垫，等日子过好再说……

冉菊脑瓜子轰地一声炸裂，欲哭无泪地低着头，使劲在搓衣板上搓衣。

安平也听明白，冉菊找婆家了，有男人了。突然有一种莫名的失落，又像自己心口上被人剜走块肉一样疼痛。他不知道自己是怎样走到一条小河边，一个人在那里待了有多久。直到半夜，金花与林钢一路找来……

第二天，安平自行车龙头上挂着鱼肉，冉菊坐在车后座，他俩像吵过架似的，有着天大的仇，黑着脸，谁也不搭理谁。只有自行车轮胎掠过细沙，发出"沙，沙"的声音，向长阳坡冉菊爷爷家骑去。

安平大口大口地喘着粗气，拼命地蹬着车，想着这向华长得什么模样，竟然在他不知情下，凭什么相走与他青梅竹马的菊姐……

冉菊想如果按金花意思，当年在乡下，由她去直截了当问安平，也不至于拖到现在去问明安平真实想法。她怕捅破这层纸，怕安平对她感情只停留在姐弟情分，并没跃升到异性的爱恋，是自己一厢单思两厢梦。若按金花话，在乡下一下狠心，把这层关系捅破，早一点得到结果，总比晚一点好。有结果，自己会有更大的选择空间与时间！唉……

一辆装满黄沙的农用三轮车停在路边，一个年轻男性站在车旁，对着他俩一脸憨厚地讪笑。

安平停下自行车，那年轻人迎面过来，对冉菊讷讷地说，话音像蚊子似的：小菊，去，去爷爷家，还有十来里，都是上坡路，把脚踏车放地上，你俩挤到驾驶室。

谷 雨（第一卷）

冉菊不愿搭理他，只是面无表情地回一句：也好，你带去，我俩有事。说着把怀里抱的毛衣和鱼肉一股脑地放在驾驶室，头也不回地往来路迈开脚。安平瞪眼这年轻人，估摸这人就是向华，虽长的不太英俊，但五官端正身材均匀。他对他不自然地笑笑又点点头，掉转车头，骑上车去追冉菊……

晚上，冉菊愤愤地在日记里写下：贫穷限制了想象力！更限制了选择的自由！

六

老厂为冉菊与向华、金花与林钢，还有老厂其他子弟和职工十来对举行集体婚礼。婚礼后冉菊和金花两对新人的婚宴，设在老厂礼堂。没等新郎新娘挨着酒席，向来宾一一举杯回敬致谢，安平怅然若失悄然离开。

梅天柱瞥见同桌安平，起身悄悄离席，独自一人出了礼堂。他不放心地尾随安平走出礼堂。

安平回头对着尾随而来的梅天柱，脸上勉强堆着笑颜：天柱哥，你也嫌这酒不对口味，喝不惯。走！我请客，上小吃街吃大排档，啤酒管你够。说着上来拉着梅天柱的胳膊……

天柱哥，来，喝！安平端起一杯啤酒，朝梅天柱眼前晃了一下，就送往嘴边，头一仰杯底朝天。

平豆子，怂相一个，喜欢上冉菊，怎么不早说呢，生生地让那姓向的抢了。梅天柱用指头点着安平的额头，舌头有些僵硬：喝！喝！哥陪你平豆子喝。

安平瞪着血红的眼睛，哈哈大笑起来，一手打掉梅天柱的手：说我怂，你也是，大哥不要说二哥，椅子板凳一样高！我俩都是怂包。你不是喜欢金花吗，怎么也迟迟不敢向她求爱，被林钢这家伙捷足先登，你不也是肠子悔青了啊！不也不敢面对金花敬酒……

梅天柱咬牙切齿地冲着安平：我是后悔，我是真的后悔，我是真的爱上金花。你，你不、不……

安平粗暴地打断梅天柱的话：我是爱我的菊姐。他从胸口掏出一条，绣的一朵蓝色矢车菊白绢方巾，声嘶力竭狂叫：看看，菊姐的方巾，从小到大我一直揣在心窝，揣在心窝哪……

梅天柱恼怒地往桌子上猛捶一拳头：别说了！哥俩喝！喝！

安平随手抓瓶啤酒，用牙咬开酒瓶盖，酒瓶口对嘴脸朝天，只听"咕噜、咕噜"喝下大半瓶，把酒瓶重重砸向地上，歇斯底里地哭喊：我就是笨蛋一个，蠢猪

去远方

一个，我，我为什么不，不把我爸妈抚恤金提出来，帮菊姐爷爷家盖房子……

冉菊坐在老厂礼堂主桌上，突然，她远远发现安平坐的那桌，他原来坐的那座位空着，等到她和向华挨桌敬酒敬到安平这桌，还不见安平人回来落座。冉菊心一怔，四下环顾一圈，仍然不见安平人影。冉菊身旁一个闺蜜，瞥见她一脸焦虑，忙对她耳语一句：安平是同梅天柱一块出去的，说是上小吃街。冉菊闺蜜话音说得低，冉菊脸微妙的变化，向华还是敏锐捕捉到。他心虽有些不悦，却装着什么也没听到，什么也没看到，依然面带微笑不动声色，与冉菊一起向来宾一一敬酒致谢……

闹洞房的人一散去，向华急猴猴地拥着冉菊进卧室。冉菊进卧室后就待坐在床沿，心神不定地望着窗外。向华解下领带脱去西装，上前温存地搂着冉菊：想家了，想爸想妈了。

冉菊低头不语，过了好一会儿，才小声地说：安平也不知回家了没……

向华站起身不耐烦地打断冉菊：你这是灶王爷扫院子——多管闲事，没事找事。他困了，还不晓得回去上床。上床、上床，睡觉、睡觉。说着随手关闭顶灯，像一头饿狼似的扑向冉菊……

新婚之夜，应该是男女相互无私奉献的起点，冉菊却怎么也提不起兴趣，去奉献一个女性倾心的柔情。她反倒觉得自己是在履行一种生意成交的仪式，一种偿还债务的义务。

新婚这一天，洞房花烛夜，理应值得大书特书，这一天冉菊她为人妻，是一个女孩成长为真正女人完美的华丽转身，是一个女性进入到质变与裂变期。第二天，冉菊却在新婚这一天的日记上，只落笔一行日期，后面没文字记录，只有一串大大的问号！

七

尖利的上班电铃声急促地叫着，冉菊拎着一个保温桶站在厂里，焦虑地盯着厂大门口外，就在厂大门关门的前一分钟，安平气喘吁吁跑进厂来。

冉菊迎上去对着高她一个头的安平，不高兴地拉下黑脸：晚上不睡早上不起，你哪能不早点睡早点起。你多大了，长的人高马大的，还要人烦神，真……

安平揉眼睛打哈欠，一副睡眼惺忪样子，夺过冉菊手里保温桶，难为情地左右环顾打断冉菊的话：菊姐，你能不能少说两句，训人像骂小家伙样，多丢人现眼，明早起早就是了。他扭开保温桶盖，用鼻子嗅嗅，一脸迷醉地抬起头，异常兴奋地说：哇，荷包蛋煮甜酒，我最爱，谢谢姐。说完一阵风似的跑走了。

冉菊无奈地摇摇头，正欲起脚进车间，无意回头一瞥，金花与林钢正以百米冲刺速度跨过厂大门，前脚刚迈进，身后就响起厂大门"咣当"一下关门声。然后这一男一女随着缓慢的人流，边走边往嘴里塞大饼。

冉菊对走到身边的金花说：你俩哪不能起早些，天天慌里慌张上班，你女儿一周多，我女儿也一周多，早上事，你和林钢两个合伙做，多快。我家向华一出车就十天半个月的，家里里里外外全是我的，我也不像你俩这样手忙脚乱。

金花朝着向车加工车间走去的林钢，努努嘴又将嘴凑到冉菊耳边压低声：这人三天两头，也不晓得哪里有那么大的劲头，女儿一睡着，他就要"爬山"，一"爬"就半夜，早上哪里能起得早。

"爬山"，还一"爬"就半夜。冉菊迷惑地盯着金花的脸，金花的脸虽有些疲倦，却从红润光洁的脸上看到她内心的愉悦。冉菊不由地用手抚摸一下自己脸腮，好像枯巴巴的，人比金花还小几个月哩，怎么比她还老。直到金花站到她操作的磨床，高速旋转的砂轮对工件切削时发出耀眼的火花，冉菊才恍然大悟。也许真的像闺蜜说的，性生活不正常的女性，特别影响女性的内分泌。调节内分泌，就要保持适度的性生活。冉菊想到这里苦笑了一下，又无奈地摇摇头。

爬山，这两个字，一整天就在冉菊脑里转，人也怅然若失一天。记得一次，向华说是从8000里外装一趟货路过本地，顺便要检修车辆，回家能歇两晚。冉菊已经记不得他出去有多久，终于说要回来，还说这回能在家连歇两晚。她晓得他开后八轮大货车跑长途，方向盘一扳就是十来个小时，人武累。回来当晚，她与女儿挤在小床，腾出大床让他一个人，好生妥妥地补睡一晚觉，恢复恢复体力。

第二天，向华去公司检查车辆。冉菊也向车间调休一天，买了他爱吃的菜爱喝的酒，傍晚把女儿送到娘家过夜。晚饭后，自己洗完热水澡就早早地上床，等着向华扑上来。冉菊觉得自己，不再是当年那个纯情娇羞战战兢兢女孩，是结过婚的女人，连着几个月空床饥饿的女人，哪里还会有什么羞涩，她渴盼着向华扑上来，直接进入实际角色。

冉菊等了好半天，没见向华进卧室，忍不住地想去看看他究竟在干什么，这么磨磨蹭蹭，难道他生理上不饥渴？就像金花说的，"爬山"啊！这山爬完了，早些歇歇恢复体力，明天还要出车上路！她得拉下脸去请，老夫老妻，谁主动出击都一样，没什么大不了。没想到，她走到房门口，就听到从女儿小卧室里，传来像乡下队里那头老牯牛吼叫，鼾声一声高过一声。向华睡得太死了，烂熟如泥，一副雷打不动炮打不惊……

冉菊觉得金花说这"爬山"两字，好像在哪里看到过，她突然想起来，是在一本杂志上看到的，一个台湾女作家说的。冉菊想：向华一次出车十天半个月，有时跑远路要个把月才回来，回家了也不想"爬山"，常年在外的他为解决生理需求，就有可能在外"爬山"了。听人说：跑长途货运司机，不少人或长期包山"爬"，或随时随地"爬"。冉菊想到这，她下决心一定要弄个子丑寅卯，这向华在外"爬"不"爬山"。

冉菊动用一切人际关系和一些非正常手段，一个清晰、透明、完整的向华摆在她面前。向华在外与吃喝嫖赌一点不沾边，是一个诚恳老实埋头苦干，没一点瑕疵的男人。

晚上，冉菊将女儿哄上床，她在笔记本上，写上不久前看的电影《绝望主妇》上一句台词：人类天生可以承受很多东西，可是孤独决不在此列。合上笔记本，眼窝里也不由地滚出两串泪珠。

八

安平坐在方凳上，冉菊一会儿用剪刀帮他修剪头发，一会儿拿着吹风机帮他吹发型，她一对浑圆的乳房不经意地在他眼前晃荡，她嘴里呼哧呼哧呼吸的热流撞击他，安平觉得自己喘不过气来，像喝了八两老白干整个人有些醉，头重脚轻似飘到云头，胸口有面小鼓敲得满世界都能听见……

冉菊用手指着安平额头：发什么癔症！听好了，今晚去与女孩见面，少说话，不要瞎扯瞎八。

安平做一个深呼吸，然后嘴里咕噜：姐，你给我找的没一个有你好。

冉菊拉下脸：个个都比我好，你是不拿正眼瞧人，再这样下去，你就成单身狗。她拿出一套内衣一套外衣，递给安平：上个厂休，特意上街到服装店，给你买的，相亲总得着装体面些，成功概率要高些。试试看看大小，不行得赶紧去换。

安平在冉菊不容置疑的严厉目光下，拿着衣进小卧室，过一会穿着一套内衣，从屋里扭扭捏捏地走出。

冉菊一抬眼，看着站在面前安平，不由地一怔。不再是那个两个鼻翼下，整天挂着两条龙似的黄浓鼻涕，像个跟屁虫似的跟着自己屁股后面转的小毛孩。这套紧身内衣一穿，身躯显得更高大。结实的双腿，宽圆的肩膀，隆起的健壮胸肌，壮实得像乡下队里那头小牯牛，也像一尊古希腊雕塑，给人的第一感觉是结实高大有力量。冉菊握着小拳头起身上前，忍不住地朝着安平高挺的胸脯上捶上一拳。一脸羡慕也不忘打趣地说：这么英俊小伙子，在男人堆里可是个稀罕货，女孩子哪个不想啊！这回相亲准成……

安平试穿好外套，逃似的离开冉菊家，回到自己住处，他身子却还在哆嗦，粗重的呼吸艰难地在胸膛里凶猛起落。

晚上，冉菊与安平在一家约定的茶室等来相亲女孩，冉菊简单地介绍一下就抽身离开。

冉菊回到家，她想向华说好今晚回家，琢磨一边做些家务活，一边等着丈夫夜归，可不知怎么心烦意乱起来。安顿妥当女儿上床，自己洗漱完干脆也上床等，读读手头一本小说，没想到一个字也看不下去，头晕乎乎提不起精神，索性靠在床头闭上眼睛……

向华驾驶大货车，在高速上遇上堵车，这一耽搁，比预期回家时间，延迟三个多小时。回到公司，已是凌晨两点多。向华向冉菊拨打好几个电话，想告诉她，人回来了，时间太晚，不想回家打扰她母女俩，人就在车上迷盹一下，天亮就回来。电话却始终提示该手机已关机。向华局促不安，想冉菊晓得他今晚回来，手机怎么关了，是不是出了什么事……

向华慌里慌张地赶到家，打开家门，从大卧室没关好的门缝里，露出一束橘黄色的灯光，里面不时地传出粗重的喘气声，还不时地夹杂着叫喊。向华蹑手蹑脚摸索来到大卧室门前，轻轻推开房门，床头上方菊花灯，把卧室照得亮堂堂。冉菊赤身裸体仰躺在床上，胸口抱着枕头，圆圆的屁股不停地扭动，随着头左右摆动，一对乳房也跟着上下摇晃颤抖，嘴里喘着大口大口粗气，呼喊着：安平、平豆子、平豆子、安平……

向华掩上房门，坐在不远处沙发上，一双冷眼死死盯着床上冉菊近似疯狂动作，就像看一部春宫大片，烟在嘴里一根接着一根拼命地抽，满屋里都是浓浓的烟雾……

精疲力竭的冉菊终于停歇下来，睁开眼透过烟雾，看到向华就坐在不远处，她惊慌失措地拉着被子，盖住一丝不挂的身子，她实在不知道什么时候把自己脱得精精光光。冉菊也想起刚才还好像大喊大叫过安平的名字，羞愧难当地说：我、我……

向华站起身，双手拍了几巴掌，一脸坏笑：投入，投入，全身心地投入。说着转身带上房门到客厅，倒在客厅沙发上。

不管冉菊如何解释，如何劝向华睡回卧室床上，向华就是一声不吭也一动不动。

去远方

早上，向华出门跑了好远的路，买了女儿最喜欢吃的杂粮饼，也一如既往地与遇见的左邻右舍招呼问好，还和女儿欢天喜地去上幼儿园。

向华的大货车一年一次大保养，他也就在家里连着歇了好几夜。晚上他都睡在客厅沙发上，就是不去大卧室上床睡。冉菊哀求他回卧室，最后提出他一个人睡。向华断然拒绝。说：那地儿睡不着。就再也不说话了，坐在一旁拼命地抽着烟。

冉菊从来没与安平发生过肉体关系，自己也从来没在梦里与安平做过爱，这次竟然做了，却又偏偏让向华撞见。这不是行为出轨，却是精神出轨，有人说精神出轨的错大于行为出轨的错。冉菊反思自己，这件事的问题，究竟出在哪里，是什么引发的。想起那天安平试穿内衣，她看到了不应该看的部位，而那部位却是那么显眼地顶起。那么在床上，那手机怎么关的，什么时候关的，却怎么也想不起来。如果手机不关，手机铃声响，就会制止这罪恶的事发生。发生了就已经发生了，是没有如果的。

目前市场上到处都是超强纠错和兼容的VCD，有的碟片甚至划裂痕很深，也照读不误继续工作。冉菊一直要求自己，求得向华宽恕，来纠正自己过失。他就是不理不睬，现在在外出车，连她电话也不接听，除非事先发短信告知，女儿打电话，能和女儿说说笑笑好半天，也不肯与她说上一个字。偶然回家休假，向华整天不与冉菊说话，家冷得像冰窖。这日子的碟片，不仅仅出现裂痕，恐怕是出现断裂，真的难以继续过下去。冉菊想到这里很悲哀很痛苦，这都是自己当初所为啊，在这张生活碟片上用尖刀戳了一个窟窿，用铁锤砸开一道裂缝，才导致这张碟片无法读下的一个结局。

冉菊拿出有一年多没碰的日记，用手拂去本子上一层厚厚灰尘。她写下这样的一段话：这肯定是没经历过性行为或精神出轨的人，臆想出来的话，说是哪怕婚姻的鞋已破烂不堪，只要感情一息尚存，只要有足够的耐心，把这双鞋慢慢修补好，穿上它一样行万水千山。说的多好！这一年多来，我拼命修拼命补，这双鞋为什么就修补不好呢？

九

厂里一个小电工在冉菊家电表箱里，换了一个断相保护器，一送电就听"啪"的一声，烧坏了，接连换好几个，还是一送就爆。小电工无奈地说：阿姨，估计家里线路有问题，一定是在那里发生短路，这个我不行，您还是叫安师傅来查。

冉菊望着小电工远去的背影，泪水一阵阵"啪嗒啪嗒"地往下掉。她何尝不晓得安平电工技术，她不能去喊，怕万一被突然回家的向华撞见了，那本与安平没关系也变成了有关系，纵然有千张嘴也说不清。自那次靠自己的意念导引嘴里喊出安平名字，被向华发现后，这几年来，他们手臂没碰过，就不要说过性生活。就连他出车跑长途在外，甚至什么时候走，什么时候回，没一个招呼一个电话。冉菊在向华冷漠的眼里，是一个根本不存在的人，连家里一件物品也不如，就是物品还会隔三差五去碰碰去看看。

冉菊感觉被压抑得窒息快死，她曾想去死，死了死了会一死百了，会得到彻底解脱。但她看到女儿那双大眼睛怔怔地盯着自己，她明白，现在去死还不是时候，女儿还小还没成年，等女儿长大成人她就要走，就像日本歌曲《去远方》里那样：去寻找属于自己的天堂/属于自己的远方……

冉菊常会在夜深人静时打开笔记本，用当年安平送的那支蓝色的"新农村"水笔，重重地下笔，写下不知写了多少遍的三个字：去远方！然后像安平那样静静地一粒粒地嚼着炒豌豆，陷入无尽黑暗，直到东方天边泛白。

姐，怎不让我看看，那小毛头晓得什么，只晓得换换开关换换灯泡。安平风风火火地闯进门来，放下工具包，手脚麻利地拿着钢丝钳、螺丝刀、万能表，爬高趴低地查开关查插座查灯头。

冉菊想这屋只有她和安平，便去打开安平进来时顺手带上的大门，让它敞开，让上楼下楼人一目了然。就这样，冉菊还是惴惴不安，正揪心不知如何是好时，上二年级的女儿莹莹回家了。她灵机一动，让女儿去叫外婆来家，说平舅舅在这修电，让外婆来家照应一下。

莹莹对安平亲热地叫声：平舅舅！就蹦蹦跳跳地去冉菊爸妈家。

安平站在梯子上回头望了一眼枯黄瘦弱的冉菊：姐，这几年你过得好老，金花与你同年庚，她长得红润鲜亮，你整天病恹恹的。是不是姐夫待你不好，还是哪里不舒服。身体上有问题，得去医院查查，不能七拖八拖。

都挺好的，没事的。冉菊勉强笑笑，忙转移话题：安平，你看莹莹都八岁了，你怎么还没相中人，快点结婚早点生人，这也……

安平不耐烦地打断冉菊的话：找人也不像上街进店买东西简单，我要找就找像姐这样的，找不到就做单身。不如意的婚姻就会不和谐，不和谐就是一座监狱，就是一副枷锁。你不要管我，你管管你自己的身体，去医院看看，是不是哪里有问题……

冉菊转身去阳台，望着一直没心绪打理的花草，大都枯死，剩下几盆植物，像安平说自己一样也都病恹恹的。安平没经历过婚姻内的事，哪知其中的酸甜苦辣。

疾病有很多种表现方式，身体上的容易治疗，困难的是，隐埋在内心深处的伤痛，不为人知的情绪，让灵魂中毒。讳疾忌医会困惑所有人的判断，找不出一位能帮助自己痊愈的人，也就永远找不到病人的对症解药。这解药在哪里？冉菊明白在哪儿！却可望不可即……

过一会，冉菊女儿莹莹拎上大包小包，还有半瓶酒回来。说：外婆人来不了，外公不舒服，不敢离开。家里没电烧不成饭，这饭菜妈妈你和舅舅趁热吃。她说外婆烧一碗她最爱吃的菜，她得赶紧回去，还说今晚她也不回家，放学后就直接去外婆家，在那儿过夜。

冉菊没招，只得硬着头皮撑着，招呼安平过来吃饭。安平说这酒不能喝，下午还得查找短路的原因，便匆匆吃过几口饭又忙开来。

等到安平找到短路的原因，换下那一段电源线，送上电，屋里一片灯光灿烂，这时已是晚上六点多。

冉菊望着屋外路灯依次亮起，惴惴不安，也是敷衍地说一句言不由衷的话：安平，老厂食堂过饭点了，就在这，将剩菜剩饭热热，把肚子填饱。

没想到安平一口应允：姐，行啊！你是晓得我吃喝从来不讲究。

冉菊只得去用微波炉、电磁炉将菜一一热好，也想早点让安平离开，没想到安平找到冉菊妈让莹莹带来的酒，倒在两个杯子里，说：姐，我俩好几年没在一块吃过饭，也没喝过酒，今儿姐弟俩喝一口。说着一杯酒倒进嘴里，望着冉菊：姐，这酒不错，喝啊！

正在吃喝的当儿，一阵风过来，将套房的大门"砰"地一声关上。冉菊恐慌地想过去打开大门，谁知，起身迈脚一个趔趄。说时迟那时快，安平起身一跃抱住冉菊。也许是酒精的作用，安平的手无意触摸到冉菊柔软的胸口，他心一阵狂跳，大脑霎时意识变得模糊。冉菊靠在安平宽厚的胸脯，也一阵晕厥四肢无力，整个人坍塌似的倒在安平怀里。安平顺势与冉菊拥抱在一起，感到一股热血冲向大脑，他不自主地将嘴唇贴近冉菊，冉菊也不避让地等待着。安平霎时显得狂暴与贪婪在冉菊的脸上、嘴上、脖子上一口口猛吻狠吸，恨不得几下把她肉体啃咬吮吸进肚里。接着他们相互厮扭在一起，忘却了所有……

这是安平和冉菊抛弃社会规则与制约后的疯狂，这是他俩平生第一次真正地进行一场灵与肉的大融合……

当冉菊与安平一番云雨后，突然发现向华像幽灵一样站在床边，不动声色地用手机从各种角度对着他俩拍个不停，然后扯起床单将一对惊恐万分赤身裸体的男女盖上。

向华拿起几乎早就准备好的一张纸一支笔，放在床头，倒退几步坐在沙发上，跷起二郎腿，点起一支烟猛吸了一口，冷的没一丝温度：写呀！写这过程。至于几次，一次等于N次，N次等于一次，这是一个等式，多写也没那么必要，所以就写这一次。

向华瞥了一眼一脸恐慌的安平，手哆哆嗦嗦握不住笔。催促着：写呀！跑长途的司机都学会了忍耐，但忍耐也是有限度的。一个是上过电大，一个通过自修，这写一下过程，应该是顺手拈来的事。

安平只得靠在床头低头写几行字。向华走过去伸头一看，嘴角闪过一丝讥诮：不错！不错！有事由有经过，有地点有时间。你俩都签上大名，按上手印。向华拿过纸放入胸口衣兜里，回过头：可以继续，也可以下次再战。放心，我不会将你们苟合之事公布于众，不是为你们，是为我的女儿莹莹……

十

安平没和任何人说起，也没和任何人道别，第二天一早，去厂里递交了一份辞职报告，没等批复，他就于当天下午，独自一人悄悄地走了。从此杳无音信，就好像从人间蒸发一样。

安平的出走，老厂自然引起一场轩然大波，各种猜测层出不穷，唯独没说到他与冉菊苟合之事。证明了向华信守诺言，没向外界透过一丝信息。

梅天柱、金花、林钢老厂子弟，曾十分不解地找到冉菊，她无奈地摇摇头，不晓得安平究竟为什么出走，人又去了哪里。

几年后，金花发现冉菊常常躲在角落暗自垂泪，人日渐消瘦，病恹恹的一阵风都能刮上天。金花趁一个厂休，约上冉菊、梅天柱去郊外看桃花。在桃花园里，金花穷追直问，冉菊再也忍不住地趴在金花肩头放声恸哭，哭诉自己长期遭受向华的冷暴力，恨自己做下两件不该做的不堪事……

冉菊泪流满面地瞪着蓝天，多年来，她第一次放声哭喊：我想去远方！去没哀愁没暴力的远方……

那天，梅天柱从郊外回来的当晚，向华也正在家休假。梅天柱找到向华，诚恳地说：你们这么耗着有十多年了，不如散了，都给对方一个自由。

向华冷冷地说：对，就这么耗着。十多年前，对冉菊说过：想离，没门，除非死。现在还是这句话，只有死，才是离。说完丢下梅天柱扬长而去。

冉菊早年得过肝炎，这么多年没过上一天舒心日子，转氨酶一直在往上飙升，

去远方

后来升到一千多。她病得很重，肝痛天天加剧。向华却无所谓地照常吃他的喝他的，还时不时投来惬意的笑。

向华称传染病，不让梅天柱、金花、七宝一些同事、闺蜜来探望。冉菊像一个囚徒，被囚禁在与外界隔绝的高墙里，她无法向人倾诉，也无法得知安平生死……一股脑哀怨、惆怅、思念都郁结于冉菊的胸口，病情愈来愈重。

那天，冉菊想起挪威戏剧家易卜生曾经说过的话：女人最大的愿望是要人爱她。她悲哀地想：自己爱的人，爱自己的人，却远走高飞，丢下她连"陌路两两相望"都成一种奢望，哪里还有什么"安抚我/引领向远方"。冉菊趁向华不在家时，打开好几年没写的日记本，在上面绝望地写下：这辈太难了，下辈子不来了！

一天，冉菊的女儿莹莹，径直找到金花，说她妈妈想见见当年一块下乡插队的老厂子弟。金花约上梅天柱、七宝几个人来探望冉菊。冉菊见人都到客厅去了，卧室里只剩下金花，突然睁大眼发出异样的光，胳臂吃力地向上挪移，手指朝着枕下指指，嘴含糊不清地嗫嚅。金花明白，赶紧从枕下抽出一本绸缎面笔记本，取下本子里一支蓝色的"新农村"牌自来水笔，旋下笔套，将笔塞到冉菊手里，打开一张空白页。冉菊蜡黄的脸上泪水滚滚，在日记本上抖抖簌簌地写下几个字，然后无力地闭上眼睛。金花拿过笔记本看了老半天，才从缺胳膊少腿，笔画零乱的字迹里，辨认出三个字：去远方！那粗重的感叹号，几乎用尽一生的气力。

冉菊努嘴让金花收好笔记本和笔，苍白的嘴唇翕翕合合，却吐不出一丝声音，金花俯下身将耳贴在她嘴边，隐隐约约听到几句大概的话：笔记本给他，剩下炒豌豆给他，让他去烧……

冉菊死死盯着金花，金花明白"他"指的谁，把一个小塑料罐和一本插着水笔的笔记本，一同放进自己内衣兜里，然后对着冉菊认真地点了点头……

一个多月后，冉菊吐了一大盆鲜血，形成高度肝昏迷，七天后不治身亡。

十一

安平将手中最后一页日记丢进火中，从背包里拿出一大叠没寄出的信，一封一封丢入火中，最后成一堆白灰。

安平怔怔地远眺红花山尖和它身后血色天空，几乎看到山上那座大和尚圆寂后下葬的灵塔，想起他曾双手合一：佛曰：不可说，不可说，一说即是错……

安平回头看一眼石碑上冉菊照片，从怀里掏出一块手绣蓝色矢车菊白绢方巾，在地上铺开，用双手将日记本与信件烧后灰烬，一点不剩地捧放到方巾上，小心翼翼扎好，放进背包，头也不回地走下山，走出陵园，走向高铁站。

这次，不是十几年前，安平一个人独自去远方，而是他带着冉菊一同去远游，去远方……

一身轻松

陈友铭

一

走出农商银行大门，俞老实抬眼看看，瓦蓝的天空洗过一样的明净，遥远的天际浮着几朵白云，懒洋洋的似乎不动。俞老实心里赞叹着，秋天真是好呀！近来他卖了不少自种的农作物：绿豆、芝麻、黄豆……攒了钱他就存银行里。大片的田地早已流转出去，犄角旮旯的小块土地还是自己种，种些经济作物卖点钱。

俞老实心情不错，骑着自行车来到镇上新建的"龙华小区"。"龙华小区"一期工程已经竣工，那些楼房正在热卖中。相邻的二期也已开工建设，机器打桩的声响震得大地都动，好似擂响的大鼓，让人振奋。俞老实刚走进售楼部，一位年轻漂亮的女子就迎上来，甜甜地招呼道："大叔，买房呀？"说着把俞老实领到大厅中的楼房模型前，"大叔，您看看！"

俞老实看看楼房模型，感觉跟孙子玩的积木差不多。看过几眼便问女子房子怎么卖，他更关心房价。

女子来了精神，介绍得很详细，不同楼层价格不一样，一房一价，均价四千二一平米。见俞老实只点头不言语，女子笑着追问："大叔，您看中哪一套了，我帮您算算！"说着拿来一个计算器。

俞老实说："我先问问，打算买二期的。"

女子脸上掠过一丝失望，马上又笑吟吟地说："大叔，您买二期的到时来找我，我帮您跟经理讲讲能优惠点。"说着拿一张名片给俞老实，客客气气把俞老实送出售楼部。

俞老实站在小区门楼前四下看看，不远处是镇中心小学，有读书声从校园传过来。村小学前年已经撤并到镇中心小学，俞老实的孙子俞季后年就要念书了，在这买了房，孩子上学方便。俞老实眼光又向前看远一点，二三里处有几栋厂房，儿子儿媳都在那上班，搬来这儿住，他们上班也近。

回家的路上，俞老实慢慢踩着自行车，心里盘算着买房的事，儿子儿媳一间，自己和老伴一间，孙子会渐渐长大，也是要一间的。刚看了一期的，一套三居室最小的面积也有百平米，就算均价，一百平米也得四十二万，自家现有的钱还不够。俞老实对家里多少钱了如指掌，定期的已有三十五万，加上今天存的，活期存折上刚好两万，再攒五万就够买一套百平米的三居室了。前几天，他还跟儿子成泉说起买房的事，成泉似乎不像先前那样热心了，跟他说什么都是嗯嗯啊啊的，问他两年能攒多少钱，也是含含糊糊说不清楚。先前，儿子儿媳打工挣了钱，留下零用的都交他存着，可这半年来一分钱没看到。俞老实问过一次，自然是问儿子，成泉也是支支吾吾不肯说明白。儿子是大人了，自己的孩子都上幼儿园了，俞老实也不好老是追问。

镇上到村子只七八里路，很快村子就出现在俞老实的视野里。村前一口水塘，俞老实的家在村头塘嘴上，他远远看见自家屋前围了许多人，脚下不禁蹬快了些。

俞老实还没到人堆前，就有人喊"来了，来了!"围着的人也是自动让开一条道。俞老实看看，大多是村里人，中间几个生面孔，老伴的堂弟开元正跟那几个人说着话。看见俞老实，开元迎上来："姐夫，你可回来了，这事怎么办呀?"

俞老实一头雾水，不晓得怎么回事，架好自行车，睁大疑惑的眼睛看看开元又看看众人。老伴程二妹哭丧着脸，说话也是带着哭腔："这个成泉怎么这样啊，这不是要我们的命吗?"

俞老实心里又惊又着急，忙问成泉怎么了，到底怎么回事?

程二妹说得结结巴巴，开元在一旁补充。原来，成泉半年前迷上赌博，输了几十万，大多借的高利贷。前不久他被几个追债人堵在镇边的路上，下跪求饶时开元正好路过。开元好说歹说，又做了担保，追债人晓得开元在镇上开了家小吃店，这才答应延缓几天。现在债主找上开元，开元没法，只好领着债主上门来。

俞老实气得眼珠暴突，脸涨得红紫，恨恨地说："把成泉拽回来，让人家剁了他的手!"程二妹怯怯地告诉俞老实，要债的去了成泉上班的地方，没见着，这才找上门。

这时，要债人中一个蓄着长发，三十多岁的男人说："俞老伯，我们只想要回钱，并不是非得要卸成泉一条胳膊或是一条腿。钱还了，大家以后见面还是客客气气的。"

开元小声说："姐夫，这钱不还，你家不得安生，我的小店怕也开不下去了!"

欠债还钱，天经地义，俞老实明白这个理。他把开元拉到池塘边，在一棵柳树下站定。飒飒秋风拂动柳条，也慢慢吹降了俞老实身上的燥热和心头的怒火，他看着一脸焦急的开元问："成泉欠他们多少钱?"

开元说："先前不晓得多少,那天我做担保,成泉写的欠条是四十二万。"

俞老实差点晕倒了,扶住柳干稳稳神缓缓地说："我定期的加上活期的只有三十七万,你帮我跟他们讲讲,剩下的慢慢还中不?"

开元去了,一会儿长发男跟着开元走过来,坚持要一次性还清。

俞老实急了:"你就是杀了我,我也拿不出呀!"

长发男不急,神情笃定,笑着转向开元:"你是担保人,剩下的只能找你了!"

"我?"开元看看俞老实,俞老实脸上除了愁还是愁,又见长发男一副不容商量的表情,他无奈地叹口气:"好吧,明天你去我店里。"

送走要债的,俞老实散了架似的瘫坐在地上。开元没有走,他蹲到俞老实跟前小声说着:"姐夫,怄也不中,反正事情都这样了,那五万我先帮你垫上。"

俞老实回过神来:"开元,连累你了,我给你打张欠条吧!"

开元说:"姐夫,不是我不信成泉,你能答应还,打不打欠条无所谓。"

"我还,这钱我来还!"

人都走了,俞老实仍痴呆着没动,心仿佛让人摘走一样空空的。西边天空上不知何时生出一大片云层,遮住西落的太阳。俗话说乌云接日是下雨的前兆,而此刻俞老实的心里已经落泪了。

二

成泉和妻子季香芸同在一家包装厂打工,带上儿子一家三口骑辆摩托车早出晚归,早上把儿子送到镇上的幼儿园,两口子便去上班。几天来成泉一直心神不宁,这天下午两点多,他去上厕所,下意识地朝厂大门外扫一眼,看见堂舅开元跟几个要债人往这边来,吓得憋回屎尿,拉上香芸从后门溜走,匆匆赶到幼儿园接走孩子,一溜烟跑到香芸的娘家。

晚上,成泉偷偷溜回来,直到村子安静下来才摸到自家门口,听听屋里没有响动这才开锁推开家门,看到堂前后面一点暗红一闪一闪吓了一跳,赶紧摸到开关打开灯。灯光下,母亲坐在桌旁是一脸愁容,另一边的父亲正一口一口闷头吸烟。他双腿一软跪了下去:"爸!妈!"

"你打算今后怎么办?"出乎成泉的意料,父亲没有责骂他,只是这么问。

"我……"成泉说,"决不再赌了,再赌,斩了我手指头!"

"我是问你今后有什么打算?"俞老实仍是这么问,语气却是重了些。看着成泉一脸茫然，俞老实叹口气，他清楚现在再怎么责怪成泉也无济于事，要紧的是能让儿子醒悟、振作起来。他告诉成泉家里的钱都还赌债了，开元还帮着垫了五万。"我跟你开元舅讲好了，这五万我来还他。如今你可是家里的顶梁柱，就没想过今后怎么做？"

成泉听说赌债的事已经了结，心稍稍安了，父亲的话又让他十分愧疚，他想了想说："我去芜城。听二毛子讲，只要肯吃苦，在芜城找工作不难。我晓得自己败了一套房，要在芜城挣回一套房！"

"光讲不中，要能做得到。"俞老实见成泉肯定地点头又说，"那好，想好了去芜城，就带上香芸和孩子一块去吧！"

"这……"成泉看看父亲，俞老实两眼也正盯着他，他又点点头，"中，带他们一块去！"

晚上，俞老实拿出八百块钱给了香芸，其中一大半是他跟泥瓦匠后面做小工挣的，还有这些天卖地里收的农作物得来的钱。"香芸，就这些了，省着点用。"俞老实说着又叮嘱香芸，"成泉一人去芜城我不放心，才让你跟俞季一块去。你要把他看紧了，钱也要抓着，不要事事依着他！"

程二妹什么也没说，只是默默地帮着儿媳收拾东西，默默地流眼泪。

三

儿子一家走后，俞老实就一门心思想着怎样挣钱，五万元的债务像是一座大山压在他身上。让他没想到的是倪瓦匠要去他师弟在外省的工地帮忙，心里凉了大半。倪瓦匠手艺不错只是散漫惯了，平日就在附近揽些零散的活，揽到活，他会喊上俞老实做帮手。俞老实干活实在，帮他和水泥砂浆，搬石头递砖块都不用吩咐，二人默契配合多年，俞老实跟他后面一个月也能挣到六七百元。现在，倪瓦匠碍不过师弟三番五次请，只好去。不过他告诉俞老实，已经联系了在县城的表弟，让他表弟帮俞老实在城里找个事。俞老实怀着忐忑不安的心情去了城里，倪瓦匠的表弟还真帮他在一家小区物业找了份保洁员的活。

小区保洁员的职责就是清扫小区垃圾，每月1200元工资。这让俞老实喜出望外，一是有了固定收入，再是从家里到城里十六里路，骑自行车也就半个多小时，来去方便，空余时间还能在小块土地上干点活。

俞老实干满一个月，没人给他发工资，又等了十来天，还是没有发工资的消息，心里不踏实了，这天下班后他推开物业办公室的门。物业经理姓阚，是个女

一身轻松

的，微笑着问俞老实有什么事。俞老实脸憋通红，怯声问道："阚经理，哪天，哪天发钱呀？"阚经理告诉俞老实，物业不比机关单位，做不到按月发工资，有时一两个月，有时三四个月，她让俞老实放心，钱是一分不会少的。阚经理说话算数，俞老实干满一百天那天，一下领到三个月的工资。

这天俞老实休息，物业公司一个月给两天假。吃过午饭他把家里几个月来卖农作物的钱数数，连同领到的工资一起揣进衣袋出了门。

又一次来到镇上，不是来存钱而是来还债，俞老实心里满是酸楚，路过"龙华小区"，他不由地停下车。售楼部门前还是有人进出，二期工地上没了打桩的声响，围墙内竖起高大的塔吊，吊机的长臂拎着建筑材料在空中不停地转动，似一支巨笔在描画，画出一栋栋大楼。俞老实叹一声收回目光，踩着自行车往开元的小吃店去。

在俞老实的印象中，开元和他的老婆翠花都是好人，收上芝麻豆谷俞老实也会送点给开元一家尝尝鲜，而开元两口子不仅留茶留饭，翠花还会念叨不歇，说着姐夫的辛苦说着姐夫的好。俞老实记得，一次他来镇上买菜种豆种，让翠花碰见了，翠花喊着姐夫热情地邀俞老实去她家吃午饭。俞老实答应办完事就去她家，其实打算买了种子回家的，上人家吃饭不是给人添麻烦吗？俞老实没想到，一会儿开元找来了，说是翠花让他来的。今天俞老实特意吃过午饭才来，他怕上午来开元两口子又要留吃饭，自己差着人家那么多钱，还好意思在人家吃饭？

开元的小吃店开在新街和老街的接合处，以卖早点为主，中午晚上也卖饭菜。俞老实在店门外架好车，从车笼头前的铁篮里拎起塑料袋，里面是他带给开元的土特产。俞老实刚要进店就听店里传出争吵声，探头往里看一眼，开元夫妇站在桌子两边怒目相对，翠花手指开元说："充大头做好人你在行，让你去要债就成了缩头乌龟！"

开元说："姐夫有钱肯定还，没钱你逼也逼不出钱。"

"他不是在城里的小区干保洁吗，总不会是白干不拿钱吧？"

"他去的时间不长，也许，也许……"开元也许了半天也说不出所以然。

"瞧你个孬样！"翠花几乎是咬着牙说，"你看看，店里空荡荡的，生意这么冷清，大玉又要生活费，你拿什么给她？"

"再想想办法。"

"那你想啊！昨天两袋面粉还是我厚着脸皮赊来的，你怎么不想办法？"

俞老实站在门口，进也不是走也不是，脸上红一阵白一阵，十分尴尬。就在这时，又听翠花嚷道："你再这样，生意做不下去，日子也不过了！"说着，气呼呼地一下拂掉桌上的筷筒，筒里的筷子落一地。俞老实赶紧跨进去，连声说着："你俩不要吵了，怪我，怪我！"

翠花看见俞老实，气哼哼地扭身进了后厨间。

俞老实弯下腰，一根一根捡起地上的筷子，此时恨不能找个地缝钻进去。开元大声说："姐夫，你捡干吗，哪个拂的哪个捡！"说着蹲到俞老实旁边也在捡筷子，小声说着，"姐夫，你不要往心里去，这阵子生意不大好，又赶上大玉要钱，她心里着急。"开元两个女儿，小女儿在镇上念初中，大女儿就是大玉，在外读大学，负担也挺重的。

把捡起的筷子放桌上，俞老实尴尬地笑笑："他舅，我是来还钱的，几个月一分钱没还，你不讲我也过意不去。这次先还4000元，只要手头有钱我就还你。"

开元接过钱："姐夫，你一个月也就1200元的工资，才干三个来月就还这么多，家里也要用钱呀。"

"没事，我跟你姐两人在家也不用什么钱。你不催我要，我就感激不尽了！"

走出开元的小吃店，俞老实没去街上转了，衣袋里是布擦布，看到想买的东西也是拿不出一分钱。晚上，接到成泉打来的电话俞老实的心情才好了些，这是儿子一家走后四个多月，父子俩第二次通话。第一次是成泉找到工作，租好房子打来的。这一次成泉告诉父亲，不仅香芸找到工作，俞季也进了幼儿园。俞老实自然高兴，但他还是要跟香芸核实一下，得到香芸肯定的答复，他又不忘叮嘱香芸还是要看紧成泉不能放松。最后，俞老实想听听孙子讲话，一旁的老伴赶紧把耳朵凑上来。听着俞季在电话那头奶声奶气地喊着"爷爷奶奶"，老两口笑得合不拢嘴，两张满是皱纹的脸绽放成两朵大菊花。

四

俞老实每天是算着时间安排自己的工作，天刚蒙蒙亮，他已经赶到城里的小区忙乎起来。把负责的区域打扫干净，垃圾清理完毕，如果没有额外的任务，他不像其他几个保洁员，把时间浪费在打牌扯闲话上，等到中午再买份快餐了事。他会骑车赶回家，省了快餐钱又能干些地里的活，然后在下午两点前赶到城里，再把负责的区域清扫一遍。俞老实这么做显然不合群，同为保洁的老范就打趣他："老俞啊，是不是怕老婆子在家找野汉子，回去看着呀！"后来得知俞老实的状况大伙又很是同情：这个老俞真是辛苦，一点没的歇！的确，俞老实好似一只旋转不停的陀螺，而抽打陀螺的鞭子就握在他自己手里。

一身轻松

偶尔也有例外，一次县医院的医务人员来小区义诊，正要回家的俞老实让老范拽住就没有马上回去。"上医院还要排队挂号，这儿一分钱不收还不看看！"俞老实去看了，量过血压医生说，血压高了，要多量几次再去医院检查一下，血压高要吃药控制，不然很危险的。俞老实事情多得忙不过来，压根不想去医院，再说自己能吃能做能有什么危险？医生就会唬人，不就想让人去医院多花点钱！

很快就到年底了，成泉来电话，说过年不回家了，厂里加班给双倍工资。俞老实心里有些失望嘴上还是赞同，能多挣两个钱是好事呀！

过了年，白天长起来，天气也渐渐暖起来，到了清明时节，温度上升得更是明显。俞老实也更加忙碌，上班之外就一头扎进地里。那天翻着地，看着相邻的地荒着，觉得可惜了，多好的地啊，草长得没过膝盖了，要是种上农作物，不也长得茂盛呀！

一天下午回家，快到村子了，俞老实看见前面一个人拎着食品盒，从身形上看像是本村的俞正财。虽然俞正财出去几年了，俞老实觉得自己不会看错，他紧踩几下追上去，瞄一眼笑起来："还真是正财呀！"

"哟，老实，这是从哪来？"俞正财说着停下脚步掏出香烟。

俞老实摆摆手："戒了！"自成泉走后，俞老实就戒了烟。他算过账，一天抽一包，便宜的也要六七块，一个月一二百，一年下来就是两千多块呀！俞老实告诉俞正财，自己在城里的物业公司做事，现在下班回家。说着问俞正财："回来看看你二大？"

俞正财是听说自己的老姨娘病重赶回来的。当然，好不容易回来一趟，自然也是要看看二大。

俞老实关切地问："你老姨娘现在怎样了？"

"好些了。"

俞老实又问："那你今晚在你二大家歇一夜啰？"

"一会还去我老姨娘那儿，明早要赶回去，她家离车站近。这时节儿子要出去进新茶，我得帮他在店里照应。"俞正财的儿子前些年去张家港开了家茶叶店，每年清明时节都要去产茶区，不是为了看望老人，他哪有工夫回来。

俞老实转转眼珠说："正财，你先去看你二大，等会儿来我家吃了晚饭再去你老姨娘那儿。我们有好几年没见面了吧？"

"不了，我表弟还等我去吃晚饭呢，下次回来再讲吧！"

说着话就进村了，到了分岔路，俞老实又喊住俞正财："你坝头那块地草都齐腰深了，可惜了啊，你在家怎么也不会让地荒着吧！"

谷雨（第一卷）

俞正财说:"你讲得对呃,可我在外面照应不到呀。"说着看看俞老实问,"你想不想种?"

俞老实心跳就快了些,盯着俞正财说:"你那块地有三分多吧,多少租金?"

"你种地就不会荒着,是在做好事,要什么租金!"

"那,你哪天回来,我就还你。"

分手时,俞老实不忘招呼一声:"正财,下次回来可要来我家喝杯酒哦!"

看着俞正财拐进一条弄子不见了,俞老实心里突然鄙视起自己,怎么涎着脸讨好起俞正财,他俞老实跟俞正财可是有过不愉快呀!那年遭水灾,退水时村里在坝上开了道大口子排水,口子就开在二人小块土地结合处。后来回填土地,俞老实觉得自家的土地挖得多,俞正财认为他的土地挖得多。村主任倒好,刀打豆腐两面光,一人一半。二人都说自己吃了亏,虽然没有大吵大闹,也是争得脸红脖子粗,自此有了芥蒂。俞老实想不到,自己竟会跌下面子主动向俞正财示好。

太阳缓缓朝西边滑落,把俞老实的影子拉得老长,"呸!"俞老实对着影子狠啐一口,还是个男人吗,就这点肚量?人家俞正财也不像先前那样斤斤计较,非常爽快地就把地给自己种,还不要租金!

拿到俞正财的地也给了俞老实启发,他又打出许多电话,连续接管了二毛子、三老憨,还有几个常年在外的人家撂荒的小块土地,一年忙下来又多出好几千元的收入,这也加快了还债的进度。虽然累了点,但他觉得值!

五

听到成泉一家要回来过年,俞老实两口子很兴奋,算算,已经三年多没团聚了。程二妹早早做起准备,带上准备好的原料去塘坊加工,背回一大袋炒米糖、芝麻片、花生酥……又特意炸了一大盆糯米藕圆子。

年前腊月二十八,轮到俞老实休息,大清早他就骑上自行车赶到镇上。镇上年味更浓,货物比平时多。俞老实挤在熙熙攘攘人群中转来转去,这里瞧瞧那里看看,那些付了钱的货物就搭上了他的自行车。最后,俞老实来到肉案前,称了肉买了猪下水又往水鲜市场去。年夜饭的桌上不能没有鱼,年年有鱼(余)嘛!他推车走到水鲜市场前,猛地站住了,还没来得及转身就被正在买鱼的开元喊住:"姐夫,你也来水鲜市场?这鱼不错,活的!"

俞老实硬着头皮走过去:"他舅,买鱼呀。成泉他们回来过年,我过来看看。"

"成泉他们有几年没回家了吧,那你可得多买点!"开元说着扫一眼俞老实的自

一身轻松

行车。

自行车前面的铁篮里满满的，车后架上的袋子鼓鼓的，有香芸爱吃的兰花干子和豆皮，有成泉爱吃的山芋粉丝，还有程二妹的一双新胶靴。为俞季买的东西最多，一件蓝色羽绒服；一把玩具枪，俞季早就想要一把玩具枪，临去芜城，俞老实答应孙子，回来给他买一把，爷爷哪能失信于孙子？还有一大袋大人小孩都爱吃的核桃仁、夏威夷果、葡萄干……车上满满当当。俞老实不由地红了脸，仿佛这些东西都是偷来的让人逮住了，矮了半截似的低声说："成泉他们出去就没回来过，难得回来过年，也不忍心苦了他们。"

开元见俞老实面色窘迫，忙说："是啊，一家人好几年才团聚，多用几个钱也高兴呀！"说着问起成泉这几年在芜城怎么样。

俞老实更是不自在了："我也不大清楚，等他回来我问问，有钱的话让他把欠你的钱还上。"

"姐夫，我不是那意思。也就欠我万把块了，你慢慢还就中，千万不要逼成泉，不然还讲我做舅的不地道。"开元怕再生出误会，拎起买好的鱼就走，走几步回头招呼一声，"姐夫，正月里有空来家里坐坐！"

成泉一家是除夕午后到家的。傍晚，一大家子欢欢喜喜围桌吃了年夜饭。饭后，成泉领着俞季在家门口燃放烟花爆竹，俞老实在一旁乐呵呵地看着，好几年了，家里没有这样热闹过。放过烟花爆竹，俞季去房里看书写作业，他已是二年级的小学生了。香芸则帮着婆婆收拾碗碟、打扫卫生。之后，几个大人坐电视机前，一边看春晚一边聊家常，俞老实把前天遇到开元的经过也说了。成泉听后起身去房里拿来一张银行卡："爸，这卡里有三万块，你把欠开元舅的钱还了，剩下的留着用。"

"你什么意思？"俞老实眼睛瞪老大。

"爸，你在县城做保洁，一天来回跑四趟，干完外面的活又去地里忙，一点没的歇。听妈讲，夏季天干，你有时浇地浇到半夜，回来眯一会又要往城里赶，太辛苦了！你拿去把债还了，往后不要这样两头忙了！"

"拿回去！欠你开元舅的钱我会还他，不用你操心，只要你不忘了临走讲过的话就中。"

香芸见公公态度这么坚决，插话说："爸，成泉跟我商量过，先把债还清，买房迟几年也不要紧。"

"什么？"俞老实来火了，"那你们打算迟到什么时候买，是不是要等到俞季讨老婆？让你把他看紧点，钱抓紧了，你还这么信他，这么依着他？"

程二妹赶紧说："成泉他们也是一番好意，怕你累坏了身子，怎么就不晓得好歹呢！"

俞老实何尝不晓得，他必须硬起心肠敲打儿子，冲着老伴说："你少和稀泥，到时买不成房，还讲挣钱给了我还了债。我讲话作数，欠开元的钱我还，他讲的话能不能作数？"

香芸感觉委屈，但还是耐心地向公公解释："爸，你误会我们了。成泉的工资卡一直在我手里，这张卡里的钱是他下班后兼职送外卖，一单一单攒起来的。"

俞老实在做保洁的小区里天天能看到送外卖的，也都冒着风雨，顶着暑热，来去匆匆跑不歇，挣几个钱也不容易。他口气软下来："只要规规矩矩上班，诚实做人，也不用那么拼命。"

"爸，"成泉喊一声又说，"都怪我一时昏了头，想赌博赢钱发财，害得你这么大年纪还在受累。你为我做出了样子，要本本分分靠劳动挣钱，我哪敢偷懒。再讲，俞季也渐渐大了，我也要给他做个样子！"

六

这天上午俞老实把负责的区域清扫结束，像往常一样准备回家，老范喊住他，拿出一份要求增加工资的报告让他签名："签了我们就去办公室。"见俞老实迟疑着，老范又说，"昨天商议你也同意了啊！眼看着天气就热了，瓜果上市垃圾更多，都像你闷头干活屁不放一个，人家能给你涨工资？"

俞老实当然想涨工资，能增加点收入也能早点儿还清债务，于是歪歪扭扭写上自己的名字。

阚经理收下报告答复得很干脆："公司收入就那么多，不仅有保洁，还有保安和维修人员，还有管理人员，哪个不想涨工资？如果嫌钱少可以辞职。"

第二天老范就没来，不是主动辞职而是被辞退。俞老实知道后心里惴惴不安，上午清扫结束，他没有马上回家，而是靠垃圾车旁呆呆地看着路面。光洁的路面反射着太阳光，刺人眼睛，俞老实不晓得自己会不会也被辞退，要是被辞退这么大年纪能找到什么工作？自己向开元承诺过今年还清欠债，难不成要让成泉拿钱还，那自己的老脸往哪搁？中午回家，俞老实也没胃口，胡乱扒了碗饭就坐在椅子上发呆。程二妹关切地问他哪儿不舒服，他冲老伴吼道："我哪儿都不舒服！"

下午，阚经理来找俞老实，把他紧张得大气不敢喘，阚经理口气仍是温和："老俞呀，我们都晓得你是老实人，那个报告不是你的主意。你干事一向踏实，只

一身轻松

要愿意干，不会让你走的。"

"阚经理，我……我会好好干的！"俞老实激动得不晓得如何才好，目送阚经理离去，他捂着跳动的胸口长长出了口气。

这天下午，俞老实按时把车骑到小区物业办公室的院子里，感觉头隐隐作痛，心想可能天气热又赶得急了，便一手摘下草帽扇着，一手拽下脖颈上的毛巾擦汗，把气喘匀了，才拉起垃圾车。这时，阚经理喊住他，告诉他会计去银行取钱了，让俞老实清扫结束来领工资。俞老实谢过阚经理，头也不痛了，兴奋地拉起车往负责的区域去。

俞老实边走边在心里算着账，他还欠开元三千元，物业公司也欠着他两个月的工资。最近，卖了二分多地的青豆子还有其他一些农作物，积攒下几百块钱，拿到工资，还开元的欠债应该差不多了！

打扫完负责的区域，俞老实又拿眼光仔细检查一遍，确信清扫干净了，这才拽下毛巾擦擦汗，又从车把上挂着的袋子里拿出水杯，拧开盖"咕咚咕咚"咕一气，然后拉起车子哼着小曲往物业办公室的院子去。

揣好领到的工资，俞老实又摸摸口袋外面，这才放心地骑车往家赶。路过城北路口，在铺人行道地砖的工人中一眼看到了老范，俞老实不由地停下车子。老范弓着背把地砖搬到师傅身边，又去搅拌机那儿拎来水泥砂浆，瞅个空拿起水杯往嘴里灌，一边抹着脸上汗。俞老实跟倪瓦匠后面做过小工，知道这活儿比干保洁累得多，想想老范被辞退也是为了大伙，心里感觉愧疚，看到不远处有卖瓜的车子，他过去买了个西瓜给老范送来。

"你个老俞，平日里用一分钱都能捏出汗来，怎么舍得买个西瓜送给我？"老范有些诧异，说话还是那个德行。

"人家送我两个，我跟老婆子吃不了，看你在这儿就给你一个。"

"老俞啊，难得你还记得我！"

"都是老兄弟，怎么能忘呢！"俞老实见老范高兴地收下西瓜，心里舒畅多了。

回到家，俞老实便从柜子的抽屉里拿出积攒的钱，数着钱一边喊着老伴把放养的鸭子赶回家。

程二妹说："天还没见黑呢，急着赶鸭子回来干吗？"

俞老实说自己马上去镇上，把欠开元的钱还了，顺便拎只鸭子给他炖汤吃。"好几年了，开元是一分利息都不要，我们也不能不晓得好歹呀！"

"对呃，开元这份情不能忘了！"程二妹说着看看天，"时候也不早了，干吗急猴猴的去还钱，改天你休息再去不中？"

"债还清了，心里才踏实。"

俞老实把三千块钱交到开元手里，自己的手竟也有些抖。"数数！"他对开元说，口气里透显着激动。

开元知道俞老实的脾性，便数起来，数完最后一张说："经你的手哪会有错，正好三千。"

开元说完，俞老实仿佛听见自己的心"咚"地落到实处，身上似卸下千斤担子，一下轻松了。

这时，翠花端来一杯茶："姐夫，跑累了吧，喝口水。晚上就在这儿吃，让开元陪你喝两杯！"

俞老实笑了，看着翠花说："天快黑了，你姐还等着我回家呢。"

翠花说："你来就来，还带鸭子干吗。"

俞老实说："我和你姐的一点心意，别嫌弃就行了。"

骑车出了镇子，太阳已经落到西山的后面，天空中几朵云彩绚丽多姿，被太阳的余晖染得通红，好似印在蓝色锦缎上的大红花，俞老实从没见过这么好看的晚霞。他真想吼上两嗓子，但还是隐忍下来。这一隐忍，他的头又痛起来而且浑身不对劲，手脚也不听使唤，在意识就快模糊的一刹那，俞老实忽然想起那个义诊医生的忠告。

人和自行车倒地的动静肯定不小，相距十几米远一对背对着的中年男女惊得转过身跑来，二人扶起俞老实都不认得。女人说："打120吧！"男人说："出来散步没带手机呀。"二人正焦急，俞老实衣袋里的手机响了，男人见俞老实昏迷着，赶紧拿出手机接听。"爸，跟你报告一下，我们买房啦！今天签了合同交了首付……"听得出，打电话的人很兴奋也很激动，男人不等那头讲完，对着手机大声说："你爸发病摔倒了，你赶紧过来……"

此时，天空暗下来了，绚丽的晚霞也已消失。

一身轻松

夕阳之惑

汤明余

一

九月的夕阳荷尔蒙还是很旺，一腔热情洒向皖江的小山村，狗尾巴草低垂着头，香樟叶儿无精打采，躲在毛竹枝里的知了有气无力，有一声无一声叫着。

吧嗒、吧嗒，几双凉鞋懒洋洋地拍打着柏油路面，发出沉闷、单调的声音。邻县发现猪瘟，我们被紧急要求再到联系村养猪户家调查摸底，宣传动员。我们已经走访6户，还剩1户，坚持就是胜利，大家迎着夕阳穿行在乡间道上。身旁不时有三两个骑自行车的人闪过，他们戴着头盔，穿着骑行服，仿佛一条条鲤鱼畅游在竹山林海中。近几年来，实施美丽乡村建设，乡村面貌大变样。乡村道路"白改黑"，走在上面不再是水泥的冷硬面孔。现在的柏油不是过去熬制的臭沥青，没有刺鼻气味，太阳再大，也不会软稀稀的沾人鞋底，科技改变生活。

"姚主任，最近村里有什么新闻轶事？"茶山村治保主任姚大嘴一路上沉默寡言，我感到有点奇怪。姚主任精瘦，像根竹竿，细条脸，嘴并不大，就是有点瘪。三张圆嘴抵不了一张瘪嘴。他当治保主任多年，喜欢八卦，大上至天文地理、国内外大事，小到村里家长里短、稀奇古怪事情，没有他不知道的。只要话头一开，就像坏了的水龙头，堵都堵不住，我们私下叫他姚大嘴。

"唉，最近村里奇闻多，有两户为了一棵地界上的树互不相让，有一个人到我们村养凤凰卖，结果亏得连家都找不到了。最奇葩的是，村西王老闹着要结婚，村东李老吵着要离婚，一个是我的老师，一个是我的师傅，都是长辈，越老越固执，搞得我焦头烂额。"姚大嘴仿佛喝了黄连水，苦巴巴的嘴唇更瘪了。

"姚主任，你是我们镇金牌调解员，连续多年你们村综治考核第一，还有你调解不了的纠纷？"我第一次看到姚大嘴这样惨兮兮的样子，有点好奇。

"汤工，我还骗你？两个老头你都认识。退休老教师王云发要和他的学生结婚，一向好脾气的李一凡要和他爱人离婚。"

我从学校毕业就分配到新平镇，已经是高级农艺师，人们见到我，喜欢叫我汤工。茶山村是我包村联户的老根据地，拐拐角角都到过，小猫见到我，喜欢喵喵叫；小狗见了我，也会摆摆尾。

"我知道的，王云发和李一凡以前都是民办教师，后来王云发转为公办教师，李一凡当了一辈子村干部。现在老了，花花事还多起来。"

"可不是嘛，王云发是我小学班主任，去年我师母患宫颈癌去世。他的儿子、媳妇为了孩子上学，在镇上买房居住，只能隔三岔五回去看他。王老师血压高，经常胃疼，邻村我的学姐刘海燕经常去看王老师，帮王老师洗衣做饭，拉家常。刘海燕和土里刨食的丈夫离婚后，在南方像海燕一样转了一圈，回来后说话都是'讲讲'的普通话。老王是他家小银行，他的退休金比我工资还高，他的子女当然不愿意他再婚。王老师铁了心要和刘海燕结婚，子女坚决反对，不惜父子反目，要想让他们和解，难呀！"姚大嘴一脸无奈的样子。

"刘海燕已经离婚，和王老师结合，符合法律规定呀。你是不是藏着私心，也不太愿意让王老师和不太稳重的刘海燕结婚？"

"汤工，你眼光毒。人不能藏私心，不然工作就难做。有的人在外面呼风唤雨、八面玲珑，要他解决家庭内部矛盾，也是拳头打到棉花上，使不上劲。"

姚大嘴放慢了脚步，我们并排走进一片竹林，进入竹林慢道，路两旁的毛竹修长挺拔，阳光从竹枝的缝隙漏下斑驳的光圈，山风吹来，汗津津的脖子一阵清凉。

"我参加工作时，李一凡就到村里当农技员，那时，我经常和他联系，还在他家吃过很多次饭，他爱人热情开朗，他们夫妻关系一直很好呀，他家的五好家庭奖牌还是我送去的，他怎么会吵着要离婚呢？难道他老了，还有了第二春？"我一脸疑惑。

"李一凡后来当了治保主任，我到村里工作，就跟在他后边学到许多调解矛盾纠纷的方法，我一直叫他师傅。不知怎么了，近来，他死活要离婚，他的妻子不同意，家人也反对。汤工，你来得正好，帮我劝劝他。"

"李一凡这么大年纪了，也想赶时髦，我要好好讲讲他。"我自信满满。

"汤工，你知道吗？李一凡很有个性。有一年大雪过后，李一凡到村加工厂加工糯米粉，挑了一担回家。可能是长久没有挑担子，道路湿滑，李一凡气喘吁吁，差点摔倒，好不容易挑到家里，看到爱人，就大声喊叫，糯米粉放哪里呀？他本来想听到爱人夸奖，没有想到他爱人正忙着洗衣，听到他的大嗓门，就没好气地说，喊什么喊，没地方放，你就倒到地上。他二话没说，真把糯米粉倒在堂屋的地上。他爱人见了，从小凳子上一蹦起来，你这个杀头的，真倒呀！你猜怎么着，李一凡

夕阳之惑

慢条斯理地说，你平时到处说我不听你的话，今天听你的话，又骂人。显得一脸无辜。"姚大嘴瘪着嘴，学着李一凡和他爱人说话，把我们都逗笑了。

"这个怪老头，以前，我们接触，他性子慢慢的，老虎来了还要辨公母，想不到还这么犟！"

二

三十多年前，我就认识李一凡。那年，新平镇示范推广水稻旱育稀植抛秧技术，这项农业技术可以省力、省种、省肥，还能增产。培训班上，我详细讲解水稻旱育稀植抛秧技术要领和推广方案。县里要求每个镇搞一个示范点，看看这项技术在我们这个地方的适应性，具体熟悉操作流程，总结经验，为今后大面积推广打好基础。我知道，一般群众听了，会一脸蒙圈，我们这里水稻从来都是在水田育秧，在旱地育秧，能行吗？4月，正是麦子灌浆、油菜结荚的时候，也没有大片的空闲地作为旱育秧苗床。各村农技员都沉默着，有人拿出烟来抽，有人玩着手中笔。李一凡突然站起来说："到我村去搞示范吧。"我连忙大声说："好，好！"带头拍起巴掌，生怕他突然改变主意。这是我第一次主持农技推广项目，不能哑火呀。

在一个风和日丽的上午，李一凡把我们带到他家菜园地里，指着枝叶繁茂的一片马铃薯说，村里一时找不到大块空地，就把这块马铃薯挖了，作为旱育秧基地。我们静静站着，目光不约而同地集中到走进菜园里一个妇女身上。这个妇女是他的爱人，个子不高，清清秀秀，碰到我们目光，圆圆的脸上浮起一片红晕。"你们工作需要，就挖吧。"听到柔柔的声音，就像获得冲锋的命令，我们挥动锄头挖起地来。他的爱人埋头把挖起的马铃薯捡起来，有的马铃薯有鸡蛋大，大多还是"乒乓球"。她用手轻轻地搓去泥巴，凝望着手里马铃薯。李一凡看了爱人一眼，说，这些马铃薯嫩，打汤好吃。他的爱人笑笑，把马铃薯悄悄放进篮子里。在一垄一垄的熟地里，他的爱人撒上复合肥，我们用锄头整理成苗床，再用铁锹压实，在上面画方格，我在每个方格里放上两粒杂交稻种。李一凡在地头敲碎许多熟土，他的爱人熟练拿起筛子，把熟土倒进筛子里，顺时针三旋两旋，细细的泥土从筛子缝里溜下。李一凡用簸箕扒了细土，用手轻轻撒到方格里覆盖上稻谷，生怕稻谷受到惊吓。他的爱人用浇花的喷壶，把方格里土浇透。夫妻俩话语不多，配合默契，我好羡慕，还开玩笑地说他俩就是模范夫妻，嫂夫人好贤惠，闹得她爱人一个大红脸。那晚在他家吃饭，他爱人把家里的咸鱼、咸肉都拿到饭头上蒸。他家的咸肉香嫩爽口，到现在回味起来，还能感觉到那软糯的肉香。他们怎么会离婚呢？

三

穿过青年水库，拐过一个弯，看到一片山地，山芋藤爬满地面，嫩绿的心形叶片散落其间。对面是五龙山，山不太高，五峰逶迤，据说地藏王修行先看中五龙山，后来到九华山。这里成片的毛竹、圆竹蹲在山坡上、山岗中，郁郁葱葱。

一座二层楼房躲在竹林中，远远看到外墙瓷砖有的掉落了。姚大嘴手一指："那就是李一凡住的地方，他侄儿到广州打工，小孩在那里上学。家里楼房空闲着，他就借住在这里，养了3头猪，1000只鸡。"

"师傅，在家吗？"看到虚掩的大门，姚大嘴大声喊道。

"哪个这个时候还到这里来？"从西屋披厦的猪圈里伸出一个花白的头。

"镇里汤工来了，了解你养猪情况，宣传预防非洲猪瘟。"

"汤工来了，稀客、稀客。"穿着一件蓝布大褂，背上还写着希望饲料的李一凡慢悠悠地从猪圈里走出来。

"多年不见，老李，你好呀！"我见他出来，本能地伸出手。

李一凡一愣，把两手往蓝布大褂上搓了搓，看了看黏糊糊的手，连忙摆了摆，一脸尴尬。"哪里好呀，我现在是高血压、高血脂、高血糖，整个一个残疾人。"李一凡下意识地用手抹了一下花白的乱发，然后走进房间，洗了手，搬了两把竹椅子、一张长条凳子出来。

我和姚主任坐在长条凳上，李一凡从上衣口袋里摸出半包香烟，慢慢打开，抽出一支，递给我，我说不会抽。他又递给姚主任，姚主任也说不抽烟。他不再客气，坐在竹椅上，把烟叼到嘴边，慢慢从下衣口袋掏出打火机，点着香烟。

"岁数大了，有点情况很正常，机器也会老化呀。你变化不大，还是那么精神。"我看到他目光有神，面色红润，忍不住夸奖他。

"痴长了几十年，身体不好，精神再不好，那就真要玩完，离到老马那里报到就不远了。"李一凡慢慢说着，我们会心一笑。

我们说明来意，填了相关表格，宣传了有关政策，猪瘟在我们邻县发现，死亡率高，易传染，为了有效防止疫情扩大，政府鼓励对生猪早处理，并给予一定补贴。

"要处理猪，那不行！"李一凡还没有听我们说完，就猛地从竹椅上跳起来，"我们辛辛苦苦养的猪，不能这么简单处理了。别的地方出现非洲猪瘟，不代表我们这里就一定有。你们不能一人感冒，全家吃药。我辛辛苦苦养了三头架子猪，才

夕阳之惑

担把重，正在生长旺期，到年底就可以出栏了。你们补贴的钱，还不够我的成本，现在随便处理了，大家都有损失。"李一凡一激动，脸色绯红，脖子上青筋暴开，嗓门也提高八度。

"老李，不要激动嘛，如果你实在不愿处理，也可以，以后假如发生猪瘟，要及时报告，无条件处理。不过我们把丑话说在前头，到时就没有政府补贴了。"知道老李性格犟，我赶紧说出第二套方案。

"没有补贴就没有补贴，猪养这么大，也有感情的。要处理，真有点接受不了。我相信，只要管控好，做好猪病防疫，应该没有问题。"听了我的解答，李一凡声音渐渐小了下来，慢慢坐到竹椅上，狠狠地抽了一口香烟。

"老李，你子女都成家立业了吧，子孙满堂，应该享福了。"想着姚大嘴交给的任务，我赶紧转移话题。

"享福，哪个不想呢？"李一凡把目光转向远处五龙山。五龙山静悄悄，只有山风在竹梢徘徊，仿佛海浪拍打海岸。

"老李，人过得真快，一下有三十多年了，你看老谢，冬天还洗冷水澡，退休了，还种菜送给子女吃，想不到患了脑梗，半身不遂。人生快乐是正道，再看看老王，你俩是同年老庚吧，他还想结婚呢。"我想快刀斩乱麻，尽快进入主题。

"他呀，就是个老半料子，妻子去世没有一年，就往自己头上套紧箍咒，还是自己的学生，老不正经，我都为他难为情。"李一凡直摆手，对老王行为一脸不屑。

"你已经有了孙子，三代以上的人了，我们好羡慕你呀。"

"这有什么羡慕的呢，唉，婚姻就像围城，大家在里面待过，很多时候，冷暖自知。"李一凡深深叹了一口气。

四

李一凡高中毕业后，本来想去补习复考。茶山村小学一名民办教师考上师范进修，缺一名老师，这是个机会，高考还不知道能不能考上，先回乡当个民办教师，也可以复习备考，骑驴找马。李一凡最早到校，最后走人。校长安排的课，不论是语文、数学等主课，还是体育、美术等副课，都愉快接受，孩子们喜欢和他在一起玩游戏。干了三年，村支部书记听说他干事认真负责，就要他到村里当农技员，后来又当上村治保主任。他要不改行，现在应该也像王云发一样转为公办教师，也是体制内的人，退休有养老金，吃穿不用愁。每当大家提起这个事，他说话就像口里漏了半嘴的风，嗫嚅着，这就是命！

谷雨（第一卷）

那时，村干部虽然工资低，比民办教师待遇要好得多。在村民眼里，村干部大小是个干部，管着2000多人，上面可以和县、镇干部联系，见的世面多，了解政策多；下面，村民办事，先要找村干部，和邻里有个矛盾，也要找村干部评理，不能得罪呀。哪家有个婚丧嫁娶，都以能够请到村干部参加为荣。李一凡到村里，一心扑在工作上，家里就是甩手掌柜。她爱人江红梅田里、地里一把抓，起早摸黑，免不了发发牢骚，但想到在水塘边洗衣，左邻右舍妇女羡慕的眼光，心里就像被婴儿粉嫩小手挠了几下，怨气消了大半。

他家有一个女儿一个儿子。女儿嫁给一名老师，在县城居住。儿子很争气，考上广州一所名牌大学，村里人教育孩子，都要拿他儿子作为模板。中午在村部吃过饭，镇村干部在一起八卦，一致认为他家是幸福之家，后来被评为县五好家庭，受到县隆重表彰。

儿子大了，老子得力。儿子考上大学，李一凡当村干部的工资还不够他的学费和生活费，生活压力大。村里的土地已经流转给承包大户，家里没有主要农活，许多妇女到苏州、无锡等地打工，年底回家穿着双面呢大衣、羊绒衫，说着外面的精彩故事，江红梅心动了，就想到外面看看。李一凡不想让她出去，这么多年了，不管生活多么困难，他们在一起从来没有分开过。虽然积蓄不多，还是盖起两层楼房，在农村，比上不足比下有余，生活还是安逸自在的。儿子上大学要钱，以后要讨媳妇、买房子，更要钱。以前孩子小，还没有什么感觉，怡然自乐。孩子大了，自己也要老了，才感到一股无形的压力。夫妻两人在被子里议论着，忍不住叹息。

过了新年，江红梅和村里李嫂到无锡，工作难找，只好到家政公司去碰运气。在"好帮手"家政公司筒子楼里，一个戴着眼镜的妇女大着嗓门吵吵，她已经连续换了四个保姆，家政公司再不找个好的保姆，就要全额退款。家政公司经理面露难色，这个雇主真难缠，不知道派哪个去合适。江红梅怯怯地说，让我试试吧。眼镜女扫了一眼江红梅，看起来还比较清爽，面相老实，就答应试试一个星期。眼镜女开了一家公司，没有时间管家，一个儿子上初中，要买菜做饭，要打扫卫生。眼镜女有洁癖，从外面回家必须换衣服，桌上、凳子上不能有灰尘。儿子嘴刁，前几个保姆做的菜都不合口味。江红梅很珍惜这份工作，买菜做饭洗衣服后，就认真搞卫生，桌子、沙发每天要擦两三遍。她特别喜欢拖地，洁白的地板砖，一拖，就像镜子一样，哪像家里水泥地，怎么拖，也看不出效果。江红梅烧的酱焖茄子、红烧鲫鱼，眼镜女看到儿子筷子不停地夹，就对江红梅另眼相看，一高兴，每月多给她200元工资。

江红梅打工，李一凡的生活却乱套了。以前在家里，他主外，家里什么事都不

夕阳之惑

管，吃喝都是现成的。江红梅对他百依百顺，每次出门穿什么衣服都准备好了。现在一人在家，中午可以在外混饭吃，早晚还是要回家的，农村又没有外卖，只好自己做。第一次用电饭煲做饭，打电话给江红梅，怎么下米、怎么放水，等了一个小时，兴隆隆吃饭，揭开锅盖，米是米，水是水，他忘了按电饭煲的开关。洗衣、炒菜，手忙脚乱，这时深切感受到家里有个贤内助的好处。

春节回家，江红梅嫌水泥地拖不干净，上露天的茅坑不卫生，提出要把家装修一下。李一凡本来想说，村里大部分人家都这样过，能省就省点吧。看到江红梅柔韧的眼神，用的钱也是她打工挣的，就硬生生把这句话放到肚里。江红梅找来泥瓦匠，把家里地面贴上瓷砖，在墙角隔了一段，新建卫生间、化粪池，买了24管的太阳能，带电加热。她还跑了几家店，买了水温仪，安装在卫生间，这样就能够看到太阳能的温度。要是温度小于42度，就用电加热，冬天也能洗澡。水放满了，水温仪还滴滴叫，提醒要关上水的水龙头，不用担心太阳能水放多了漫出来。李一凡的家庭装修，成了村里春节的一个热点话题，许多人有事没事到他家来参观学习。以前，李一凡说葫芦是圆的，江红梅不会说是方的。说起国家大事，镇上、村里的事情，她总是竖起耳朵，用现在时髦说法，铁粉。现在好了，江红梅当起教师爷，炒菜不能油太多、盐太重，不然容易患高血压、高血脂。买衣要买品牌的，穿着舒展，一件穿三年，比廉价地摊货一年一件划算。一天，李一凡看到江红梅不在家，想表现一下，拿起拖把拖地，看到一盆衣服，就洗起来。江红梅回来，嫌地上还有灰痕迹，洗衣时没有把黑衣服分开，唠唠叨叨，还重新拖地，重新洗衣。李一凡干了半天，一句表扬话没有，还被说了一通，一气之下说朋友有事找，跑到村里和人斗地主去了。春节一过，还没有开学，江红梅就要走，说眼镜女打电话催了。李一凡心里话，没看到她接电话，就是想早点离开农村吧。

儿子大学毕业了，李一凡想让江红梅回来。她说，儿子还要成家买房，城里房价高，靠他的工资肯定不行，作为父母要给他帮衬一下。她说得在理，李一凡无语，她又到外面打工去了。后来李一凡儿子在广州当了大学老师，成家，生了孙子，儿媳妇要上班，江红梅又风风火火去带孙子，李一凡心里不太愿意，可是，这次更没有讲得出口的理由。爷爷奶奶带孙子，不知什么时候成了"公理"。许多人年轻时夫妻俩没有分开，到老了，要给子女带小孩，天各一方，人为演绎许多故事。

李一凡的儿子早就看出父母不协调，要他也到广州去。李一凡退休了，就兴冲冲坐高铁下广州。到了那里，吃不惯、住不惯。那里蔬菜品种不多，青菜没有经过霜打，炒不烂，吃在嘴里咕吱咕吱，嚼之无味。住在楼房上，就像鸽子笼，进门要换鞋。一抽香烟，江红梅就讲，房间空间小，不能抽，影响空气，影响宝宝成长，到阳台抽都不行，很无趣。出门坐公交，有一次李一凡坐反了方向，超了两站感觉不对，赶紧下车，回到家，就撒谎说堵车，生怕江红梅骂他二锤。门一关，住在对门不认识，哪像村里，十里、八村见到人都能拉呱半天。在那里，一个熟人没有，除了看电视，就是帮江红梅打打下手，碗没有洗干净，菜没有摘好，随意吐痰，不讲究卫生，他成了江红梅的"下酒菜"，有事没事都会唠叨几句。李一凡要是解释几句，就引发江红梅话篓子，他就闭嘴怒目，闪到沙发上坐下，打开电视，不停按动电视遥控器。他蹲着上厕所习惯了，坐在马桶上反而解不出来大便，只好一脚踩在坐便器上，撅着屁股，才能畅通体内垃圾。他感到憋得慌，经常生闷气。李一凡最高兴的事就是带着孙子逛超市，那里商品多，好多没有见过。小孙子要什么，就给他买，看到小孙子拿着电动飞机，嘴巴合不拢，他也龇着牙。他儿子说他，不能都依着小孩，把小孩惯坏了，他笑笑，心说，小时候，你吵着买玩具枪，我舍不得，现在当然要好好表现了。

　　住了一个星期，李一凡吵着要回家。儿子、媳妇不理解，一家人难得相聚，怎么非要回家呢？江红梅也劝他住下，说以后保证不说他了，只要陪陪她就可以，但过不了两天，埋怨的话又多了。城市套路深，还是回农村。在老家，他就像山沟里的小鱼，自由自在。

　　江红梅适应能力强，就像泥鳅进入山塘。上午买菜做饭、洗衣，下午逛超市，广州哪个商场有什么打折特价她清楚得很。李一凡陪她逛过几次商场，在琳琅满目的衣服面前，她开始束手束脚，只是看不敢试。看到别人大大方方挑这件、换那件，就大着胆子试服装，对着镜子扭着腰，问他好看不好看。李一凡捏捏瘪瘪的口袋，不断摇头，不好看、不适合。她也不恼，偷偷看看服务员绷紧的面容，笑嘻嘻地脱了衣服放到柜台。李一凡很奇怪，她现在干什么都对，对他的不良反应怎么不气恼？出了商场，她说，自己知道家底子，就是想过一下穿新衣的瘾。她逛商场几个小时不歇脚，李一凡可受不了，说走不动了，就在卖鞋区的凳子上坐着等她，不愿陪她逛街也是他逃离广州的一个原因。

　　李一凡儿子家附近有个公园，每天晚上，江红梅被咚咚的音乐吸引，看着城里人跳广场舞，就站在后边悄悄扭腰甩手，跟着前面人跳的样子比画着。她儿子学生的妈妈正在跳舞，一回头，发现她，就把她介绍给跳舞的伙伴。大家听说是大学老师的妈妈，就热情教她跳舞。江红梅一下就上瘾了，每天晚上，雷打不动，穿起大红裙子，到广场跳舞。春节回家，饭碗一推，就跑到村里文化广场，打开音响，一下吸引许多大姑娘、小媳妇。大家兴高采烈围着她转，问东问西，她找到当领头雁的感觉。最可气的，她养成洁癖，李一凡还没有和她亲热，她就嫌他不卫生，身上有股土腥气。李一凡心想，我又不是山塘鱼，哪里来的土腥气？就一下背过身去，眼里红红的，半夜睡不着，这日子怎么过？

五

"老李，你已经过了花甲，世事还看不透？情为何物，三年热情似火，七年之痒，爱情变成亲情。为了孩子，为了家庭，许多人平平淡淡生活。要拿得起，放得下，不要那么认真，没必要离婚呀。"听了老李的诉苦，我能够理解老李的心情，想到姚大嘴的委托，就劝起他来。

"你不知道，我们的心好像越来越远，我不想欺骗自己，想一个人好好过。想不到农村离婚这么难，亲戚朋友不理解，孩子反对，办理手续更复杂。我们结婚时家里穷，请了几个主要长辈吃了饭，两床被子一并就成一个家，当时也没有要求必须办结婚证。现在要离婚，没有结婚证还离不了。民政办的人说，我们这是事实婚姻，要先补办结婚证，才能办理离婚手续，真是岂有此理！"李一凡愤愤不平，额上青筋不停蠕动。夕阳穿过毛竹枝叶，洒在李一凡脸上，斑驳迷离。

"师傅，别激动，你常对我们说，遇到难题要冷静，没有解不开的疙瘩。"姚大嘴忍不住插话。

"是呀，老李，凡事都应该看开些。嫂子人不坏，这么多年为你们家，又挣钱，又当无薪保姆，你应该感激她才对，何必和她置气？"我试图说服李一凡。

"我不是和她置气，我是生自己的气。想当年，我也是一名村干部，管着村里2000多人，人五人六的。现在连自己老伴都嫌弃，真没有意思。以前，我为村民活着，为家庭活着。现在，我只想为自己活着。"李一凡站起来，不停来回走动，声音提高一个八度。

唧、唧，两只羽毛不齐的小鸡从竹林里摇摇晃晃跑出来，到了李一凡脚边，用柔嫩小嘴啄着李一凡裤脚。"不好意思，小鸡要喂食了"，李一凡顺手拿起一个掉了几块瓷的脸盆敲打起来。一会儿，小鸡从竹林里、草丛中、树枝上三五成群向他围来，叽叽喳喳，让山村充满生气。李一凡拎着一袋稻谷，边走边从袋中抓出一把把稻谷撒向小鸡。他目光柔和，仿佛面对的是当年在操场做操的小学生。我静静看着李一凡忙碌的身影，默默无语。

"剪一段时光缓缓流淌，流进了月色中微微荡漾，弹一首小荷淡淡的香，美丽的琴音就落在我身旁……"欢快动听的音乐从李一凡裤子口袋里飘出。李一凡忙停下撒食，"这是谁在我忙时打电话。"他打开手机，"哎呀，我的大孙子。喂，大宝，找爷爷有事吗？想爷爷了，巧嘴呀，要爷爷去看你，好！好！你们哪天回来，爷爷这里有许多小鸡，你看看，你看看，它们可爱吧，爷爷给你们留着，嘿、嘿。"李一凡拿着手机对着摇头晃脑小鸡，不时变换角度，他爽朗的笑声，惊飞竹枝上的知了。

　　挂在竹梢上的夕阳，努力挣脱一层薄云的束缚，仿佛拼尽全力，把山村撒出一片嫣红。

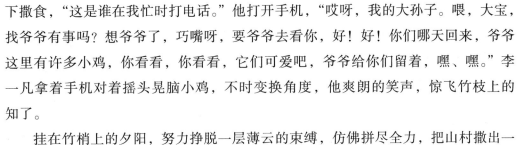

夕阳之惑

维 谷

叶永松

一

苏北的一个市郊，一个叫作长埂的村子。2003年农历正月十几的傍晚，天阴沉沉的。料峭的初春寒风瑟瑟扫在脸上仍是刺骨的冰冷，一望无际的蔬菜塑料大棚都冻得多起了几个褶子，静静流淌的西凌河水，偶尔夹带着细冰，缓缓而下。两岸表层的硬土一天下来也没化，一脚踩去嘎吱嘎吱响，似乎春天还很遥远。

吃早午饭后就在蔬菜大棚里栽马铃薯苗，一直到五点多钟，一刻没停干了大半天，终于天快黑了，男人说要收工了。春秀才站起的一刹那，猛然觉得头晕目眩，金星乱飞，差点跌倒！"一定是血压高了"，她潜意识里想到。早上是不是吃了降压药？大脑努力地搜索也确实记不起来了。这两年，衰老不知道就特别快，今年刚过年，可虚岁也只五十六啊！镇定了一会，看男人旺根没在意，也没说啥，直想着路也不远能早点到家休息，迈着的僵硬的步履，一步一步跟着他，走向临时竖立在河边菜地上的活动板房。这也是他们日栖夜宿之地。今天仿佛双腿格外地不听使唤，不过几百米的归途，比平时走得慢多了。

"你去摘点大蒜、包菜，要烧晚饭了。"终于到了板房，春秀照了下镜子，脸部浮肿，面色暗沉。换好衣服，刚想躺下，那边传来旺根沉重又沙哑的声音，他正在床沿上坐着换衣。按照平时的生活节奏，这话也不用他交代，自己会主动去张罗。但今天真的不得劲，赶紧再补上一粒珍菊降压片。"你去搞下菜吧，我头晕，估计血压又上来了。"看着黝黑瘦削的男人，点着一根烟，不住地咳嗽："你不烧谁烧，我也想歇会呢。"本来她还想理论两句，生性秉直的她，寻思自己血压高他又不是不知道，一咬牙就抓起菜篮，跨出了门。

一个多小时过去了，旺根正盘算着天把收购蔬菜的贩子要来，准备哪些品种，数量，价格。忽然肚子咕咕地叫了两声，才想起该吃晚饭了。"春秀！春秀！"外面早就一片漆黑了。他也觉得有些不对劲，下床沿冲到门口，边喊边往菜地方向奔

谷 雨（第一卷）

去。可一直没有回应的声音。

三步并作两步，等他赶到几百米外自家大棚的时候，眼前的一幕还是让他彻底崩溃了：春秀瘫倒在垄间，菜篮和蔬菜洒落一旁。

春秀只是暂时的昏迷。男人背回来躺在板房的床上，渐渐地缓了过来，但依然意识模糊。"去医院吧，"旺根似乎是商量的口吻，她没有力气，也不想应答。男人也不是那么决绝地坚持：这大正月的，距离城里医院还远，咱乡下人也没那么娇贵，挺一挺兴许就好了，况且类似的情形以前也有过两回呢。

春秀横卧在硬板床上，似乎翻身的力气也没了，可此时此刻，往事却像昨天刚发生的一样，一幕一幕浮现眼前，一个又一个强烈的渴望涌上心头：想再看一眼老家的人，捧一块土，耘一回田，端详一下爸妈哥姐的脸，回望老家的一切！可身临他乡的遥远和冷漠，谁又如何能感受到自己的这一份留恋和向往啊！

她在苦苦冥思：为什么总是过不上几天好日子？自己到底哪里做错？难道每一步都是错？怎么什么都错了？

二

带上做姑娘的老家算起，这是她第四个家，第二任老公。

因眼前的老公，她跑了两个省。

当初来江苏说是临时，可到邻省这片蔬菜基地劳作、生活，一晃竟然是第五个年头了，而旺根始终没有回老家的念头。他除了种菜，确也没别的专长。

五年前，和村里其他几户人家，不远数百里，来到这片完全不属于自己的空间异地。老公旺根是有着他算盘的，一来远离自己的前妻和子女，彻底断了瓜葛。二来原任丈母娘改嫁到了这里不少年了，又有了一大家子人。孩子们又能见到自己的外婆，自己在这百十来户的当地，也算有了依靠；三来只要肯吃苦侍弄些蔬菜，在这个靠近发达城市的郊区，收入也还是可观的，比老家强。

但对于春秀，内心深处却是深深的排斥，越发想着早点回去，单就眼前家乡温暖的早春，和煦的阳光就不是苏北这里所能比的。为这，两人没少争执。

特别是这几年，旺根的生活负担在加重，旺根三个孩子渐大，都在邻省这里读书。但这不属于春秀她啊，自己两个有娘像没娘的孩子远在老家谁管啊？更多时候越来越觉得自己在作客，或者更准确说像个帮佣。来的时候整了四个大棚，今年初找当地人又匀了一块地，增加了三个大棚，活计近乎多出了一半。

更令春秀头大的，还有旺根的原任丈母娘，也是自己原婆婆，前夫昌学的老

维谷

妈。也没谁知道她的大名,或者压根就没名,只知道乡邻们唤她叫八婆,原因就是她"八三道五",喜欢嚼舌头根。春秀自成家后,记忆里她就没给夫家少惹事。经常发生争执的村民上门来对质,最后族里长辈们都出来调停。而老天爷多作弄,偏偏还就让春秀和这个八婆杠上了,剪不断理还乱。

其实,八婆说起来命也挺苦,在四十六七岁的当口,男人撒手人寰,虽说儿女各自成家,儿子昌学从部队退伍回村,在村里当了营长后又升为村主任,娶了春秀这个漂亮儿媳,添了一双儿女也还满意,但最让她放不下的却是女儿秋莲这边,不知咋的为一点邻里纠纷,喝上了农药归了西,女婿旺根一个人拖着两女一儿仨孩子。但她还是禁不住远房表姑的鼓噪,一个劲地炫耀那里经济发达条件好,经过几个月的琢磨,加上现场考察,最终还是下定决心,跑到数百里之外的邻省江苏改嫁了。

再婚的男人和自己也一样是丧偶,一样的子女都成了家。平淡的日子里她又记起秋莲的几个孩子。

她也关注并陆陆续续得到老家的一些讯息:儿子和春秀离婚了……春秀又和旺根成家了……她,骨子里恨上了这个春秀,这个不消停的女人,居然还遭贱了我一家!自家一切的变故都是这个贱女人带来的!天天见人就唠叨,寒暑假把三个外孙接过来,有时也过去看看。打那就在几个孩子面前不停地数落上这个舅母兼后妈,不知从哪里听到,还是自己的猜测,编成有模有样、有声有色的故事情节:早就找上你爸了,你妈就是被她逼死的……慢慢地三个孩子信以为真,站到外婆一边,极力排斥这个后母。

终于有一天她得知旺根这里长江建设需要,沿江埂边农户全部要搬迁,在那边又合计上了,寻思着住一地,照应孩子也方便。于是才有了来江苏搞大棚种蔬菜这一出。只是一切也没往她想的方向发展,孩子们因学籍、成绩方面问题,没待上半年,还是回到老家姑妈那边上学了,旺根和春秀倒是留下来了,继续侍弄大棚。

春秀自打和旺根来了江苏,八婆就没给过好脸色。逢年过节家里人聚在一起时,顶了面甚至都难吱一声。只是日子久了,大家都默认了对方的存在。

也记不起什么时候,八婆的大儿媳银娣来自家勤了许多,说是帮忙,有时说是送种子,有时是商量卖蔬菜。而这些春秀是不管的,大棚里有干不完的农活,家里有做不完的家务,她也懒得管这些,都由旺根去打理,毕竟在老家他一直也是种蔬菜,算内行了。这个银娣是虎背熊腰的身板,皮肤粗黑,看着就让人踏实的那种。再说还常年跟着老公在外面,开个大卡车运送蔬菜,在家里日子也不多。

可当那天,她临时想起漏掉的一筐蔬菜苗子,提前回家取时,发现板房门是锁上的，平时这里七八户从老家来种菜的，都锁卧室不锁大门的，因为都是些不值钱的破烂家当，又前不着村后不着店的。春秀寻思着可能旺根这几天倒腾菜辛苦了，要多睡会，也就径自拎了苗子往大棚赶，快到大棚口的时候，她下意识地回了一下头，见自家板房的大门开了，一个身影匆匆地往长埂村的方向走去。这不是银娣吗？她啥时过来的呀？她纳闷着，但还是习惯性走进了大棚，开始手边的活计。这些年她似乎麻木了这一切，五十多的岁数，也不考虑这些了。

约摸半小时光景，旺根终于赶来一起植苗子。双眼惺忪，脸上夹带几分憔悴，一边嘴里嘟囔"上春头还没到，咋这么困"。"银娣啥时来家里了？"春秀瞄着他的眼，冷不丁的一问，"啊啊……"他没防备到，眼神瞬间逃离了春秀的视线，"是吗？哦是的"，他在努力地想，"上次送的蔬菜款子来了，有2000元呢，替他家那口子送来了"，终于舒了一口气。

"关什么大门？"春秀想问却又咽了回去。"数钱呗！"她知道男人这话会说。看着男人狼狈相，想起之前两人的种种异样，似乎明白了一些。有些头晕目眩，她需要冷静下来。"你先栽苗吧，心里头好难受，要歇会。"春秀停下手里的农活，转头坐到大棚外的河埂。

深秋的凉风，温暖的夕阳，她没感到应有的惬意，倒却勾起思乡的无限愁绪：想起住在江边家里的那些日子，想起那个酷暑的正午，西大滩的场景又浮现眼前。

三

午时的蝉歇斯底里的发泄着闷热，春秀从镇上中药店买了药回来，站在乡里石子路口那棵柏树下等车，发亮的太阳炕得人头晕眼花。"你这是从哪来呀？"春秀一抬头，原来是丈夫昌学的妹夫旺根。他中等个子，黑黑瘦瘦的，倒也精神。虽说是亲戚，可农村里走动也不多，除了过年过节的时候有时能遇上，平时还是各忙各的。但自与昌学离婚后，他上舅子家的频率明显增加了，还隔三岔五的买几个水果，带点鸡蛋散子，饼干，间或家里的农产品蔬菜啊啥的，跑到自己老娘家探望。六十好几的老婆子，撑着两只三寸金莲一辈子只围着锅台转，门口转，连塘边洗衣都不轻易去，哪见过这阵仗？只把个老母亲感动得不行。春秀还知道自打夫妹因邻里纠纷喝了农药，丢下仨孩子，他一直一个人在熬日子。"天这么热，看你也是没气力的样子，要不先上我家歇下吧。"他瞅着一辆熟人三轮正好停下载客。春秀有点犹豫，和他舅子离婚的事他也知道的，而且还知道自己仍然住在前夫那，只不过分房间。"路近点，正好车子也到了。"可能也真是一句句贴心的话语打消了她的顾虑，似乎好久没得到别人这么关心。她轻声答应着上了三轮。

西大滩是坐落在长江边的一处滩涂地。江埂上散散落落地居住着几十户农民，一边紧挨长江，一边毗邻内河，靠在大滩上种植些蔬菜、棉花，和捕捞些水产为生。当地农户利用汛期空档，抢种抢收一两季农作物，逢上风调雨顺的年份，还可以种上全年，关键是不要上农业税的。

旺根的三间瓦房，就坐落在西大滩的大埂上，大门是内河，也是一口大湖，后门对着长江，一眼望不到边的长堤，隐约前方烟笼雾锁，丛丛芦苇荡深处，不时有鹭鸟被惊起，扑打着翅膀四处逃散。炎炎夏日，江风不时吹来阵阵凉意。进了门，"叫舅母"，引来孩子们一声声怯怯的问候，旺根麻利地端来了凉水，拧干了毛巾，递给春秀。紧接着又切开了一个大西瓜，给她选了最大的一块。

"在这住几天养养病吧，这些天热，正好也没啥农活。"半夜也不知啥时候，春秀被身边窸窸窣窣的声音弄醒了，原来是旺根悄悄地爬上自己的床，"别作声"，旺根压低嗓音，"孩子都在隔壁呢"，他嗫嚅着，似乎还有点哆嗦。"你做什么啊？"春秀已明白过来，但还是问道。旺根也并不回应，紧紧地搂住她的脖子。春秀也听任着他的摆布，住都住人家了，还说什么呢。

就这样，春秀住进了旺根的世界，从舅母子转身成了后妻。这，也成了她第三个家。

后夫有两个女儿，一个儿子，当时均尚未成年。妯娌和乡邻们都用异样的眼光打量着她。一时风言风语四起，众口一词：两人早有勾连，破坏妹夫家庭。

原本想着即使离婚再婚了，也图离家近点，还能经常看看孩子们呀，他们是无辜的，但现在看到这周围的人的目光，她害怕了，她退缩了，决意要逃离，逃离这个让她伤心的地方。更没想到什么时候血压越来越升高了，家族里也没有这个遗传啊！

昏暗的灯光下，旺根抽着劣质的香烟，不住地咳嗽，人也黑瘦了很多。村里村外的传言，他是知道的。可人嘴堵不住啊！关键是原丈母娘还带头散播，孩子们深信不疑，能和谁辩解去？春秀原来看到这一幕还是惹她心怜，但现在又觉得是那么怨恨，甚至可恶！住在这两边邻水的孤滩上，似乎天生就是漂泊不定。

这些年为什么一直总在劳累，还是越来越累？是上帝在惩罚自己吗？好像自己没做错，可又好像自己什么也没得到。

突然涌起的岁月，又越发想起前任的他，想起一双可爱的女儿、儿子，沉浸在初为人妻初为人母的幸福时光里。

四

那些年虽不算富足，但很稳定，也不累。

春秀二十一岁就嫁到了比老家更偏远的圩心里，一个到处是水田，离街上很远的大村落。随后的几年，陆陆续续的，婆家比娘家还有十多里的路程，大多还是羊肠小道。结婚时丈夫昌学是民兵营长，婚后三年不到还荣升了村委会主任。一百多户的大村子里，当兵出身的昌学是个独子，身材高大魁梧，有些文化，人缘也好，威信也好。妹妹早早出嫁，父母年岁也不大，家里条件也不错。春秀在这个大村落里，也是一众小妇女中最时髦的，隔段时间就到小镇上烫个流行的发型，抑或坐大巴到市区买几件新潮的时装。

那年代小时候，爹妈对一众子女都是奉行"物竞天择，适者生存"政策，摸爬滚打皆自便；衣服都实行"顺序共享"制，新老大旧老二缝缝补补归老三。除了过年，小的就没穿过新的。过去因为条件太差，现在要好多了，春秀搞不懂大姐二姐她们咋就还那么节省节俭，不但自己不舍得花一分钱，连自己小孩都不舍得买点荤菜补补身子，添件新衣服，更别说去玩，整天就知道安排他们干农活，做家务，到头来却还是没钱。现在轮到自己成家了，看到农村大多家庭基本一样，才略略理解点。

最可怜自己的大姐，不知道咋想的，孩子高中都快毕业了，还穿着打了好多补丁的衣服。平时各自农事又特别忙，亲戚之间逢年过节才走动点。有时间去看他们，就把自己不合身的抑或穿过的衣服给她带过去，反正新的她也不舍得穿。给她穿的一件绣花羊毛衫，孩子没衣穿，还拿着去拍毕业照了。领口中间还绣着一朵粉黄色的梅花，要知道他是个大男孩呀，高中毕业证上绽放在胸口的黄梅花也算奇葩了，虽然黑白照分不出颜色。可那花还是花呀！

春秀可不想像她们那样活，累死苦死一辈子，图个啥呀？挣钱就是用来花的啊，什么地方好玩，得空就去遛一圈；什么地方唱戏放电影，再忙也抽空饱个眼福，特别是看《小花》《小街》，心里那个怦怦乱跳的感觉是真心的刺激啊！过年上门来唱门歌的老头儿，都支使着多来几句，哪怕多给几个赏钱买个高兴。看不惯那些农村人，就是不舍得一两个钢镚，拼命赶人家走。就是农活，大忙季节，也是出钱让人干得多；在外面饭馆吃个什么好菜，就在边上看着个几回，自己慢慢也会了。练下来还烧得一手好农家菜，经常还能替乡里乡亲办办土酒席。

村口的大塘，再往前就是成片成片的沃土良田，春天来的时候，紫云英花开，蜜蜂嗡嗡满耳，大小孩子都在那厢嬉戏玩耍，田埂上一丛丛不知名的花团锦簇，村内一道道篱笆墙又是各家的鸡鸭栖息的地方，她也习惯顺着这条熟悉的村里主道来回溜达串门，看花开花谢，四季轮回。

添了大女儿之后，春秀就在村口开个卤菜摊，附带几个菜品，一来乡里经常来人要用餐，二来也解决了许多村里人家应急需要，收益也还可观。特别是卖卤菜油水足，把自己皮肤养得水光溜滑的，也是越发好看，衬上村里人看来很时鲜的衣裳，俨然就是这百多户村上的顶流，引得村里大小光棍们纷纷抛来乜斜的眼神。每天一拨拨的人群穿过，夹杂一片打情骂俏声，"漂亮媳妇"，村里长辈们对她的一致评价；"时髦村花"，已婚男和光棍对她的共同看法。春秀很陶醉、很满足这样的状态。

按说生活也是像隔壁人家一样，一直这样过下去的。

还是在春秀怀二胎时，初夏的一个傍晚，准备约族弟昌明帮忙插秧，在他家后门竹园里，正好撞见昌学将弟媳来凤拉进怀里亲嘴呢，一直还蒙在鼓里的她总算相信了外面的传言。这个昌明在乡里窑厂干活，早出晚归，有时还加班出窑不回家。为人木讷，雷都打不出一个屁来，偏偏这个来凤外向，哪里热闹哪里颠。在和昌学一场激烈争吵之后，她一直在反复琢磨老公的话：这事要是传出去，以后他如何能在村民大会上做报告了？如何能在村里上门征收三提五统了？村委会主任位置一旦失去，自己的卤菜摊又怎能有生意？为了昌学的身份影响，为了两个孩子，为了这个越来越充满幸福的家庭，没上过一天学的她，听从了老公的保证，最终选择了隐忍。

几年后，昌学调任乡养老院院长。按说也是不错的安排，刚落成的建筑，绿化环境都很好，工作也轻松，还掌管着不少公家配备的人财物。可是有一天，春秀和村里妇女主任闲聊时，又不知怎的说到敬老院女会计三十岁了还未婚，看她讲话那神神秘秘的样子，让她不得劲。要知道20世纪90年代初农村姑娘一般二十岁左右都出嫁了。原本就放不下的心瞬间又绷紧了。回家时晚饭也没心情吃，偏偏昌学那晚又没回家，因为院里杂事多，人手少，也有正常不回来的。可那一夜，春秀在床上辗转反侧，凌晨才慢慢睡去。

几天后，学校开始放暑假了，她决意要去看个究竟。那天早上，她起得早，告诉还在睡觉的昌学：得回老家住一夜，帮老爸老妈洗刷，和哥嫂忙地里的事，正好两孩子也带到外公外婆家玩两天。

下午三点多的时候，春秀一个人先赶回了，中途她绕道乡间土路，走了一个多小时，傍晚时分进了敬老院。这个时候门口也没人，她悄悄地靠近边上那两间办公室，侧着玻璃窗，正好看见两个人的身影：老公弯着腰，挨在女会计背后，女会计正坐在办公桌前，手里拿着笔，仿佛商量着什么事情。春秀看出这耳鬓厮磨，情意绵绵来，简直气炸了肺，耳边一热，一股强烈的血流冲上头顶，当场就昏倒了过去。

而后不长时间，女会计的乡村教师的父亲从女儿处抓住昌学利用职权私分挪用救灾物资、公共物资的一些证据，一口气告到乡政府领导那里，昌学被开除回家。这一次是彻底让春秀寒了心，家里众姐妹一边倒地谴责、怒骂丢脸丢尽了，连年迈的老娘也上阵助威，永无休止的唠叨、数落，终于把事件发酵到极致。

如大家所愿，春秀和昌学到隔壁的镇上法庭办了离婚。

虽是离婚，仍一起住着一栋三间的瓦房。虽说各出各的门，但两个年幼却又懂事的孩子在家时，都是分别拦着前后门，不让妈妈走出这个家门。每当这时，她眼泪就扑簌簌地流了下来，多可爱又可怜的孩子呀！这么懂事，这么向着妈妈呀！

春秀也不想总是这样彼此尴尬地面对。几次尝试外出，自己谋生。起初在大外甥的饭店里掌勺，但她的农家式烹调技艺就是对不上路边店常客，来自全国各地驾驶员的口味，看着日渐消淡的生意，大外甥还是让她回了家。似乎她能拿得出手的本事也就这个了，想去城市做人家保姆，可那个年代都是小姑娘干这行，在保姆行里身边的十几岁的稚嫩面孔，她还是退缩了。多少个深夜难寐，经常神情恍惚，端详着镜中自己，虽是刚刚四十才出头的岁数，脸上已然生出越来越多的黑疣，原先光洁发亮的脸庞已经没了踪影，几根银丝悄悄从头顶爬到发际，背也有些许伛偻，昔日漂亮村妇的风华却已不知不觉开始褪去。

每每日落时分，春秀总是独自一个人来到村边那口大塘，坐下来观望远处一望无垠的稻田。野鸟杂虫的鸣叫，扰乱着起伏纷繁的心际。看着这田野的芬芳，像极了孩提时老家的风景，眼前这两个可爱的孩子，和儿时的玩伴又何其相似，村里的农活妇女，又情同自己姐妹。

五

无拘无束的童年，虽然日子清苦，但天是蓝的，水是碧的，人是单纯的；老家鸟儿啁啾欢唱，快乐飞翔。鱼儿在清澈的水沟里自由自在，小鸟依人，欢快地歌唱，家门口池塘边的几排杨柳树影婆娑，时不时吹拂过来阵阵暖意。朝阳升起，树枝摇手起舞，开始出门播种希望；夕阳西下，鸟儿一路欢唱，陪伴着姐妹荷锄而归，

维谷

孩提时，多么向往镇上那些孩子能上学，穿花衣服，玩着皮筋，可也只是想想，家里从小就要喂鸡养鸭放鹅，打猪草，十三四岁稍大一点了，就干农活，挣工分。

封建思想特别严重的老两口，三个女儿都没有送去读书。老爸身体生来孱弱，老妈又是三寸金莲，一切重担都压在姐妹仨身上。虽说春秀十七岁时已出落得亭亭玉立，姣好的面容，婀娜的身姿，完全是“清水出芙蓉，天然去雕饰”的那种。但也只能和老爸、两个姐姐一样做各种农活，一起到大江堤上，和其他男劳力一样挑圩。特别是挑圩，那可是男人干的活呀！到离家几十里路的大埂上，一干就是一个多月，每天几身污泥几身汗水，满满的都是辛酸泪呀！春秀连现在想起来都后怕，真是自己当时年轻，也不知道咋的就挺过来了。

20世纪六七十年代特别辛劳，工具落后，工艺落后，方法落后，反正一切都落后。从年初到年底，永远都忙不完的耕田播种，施肥，双抢，秋收秋种，挑圩，供唯一的男丁念了高小，可他偏不争气，最终也是回家务了农，还落下了好吃懒做的臭毛病。

春秀特别看不惯嫂嫂那样带着几分明显的势利人等。不说外人，觉得最起码亲戚之间关系就是干净清爽，不掺和任何的杂质，否则良知会把内心撕扯得粉碎。欺负弱势亲戚，将来不得好报。只要家里亲戚，她对谁都一样，除非他也不待见我。一次过年，亲戚们吃早饭的时候，看见嫂嫂抢了一个有小儿麻痹症的外甥手里饭碗，转手递给另一个亲戚小孩，就立即上去拿碗给那个外甥重新盛了一碗面条，多加上两勺子鸡汤，两个五香蛋。她就是做给那个讨厌的嫂嫂看，自己也是农村的，学着城里人的半边脸。人不可貌相，海水不可斗量。将来谁怼谁还说不准呢？有什么底气对人家那样狗眼看人低。

在往事如烟的检索中，那种种充满期待、无助和绝望，一再定格。

六

一切都好，可是一切都又回不去。

昔日的片片段段的记忆，又被挤压到眼前很狭小的空间里，思绪重新拖回到这个虽是初春却又难以摆脱的刺骨寒风中。

看着旺根混浊而麻木的眼光，顷刻间生出无限的恨来。当初也是看旺根是苦水里泡大的孩子，20世纪50年代初期出生，七八岁赶上闹饥荒，哥哥姐姐们成家了，父母走了又没人管。后来老婆寻短见走的时候，仨孩子最大的姑娘十二岁，最小的男孩才六岁。

这一波波清凌河的河水呀，就这样一直流一直流，流进我的老家的小河，把我的悔恨和无奈，传递给爸妈姐姐哥哥吧。晕晕忽忽里，春秀又想起了几年前离世的父母，不由慨叹一声：我那不谙世事的娘啊，你是害了你的女儿了呀！数落，唠叨，零碎，家长里短，除了这些，你啥也不懂啊！你命归黄土清净自在了，女儿却还在人世间背负你糊涂造的孽啊！还有两个姐姐，听信旁人的流言途说，也没有给我指正方向，一步错就步步错啊！

感觉这辈子谁也没指望上，总是觉得抓着一棵绝望的稻草，游走在无边无际的失望中。

可这一次还真没往旺根意想的轨道上驶进。渐渐地春秀昏昏沉沉，意识开始模糊了。似乎觉得进入了梦境，和自己的两个孩子一起跨上楼上的阳台（也不清楚是哪里来的楼），准备悬空走到隔壁人家，突然半道上发现是过不去的，又折回，终于发现像走钢丝一样又回不去，就这样吊在了半空中。

春秀终于没撑到第二天下午。

消息传出，老家一众亲人不顾夜色，匆匆乘坐着一辆旧面包，踏上邻省城郊泥泞的乡村公路，几百里路也不知颠簸了有多长，终于在天亮前赶到。一阵呼天抢地，悲痛欲绝，生者向死者的泣别，阴阳两隔的缱绻万千、难舍难分，终于在那一刻得到极致发挥、完美演绎。

活动板房内，昏暗的灯光下，既黑且瘦的旺根在向春秀的老家人描述，也一直解释春秀在采摘蔬菜时倒在大棚里，也似乎在洗刷着什么。老家一干人马，对他思想上有压力。回想这么多年，他内心有愧疚，一颗良心在反复敲打他：对不起春秀。

第三天，经过众人一夜繁忙而紧张的操作，陪同遗体前往火葬场的队伍，在一片唢呐与锣鼓的喧嚣中，白色的追魂钱与黄色的草纸交相登场，手中摇动着，空中挥洒着，一路前行。河水依然是冰冷的，树枝一样还光秃的，野草还没拗过枯黄，都在小三轮、旧面包的车轮下倏忽而过，只是沿途有两三头老牛哞哞地呜咽，数只不愿南飞的小鸟报以几声哀鸣，共同怨艾天咋还这么冷？

他们的板房门口，不知谁家丢弃的、错杂缠绕的绿萝似的绿蔓，一道道一层层爬满了大脑的沟沟坎坎，拼命捆绑这奢望的思绪——不断企图地野蛮生长，却渐渐遁远，湮没在喧嚣的尘埃里。

维谷

打零工的滋味

农艺人

黎明时分，雨还淅淅沥沥地下，它像个流泪的小孩，从昨天傍晚就开始撒娇，直到现在还没丝毫退却之意。正值春旱，真是春雨贵如油啊！可老许着急得不知怎么办，担心劳务市场的活又要泡汤了。前一天约好做楼内卫生间防水，因阴雨天潮湿，这活就没法干下去。老许只好等老板的电话，再作决定。

这一夜老许翻来覆去没睡好，毕竟已是半百之人了，长期繁重的体力劳动，让他的矮瘦身体有些透支不了。一到阴雨天，他的胳膊、腿就出毛病了，肩周炎、关节炎、腰椎间盘突出，轮番上阵，折腾得够难受，可他依然坚持早出晚归继续出工。

老许怕影响老伴休息，找些锅巴，胡乱地吃了几口，算是早餐。在客厅里，他一边捶打着后背，一边踱到窗前。窗外玻璃上的雨水稀稀拉拉地向下流着，像蚯蚓似的在湿乎乎的泥巴上爬过，他用手划拉着却触摸不到的雨痕，咋看咋就像自己脸上的皱纹。一年多的劳务市场打工生活，让他的脸上皱纹又明显多了起来，脸和身体裸露的部分，也被日头晒成了无法褪去的黄褐斑。原本挺直的腰板也弯了下去。"世界上有一种投资只赚不赔，那就是打工卖苦力。"老许从某视频网站上看到这句话时，他苦笑了一下，心想：也不尽然。

劳务市场在城东南一隅，这里的劳务工，大都是像他这样五十岁以上的中年人，大多数住在周围村子里，也有像老许这样，住在城里，只因儿女没有成家，没有照看孩子的任务，就来劳务市场干体力活，赚点钱补贴家用。每天早上五点来钟，大家就早已到那里等待招工单位招人。黎明时分，劳务市场上黑压压的一大片，人头攒动、吵吵嚷嚷。一般年轻人是不会来这儿找活干的，他们有更好更体面的工作，他们也根本拉不下这脸面，除非遇到什么特殊情况，逼得没办法才来劳务市场找点临时活干。不过老许也想开了，这有什么？凭力气干活挣钱，有啥不好意思，有啥丢人的，不过老许还是把脸捂得严严实实的，怕熟人认出来。

老许从来没想到自己有一天会来劳务市场混。以前看到中午在路旁树底下躺着休息的那些农民工，总是唏嘘不已，并感叹道："这些人真能吃苦！"妻子在他身边调戏道:"若是你,你能受得了吗?""俗话说,没有享不了的福,也没有受不了的苦,逼到那份上谁也能干。"老许反驳道。老伴心里嘟囔着,这回终于也轮到你自己来体验体验这种生活了吧!

老许原来在中外合资私企上班,厂子跟国外一家公司签订了购销合同。在生产过程中,有次配件生产出来以后,对方挑三拣四,检验后说不合格退了单,只好返工延期交货,交货时又说厂方违约了交货期限,结果不仅白白浪费了诸多的特种原材料,还被罚了款,导致厂子资金链断裂,差点倒闭,被迫转手卖给了他人。一天,新老板把老许叫到厂房后面的阴凉处,温和地说:"老哥,我们厂子要裁减人了,你看你年龄大了……"话未说完,老许就明白他的意思,"不是我赖着不走,是厂里拖欠我一年半的工资,这事咋办?""我是新厂长,你得和老厂长交涉。"后来他们互相推诿,欠薪不给钱。老许实在没办法,只得与工友们商议走法律程序讨薪,两个厂长知道后着急了,这才给他们结算了工资。

他失业后,情绪十分低落。如今儿子虽然大学毕业了,但是刚刚开始工作,工资低,也只能养活自己,况且家里的房贷也压得他透不过气来。老许琢磨着,此处不留爷,自有留爷处。以前常听老家的邻居老王头说,去劳务市场能挣钱,我何必不去试试看呢?

那天一大清早,天还黑乎乎的,他就穿戴整齐,出发了。好不容易找到劳务市场的地点。他往那儿一站,忽见一大群人像潮水一样涌上来,像是小学生上课似的,把手举得高高地喊:"什么活?我去行吗?"老许蒙了,半天才反应过来,人们以为他是来领工的呢。"我是来找活干的,不是来叫人的。"老许急忙分辨着。大家听了此话,方才失望地慢慢散开。其中一人上下打量着他说:"看你的穿着,哪像是干活的?以前咋没有见过你?"又一个人打趣道:"又来了一个抢饭碗的。"老许低头看看自己,果真很不入流,光是这身工作服就显得干净了一些,肤色也略显白净。他在厂里是个车间班组长,管理着水、电、气、行吊,不常晒太阳,所以,不仅穿得利索,看上去也白净。听着这些人的话,看着他们的肤色,心里不禁发怵,看来这劳务市场也是一个江湖艺人之地啊!

"砌墙垒砖,谁去谁去?技工一天三百五,小工一天二百。"老许循着声音望去,看见一个穿戴整洁、油头粉面的人,右手拿着个小喇叭,左手拿着一个缺边少角的大本子,边来回走着边对着人群高声地喊,还不时地挥舞着本子指着一旁空地说:"去那空地边等着,待会儿领你去干活。"老许小声问旁边的人:"这人是领工吗?""不是,不是。"身边的人一边回答一边向前挤,"他是这劳务市场上的经纪人,专替领工找人的,每带走一个人,他就赚五块钱。"说着就挤到前面去了。嗨,有意思，还有这个行当，老许想，真是一行不知一行的规矩，算是长见识了。

早上五点到六点，是找活干的好机会，不到一顿饭的工夫，就陆陆续续领走了许多干活人。但是，向市场西面望去，还是有密密麻麻的近百人在等着找事做。老许心里着急，这怎么能找到活干呢？正在想着，忽觉背后有人拍了他一下，"有福叔，你咋来了？"老许回头一瞧，这人他认识，是邻村的，且是自己老家村子里一户人家的女婿，叫王俊凯。因有点小聪明，又爱夸夸其谈，大家就称他"王墉"。老许本不愿意遇见熟人，这回尽管捂得严实，还是被认出来了。"不在厂里干了？""不了，年龄大了，人家不用了。"老许细细地打量着他，见他脸差不多和这干裂的土地一个颜色，头戴一顶毛线帽子，脖子上围着一块灰不溜秋的围巾，穿着一件褪成黄白色的大衣，缩着脖子，两手插在袖筒里，在春寒料峭的晨风中，哆哆嗦嗦地站着。老许十分诧异，若不是他首先和自己打招呼，还真的认不出来是他。这人比他小两岁，是个复员军人。当年他身材修长，脸庞俊俏，惹得大姑娘们争相自荐，怎奈父母早已给他定下亲事，他只得应着，都说村里的菊花找了个好对象，谁知结婚以后，这人不爱干活，菊花虽不是十分漂亮，但也算水灵标致，而且十分能干，处处宠着丈夫。这几年刚刚过上好日子，儿子也大学毕业了，她却得了不治之症，刚满五十岁就撒手人寰。"近来过得怎样？"老许关切地问。"你就别说了，削了高粱种谷子，一茬比一茬矮。"老王沮丧地说，"前年刚找了个新老伴，开始恩恩爱爱还不错，她带了一个闺女，我把积蓄全拿出来打发她女儿结了婚，这不很好吗！可是后来她贪得无厌，我干劳务挣的每一分钱都叫她抠索去，每天老板给我结账必须打在她的微信上，怕我儿子要去。"停了停，似有难言之隐，又说："不仅如此，晚上她住在闺女家，咱连摸摸都摸不着！"老许哈哈大笑着说："多大年纪了，还摸摸呢？""不是那回事，是连个唠嘴也没有，回家凉锅冷灶的。"说着就要滴下泪来。老许不敢再笑了，半路夫妻相处难，哪有十全十美的？"不说了，换个话题。"老王抽抽鼻子。

他教给老许劳务市场的规则。在劳务市场应该如此这般操作：要观察领工的人品，他所承揽工程是何种类型，什么活应该去干，什么活不能答应，哪个领工对待雇工仗义，哪个苛刻，以及怎样讨价还价，等等。老王的唾沫星子直逼得老许后退几步，老许的头像是捣蒜锤子，一个劲地点打。这老王真不愧是"王墉"，滔滔不绝地讲了一大通，然后捏一把鼻涕，甩得老远，又向鞋底上抹了一把。说话间忽然看见来了一辆车，他就一溜烟地奔过去了。咳，老许望着他的背影哀叹道："也是苦命人！"

钟表滴滴答答走着，丝毫不理会老许的心思，而窗外的雨却似乎有点知趣，竟然小了些。

　　劳务初期，老许没有人脉，没人理他。其他人都是两个一伙三个一群的合伙接活。自己孤孤零零无人搭理。一天，小喇叭又响起来了，"电工、电工，谁会电工？"老许的耳朵支棱起来了，见无人应声，便向前挤了两步，"我。"那声音低，几乎连自己都听不见。电工这是老许的本行，所以才斗胆试试。大家都扭头看着这个刚入行的人，伸了伸脖子，咽了咽唾沫，大概知道自己没有这方面的技能，也不计较。领工说了一声："跟我走吧！"老许并没有讨价还价，也不知道是啥活。挤出了人群，骑上电动车跟那人走了。老许如释重负，似乎有一种被救赎的感觉。

　　走了不过二十分钟，来到一处建筑工地，放下电动车，跟着领工，拐弯抹角穿过许多扎有脚手架过道，绕过地下的泥浆或建筑材料堆，来到楼群的跟前。工头给他安排了活儿：凿壁排线。这个活他是熟门熟路，闷头干了一上午，还算顺利。中午12点下班，只有半个小时吃饭、午休时间。他到附近买了几个火烧饼，三口两下的填饱肚子，一摸随身带的水杯，水早就凉了，将就喝了几口，又找来几块泡沫板，寻了一块避风且有阳光的墙旮旯儿，枕着一块砖躺下来。他活动活动僵硬的胳膊，望了望高楼，又习惯性地伸直大拇指，上下来回照晃。楼高、楼距，心里也有数了。老许当年是个炮兵，当了六年的兵，却因家里二老常年有病需要照顾，没办法退伍了。六年中，他入了党，当了班长。对越自卫反击战开始前夕，他第一个报名写血书请求参战，还受到团里的表彰。可惜忠孝不能双全，况且他又是独生子，领导没有批准，只能复员回家照顾父母二老。

　　正想着，工头喊他起来干活。初春日头短，转眼就5点多了，天渐渐黑了下来，视线有些模糊，工头在楼外喊着："下班啦！"老许心想还有一点活儿，赶紧把他干完了吧。不巧，有一根管线从楼上穿下来短了一节，他还够不着那管线，只好扬起胳膊使劲踮起脚尖去够管线，就听"砰"的一声，"哎呀！"头撞到什么东西上了，他顾不得，只忙手中活。可不大一会儿，他感觉脸上有热乎乎的东西流下来，用手一摸，黏糊糊的，血顺着头发流到了脸上，滴进了脖颈。他这才停了下来。原来是他的头撞到了坚硬的钢制模板角上，磕破了。

　　"老许，下班了！"工头没听见动静，赶紧进来找他。"这是怎么了？"工头看着满脸是血的老许，吃了一惊，血都流到了脖子下，赶快去医院缝合伤口。真是偏急死人偏见鬼，医院已临近下班了，手术室里偏缺少了麻醉药剂，让他们等了好久。老许只有用毛巾捂着伤口。血把毛巾都湿透了。工头生气了："什么烂摊子医院，转院！"医药费也不要了，脚踩车启动器，风驰电掣般一路闯红灯，到了另家医院。医生给老许清理伤口后，整整缝了6针，包扎完之后，工头送老许回家。

　　　　　打零工的滋味

看来单打独斗地干活是不行的，得有一个小团队。于是老许和老王以及邻居老周组成了劳务小组。若是领工找人干活，他们就互相推荐或一起去干。

说起这老周，也是个有故事的人。一天，他从家里跑出来，衣不遮体，在街上大嚷大叫："不得了，这日子没法过了！"吓得邻居们都从家里跑了出来，异口同声地问："怎么了？怎么了？"老周的老婆在后面拿着衣服，边追边哭诉："天塌了啊！儿子离婚了！我们给他买房子的首付都被他赌得一光二净。媳妇一气之下和他离了，带着孩子走了。"老周本是企业正式职工，厂子虽然倒闭了，可退休后还能领着2000来块钱的退休金，日子还算过得去，可儿子赌输了几十万，他受不了这刺激，精神一下子崩溃了。后来精神病虽然治好了，偏又不小心跌折了腿。真是屋漏又逢阴雨天，还没等腿好利索，就急着去劳务市场找活挣钱，为儿子还债。大家都说他是叫儿子逼的，他自己却不说啥，只是闷头干活，家家都有一本难念的经。

窗外的雨渐渐小了，老许掐灭烟头，正要起身，手机响了。"我们去城东干活吧，有个仓库的货要卸，下雨也不碍事，就是远点。"这是老王说的。"好的。"老许答应道。远吗？这城市四周的工地，这一年他都干过的，不算远。老许换上劳动服，一边下楼一边嘟囔着。

老许开着三轮上路了。路上车少人稀，要去的工地几乎要穿过整个小城才能到达。每次出小区大门，公路对面那个高大的广告牌就映入眼帘。这个广告牌足有七八米高，由两根变压器杆子一样粗的柱子支撑着。每当走到这里，老许就不由自主地感叹。埋柱子的两个坑是他和另一个工友挖的，四周都是一米见方两米深的坑啊。当时正是盛夏，刚开始挖还可以，后来挖深了，闷在坑里，不仅别扭难转身，而且闷热不透风，铲上锨土，就得汗水淋淋，还得不停地擦汗，不然就睁不开眼。当他们挖好坑时，费好大劲才爬上来，人像从水里捞起来一样。事后，每当看到这牌子，老许心里就十分自豪，就会多看几眼。

转过十字路口，西边又是一个建筑工地，在这个小区的地下车库，他和老周一干就是49天。车库的地面要用水泥预制，但是，还没等施工，就被雨水灌了，必须先排水、整平，才可以浇灌水泥。里面没有灯，他们工作时要戴头灯，稍不留神就踩进坑里，弄得裤脚全是泥水。更糟糕的是，有的工友在某些暗处撒尿拉屎，一不小心就踩一脚，又臭又黏，还无处洗刷。在没照明的地下室干活，每当下班上到地面，就像煤矿工人上井，眼睛好长时间不能适应外面的强光刺激。更脏更危险的活儿还不是这个，而是地面和楼顶的防水活儿。那防水油膏不仅黑乎乎，还黏糊糊的，沾到身上无法洗刷下来，一蹲一起，衣服都沾在一起。这还可以忍受。更不能忍受的是防水油膏和稀释剂的刺激气味，加之它们在空气中极易挥发，鼻子和眼睛

谷雨（第一卷）

呛得难忍心里还发慌，而且还是一种易燃品。一天，老周手执喷灯，喷灯冒着蓝色的火苗，像蛇吐着信子，经过盛有稀释剂的塑料桶旁时，这信子似的火苗擦过了桶面时，"呼"的一声，稀释剂燃起来了，正好燎到站在旁边的老许的衣袖上。他皮肤顿觉生痛，连忙脱掉上衣，一边往楼下跑去取灭火器，一边喊："失火了，失火了！快来救火！"这喷灯是液化气助燃，旁边就是液化气罐，一旦液化气罐爆炸，后果不堪想象。喊声惊动了其他楼层的人员，大家纷纷提着灭火器赶来。老周和其他两个工友也吓坏了，连忙拍打，慌忙中一下子又碰到另一只稀释剂桶。火势迅速蔓延起来，整个房间浓烟滚滚，视线模糊，呛得人直咳嗽。有人拨打了119。有人拿来大型灭火器对着熊熊燃烧的烈火猛烈地喷射。好一场紧张的灭火战斗。终于在消防队到来之前把火扑灭了。大家跌坐在地上，还心有余悸。好在没有造成重大损失。事后。按照安全事故处理规则，建筑公司被罚款一万元。虽然暂时由公司垫付，可事故责任在个人，老周当月工钱就被一场火"烧"没了。

老许一边走一边回忆劳务生活的种种遭遇，世上哪有只赚不赔的生意。劳务的生活又苦又累，可能还低人一等。但在城市的建设中却不能缺少他们。楼群在建设，小城在拓展，这些劳务工人是建筑工地的第二梯队，在大型建筑公司完成楼房主体工程以后，他们负责墙面、地面落灰、楼顶防水、安装水电烟管道线管子等零碎的工作，他们也是建筑行业不可缺少的一分子。

雨停了，路边的树啊，花啊，草啊吸足了水分，显得生机勃勃。金灿灿的迎春花在清晨的薄雾中摇曳着，粉嫩水灵；路旁的垂柳也神采奕奕、婆娑多姿，绿得逼眼；那树底下的草坪也嫩黄翠绿，一棵棵小草的叶尖上顶着一粒粒水珠，晶莹剔透，像天上的星星在眨眼……老许忽然发现这座城市原来这么美丽，以前来去匆匆，早出晚归的两头不见太阳，很少欣赏路上的美景。自从前几年在城里买了房子，搬来城里居住，就一直忙着干活，哪顾得留心这城市的容貌。一天活干下来，累得腰酸背痛。但是，看到自己的劳动成果，看到楼群像婴儿一样长大变美，顿时就有了力气，也充满了希望。

老许边走边琢磨着，等自己老了，干不动了，儿子结婚了，他会带着孙子在城里转转，看看，"看吧，爷爷在这座楼的地下室预制过水泥地面。""瞧瞧，看到那幢楼顶了吧，爷爷在上头做过防水。""哎，这所学校，爷爷铺过地面砖，说不定就是你上学的那间教室嘞。"孙子一定会觉得爷爷很伟大吧。他要告诉孙子，劳动没什么丢人的，幸福生活是干出来的，不是等来的。老许越想越高兴。索性哼起小曲，路上的人都回头看看他，看他穿一身破旧衣服，觉得既好奇又惊叹！

晨雨中，老许回顾了一年多的劳务生涯。这人那事，活重活轻，脏活险活……

打零工的滋味

历历在目，感触颇深。他长长地舒了一口气。离工地近了，老许找了个地方停下电动三轮车，远远地看见老周早已经等在那里了。他戴上安全帽，挺了挺腰板，整了整衣装，走到工地入口处，领班人宣讲完安全知识后跟着队伍向仓库走去，开始又一天的辛勤地劳作。

随后老许接了一家著名的建筑装饰公司水电工业务，虽离家远，但上下班可乘地铁来回，也是极方便的。他第一次乘地铁，深感一惊，这候车室栏杆这么光亮又润滑，把宽敞明亮的豪华大客厅，分割成像一条条小溪流似的，人被推着挤着蜗牛似的往前蠕动。即使你站着不动也被人推着走，挤得他透不过气来，若想出去透透气也寸步难行，真是身不由己，琢磨着这种情况大概也只有像春节民工赶回家样，是阶段性的吧！若长期这样的拥挤，也只好顺其自然吧！当一想到以后每天都这样挤来挤去时，他的心被灰了一大半，但几趟地铁一坐，又觉得其实还好，相比而言，坐地铁也是蛮有滋味的。

有次，老许比平时晚了几分钟，只好像兔子似的向地铁站台奔跑，好不容易赶上地铁，谁知道，刚刚过了三站，地铁出了故障，临时停了下来。车厢头屏幕上播报寻找电工师傅帮忙协助地铁维修人员进行抢修。老许闻讯后立即悄悄地跑去参加抢修行列，十多分钟抢修好了，地铁又开始运行，人们都赞扬老许技术强，勇于助人为乐。随后老许经常坐地铁上下班，列车工作人员见到老许都亲切地称他许师傅。

有天老许探听到工地还需要泥瓦匠，就把邻居的一位年轻女子小汤介绍去打工。建筑工地王总见小汤是一个白洁粉嫩、身材又矮又瘦的年轻女人，心中咕哝着，虽说是包工，老许给我叫来这么小的年轻女人来干活，不是成心磨洋工吗？他喊人干多干少与我无关，但耽误了我的工期，罚款是小事，还落个失信的名誉，甚至被网络平台记录下来，那就砸锅子了。

老许像猜透了王总的心思似的，微笑着："王总，您看，小汤一到工地，就脱掉了外套丢在砖堆上，立即拿着工具干起活来。"接着老许微笑着问小汤："你这工作服穿了多少年啦？"

小汤边不停地干活，边笑道："像这样缝缝补补褪色的工作服，从18岁青年时开始，已穿了两三套了。"

王总听她这么一说，心里一惊，干了这么多年了，看来干活还是挺不错的，否则干不了这么长的瓦工。

有天，工地上停电了，搅拌机成了哑巴，工友们都望着周队长。队长思索片刻："工地的活不能停，搅拌机罢工就人工拌水泥砂浆进行施工。"

拌砂浆是一种重体力活，要想拌均拌透，不仅要力气，还要内行，一般人干不了这种活。不料，小汤自告奋勇地说："我来拌水泥砂浆。"

队长摇摇头，疑惑地说："你年轻又矮瘦，行吗？"

小汤双眼一瞪，坚定地说："您瞧不起人，我就要拌砂浆给你们瞧瞧看。"

队长点头示意，并笑着："一言为定。"

"驷马难追喽！"小汤严肃地说。

那天，这活就成了小汤专职。四五个泥瓦匠的用料，她都能及时供应。同事们称赞她，一个要顶两三个年轻男人干的活。

小汤要用铁锹不停地把水泥和沙子或碎石子翻来覆去地炒拌，在这期间还要兑水，继续拌到不见黄沙石子，不见干水泥，并且要搅拌成稀稠适中又柔和才适用。

拎灰桶的女工提示她："不要那么太认真，只要拌得那样就行了。"

小汤笑着："那不行，干任何事情都要辩证地看，你拌不好水泥砂浆，那队长就要炒你的鱿鱼，只好双手空空把家归喽。"

一位男瓦匠惊讶地说："你别小看小汤是农村女人，满肚子的学问喽，还会用什么辩证法看问题。"

"你看她天天来干活，工作服虽破旧，但干干净净，不知为何原因还这么讲究。"另一个年轻男子疑惑地说。

"那你就不知道啊！我衣服虽不中看，但要养成洗干净的习惯，那在干活时自然而然也会按照这习惯去认真地干，这大概叫水到渠成吧。"说得年轻工友们频频点头，称赞她是女能人。

有天，小汤的工友倪丽骑电动车来干活，迟到了。队长说："倪丽，你迟到了，要扣工钱。"

倪丽嘀咕："路上堵车了，要我怎么办啊？"

队长指着旁边小汤："你俩天天都是同路一道上下班，她怎么能按时到工地，而你呢？"倪丽一惊："汤师傅，你怎么来的呀？"

她笑道："看车堵得一眼望不到尽头，这怎么办啊！心想，虽绕道两三公里，即使迟到也耽误不了多长时间，还是绕道走为好，真巧，赶到工地，休息片刻正好上班。"

"倪丽，你思维能力还比不了小汤的智慧。"队长说，"你讲该不该扣工钱呢？"

时隔几天，快到上班时间了，队长突然接到小汤电话，她上午可能耽误上班时间。随后电话就挂了。快到10点钟左右，她才匆匆忙忙赶来，毫不犹豫对队长说："队长，我迟到了，请按规定扣工钱吧！"

队长笑道："你小汤想法就与众不同，你真弄得我哭笑不得，不知咋办为好。"

"按规矩办事，是天经地义之事，绝无怨言。"小汤爽快地说。

事隔三天，一个年轻人从电动车上下来，手拎着东西往工地走来。瞬间，大家还以为年轻人是来找活干呢！哪知道他跑到小汤面前微笑着："我找大姐找得好苦啊，找了两天才打听到您在这工地干活，今天才特地来感谢您，多亏您那天伸出相助之手，及时拨打了110和120电话，还把我母亲送到医院进行抢救，救了她一命，您真是我一家的救命恩人，这点东西给您，表示一点心意。"

"你的心意我领了，东西不能收。再说，这些食品给我这馋嘴巴，几天就没有了。你拎回去换食盐、酱油等，你全家人可吃一两年，给我太浪费了。你还是拎回去吧。"

此刻，有个打工仔笑着："你救了他母亲就不怕她'碰瓷'你吗？"

"我请热心人边拍照，边救人，再说在场那么多人，怕啥呢？"小汤笑着说。工友们纷纷赞扬小汤，虽是个女士，但人灵活，精神可嘉。

队长知道后，突然明白了，那天，小汤迟到了，是去救人，他说："那钱不但不能扣，还应该发给她见义勇为的奖金。"

小汤直摆手："不管什么原因，迟到了就应该扣钱，工地规章制度破不得。"

几天后，要给在建楼房浇灌钢筋混凝土，工友都认为这是又苦又累的重体力活，按说小汤肯定不行的。哪晓得，轧钢筋时，她那小巧玲珑的手像织布梭子似的川流不息，其速度甚至一个顶两个；浇灌混凝土时，她手执震动棒，深深插入砂浆里，快速地使水泥砂浆下沉，泥浆水漂浮在上面闪闪发亮，她的手艺，使工友们个个感到惊讶，说她能干肯吃苦，难得的多才多艺的年轻女能人。

老许看着小汤，欣慰地笑了。

微型小说一组

朱幸福

一枚邮票

洪星工作又调动了，从E小学调到F小学，还是当校长。这已是洪星在农村小学校长岗位上的第五次平级交流了。老同学章光见了他，就数落道："你这个人啊就是太死板，不喜欢应酬，能平级调动就不错了。你看我，从办事员到副股长、股长、副局长、局长，好几次调整，每次都升了一级。"洪星憨憨地笑了："我这人性格不好，这辈子恐怕改不了啦。"章光就开导他说："听说你那枚邮票还压在台板上？现在都网络时代了，你也太老土了。"洪星还是憨笑道："纯属个人爱好。"

洪星和章光是初中同班同学，还是同桌。那时，全国刚恢复中高考，大家都想跳出农门，每天都要做大量的练习题，草稿纸根本不够用。有人就在旧报纸、旧课本的边角空页上写字，有人就找来香烟盒、包装盒拆开在背面演算，家庭经济稍微好点的同学就去代销店买纸装订成草稿本。洪星的草稿纸也不够用，常从鸡窝里拿个鸡蛋去代销店换很薄的白纸，但章光同学的草稿纸很富余，厚厚的白纸装订得整整齐齐，有时只用完一面纸就撕下扔了。洪星看了觉得可惜，就悄悄地捡起来再用。有次章光看见了就提醒他说："你爸爸不是在当大队书记吗？大队印有许多信纸，你可以要点回来打草稿啊！你看我这些草稿纸，都是公社印的信纸，我爸爸把最上面一行字裁了，装订好给我用的。"洪星这才恍然大悟，知道章光的爸爸是公社革委会秘书，回家就找父亲要大队的信纸。父亲立刻严词拒绝了："那是大队开证明、写材料用的，贵得很，不能给你当草稿纸用！"母亲就在一边帮腔道："那他没有草稿纸怎么办？"父亲说："去买！"洪星听了就很泄气，好多天都不理睬父亲。但之后，父亲偶尔也会带点纸回家，都是香烟盒、物品包装纸之类，从没有一张大队的信纸。

初三那年，老师让学生们都给外地的亲友写一封信寄出去，洪星和大部分同学都是自制的信封：用旧练习簿封面糊的，或用旧信封翻过来的。邮票也是委托邮递员去买。而章光自然用了公社的信封和邮票，干净漂亮，更有面子，让大家好生羡慕。洪星也想要面子，放学就去了大队部，看到父亲办公桌的玻璃台板下果然压了十几枚邮票，就悄悄地撕了一张贴上寄了。没想到还是被父亲发现了，不但狠狠地抽了他一个耳光，还教训他道："这是公家的东西，只能办公事用，你绝对不能用呢！"父亲还坚持让大队会计从他工资中扣了买邮票的8分钱。此事传扬出去后，许多同学都对他父亲的做法嗤之以鼻，章光甚至还怀疑洪星不是他父亲亲生的。洪星也对父亲不近人情的做法感到失望，从此再也不愿沾父亲的任何光。

好在苍天不负有心人，洪星和章光都考取了中专。毕业后，洪星成了乡村小学的老师，章光成了乡镇的税务专管员。工作上，两人并无多大交集，但生活中两人还是经常联系。有时来了共同的同学、朋友，洪星总是自掏腰包热情招待，也会邀请章光来作陪；而章光也是很热情地接待，也邀洪星作陪，当然都是有人抢先买了单。

光阴荏苒，岁月如梭。十年后，洪星被推荐当上小学校长，他那刚从村支部书记位子上退下来的父亲就提醒他说："不要忘了小时候拿大队邮票挨打的事啊。"洪星说："我记着的。"为了告诫自己，洪星买了枚同样画面的8分面值邮票，压在自己办公桌的台板下，时刻提醒自己不要谋私。学校公务接待，他很少参加，只让涉及的人去；同学朋友来了，也坚持自己招待。久而久之，同学朋友都说他在单位混得不好，找他的人渐渐少了。虽然学校教职工对他评价都很好，但领导对他没有特别的印象，每次调整工作，哪个小学最偏远，哪个小学工作最难干，就派洪星去那个小学当校长，而洪星从不说半个不字，工作居然干得很出色。而章光就不一样了，上下关系都很融洽，税务专管员的工作干得风生水起，很快就被调整到税务局工作，当上股长、办公室主任、局长助理、副局长、局长。当然，逢年过节，烟酒土特产的收获也很丰富，他父亲也跟着沾了不少的光，说："这个儿子总算没有白养！"外界都觉得章光做人爽气，出手大方，领导也说他很能干，提拔他当副县长呼声的传闻也一浪高过一浪。

然而，天有不测风云。章光因违反"中央八项规定"，屡次用公款大吃大喝被纪委查处，不但副县长没当成，连局长职务也被免了。章光想不通，也很失落，洪星就邀请他去乡下散散心。有一天，章光就突然开车去了洪星所在的那所偏远农村小学。让章光很意外的是，那小学校虽然离县城有点远，但乡村公路四通八达。学生虽然不多，但都有校车接送；教师也不多，多是自己开车上下班。校舍整齐，环境优美，像个大花园，而且师生的精神面貌都很好，待人彬彬有礼。坐在洪星陈设简单的办公室里，章光忽然就瞥见大家传说中的那枚8分钱的邮票，果然还压在洪星办公桌玻璃台板下面，章光心里一颤，心情也豁然开朗起来。

推 优

单位要推荐一名志愿者，参加全县十大明星志愿者评选，办公室主任推荐了两个比较合适的人选，并作了简要的介绍，请王局长定夺。

第一个人选叫花小洋，参加了一个社会志愿者协会，经常参加爱心公益活动。不是到敬老院慰问，就是上门资助困难儿童，或者到小区宣传防疫政策。翻看她的朋友圈，几乎每个星期都有几次这样的活动。偶尔，还能看到她和来慰问的县领导的合影。当然，更多的是她帮助环卫工人、困难群众时的合影。因此在县城也算是个"志愿明星"了。

第二个人选叫辛正程，每次单位有志愿服务任务，几乎都是派他去。辛正程在高速路口当过"大白"，在隔离点值班，登门入户宣传防疫政策、办暖民心实事，站在十字路口疏导交通，给困难群体捐钱捐物，等等，都是默默地做，几乎没有发过朋友圈，也很少和受助对象合影。要不是办公室需要保存资料硬给他拍了几张活动照，还真找不到他参加志愿服务的照片。

翻看完两个人的申报资料后，王局长觉得花小洋的材料内容丰富，图文并茂，一条条列举出来，有时间、地点、参加人等，还有部分活动照片和电视记者采访录下的视频，公益、志愿活动都很多；辛正程的材料就显得单薄了许多，只有干巴巴的十几条活动，虽然也一件件列得很整齐，有时间、地点，但许多活动都没有现场照片，即使提供了照片，也多是网站下载的，看不到他在现场的身影。虽然王局长觉得辛正程也很优秀，确实做了许多公益宣传、志愿服务的事，但因为留下的痕迹太少，估计报上去被淘汰的概率很大；但如果推荐花小洋参加全县明星志愿者评选，估计还是很有竞争力的。

王局长心里权衡着，一直没下决心。正好下班时间到了，就把两份材料放在案头，准备明天上午开个局长碰头会，大家议一下，再把结果报上去。

王局长匆匆下楼，上了外面接送机关干部上下班的大巴车。

汽车一路颠簸着，车上人或轻声交流，或闭目养神，王局长也有些恹恹欲睡。

突然，身后两个女人的说话声引起了王局长的注意。

"你怎么有时间，参加那么多次志愿服务活动？"一个女人羡慕地问。

"其实也没多少次，只是会借力啊。"另一个女人压低声音说，"我每次参加志愿服务活动，都带好几套衣服，换装、变换角度、再换个发型，一次就能拍许多组

微型小说一组

照片，配上不同的文字，发在朋友圈里不就多起来了？"

"你真聪明！"

"哈哈哈……"

在两个女人银铃般的笑声中，王局长的瞌睡被一扫而空。他挪了挪屁股，把身子坐直了些。他知道明天的局长碰头会该怎么开了。

王 秀

王秀虽然相貌平平，却是个很有优越感的人。读书时，她的成绩一直名列前茅，又考入重点大学，而且是许多女生望而生畏的数学系。刚毕业就顺利挤进公务员队伍，成为县审计局一位年轻的干部。特别是她到审计局上班后，发现局里同事多是大中专学历，而且年龄都偏大，就更有了优越感。局领导对她寄予厚望，同事也对她非常关照。在这样的环境里工作，王秀也觉得自己很快就能进步。

王秀满腔热情地投入了审计工作。

第一次做审计业务，她配合同事审计某行政单位的财务收支情况。项目主审将自己预先搜集打印好的与审计项目相关的资金管理、核算等方面的法规拿给她看，要她提前做好现场审计的准备工作。她表面上连连点头，心里却没真正当回事。王秀以为政府审计工作并不复杂，凭自己的专业基础应该能够轻松应对，所以根本没有看那些材料。

现场审计开始时，项目主审就将相对较为简单的公路国债项目专户资金审计交给了她。她心里起先有些不悦，但又不好明说。毕竟是第一次出任务，还是谦虚点好。她翻看着被审计单位的会计账簿、会计报表及会计凭证，突然发现与以前接触的企业会计实务相去甚远，在查阅了国债项目专户资金的收入支出及结余情况后，她竟然不知道下一步该做什么？她的心里一下紧张起来，冷汗从头上直冒。王秀这才后悔：为什么没认真看主审给她准备的材料呢？看到她一筹莫展的窘迫相，项目主审立刻明白了，赶紧停下来，现场指导她怎样编制审计日记和审计底稿，告诉她如何搜集审计证据，厘清审计日记与审计证据、审计工作底稿间的对应关系等。王秀满脸通红，恨不能有个地缝钻进去才好，刚来时的优越感一下子荡然无存。别看身边同事学历不高，但他们有丰富的实战经验啊！

从此，王秀开始认真学习《审计法》《财政违法行为处罚处分条例》等与工作相关的法律知识，下决心尽快熟悉政府审计的相关法律法规，不断提高自己的业务水平，早雪前耻！

机会很快来了。一次，省审计厅统一部署了对省垂直管理的某企业财务收支审计项目，该企业是一个拥有专营权的企业，前几轮财务审查都没有发现任何问题。现在，他们单位财务已实行会计电算化，管理更加规范化，应该不会再有什么问题。考虑到其他同事年龄偏大，对电脑不是太精通，局领导安排王秀担任该项目的主审。

吃一堑，长一智。这次王秀作了充分的准备，认真学习了省厅关于这次审计的工作方案和有关该企业财务管理、专营业务等方面的法律法规，审前调查时拷贝了该企业财务数据的备份文件，进点审计前又在单位同事的帮助下将财务软件备份数据采集到 AO 系统中。在审计实施过程中，王秀通过细致深入的审计，查出小金库2万余元及少缴税款1万余元，令大家刮目相看。

单位老同志陆续退休，新人也不断补充进来。这些新入职的公务员学历都很高，有的还是硕士、博士，这让王秀渐渐有了危机感，她用了五年时间，坚持自学，报考了注册会计师、注册税务师、注册资产评估师资质，并且都顺利过关。在领导和同事的赞扬声中，王秀又有了自己的优越感！

融　入

王成发现，几乎是每天下午四点之后，办公室里3个同事的电话就会陆续响起来。

A同事拿起手机接听起来："今晚聚一下？我答应过？好，马上赶过去。"放下电话嘴里还念叨着："昨晚被他们几个酒灌多了，约好今晚吃饭的事我都忘了。B同事、C同事，今晚你们陪我一道，讨他个荆州！"

B同事、C同事听了都会心地笑了："那是一定的。"

过了一会儿，B同事的手机响起来，他拿起手机大声地说："喂！请我吃饭啊？今晚？真对不起，已经有约了，下次再约。"放下电话，像是自言自语，也像是对同事说："都喊我吃饭，太累。"言下之意是自己混得还不错，陪A同事去吃饭是给面子。

快下午五点了，C同事桌上的固定电话响了起来，他看了眼来电显示后，立即拿起听筒说："老婆大人啊，本来是准备今晚回家与你共进晚餐的，但单位临时来了人，领导让我参加陪一下。今晚保证不喝酒。"言下之意是为了朋友，他连老婆都敢得罪！

三人相互看了一眼，会心地一笑。

微型小说一组

A同事说："小王，我们三个有事先走了，你看下办公室。"

王成是从外地考过来的，在当地没有多少朋友熟人，只能一个人独自守着办公室，坚持到正点下班。他住单身宿舍，每天早餐在外面买，中午在单位食堂吃，晚上单位食堂不开伙，他还得自己回去做饭，心里也感觉有点孤苦伶仃的样子。

第二天一上班，他们三人又开始交流昨晚喝酒的战绩：不是把谁喝多了，就是他们自己喝多了，然后就是约好下次再战。到下午下班时，C同事接到邀请，就会拉着A同事、B同事一道赴宴，几乎天天如此。王成心里很羡慕他们，也想融入进去，但却没有办法。

有一天，好不容易遇到一个老乡，说着说着便诉苦起来。老乡比他早来多年，早就和当地人融为一体了，他说："我当初来时也和你一样，你听我安排。"

一个周末下午，办公室里特别安静，谁的电话和手机都没有响，眼看快下班了，A、B、C三个同事都有点坐不住了：一会儿你看手机，一会儿他看天色，表情都很失望。

这时，王成的手机突然铃声大作，他不急不忙地接了，说："是老乡啊！今晚请我聚一下？再请几个好朋友？好好好！"王成爽快地答应下来，然后对A、B、C三个同事说："今晚老乡请我吃饭，人不多，我想顺便请大家一道去，希望大家能赏个脸。我来上班好几个月了，还没跟大家聚过。"三个人你看看我，我看看他，嘴上说着"那多不好意思啊"，但都点头答应了。他们哪里知道，这是王成和老乡早就商量好的，等的就是这个时机。

从此，王成融入同事的生活圈中，也渐渐融入了整个小城。

嫌　疑

暑假期间，市报的记者朋友打来电话，让我找几位回乡创业、事业有成的青年典型，他们准备搞一个系列宣传。虽然我对这些创业的青年也不是太熟悉，但我还是答应帮忙联系。因为，陪他们一道采访，既能学到采访技巧，给我们县报提供新闻，也能给青年创业者以极大的鼓舞。

我先找到工商联，他们和企业打交道，对全县的企业家了如指掌。他们很快给我推荐了三四个典型，我也把这些创业青年的基本素材反馈给市报的记者朋友。市报记者朋友看了之后，决定先采访一位范姓女企业家，做机械制造配件的。

那天一早，市报记者朋友带这位摄影同事和采访车先到老县城，接上我和工商联的女性副会长，然后，在女会长的指引下，我们开到了工业园区，七转八转到了范总的公司。

女会长介绍说，范总的企业是家庭企业，主要为汽车企业生产小配件。丈夫主内，负责生产、技术研发；范总主外，主抓营销。这几年适销对路，生意很好。在范总的办公室，我们开始了采访。考虑到天气炎热，我们都进了范总的办公室，司机也被范总热心地叫进办公室休息，我则顺手将沙发上的一个包拿到茶几上，腾出沙发上的位置让司机坐了下来。市报记者朋友问，范总回答，我也跟着记录，摄影记者则不停地变换角度拍摄。有不懂的地方，我也偶尔插问两句。采访结束后，我和市报记者朋友跟着范总去车间里看看生产流程，摄影记者也跟着去拍照片，女会长因为来过多次，和范总很熟，处处显得轻车熟路，不停地做补充介绍。在大家对范总的一片钦佩赞扬声中，采访顺利结束。

范总执意要留大家吃午饭，但司机已发动了采访车，说下午还要出差，怕时间来不及，市报记者说要急着回去写稿，坚持先走了。我和女会长也不愿影响范总的工作，范总便答应送我们回县城，她先上楼拿一下自己的手包。本以为范总拿一下包不过两三分钟，没想到过了半个多小时范总才从办公楼下来。我以为她临时处理什么事，也没有太在意。

几天后开会，遇到女会长，她突然问我："你知道那天范总为什么在楼上耽误了半个多小时吗？"我摇摇头说："你们女人事情多呗。"女会长压低声音说："范总那天早晨取了1万元现金，用了600元，剩下的9400元就放在办公室沙发上的那个包里。她上去取包时，包在，但钱没了。""啊？就是我拿到茶几上去的那个包？"我惊讶道，"你怎么当时不说啊？我们每个人现场检查一下自己，也好洗刷一下嫌疑。"

"大家都是客人，范总当时没好意思说。再说，市里的车已经走了……"女会长解释道，"范总也说此事不提了，她已经在公司办公楼补装了监控。"

"哦。"我思考了良久，还是决定把此事告诉市报的那位记者朋友。他叹了口气说："当时没有查，说明我们在场的每个人都有嫌疑啊！"

酒　魂

张诗群

小兵走进酒坊时，老万正用舀子从酒缸里舀酒。已是晚饭时分，码头镇飘散着浓醇的酒香。

小兵站着不动，瘦削的身子缩在空荡荡的旧军服里，脚上的布鞋一左一右探出两只泥乎乎的脚趾。小兵羞怯地看着老万，半天才说，这酒咋和我老家的酒一样香呢，也不知咋的，我走着走着就过来了。说完，耸了一下右肩，不好意思地咧嘴一笑。

码头镇又进驻了一支抗日队伍，老万是昨天才听说的。自去年隆冬，四十里外的芜湖被鬼子攻占后，沿江的码头镇便成了江防重地，万字酒坊门前的石板路上，常有当兵的喊着口号列队路过。听说鬼子要打过来，整条街面上的酱坊醋坊纸烛店像得了传染病，前脚赶后脚地歇业跑反。老万没跑，他每天照样开门关门，等着他外出未归的独子细伢儿。

老万向小兵招招手，问，你老家哪里的？

小兵说了一个村庄的名字，老万没听说过。小兵又说，皖北，蒙城的。

老万一把拉住小兵的手，眼圈红了。

三年前，17岁的细伢儿背着一个粗布包裹，一个人去了蒙城。山西人在蒙城开的源济糟坊远近闻名，细伢儿去学酿酒的手艺。三年了，细伢儿仿佛消失了一般，只字未见，人迹杳无。

小兵说，万字酒坊的酒，和老家蒙城的酒，都有一股淡淡的芝麻香味儿，让他想家。小兵正是细伢儿当初离家的年纪，老万仿佛见着了亲人，舀了两碗酒，留小兵吃饭。小兵推辞不过，坐下来吃了半碗面，却连喝了三碗酒。月上中天时，老万和小兵都醉了，老万眯着眼，喃喃念着细伢儿、细伢儿，小兵趴在桌上，一声一声轻哼着，喊爹娘。

第二天晌午，万字酒坊又走进一个军人，见到老万一个立正，自称是小兵的连长，说小兵违反军纪到老乡家喝酒，正接受处分，他代表连队向老乡致歉。

老万有些懵，千言万语正不知从何说起，连长又一个立正敬礼出门远去。

战事越来越紧。几天工夫，不远的几个镇子先后失陷，老万决计先将窖存的酒转运出去。他将八大缸酒载在一条船上，准备从长江运到镇子外围的凤凰矶，那里有一个可以藏酒的山洞。

船靠岸后，脚夫将八缸酒用麻绳兜着，一缸一缸地往矶上抬。老万爬上矶顶，天空阴沉，江水肃穆，对岸是江北，村舍隐约处浓烟滚滚，刺鼻的硝烟味随江风传来，他心底一阵紧缩，忍不住打了个寒噤。这时，山下忽然传来"老乡"的喊声，老万低头细辨，见是那天上门道歉的连长。

连长说，老乡，我买酒。

连长面色凝重，语速飞快，不等老万发问，又说，要开打了，连队特许，喝壮行酒。

八大缸酒，老万分文不收，全都从凤凰矶运到了连部。他愧疚着呢，想再见一见小兵。

入夜，江风刀子一样刮着。朦胧的月光勾勒出铁画银钩的树影，全连队的战士也成了一排排树，在夜色里肃然挺立，滚烫的呼吸和着连长的慷慨誓词，仿佛要喷出火热的熔浆，把冬夜的长空灼红。

老万的酒舀子，往一只只搪瓷缸里添上了酒。连长端起酒，仰头看了看头顶的半片月亮，把酒一口喝干，用力把搪瓷缸扔向远处。一片"嘭嘭啪啪"的声音随即响起。

老万又见到了小兵。月光下的小兵更加单薄瘦弱。小兵把酒端到一块突起的大石上，微明的月光，映照着搪瓷缸上的墨笔字"77"。小兵跪下，磕了个头。小兵说，爹，娘，儿要打鬼子了，儿喝了酒，就算回家了。

老万把小兵扶起，无声地哭了。

战斗是拂晓时分打响的。老万听着一夜的枪声炮声和鬼子军机的轰鸣声，眼前仿佛奔突着一条条火河，山崩地裂，万物焦枯。

第二天傍晚，大地才重回寂静。老万爬出酒窖，见码头镇的石板街上，已有三三两两行人的身影。才得知鬼子的一艘军舰被击沉，已撤至六十公里以外的占领区。坚守在凤凰矶的一支抗日队伍，全部壮烈牺牲。

还未散尽的硝烟被江风吹拂，在空中扭动成舞，仿佛魂灵的告白。打扫过的战场只剩狼藉的弹坑和尘土，老万脚步踉跄，弹壳和酒缸的碎片在他脚下发出尖利的悲鸣。他弯下腰，捡起一只被炸扁的搪瓷缸，"77"号墨笔字清晰可见。他浑身颤抖，悲咽失声，一把将它搂进怀里，像搂一个婴儿。呛人的硝烟中，他忽然闻见一阵又一阵熟悉的酒香，若有若无在鼻尖飘荡。老万泪眼婆娑，向着皖北平原的方

酒魂

向，深深地一揖，一揖，再一揖。他在心里念叨，小兵，这芝麻味儿的酒香，带你回家了吧？

半里之外，石龙桥下的河水一片血红，它缓缓流去，流向凤凰矶下的长江……

时光飞逝。码头镇江边的杨柳青了又青，万字酒坊在胜利的锣鼓声中重新开了张。新掌门人有一张酷似老万的年轻面孔，据说他会一手酿酒的绝技。

栀子花开

孙建康

男童一心想摘朵栀子花。然而，村里二三十户人家，却无一家有栀子花树。

今天周末，午后，男童拎竹篮捏镰刀，去村郊戳猪菜。堤坡，田间，塘埂，荒滩，走着寻着，春光明媚中男童忽然闻到一缕幽香。

唔，这香……这香好像……栀子花香？男童惊了一下，便循着香气来到了邻村外围，来到香气的附近。这时，他确信那香气就是栀子花的香。

真巧！真走运！男童很振奋。

打苞儿的、半绽开的栀子花在一株灌木上被纷繁的绿叶簇拥着，像是涂了一层白色糖浆，越发的素白、洁净。那一朵朵并不妖娆的花，竟然那么霸道，香甜浓郁近乎夸张，甚至让人有窒息感，高雅的气息一波一波往远处跑，叫人无法忽视它的存在。

两位妇女头上各插着一朵栀子花有说有笑前面走，放学的路上男童瞥见她俩时，陡然产生了也要有朵栀子花的念头。第二天，男童还看到一个小伙子居然在表袋里塞了一朵栀子花，从身旁过，他身上像是洒了香水，香气扑鼻。

眼前的栀子花树极具个性地立于篱笆墙内侧。篱笆墙由木槿和野生蔷薇组成。那野蔷薇浑身带刺，乡下叫它栅刺，或干脆叫它"刺"，开的花粉白泛红，毫无顾忌地花瓣平摊、露出花蕊，大胆而热烈，不知含蓄。男童左顾右看，午后的阳光很静谧，村庄也很安静——人们都在午睡吗？他用镰刀小心地拨开野蔷薇，但还是被尖刺划了两下，顾不得刺了，身子斜进去，头上又被栅刺刺到。栀子花够着了，他忐忑地伸手小心翼翼地摘了一朵半开的。是那种重瓣的栀子花，正是他想要的。

蓦地，一声狗吠，惊了天动了地，一条半大的花狗不知从哪儿窜出，向着男童一进一退地吼。男童颇有些紧张，赶忙握着栀子花往回缩脚撤身。等他夏蝉蜕壳般移出木槿与栅刺丛，手背上已有两条红色的蚯蚓——栅刺不仅刺了皮肤，还划出血痕。头皮也被刺扎深了，发出胀胀的痛。

栀子花凑鼻前嗅了嗅，当满怀欣喜的男童把它放进篮子，想用猪菜轻轻盖住时，他感觉到眼前有一片黑影罩过来。黑影伴着沉重的脚步声和浓重的喘息，接着一声暴吼在头顶炸开：你在干么子？做小偷？

男童一哆嗦，慌忙抬头望，一个壮汉满脸煞气地瞪着他。

壮汉一把夺过男童手中的篮子，捏出栀子花，说，花可以看可以闻，都像你这样摘，哪里还有花？小小年纪不学好，学坏？你又不是丫头，要花干么子？你家在哪里？你家大人是哪个？

男童抿紧嘴，勾着头，一声不吭。

我想好用巴掌扇你一下，让你手脚放干净些。你想要花，去街上买呀。壮汉顿了顿，篮子往地上用力一丢，几棵猪菜弹跳而起，落到泥地上。他脸黑疯着吼：滚！

男童小脸羞红，提起篮子，握住镰刀，几乎是落荒而逃。

走了几十步，一个老太太在前面死死盯着男童。

毛毛，你眼水包包的，刚才那个男的没打你吧？你干吗要偷人家花呀？那花他家是要去街上卖钱的。

我没有偷。我也不晓得街上有人卖。我、我也没钱买。男童歪着嘴带着哭腔。

你是前面村子的吧，我看你长得很像大龙，是大龙家的吧。可怜的娃，大龙走得早哇。

男童"哇"地哭出声。老太太靠上来摸了摸男童的头。

告诉奶奶，要花是送人还是闻香？

男童用袖子在眼睛上抹了一下，说，我想让我妈戴头上。我看人家妈妈戴着这花，又香又好看，笑得像花。

男童想说，妈妈是童养媳，她七八岁那年头上害疮，差点把小命害没了，后来幸亏外婆赶过来，给她抓药治疗。疮治好了，头顶却留下一块疤。这是妈妈笑着跟他说的。

老太太说，哈哈，真是人小鬼大呀。你妈妈我认得。

回到家，男童把猪菜倒进猪槽。猪欢快地哼哼着向男童抬头翘嘴，然后嘴就兴奋地埋进野菜里。男童开始着手打扫猪圈。

此刻，一个女人一路打听着来到男童家大门前，朝敞开的屋里喊。男童妈在灶屋里烧锅，听到有人喊，遂跑出来问，找人？有事？并把女人让进堂屋。

女人说，我家那个"老孬子"让我来向你儿子道歉。你儿子摘了我家一朵栀子花，他却把花收回去了，还骂了你儿子。不就一朵花嘛，他一个大男人……

啊？这小摊炮子的洋炮冲的，怎么能随随便便摘人家的花呀？气死我了，回头我教训他！对不起，对不起呀！那花多少钱，我赔给你哈。男童妈眼里露出不安和羞愧的神色。

噢，不不不！是我家那个"孬子"一时冲动。其实你儿子摘花，是给你戴的……女人递上练习纸包着的栀子花，说，这里有三朵花，一朵绽开了大半，两朵是快绽开的苞儿。不要骂你儿子，是我家"老孬子"搞误会了。女人咧着嘴笑，把栀子花放在堂前桌子上，像是放下了一个包袱。临出门她又说，想摘栀子花只管去摘呀，没关系的。

女人走后，妈妈把头上已经开始发蔫的在野外摘的金银花除下来，别上那朵绽开大半的栀子花，举着小镜子笑吟吟地左照右照。另两朵花，用水养在玻璃瓶中。妈妈跟男童说，等它们绽开来，一屋子都有香气了。

男童笑眯了眼。

栀子花开

宗　祠

春谷周郎

新中国成立前夕，周村发生了两件大事。

第一件，周氏宗祠发生火灾，一夜烧毁殆尽；另一件，周家叔侄二人被国民党残忍杀害。

一

周村位于长江中下游南岸的春谷县，距县城东南三十里的五峰山北麓的桐岭冲。

周村周氏祖先，为躲避宋元战乱，向西南迁徙，行至春谷县，看中五峰山山高岭峻、物茂产丰，益于休养生息，就此落脚。

周氏在五峰山下，辛勤劳作数百年，产业逐渐壮大，五峰山东麓的长峰岭，西麓的虎形地，大部分山林土地都成了周家的产业。

周村祖先，有些结余，依东西山系，建成东西周村。一边坐西向东，叫西边周；一边坐东向西，叫东边周。按北朱雀南玄武东青龙西白虎的方位建成周村。

东西周村，隔着几百米的田地，两相对望，各有数百间的徽派瓦房，青砖黛瓦马头墙，在翠竹掩映中显得富足安宁。

一条干溪由南向北穿周村而过，在村北汇成一潭，因五峰山得名五峰潭。

周氏宗祠就建在五峰潭堤北面几十米处，坐北朝南，正对五峰山。祠堂三进两侧厢房，占地十余亩，甚是高大宏伟。

周村人晴耕雨读，过着安逸的生活。

二

1931年"九一八事变"后，五峰山开始出现少量土匪。

周廷桂出生在那个年代，到了他十四五岁时，五峰山上有了几百号土匪。他们烧杀抢掠，周边的老百姓深受其害。

传言官军也隔三岔五地上五峰山剿匪，可就是剿灭不掉。后来才知道官匪暗中勾结，官兵来时通报，走时卖些枪弹给土匪，回去上报剿匪损失，发些国难财，土匪队伍也就越剿越大，只是苦了地方百姓。

五峰山下的周村，自然就成了土匪和官兵侵袭祸害的对象。周家也抗争过，最终斗不过官府，受不尽土匪侵扰，只能妥协。每年将家族辛勤的劳动所得，贡献出大部分给官府及土匪。因为家业就在这儿，搬不走。

家族被欺压的屈辱，周廷桂从小就感受到了。每年夏收、秋收后，堆在宗祠院里山一样的稻谷，被官府和土匪拉走，他觉得心绞一样的痛。

族人们看着族长周德清阴沉的脸色，都不是滋味。

族长周德清，五十年纪，齿白面红，白发飘逸，端坐中阁堂前。

中阁堂前，族长德清两旁，左边坐着：德龙、德虎、德豹；右边坐着德仁、德义、德家。

族长说："三年来，我们尽力了，保了些粮食，还有些银圆。但凡遇战乱和瘟疫，我们必须备些粮食和柴火。"

三

那些年，江南的气候就和时局一样，坏透了，连年兵荒马乱，还伴随着大旱和洪涝。

周家田地，受了大旱和洪涝，粮食收成很差，特别是周村所在桐岭冲，两山之间的这块两三百亩田地，洪涝来临，山水咆哮而下，五峰潭脆弱的堤埂，瞬间被冲塌，洪水裹挟着泥沙漫过干渠向北汹涌而去，庄稼随即被洪水淹没。等洪水退去，往往接着大旱来临。五峰潭堤坝被毁，不能蓄水，庄稼得不到灌溉，粮食收成锐减。

官府和土匪毫无人性，趁着灾情，逼他们交粮交钱。

受够了，周廷树和五哥周廷竹夜行打扮，腰插匕首，肩扛土枪，悄悄摸上五峰山土匪窝，将匕首抵上土匪老大杨老三喉管，大声喝道："不要命的说话！"

土匪大当家哆哆嗦嗦问："哪里好汉？"

廷桂说："五峰山上一傲龙。"

土匪："我是南北一条虫"。

廷竹说："东边日出光万丈！"

宗
祠

土匪："西旁日落我认怂！"

廷桂说："既然认怂，就饶过你。"

四

廷桂参加游击队已有时日。刚开始，廷桂是游击队外围的通讯员，他很聪慧，很快成为正式队员。后来镇住了五峰山上的土匪老大杨老三，成了土匪六头目。

此时，周廷桂担任游击队的后勤保障科长，肩负着为新四军三支队征集粮饷的重任。

秋粮上来了，县府保安大队就会派一个班荷枪实弹的士兵住进周氏宗祠，让周保长带队，挨家逐户上门催粮，将征缴来的新粮暂时存放在周氏宗祠里，等征缴任务完成了，再统一运回县城粮库。

周保长名庆衍，周村人。他身材高大魁梧，浓眉大眼，国字脸，干练稳重，一表人才，上过私塾，能文能武。

县府看中了周家的家业和周庆衍的才干，就让周庆衍担任保长。族长周德清笑了，默认周庆衍担任这个保长。

周庆衍担任保长时，和他同年出生的族叔周廷桂已秘密加入了游击队。

周庆衍担任保长的前些年，风调雨顺，粮食丰收。

"皖南事变"后，处于皖南门户的春谷县粮食吃紧。五峰山下的新四军队伍，开始缺粮少食，大部分战士撤离到江北。周廷桂被留下来继续筹粮筹银。

周村的山林出地收入还好。保长周庆衍应对国民党县府和土匪征缴粮饷、抽抓壮丁和维持村乡秩序，在家族的支持下，做得还不错。

周保长明面服从国民党县府，私下应付土匪，秘密支持新四军，小心保护着家族。

五

随着连年灾情，周家的家业支撑不住了。

新中国成立前一年，一场重大灾情，让周村陷入危机。梅雨季节发生洪涝，冲毁五峰潭堤坝，接着大旱，粮食几乎绝收，挣钱的山货也几乎绝收。

官府和土匪的粮饷更加催得紧。

周保长只得挨家挨户催粮催饷。村民们将自己仅有的一点口粮交了。征集的粮食一如既往地被堆放在周氏宗祠里。

是夜，周氏宗祠突然燃起熊熊烈火，存放的几千斤粮食被烧毁，连同粮食被烧毁的还有国民党征粮队一个班的七名士兵。

第二天清晨，族长周德清让保长周庆衍去县府报案。

县府立即派一个连队官兵赶到周村，保长周庆衍被扣在县府。

一周后，官府并没有调查出所以然。

那一年，游击队和周村老百姓度过了饥荒年。

年后，周廷桂被俘入狱，和侄儿周庆衍一同被定罪：通敌！

周村的周氏宗祠烧毁了，周廷桂和周庆衍叔侄二人被枪决了！

族长周德清捻起胡须，想起数千斤粮食和被熊熊烈火燃烧的宗祠，难免五味杂陈，不知宗祠里被烧毁的列祖列宗是否怪罪！

宗祠

世相叙事

一个人的坐标

宋雨薇

交错终究不再是错，错过，才是真正的过错。

——题记

一

穿过冷硬的时间，时光的手在沉默中，按下了2015年那个冬天的快门。在时光的穿梭机里，我的记忆被重新聚焦，遣返回多年以前……

2015年冬天，母亲因为旧疾复发，再次住进了省城的医院。我们那个家庭，也因多年来母亲旧疾的反复住院治疗，经济状况一次又一次陷入赤字危机的不良循环之中。多年来，由于生活的贫寒与生存的挣扎，母亲身体的顽疾在时光的销蚀中，慢慢掏空着她的活力，宛如她所扎根的那个村庄一样，随着城市化的进程，早已呈现出一个空心的状态。

那个下午，姐姐的电话扰乱了我忙碌中的宁静。在她焦急的讲述里，我才知道，母亲已经长达一个星期没有进食，瘦弱的身体多日来一直处于疼痛的煎熬中。尽管这样，在此期间，在我每一次的电话问询里，母亲却一次次坚忍着身体的强烈不适，假装若无其事地和我聊着家常，以此回应着我焦急的问询。

其实，从第一次的电话中，我就捕捉到了母亲的异样。在她若无其事的回应里，一份隐约的担心，不安地跳跃在我的猜测里，如影相随。直觉告诉我，母亲是在说谎。可是，这个世界上有太多的身不由己，它可以让一个人背负着生命以外的沉重，硬生生地接受生活的各种压力，却无法具备一个进退自如的精神和勇气。由于受工作的困扰，我身不由己地困于方寸之地的忙碌之中，深陷无力摆脱的困境。那些看似稀缺的优质属性，它不但没有帮助我，成为上升途径的垫脚石，却在难以言说的迷茫面前，仿佛成了一块困住自己向外延伸的绊脚石，使我深深地陷入一个看似不可替代却又在折射的现实面前，呈现出的微不足道的那种迷茫。它让我深陷困境，却又无法抽身。

多年以后我才明白，其实每一个人，都有那么一段沉默的时光，那付出了很多努力，却得不到结果的日子，我们把它叫作——扎根。可是在当年，那个根须向下生长的漫长过程，那些虚无的承诺，犹如一个摆渡的时光老人，将我一次次滞留在人生的渡口。它使我的生存状态处于一次又一次的挣扎中，让我满身疲惫，却无法朝向外面的世界出走。自此，那段时光便成了我人生中的一个序章，在关键的时刻，改变了我的人生走向，以致在后来的很长时间，它都一直让我陷入身不由己的两难境地。尽管我一直都在试图拼凑和审视父母的生活，却并没有太多的时间和精力，去关注他们艰难的生存状态，以及不为人知的辛酸。

夜深了，偌大的办公楼里，为了一个迎检任务，我还在一眼看不到头的忙碌里，一一梳理着那些无边界的考核细则，忘我地日夜奋战。突然，一阵急促的手机铃声响了起来，打破了这深夜里的寂静。在姐姐的电话里，一向从容淡定的我却焦急得乱了方寸，她语无伦次的叙述，验证着我多日以来的担忧。在姐姐强行克制的难过里，每一个关于母亲病情的叙述，都像是一串串省略号一样，将生活的真相省略进那个夜的最深处，以致后来在每一个相似的深夜响起的手机铃声，都会让我感到无法平复的惊心动魄。

二

如果非要给生活一个开场白的话，我们那个家庭里生活秩序的错位，还得从2005年说起。

2005年春节刚过，母亲就陷入了昏迷的生命垂危状态中。其实，在此之前，母亲已经病了很多年，但每次犯病，她都只是靠村医给注射几个消炎的点滴来与疼痛对抗。

这一次，面对每天腹部疼痛难忍的母亲，全家人围坐在一起商定过后，决定带母亲前往省城的权威医院进行全面治疗。在全家人的集体轰炸里，任凭一家人磨破了嘴皮，母亲虚弱的回答都依然铿锵有力。在母亲有原则的坚持里，继续着她的倔强，自始至终都不肯有丝毫妥协。在生活的底色面前，柔弱的母亲硬生生地将自己活成了钢铁的属性。

多年来，母亲总是一个人在夜深人静的夜晚里脆弱，又在白天的人来人往中坚强。在她不被察觉的柔软里，多少次，我窥视到她一个人在夜深人静时，长期对抗自我的脆弱。多年以后我想，母亲在当时隐藏的那种柔软，即使是遮蔽，那也是真实的一部分。从母亲的坚忍里，我看到了自己的影子，至少，那也是我长大以后惯有的日常。

很长时间以来，我在深夜里醒来，睁开眼，总会看到灯光下的母亲，安静地坐在她习惯坐在的位置。很多次，她都在一边悄悄流泪，一边还在缝缝补补，抑或一个人静静地坐在椅子上，长久地凝视着一个物象，出神地想着心事。母亲是从什么时候开始，用她自己的方式，悄然释放那些不为人知的脆弱，这一切我已无从说起。但关于母亲的柔软，这一个清晰的印象，贯穿了我对母亲最深刻的认识，在我的记忆里，足以安放母亲卑微的一生。

每一次，我都在安静里久久地注视着母亲，与其说是我不愿意打扰她的独处，不如说是我不忍心惊扰，她将自己层层紧密包装着。在母亲不为人知的泪水背后，到底隐藏了多少卑微的人和事，这一切，我不得而知。许多年以来，母亲就是在她内心的迷茫和失察之外，在白天和黑夜之间，将自己走出黑白分明，哪怕是适当地脆弱一下，她都从来不肯轻易示弱。在无法抵达的美好里，母亲就这样冷静而深情地活着，将坚强与脆弱在自己认为的合适表达里，适时转场。

距离母亲的第一次住院治疗，虽然时间已过去了很多年，但那种被生活的浪头，一下子打入困境的创伤，在母亲的心里却从未愈合。母亲知道，只要住进医院，也就相当于将近乎一辈子攒下的那点家底，全部填进了无底洞。或许还会在意外中，将一家人多年来努力维持的正常生活再次打碎，她不愿意因为拯救自己，而将全家人再次推向苦难。多年来，在被意外不可抗拒的纠正里，父亲和母亲并没有放弃对美好的渴望，他们依然勤俭持家，努力抗拒并小心地规避着一个又一个意外的风险，极力修复被意外打碎的生活。

对于一个本分的农民家庭来说，疾病的无情侵袭，往往是充满毁灭性的，它会从底部彻底瓦解一个家庭的强大支撑。这些年，每一次当全家人的生活刚刚步入正常的生活秩序，意外的一个浪头就突然袭来，将好不容易建构起的正常生活再次打碎。尽管现实已如此丢盔弃甲，但父亲和母亲依然没有放弃对美好生活的渴望，他们在成本最低的生活线上，用尽全力修复着被生活的变故击打得千疮百孔的痕迹，努力构建着庄重而体面的生活。可是尽管这样，我们家的苦难却仍然被毫无逻辑的变故无情打碎，一次又一次地陷入冷硬的纠正之中，丝毫没有移位。

灯光下，紧闭双眼的母亲面色苍白，从她紧蹙的眉头之间，可以看出她坚忍的疼痛。对于母亲来说，在生活的真相面前，她比任何人都清楚全家的经济状况。距离2003年的那次大手术，已经过去了两年。自上次手术后，母亲的身体便虚空得犹如一片在风中慢慢飘落的枯叶，在苦苦挣扎中，等待着时光老人将她渐渐淹没。我不敢对任何人说出我的担忧，更不知道母亲未来的日子还有多远。以至在后来每一个相似的春天里，我的内心总会生发出同样隐隐约约的不安，这种不安一直折磨着我。它让我不敢说出口，我害怕一旦说出口，它就会变成让我无法面对的一种绝望和挣扎。

在母亲的病痛面前，我仿佛是一个缥缈的存在，单薄而又无力地席卷着母亲的期望。

是啊，彼时，我只是一个刚刚参加工作不久的职场小白，我从一穷二白里出发，又在苍凉的月光里，走得黑白分明。微薄的收入只是一个单纯的数字符号。一方面，它要支撑着简单的生活需要；另一方面，还要沉重地应付来自四面八方的人情往来。这一切突如其来的意外，常常会使我在没有准备中，陷入青黄不接的窘困。在循环反复的经济赤字面前，我常常会在前来催租的房东面前面红耳赤，也会在突如其来的人情往来面前手足无措。

那段时间，我从没有刻意追求身材的苗条，却日渐消瘦的体态，以及日常生活中极尽掩饰，却又难以隐藏的那些与现实困境的无声对抗，无一不在悄无声息地叠加中，释放着一个人窘困的信息。这一切尽管我从不向母亲诉说，但所有我初入社会的艰难与窘困，还有那些丢盔弃甲的生活片段，这一切都早已在丝丝入扣中，落进了母亲不动声色的观察里。它们将我彼时单薄的生活状态，省略进语言的最深处，无声地渗透进母亲的认知里。彼时那个一穷二白的我，又怎么能在生活的暴风骤雨面前，给母亲带去一份足够踏实和安全的感觉，为她在生命的薄凉里，提供一个温暖如春的屋檐呢？至少，在那时，在母亲给我的定位里，我并没有足够的能力，在短时间内颠覆生活的真相。

母亲不说话，不代表心里不明白。类似这样一系列的生活细节，对于细心的母亲来说，都无疑是一种深深的暗示。也正因为这一切，而使母亲故意隐瞒病情，固执地拒绝适时治疗，导致病情因久久拖延而迅速恶化，埋下了深深的伏笔。

三

当简单的生活，被一股巨大的不可抗力从外部瓦解，命运的一切馈赠，都早已在暗中标好价码。我以为那些窘困的生活片段，会被自己在这个带点对峙的特别地带里，不露痕迹地隐藏在内心的迷茫和失察之外。但那一次，我最终没有，以致在后来的很多年，我都无法原谅自己当时身在现场的虚弱。

多年以后我想，如果那天不是因为姐姐的武断，母亲在自己的固执里还会坚持多久？一个星期后的下午，在省城那家可以治疗母亲肝病顽疾的权威医院，一直处

谷雨（第一卷）

于昏迷状态中的母亲，被推进了手术室。

进手术室之前，按照惯例，作为病人家属，我们兄妹三人被喊进医生的办公室。在生死面前，人们对亲情的渴望，早已大于对生命的敬畏。在主治医生例行公事的术前告知面前，我们兄妹三人神色紧张地站在墙边的人体结构图前，随着主治医生手中的那根小橡胶棒，紧盯着那张人体结构图上的焦点移动。主治医生指着母亲发病的位置，神情凝重地向我们讲述着母亲身体不为人知的变化。他说母亲的肝脏部位，由于之前几次手术的创伤破坏，加之病情的拖延，已形成钙化。CT片子上显示的阴影部分，经初步会诊，怀疑是恶性肿瘤在侵蚀着母亲最后的坚强，或者更有可能，母亲此次进入手术室的大门，有永远不会活着回来的可能……

听着听着，我眼前的一切景象，已渐渐变得模糊，有一种撕裂的痛楚，弥漫在我全身的每一处神经。彼时，我听不清医生在说什么，只看见他严肃的表情下，嘴巴在一张一合。我在悲伤的绝望里，早已失去除了麻木之外的全部表情，仿佛有一种被掏空了的感觉，将我在瞬间淹没。

傍晚，手术室那扇紧闭的大门还在静默。我们兄妹三人在沉默中，安静地坐在正对着手术室门口那排毫无温度的长椅上，焦急地等待着那扇大门的开启。我们不愿意相信有最坏的可能，自以为是地认为母亲只是太累了，她需要找一个没有疼痛的地方，在一场麻醉中，安静地休息。

窗外，华灯初上的城市上空，一片片雪花克制而又冷静地在空中飘舞，像一串串省略号一样，在东北的狂风走向里，省略进夜的最深处。是的，我的世界下雪了，我坐在省城的高楼里，一切却不是我想要的模样。这些年，命运里潜伏着的一个又一个意外的浪头，总是在一切没有准备中，将一个人无情地打回生活的原形，在颠沛流离的生活秩序之外，彻底把一个人变成另一个人。而我，却没有足够的能力，将变故变成惊喜。

风一遍一遍地吹着。记忆里，那个下午拉长的时间纬度，虽然刚刚进入黄昏，就已经昏得山穷水尽了。

四

时光的倒影里，我坐在窗前，闭上眼，试图将自己的思绪，安置在母亲那些过往的曾经里。穿过时光的韵脚，循着岁月的脉络寻去，从眼前一件件闪过的老物件里，我仿佛拼凑出了母亲那狗尾巴草似的命运纹理。

此时，岁月的风，停留在那扇虚掩的门前，它们就这样作为一个载体，将记忆

一个人的坐标

拉回到母亲曾经的年华里。光阴不偏不倚，恰好落在多年以前那个苍凉的冬天。它就像是一座桥，厮守着一段年华，安静地站在岁月的两端，我在这边，年在那边。

在我七岁那年的时间节点，我们家的生活秩序开始了第一次错位，正是这个看似寻常的时间符号，却在不寻常中，让辛酸乘虚而入，渐变为与我们这个家庭亲近的开始。

进入腊月，年就开始了倒计时。家家户户都开始忙碌着准备年货。在年关将至的信号里，我家的腊月却显得分外冷清与凄惶。由于生活的艰难与操劳，加之长期的营养不良，母亲瘦弱的病体再也难以顽强地与疼痛对抗。刚进腊月，她就病倒住进了医院。母亲的入院，让一度贫寒的家境更是陷入了困境。

寒冬腊月，山外，在那个几十里外的小镇里，父亲陪着母亲在一秒接着另一秒的煎熬里，数着他们在那个冬天里寒冷的每一天。而在山内，作为家中老大的姐姐，带着家里的一帮孩子，承担着对家庭的责任和基本生活的照料。在那个异常寒冷的冬天里，姐姐不仅每天都要带领哥哥上山，拖一些枯枝回家，点上炉火做饭取暖，她以常人难以想象的坚韧，透支着自己潜伏的能力和坚强，照料着一家大大小小，而且姐姐还要想尽一切办法，极尽温柔和耐心地，哄着时不时因想念爸妈而哭号不休的我。从一个黄昏到另一个黄昏，我都会在每一个望眼欲穿的期待里，跪在火炕上，趴在窗前，眼巴巴地望着大门口。那样的时刻，连北风都会知道，我是在想念着父亲和母亲，想象着他们会突然走进我的视线，满足我长久以来的期待和想念。

每一个寒冷的夜晚，姐姐都会将家中的炉火烧得火红火红，带着弟弟妹妹们围坐在炉火旁边烤火取暖。昏黄的灯光下，我们望着火炉内噼啪作响的火苗，静静地听着窗外呼啸的东北风，牵挂着远方的亲人。红红的炉火热情洋溢地燃烧着，映红了兄弟姐妹们瘦弱的脸庞，温暖着那个冬天腊月里的苍凉。

那个下午，屋外的大雪下得纷纷扬扬，呼啸的北风一遍一遍地吹着，整个山里的世界，都只剩下黑白分明的两种颜色，黑的是树干，白的是雪。由于雪下得太大，看着门外深过脚踝的大雪，姐姐在思索片刻后，决定选择罢工，带着弟弟妹妹们，在家里轻松地玩耍一天。

那个傍晚，凛冽的东北风还在一厢情愿地刮着，将屋顶的苦草刮得"哗啦啦"地响，直刮得人心里像长了荒草一样的慌乱。此时的村庄，时间刚刚走到黄昏，就在寒风中昏得昏天暗地了。

那一刻，除了彼时的光阴落在墙上，那个腊月里，在苦难的另一种回返里，一切走得都没有例外。多年以后，每当我看到寒风中的大雪，都会出神地凝视，想起多年以前那个苍凉的冬天。或许就是在那一个冬天，命运的一切苦难和馈赠，都早已在暗中标好了价码，等待着一个合适的时机，将生活的变故变成惊喜。

正当我们兄妹三人围坐在红红的炉火边烤火时，门开了，一股寒气顺着打开的门缝扑面而来，一个雪人走了进来。看着走向我们的那个高大的雪人，孩子们都惊呆了，不敢相信在这样大雪封门的恶劣天气里，父亲会在我们的没有准备里突然地出现。我们惊喜地跑过去，围住从风雪中夜归的父亲，懂事地帮他拍打落在身上厚厚的雪花。

原来，是父亲不放心家里的孩子们，暂时安顿好母亲后，徒步从几十里外的小镇，在深及小腿的大雪里，深一脚，浅一脚地赶回家，看望家里大大小小的孩子。开心归开心，我还是更惦记父亲手提包里是否有我渴望的美食。就在哥哥姐姐忙碌地为父亲准备晚饭的欢快里，我偷偷地打开了他的手提包。父亲仿佛看透了我难以启齿的小心思，笑着告诉我，他带回来一个大菠萝，不过这个菠萝要等着母亲病好出院的时候一起吃，还嘱咐我一定要看好它，千万不要因为管不住嘴里的馋虫提前给偷吃掉。

看着那个可爱又陌生的大胖果子，听着父亲的叮咛，我郑重其事地点着头，开心地捧起那个散发着好闻香味的大菠萝，爬到凳子上，小心地把它放到了箱盖上。

第二天天未亮，父亲早早起床，给家里的孩子们做好早饭后，就起身冒雪徒步返回几十里外的小镇，回到医院照顾母亲。以后的每一个日子里，被上山砍柴的哥哥姐姐锁在屋里的我，总会一次次地爬到凳子上，捧过那个大菠萝，贪婪地闻着它的香气，等着时间一点一点走过去。每一次，我都会极力地想象着菠萝果肉的样子。每一次，我又都在极力抵制着它对我的诱惑，牢牢地记着父亲对我的叮咛，因为我知道，能吃这个果子的时候，就意味着母亲可以平安出院回家过年了，这意味着她再也不用痛苦地承受与病痛对抗的折磨了。而那个让我充满好奇的菠萝，以其特有的神秘和安静，宛如达·芬奇的密码一样，安静地陪着年仅五岁的我，度过了那一个又一个漫长的等待。

时光穿越苦难，也见证重生。就这样在菠萝香味的陪伴里，日子艰难地走到了除夕。那一天，父亲和母亲到家的时候，天已经黑了。听到外面撒欢的狗叫声，姐姐刚一打开屋门，父亲和母亲就出现在了孩子们的面前。看到他们的出现，我们惊喜地跑过去，将母亲团团围住，抱着她的腰，惊天动地地哭成一团，仿佛要将多日来的担忧，以及所受的艰难和委屈尽数释放。

除夕那天的夜晚，我终于看到了菠萝果肉的样子。切开的菠萝依然香气浓郁，遗憾的是它只能作为一道陌生而又精致的风景，呈现在全家人的眼前。由于搁置时间太长，菠萝的果肉已变成了黑色。我们没有立刻扔掉它，而是把它摆在桌子上，一边闻着清新的菠萝香味，一边在欢声笑语中吃着团圆的饺子。我敢说，那一缕香气，或许是我们全家人在相互扶持艰难前行的岁月里，闻到的最好闻的香气。

那个除夕夜晚，菠萝散发出的香味，在后来的岁月里，陪伴我走过了一个又一个艰难的生活片段，让我懂得了一个又一个生活的真相，还原了虚掩的门后，那一份简单的生活日常。

五

风吹过城市，吹过那些我不能解释的时光，也吹开了一扇虚掩的门。在时光的倒影里，于一声叹息中，道出生命的真相。

挂在墙上的钟摆，在滴滴答答的时光流逝中，一点一点变换着抵达的方向。在秒针有节奏的向前行走中，总有一些不安的元素，在诚惶诚恐中等待。晚六点，距离母亲进手术室的时间，已过去了整整四个小时，可那扇承载着母亲命运走向的大门，仍然紧紧闭合。在四个小时的起承转合里，它只是时光流逝中一个很小的单元，但在那一天，却像是走过了长长的一生。

在阿拉伯数字排列中，因为世界语言文化的差异，"4"在中国的文化倾向中，并不是一个吉祥的数字，它相当于消失，而且不复存在。因此，对于大多数中国人来说，它并不讨喜。之于我们，也同样如此。那一刻，我们多么希望，在目不转睛的注视中，惊喜地看见那扇大门缓缓打开，在深情的呼唤里，时光老人将母亲的生命，从死缓变为无期释放。可是，我们又特别害怕，在这样的一个时间节点，出现另一种意外，将全家人原本平静的生活拦腰斩断。

多年以后，当我再次想起那一段等待，竟一度产生错觉。它让我满身疲惫，陷入一无所依的苦苦挣扎，却终究无法上岸的绝望，以致在后来的日子里，当我重新梳理自我与外部的关系时，我已经无法将那种一秒接着另一秒的煎熬，细细列出总和。那个夜晚，在长时间的沉默和克制中，那种坚忍的前所未有的脆弱，终于因父亲打来的那个电话，而让我卸下了所有的伪装。

接起电话，听到父亲的声音，我一直在努力克制的悲伤，终于被一股巨大的不可抗力，从内部突然瓦解，瞬间分崩离析。电话的另一端，父亲一声不吭地听着我的哭泣，以及我断断续续的叙述，他背负着生活的沉重，还有那些年因忽略母亲的病情所引发的情感亏欠，在面对我强烈对峙的情感特别地带里，久久沉默。

每一段婚姻，都是势均力敌的结合。而父亲和母亲的婚姻，至今我都无法确定，在与狗尾巴草的命运相叠加的人生走向里，是什么样的一种力量，在一生磕磕绊绊的争吵中，让他们的相守看似相互抵触，却又彼此贯穿一生？

夜晚八点钟，手术室的那扇大门，在极力克制的冷静里，终于被缓缓拉开。随着医生疲惫的身影一起出现的，是彼岸的惊喜。经过手术后的病理分析，母亲肝部的那个大面积阴影，均因左半部分三分之一的肝叶化脓发炎所致，目前，已通过手术切除，排除是恶性肿瘤的可能。这意味着母亲的黄昏，在时光的沙漏里劫后余生。那一刻，城市的夜晚是温柔的，而这一切却都和母亲有关。她一定不会知道，在她沉睡的时刻，在步步惊心的等待里，明明是六个小时，我却感觉自己像是走过了整整一生。在等待里，我是多么害怕时光把母亲淹没。因为我知道，许多人终会如此，在时光的销蚀中败下阵来。而彼时，在那个苍凉而绝望的下午，我分明是在那扇紧闭的大门之外，听到了另一种声音的存在。我无法找到一种合适的表达，唯有在默默的祈祷中，愿母亲的黄昏与时光相安无事。

写到这里，在彻夜失眠的城市里，我的目光已消瘦成两支残荷。此时，我站在北京季节的路口，请允许我在城市夜晚的温柔里，为母亲深深地宿醉一回。

六

从生活的塌方里踉跄走出后，母亲犹如那飘落一地的槐花一样，又带回到了多年来任她苦苦挣扎，却始终都无法背离的那片土地。

2018年冬天，晚年的父亲因重病导致全身瘫痪并失语。在突如其来的变故面前，我肩负着工作、家庭和社会的多重角色，疲于奔命地穿行于城市和乡村两点之间，随时切换着生活所需要自己的各种角色。

那个村庄太闭塞了，它三面环水，只有一条出行的山路。村民们每次进城，都要在天未亮就动身启程，爬十五里的山路，去另一个村庄，乘坐一天只有一次往返的客车。曾经，因为它的闭塞和贫穷所带给我的自卑，深深地影响了我很多年，以至于现在有很多时候，我都还没有从那样自卑的一种状态里完全走出。多年来，每每面对一些美好的表扬和赞美，我总会并不自信地将这些归结为对方的一种礼貌和回应。坚持在有选择的自卑里，宛如当年那样，像拼命地保护着自己的自尊一样，掩盖着那份没有分量的底气。

父亲和母亲那个原本就不大的村庄，因大部分为老弱病残的留守，使村庄里到处都充满了暮年的气息。其实，那个村庄也有非常热闹的时候，那都是在我小时候的事情了。那时候，村庄里到处都是青壮年的身影，还有小孩子们的欢笑和奔跑。

多年以后，随着城市化的进程，因为生存大于情怀，小孩子们远离家园向外求学，青壮年因为生存背离故土，村庄逐渐变成了一个巨大的空巢。而和父亲一样的那些人，他们对自己的现在和未来，在做了充分的分析和把握后，选择了一辈子留在村庄。在他们的感知里，唯有村庄才能带给他们真正意义上的踏实和安全。

父亲那一代的农民，他们把一辈子的深情，都深植在了那片深厚的土壤上。他们用自己的方式，为不离不弃的坚守，做了最好的诠释。

父亲生病后，我曾尝试将父亲和母亲接到城里和我一起生活，但是每一次又都在父亲的各种抵抗里，任由时光将他带回那片土地。伴随着父亲的生活塌方，我的生活轨迹也游离于正常的轨道之外，它让我背负着工作和生活的沉重，不断地变换着生活需要我的姿态。作为儿女，我们最为无奈的，就是面对父母的逐渐苍老而自己却又无能为力的一种苍凉和背离。我一边深陷于忙碌的工作之中，一边又不得不在难得的缝隙之外，寻找最大的可能，照顾和安抚父亲和母亲的暮年时光，以此来减轻内心对他们的愧疚和亏欠。

每一次回到村庄，我都会看到父亲特别孤独地躺在炕上，表情凝重地望着窗外。每一次听见我的声音，看见我的出现，父亲的脸上都会瞬间堆满惊喜，远远地伸出尚有知觉的左手，等待着我的走近。一直以来，父亲就一直这样用他自己的方式，迎接我的每次归来。父亲虽然无法表达，但我完全明白他的想法。像父亲一样的那些人，他们之所以坚定地选择留守家园，分明是在为自己的后来做好了准备。在这片土地上，他们付出了一生的力气和美好，最后，当他们的生命走到尽头，却只能借助后人的手和力气，将他们安放在那片难离的土地，溶解他们一生的岁月沧桑。

黄昏的夕阳里，坐在轮椅上的父亲，正在慢慢地吃着手里的一块蛋糕，尽管吃得极有耐心，却又吃得一身碎屑，引来几只叽叽喳喳叫着的小鸡，围在父亲的脚边争抢食物。母亲端来一盆清水，小心地放在父亲的脚边后，又拿来一条毛巾，温柔地围在父亲的脖子上。她一边认真地为父亲清洗着脸和双手，一边絮叨着父亲的任性。在流逝的光阴里，母亲正在用自己的方式，表达着她对父亲的深情。

多年来，虽然我不知道父亲和母亲的感情到底有多深，但我知道，在生活的一地鸡毛里，他们曾经所有针锋相对的片段，在我的成长过程里，都全部相逢。曾经，在他们的相守轨迹里，面对父亲和母亲那一地鸡毛的生活日常，让我曾固执地以为，他们的婚姻早就死了，或者只是还没有进行埋葬而已。甚至，在此之前，在生活的真相面前，我一直不能确定，父亲和母亲的家庭组合，到底是错位，还是过错。虽然，表面看起来，这无非是一道非常简单的判断题，但对于那时候的我，虽然身在现场，却终究无法做出一个正确的判断与把握。以至于在后来的许多年，他们会时常出现在我的错觉中，让我会自以为是地将父亲和母亲的结合，归结为零度情感。

父亲和母亲的相守，始终以一种频率极高的争吵方式，活在彼此的存在里。他们常常会因为生活的艰难，在充满焦虑的生存状态中，忘记了似水柔情，让他们彼此在人生的失控感面前，放下了隐藏的能力。而这一切，直到许多年以后，我方才懂得，其实，无论是过去，还是现在，他们都从没有刻意地去伤害彼此。他们一边彼此心疼地深爱着对方，一边又恨不能用满身的锋芒去刺痛对方。以至于后来，当一种熟悉的存在，逐渐变成了一种习惯，他们从此也硬生生地，将彼此活成了对方的刺猬。

随着时间的推移，日子在干净的美好里洗出治愈。夕阳下，在黄昏的光芒里，坐在父亲身旁的母亲，正在麻利地穿针引线、缝缝补补，用她自己独有的方式，解读着村庄最古老的语言。在母亲的脸上，那份安详的宁静和温柔，足以深情地安放另一个人的余生。在父亲生命里最苍凉的时刻，母亲选择了用寸步不离的相守，诠释着他们那一代人独有的情感法则。曾经，他们争吵一生，恨不能将对方狠狠地剥离于自己的生命之外。可是，当生活真正地要将他们分开的时候，他们却惊慌失措，谁也离不开谁了。

此刻，温柔的黄昏里，风吹过村庄，吹过那些我不能解释的时光。在父亲和母亲相对静坐的时光里，我循着光阴的脉络望去，雨水洗过的一草一木，正在以在场的方式，解读着关于村庄的起承转合。在宁静的村庄上空，我看到最后一缕炊烟，宛如一个人的坐标，正恰到好处地隐入时光的纹理。

是啊，恰到好处！

上学路上

汪福绥

小时候，我家菜园里有两棵香椿树，听母亲说，是祖父亲手栽下的。每年春暖花开，树上绽出一骨朵一骨朵幼芽。不久，芽长成紫红叶，满园洋溢着淡淡的清香。母亲挎只圆篮，开始采摘香椿，树梢上的香椿，母亲摘不到，便唤："小虎，来帮一把。"于是我便像只小猴，哧溜溜地上了树，把高处的香椿采下来，母子俩一会儿就采满了一圆篮。母亲把采的香椿洗净，晾干，父亲看见庭院竹笾里的干香椿，对母亲说："明天割刀肉做香椿挞馃吧。"在院里喂鸡的祖母听见了，应声道："赶集？别忘了把柜里的鸡蛋拿去卖了。"父亲应答了一声，"嗯。"

第二天，父亲从集上回来，扁担头吊着一刀猪肉，足有两斤多。母亲系上围裙忙开了，先做挞馃馅，剁香椿，切肉丁，然后和面做成面坯。我站在一旁，用母亲给的一小块面团，捏成各种小动物，小鸟、小兔等。母亲把挞馃拓成扁圆形，置热锅上，一锅烙四个。父亲坐在灶旁，添柴烧火。火候要不紧不慢，以文火为佳。挞馃还未起锅，祖母打发我去喊灶顺公。灶顺公是村里孤鳏，每当家里做香椿挞馃，祖母都要请他来尝鲜。

不一会，打门外进来白胡子的"灶顺公"，他向祖母抱拳问好。母亲起身从灶上拿了个又香又脆的香椿挞馃，恭恭敬敬地递给灶顺公。他边吃边看我手里的小鸟、小兔，竖起了大拇指："小虎手真巧，该上学了吧？"父亲为难地说："村里说办学堂，可老师还没请来。"灶顺公说："孩子耽误不得，先送他到油坑口小学念，五里地，不远，我带他去。"第二天一大早，灶顺公果然来了，要带我去上学。临上路，母亲在我书包里塞了两个香椿挞馃，嘱我饿了吃。

灶顺公是个乐观的老人，一路谈笑风生，走着也不觉累。翻过山坡，前面是平路了，路旁有个小亭，灶顺公说："进去歇一会。"刚坐下，他从挎包里拿出个挞馃，掰下一半，递给我。我说："我书包里有，妈给的。"灶顺公道："留着，中饭吃。我这个馃，也是你妈给的。"

每年，我家做香椿挞馃，都要请灶顺公吃馃，临走，妈还要送两个。祖母说，灶顺公是我家的恩人。隔壁张婶说，灶顺公是我父母的大媒人。我好奇地问："顺公，您凭啥做媒？"他捧起手中的挞馃："就凭这个！"而后，他侃侃地道："那是十几年前的事了。有一天，我路过周村，口渴，进村在一家讨水喝，只见屋里一位姑娘在做挞馃，她端来一碗热水，又捧了个热气腾腾的挞馃给我。我边吃边打量，姑娘模样周正，手脚勤快，看得她都不好意思了。那时，你奶奶要我为她儿子找对象，我心想，眼前这位姑娘正合适。回来，跟你奶奶一说，她急着抱孙子，非要我带她去见见。周村不远，我就带她去了。姑娘做的挞馃还热着呢。你奶奶吃了一口，连说，好吃，好吃。后来，你爸也去看了，两人一见钟情，经得姑娘父母同意，亲事便定下来了。一个挞馃，玉成了一桩美满姻缘。"说罢，老人哈哈大笑。

走出小亭，我们又继续赶路。途经周村，村口的那座老屋是我外婆家。第一次去外婆家，我还是个婴儿，母亲抱在怀里。母亲是外婆独生女，二老视若掌上明珠。见到我，外婆欢喜得不得了，亲了又亲，外公那板刷般的胡子刺痛了我。后来上门多了，我也开始记事了，记得，外婆家有条猎狗，外公上山打猎，猎狗冲在前面。到了大约五岁，我便没有去过周村，因为外公外婆先后去世了。二老怎么死的？我不太清楚。灶顺公说："你外公是上山打猎，从悬崖上失脚跌下，受了重伤，不省人事，还是猎狗报的信。后来你爸把老丈人背回家，可送到医院，人已经不行了。你外公走了，你外婆也病倒了。你娘整天守在老娘身边，几天几夜没有合过眼。在你娘照料下，老人慢慢缓过来了，能下床走动了。你娘松了一口气，准备回家，可前脚刚出门，又出事了！你外婆去竹园拔笋，不幸被蛇咬了，那是青竹蛇，有剧毒，一旦蛇毒攻心，仙人也无法。等你娘跌跌撞撞赶来，老人已经合上双眼。你娘抱着老娘捶胸蹬足，哭喊着：'我不该走，我不该走！'"灶顺公叹息道："山里人苦啊。"

边走边说，不一会，油坑口已在眼前了。灶顺公把我送到学校，临别，叮嘱我："听老师话，好好读书。"

斗转星移，几十年过去了，灶顺公已作古，但老人说的话仍牢记在心头，成了我走出大山，奔向远方的动力。

喜欢你，以行走和阅读的方式

程红旗

《人民日报》的"大地"副刊，近两年开设了"我与一座城"栏目，我经常欣赏、下载其中一些文章，也很想写一篇"我与芜湖"尝试一下。我对这座城市的感觉，是跟它几十年的交集慢慢形成的，就像滚滚江水携着泥沙，与江岸互动，天长日久，形成崩岸或成陆地模样。后来看到芜湖作者刘大先的《青春作伴》捷足先登，钦佩之余，只能为自己的迟钝笨拙一声叹息。

有这么一说：人有多大成就，看他工作、生活的半径，就大体可以判断。言下之意，半径越大，成就也会越大。我画地为牢，工作生活的半径，除了偶尔出行，就没有越过芜湖地域。如果在地图上标注，仅限于荻港、繁昌城关和芜湖市区三个点，而两年市区生活，还是年轻时在芜湖进修的事情。

1952年3月，我母亲从无为医院调到康复路芜湖专署医院工作。她说那时候晚上在妇产科值夜班，最怕的就是野兽半夜里闯进来，万一拖走了婴儿，那就不得了。前两年，我陪家人在这家已升为三甲的医院住院，早上主任查房，我试着向她咨询自己的身体问题，她说等忙好了，过来给我看看。果然，临下班时，她匆忙走进病房，仔细询问了我的病史和治疗情况，给出了具体建议，临走时还温和地说，"没关系的，不要怕。"

脱下孔乙己长衫，帮下岗妻子来芜湖长街进货，是20世纪90年代初的那几年。有一回《画魂》剧组正在中山桥下的青弋江拍戏，巩俐扮演的潘玉良手执雨伞，立于船首，兰舟催发，烟波渺渺。中山桥被围观者堵得水泄不通。帮我拉货的三轮车师傅又是喊，又是推，硬是从人堆里挤过去，一路小跑，让我赶上了最后一班回家的公共汽车，还帮我把雨伞胶靴解放鞋搬到车顶上，那些都是重头货。我要给他加点运费，他调转车头就走了。

今年春上，我从新华书店走到中山桥，去看看十里长街。下午三四点钟，只有零星的顾客背着大袋子在看货，守店的多在打瞌睡，玩手机，或者已准备打烊了。如今物流发达，网上交易方便，条件好的专业批发市场遍地开花，生意清淡也是自然的事情，就像高铁四通八达后，城市长途汽车站顿时冷清了一样。走遍长街，那些曾经熟悉的门店和面孔，都已经对不上号了。一辆三轮车从身边缓缓驶过，车厢里空空如也。目送远去的三轮车，我拍下了一些疑似到过的鞋店雨具店和街尽头即将拆除的老宅镜头，我要致敬这条徽商走过、浙商走过、潘张玉良走过、我也在此讨过生活的芜湖地标性的商业老街。

初夏时节，我随"青弋江流域文化之旅"二十多人的团队，溯流而上，全程考察青弋江文化。启程地点就在长街附近的宝塔根。宝塔巍然，横幅鲜艳，团队合影的时候，黑的无人机和白的鸥鸟在头顶盘旋，大家都喜笑颜开喊"茄子"，还有插科打诨喊"辣椒""西红柿"的。想到当年在这里奔波了好几年时间，想到那些帮助过我的不知姓名的长街人，不由得有点"向隅"的感觉。

青弋江是芜湖母亲河。青弋江全长291公里，发源于黄山山脉，自黟县美溪河源地黄金尖起，会石台、太平、旌德、泾县诸水后，在芜湖"宝塔根"汇入长江。"日暖泥融雪半消，行人芳草马声骄。九华山路云遮寺，青弋江村柳拂桥。"我喜欢反反复复去看青弋江，看沿岸的西河、马头、赤滩等因河而兴的古村古镇，看守望故乡满肚子故事的老人。大概因为离繁昌比较近，我特别喜欢去看南陵弋江古镇，以至于我一到老街那家搭了遮阳棚的小杂货店门口，闲坐或择菜的居民就会让出小竹椅子："你来啦，坐一下子吧！"

沿芜湖长江南路"十里江湾"往繁昌方向走，过荻港大桥，右手边的在水一方，就是几万人聚居、蜂房水涡的碧桂园。那个地方，过去叫螃蟹矶，也叫"繁昌县五七干校"，长江和龙窝湖拥抱着它，土肥水美，棉花地一眼望不到边，上海、芜湖、南陵、繁昌等地数以千计的知青分期分批来到那里战天斗地，我的好多中学同学也集体下放在干校。"下雪了，天晴了，下雪别忘穿棉袄。下雪了，天晴了，天晴别忘戴草帽，戴草帽……"那天中午，何同学趁着雨天到地里给棉花打药水，乌云滚滚，忽然一个炸雷，他就不幸躺在了水汪汪、冰凉凉的棉花地里。他是建筑工人的儿子，住我家斜对门。初中时放暑假做小工，抬砖头爬黄家山建造荻港中心卫生院大楼，每块砖的运费是以"厘"计算的。他比我高，高而瘦，抬砖头时，总是在后头帮我这个矮而瘦的同学"带杠子"。

应文友邀请，那天我们去小洲踏青。小洲这片沙土地，也是长江的馈赠，农民以大棚蔬菜种植为业。一行人当中，我姐姐曾是干校知青，我们从小洲又到了螃蟹矶。螃蟹矶碧桂园据说现在是本省规模最大的居民小区，高层洋房别墅群、欧式建筑风格酒店、在建的龙窝湖大型湿地公园、小区内部川流不息的公交车私家车，俨然一派城市风貌。"几度风雨几度春秋，风霜雪雨搏激流。"土地是有温度和记忆的，考古专家说是文化层。如果你初来乍到，大概不会想到，这一大片楼盘，原来是知青云集、盛产棉花的地方吧。"要是能在这里建个知青纪念碑，就好了。"老知青声音轻轻的，像是在自言自语。

"长江有意化作泪，长江有情起歌声。"六月十六日上午，芜湖过江轮渡码头。趸船附近，停泊着夜游"十里江湾"的水晶孔雀新游轮，旁边旧游轮上，青春热烈、工装整齐的员工，正在搬运淘汰下来的冰箱、桌椅和餐具。汽笛一声到江北。也就七八分钟，我还没有来得及找好角度拍下两座长江大桥比翼齐飞的雄奇身姿，没有来得及拍下渡轮靠岸两个水手抛接缆绳的动态画面，就被一众游客和卖菜回家的电动车裹挟，踏上了二坝镇长长的栈桥。紧接着，"摆渡"的三轮车师傅，又沿着绿草如茵的无为大堤，把我送到了蛟矶沙滩。

蓝天，沙滩，遮阳伞，集装箱货轮来来往往。游客在江边戏水，骑沙滩摩托车兜风，拍"抖音"，发视频。而蛟矶沙滩对岸，正是被央视新闻直播过的芜湖城市新封面——滨江公园和十里江湾。沙滩旁边，新建了有五百多个车位的免费停车场，停车场尽头高处，蛟矶庙掩映在绿树鲜花丛中。庙里师父，见我在仔细看展板，就主动过来给我讲解。

蛟矶庙，也是"老网红"三国文化景点。这里属"芜湖古八景"之一的"蛟矶烟浪"。昔日蛟矶，矗立于滔滔江水中，史称"江心第一境"。蛟矶庙是为纪念三国时期孙权之妹、刘备之妻孙尚香而建的。长江大整治，水清岸绿，沙滩人气越来越旺，晚上也有许多芜湖市民驾车过江来看夜景。蛟矶村最近要整体搬迁，规划建设文旅融合、乡村振兴的新项目。临别时，师父意犹未尽，给我留下电话号码，又用"沧海桑田"四个字为他的导游作结。

出蛟矶庙，沿着堤埂访问蛟矶村。那里的老门牌我看不懂，右边竖字是"二坝镇"，左边横着两排，分别是"蛟矶蛟矶"（为什么相同？）"××"号。搬迁在即，留守老人万千不舍，我不动声色地饿着肚子，听他们在门口叙述房子是哪年盖的，材料是从哪里运来的，子女都去了哪些城市，孙子孙女考上了哪里的大学，而他们又会到哪里集中居住，不知道破东破西的还有鸡鸭牲口能不能带过去呢。

我习惯一个人行走，大都朝往暮归，以足不出芜湖地域为主。单肩包，一杯水，骑自行车或者乘公共汽车，近几年偶尔滴滴打车。每到一地，先到处看，和老人聊天、记录，刨根究底，有时到下午一两点钟，找个小店泡碗方便面。也喜欢买书看书，实体店多去芜湖银泰城，偶尔也奢侈一把，去追南京苏州的书展，网购平台，多用当当、京东，"孔夫子"能买到需要的旧书刊，但我内心总是抵触它们难以掌控的品相。视力不饶人，我已沦落到"买书如山倒，读书如抽丝"境地。手机

谷雨（第一卷）

阅读，我关注了好多主流"公众号"，订阅了感兴趣的"合集"。只是它们更新的速度也实在太快了，尤其是非节假日，稍微懈怠，就有几百条等着我去打开，等着我挑挑拣拣收入囊中。

行走是实地阅读，阅读是纸上行走。我觉得二者搭配起来，就是我的人生惬意、惬意人生。

朱永新先生说："一个人的精神发育史，就是他的阅读史。"我的阅读兴趣，年轻时爱好纯文学，现在多偏好于地域文化方面，如江南文化、长江文化、运河文化、徽文化、皖南文化，等等，都是我的所爱，也属贪多嚼不烂。我好奇徜徉过芜湖这方水土的诗人作家，喜欢阅读记录吟咏芜湖的文学作品。

初读以芜湖为题材的诗歌作品，始于20世纪80年代芜湖求学之时。高度近视、和蔼可亲的魏老师上过先秦两汉魏晋南北朝文学后，年轻的范老师走马上任唐宋文学，讲到李白、张孝祥等作品，他历数古代诗人和芜湖的种种关联，让我大开眼界。原来离市区不远的江边天门山、我们天天清晨绕圈跑步的镜湖，还有那么多古代诗歌地图打卡点，我们也吹过诗人吹过的风、走过诗人走过的路。

"假使我们不去打仗，敌人用刺刀，杀死了我们，还要用手指着我们骨头说：'看，这是奴隶！'"孙老师讲解的这首著名的"街头诗"《假使我们不去打仗》，让我对"时代的鼓手"田间、对一江之隔的诗人故乡无为，产生了更多的亲切之感。虽然那时候无为还不隶属于芜湖，但荻港对江是无为，无为和巢湖毗邻，巢湖又是我母亲的家乡，我对隔江渡水的无为，有一种天然的情感。

"少年读书，如隙中窥月；中年读书，如庭中望月；老年读书，如台上玩月。皆以阅历之深浅为所得之深浅耳。"年轻时，我阅读吟咏芜湖的古代诗歌作品，多限于课本所选、老师讲授。随着阅历增加，我对这类作品越发感兴趣，收获也越来越多。

在荻港中学教书时，有幸和"重放的鲜花"郭珍仁老师同在语文组。早在20世纪50年代就作品甚丰的郭老师，有"板车词人"之称。他重返讲台，教书之余，诗兴大发，几乎每隔两周，就在《团结报》副刊发表一首旧体诗词，还在《人民文学》发表短篇小说《上午十点钟》。1993年春节，郭老师送我一本他刚出版的《滨河庐词钞》，扉页上的题签印章至今了了如新。"滨河庐"是郭老师曾经居住的德胜河畔小茅屋雅称，集子收录作者四百多首词作，近二百首曾在报刊发表。诗人一生眷恋家乡，讴歌故土，词作"内容大多模拟古人，多写田园、山川风光、离情别绪……"（《自序》）。

"霜染丹枫水天宽，阵阵雁声寒。芦花似雪，矶头鸥白，落日红酣。衰杨飒飒西风疾，初上月儿弯。半江渔火，满山巉石，一叶归帆。"（《眼儿媚·暮登板子矶》）这是郭老师笔下的故乡板子矶，也是我们心心念念的荻港地标性风景名胜。

"江村里，雨初晴，卧听高柳夏蝉鸣。浓阴席地分瓜藕，水满池塘摘嫩菱。"（调寄《桂殿秋》）

正如王业霖先生评论所言："我最爱的还是他写农村景物的小令。没有对生活积极的态度，是写不出这些清新如画的作品的。"

郭老师的《滨河庐词钞》，已伴随我几十年时光。夜阑更深，想念母亲和镇子的时候，翻翻这本枕边书，几首小令，仄仄平平，清流淙淙，就能让我找到回家的路。

2006年2月，我再次获得一本难得的赠书——《历代繁昌诗选》。这本书选辑了有关繁昌"山川景致，社会风情"内容的诗词作品，上起南齐、下至现代。历史跨度1500余年，古今作者268人，诗词作品655首。收集整理散落于各种古籍中的诗词，是一项艰难的事。这部书的付梓，为繁昌的文化建设添砖加瓦，也为我们认识繁昌历史、品读繁昌诗词提供了宝贵资料。

是文友赠送，会议发放，还是书店偶遇，已不记得当时场景，反正十几年前，我还得到了一本孙文光教授编著、黄山书社出版的《芜湖诗词》。"芜湖山川灵秀，景色妖娆。八百多年前，由大词人张孝祥捐田挖掘的陶塘（今镜湖），一泓烟水，夹岸垂柳，也为这座城市平添了几分情韵。因此，历代文人学士，如李白、杜牧、温庭筠、梅尧臣、苏轼、黄庭坚等大家，至此无不流连光景，形诸吟咏，为芜湖留下优美形象、丰富多彩的文学资料。"（《前言》）。编者从历代题咏芜湖诗词中，选录200余首篇幅较短小的作品，"以供浅吟低唱，游目神会"。

如果说《滨河庐词钞》《历代繁昌诗选》，散发出的更多的是浓郁的乡土气息，是我乡恋的慰藉，而《芜湖诗词》，则是我欣赏古今芜湖诗词佳作的宝典，区区百页，浓缩历代文人学士大家佳作，一书在握，应有尽有。

好诗不厌百回读。还是让我再仰视一下李白的《望天门山》吧，这是一千多年前，"诗仙"李白在芜湖留下的千古绝唱——

天门中断楚江开，

碧水东流至此回。

两岸青山相对出，

孤帆一片日边来。

《诗·大序》曰："诗者，志之所之也。在心为志，发言为诗，情动于中而形于言。"一曲《望天门山》，了了四句七言。江水咆哮，奔腾而去，东西梁山，傲然对峙，一片孤帆，天际而来，红日映照，灿烂辉煌。这是诞生于长江的力量，自然的力量，也是芜湖的力量，文化的力量……

爱你就去抱抱你，我们的城市，我们的家园。

喜欢你，以行走和阅读的方式

乡邑散板

施明荣

一

出门便是田埂，田埂连着田埂，一直连到山的那一边，那一边。山高矮不一，形状各异，却又相关相连着，有的被村庄、田冲隔断，却分明还是连着筋，没断骨。哪里有山哪里就有田地，哪里有田地哪里就有人家，一座山下是村庄，走过村庄又是一座山。山岭，人家，田地，仿佛与生俱来是连在一起的，繁昌区南部丘陵就是这样：山都不甚高大险峻，都生长着灌木、毛竹，皆有小兽出没，山上的柴禾无人斫，愈发地茂密旺盛，又冒出许多野猪来。山地里种的山芋、玉米、花生，总是在快要收获之时，被它们拱食得不成样子，让歉收的山民气愤不已。有的山地只好放弃，地里先是长了草，后来长了柴和树，地就成了荒地。

天幕之下，群山无语，悄无声息，近山苍翠，远山灰蒙，间或从山林深处传来几声鸟鸣，山脚下，山水静静流淌，山风掠过，能听见林间的喧哗与骚动，隐隐的，像人的私语或梦呓。镜头拉近，会发现林间竟有一排鸡舍两间房屋，原来是个养殖场，一个妇人忙里忙外进进出出。鸡散在林间觅食，近处的竹林被鸡刨得露出竹根，显得有些狰狞，天上浮着几片云朵，一切显得那么安静。狗突然叫起来，妇人朝那边望过去，见山路上走来一个人，知道是前来买鸡蛋的乡亲，便一声断喝，狗便噤了声。数完鸡蛋付过钱，来人拎着篮子原路返回，一切又恢复了平静。而山的另一边，几十只山羊正在山坳里啃食草叶，头羊的脖子上挂着铃铛，不时发出叮叮当当的脆响，告知主人所在位置。一只公羊发现了一蓬青草，急急上前，附近的几只也围了过来。公羊的山羊胡在风中抖动，母羊不知是吃饱了还是怀孕了，肚子鼓鼓胀胀的可爱，林间留下羊们的粒粒粪便与累累脚印。

此时的山下，一头牛在田埂上吃草。又突然昂起头，向远处张望，它在搜索这方土地上的同类，它的姿势长久不动，眼里充满忧伤，它不知曾经遍布山村的同类，去了何方？偌大的山冲，独独只剩下它。

谷雨（第一卷）

二

村里的路宽了，墙白了，也变得干净了。村口人家的墙壁上画着画，有山有水有花有草。一个老者，挂着拐杖立墙前左看右看，不知他是否看出了名堂。村头的代销店里传来麻将的搅和声，夹杂着人的喧语声，店主在柜台后面玩手机。谁家的公鸡喔喔拖着长声叫唤，引得别家的公鸡跟着打鸣。

正是上午九点多钟的光景，上学的上班的早去了学校、工厂，村里少有人影。看到的多半是上了年岁的老人，老人出于习惯，没事就到自家田头转转，像是很自在，又像是有些孤单，儿孙去了城市生活，堂屋里少了人，就显得冷清。但世道好，吃穿不愁，有农保有农补，心里不慌，有事下地，没事串门，看看电视抽抽烟喝喝茶，一天就算过去了。傍晚时分，人回家，鸟归林，几个开着车骑着车的人回村了。早年农人荷锄晚归的景象看不到了，晚归的老牛看不到了，曾经的炊烟也看不到了。临到夜晚，月亮爬上岭，人家亮着灯，灯下有男人喝酒，桌上有荤有素，生活倒是不苦，黑屋的人家去了城市，有的是出去打工，有的帮儿女带孩子，村里看不到年轻人。屋里传出的除了电视声响，就是老人的咳嗽声。

尚有田丘种着庄稼，山坳里的梯田早年退耕还林，栽的那些树已经长大了，有白杨有樟树还有桂花，因无人打理，原先的田丘长满了野竹，真正退耕成了野林。无法想象这里曾经是稻花飘香的农田，想当年开垦这方土地的祖先不知花费了多少气力，才开垦出这方梯田。先人若地下有知，面对这样的情景，当不知作何感想。有人钻进野林斫野竹，用来编织竹篮，不大一会，砍了一大捆。一只野鸡受到惊吓，咯咯叫着飞向别处。

好在国家今年又颁布了新的政策：退林还耕。我家农田里生长的树，被连根挖起，得到补偿金三千多元。

三

城里卖菜的开三轮车，自行车消失了，乡村公路上少了步行人，田头少了做田人。

章三穿西装蹬皮鞋，手里拿着茶杯，从村东晃到村西，站站望望，遇到人说几句话。章三是光棍，早年打工挣了几个钱，存在银行里拿利息，又享受国家低保，自我感觉良好，没有光棍汉惯常的愁眉苦脸，整日乐呵着。他有时在家里放音响，听歌听戏，偶尔喝几杯酒，酒后在村里前后走动，遇人吹吹牛说说话，说着说着，哈哈大笑。

几个中年妇人，上午忙完了家务活，去了棋牌室吃午饭，打一下午的麻将。也有没日没夜待在棋牌室里的，时间一长，免不了被人说闲话，引起家庭矛盾，甚至闹离婚的。

几个老人拢到一起，夏天大树下乘凉，冬天檐下晒太阳。耳聋眼花的，说上几句话，爱听不听的。村里老人多，青年少，似乎少了些活跃与热闹。

四

田地里的油菜花开得正旺，蜜蜂忙着采花，公路旁边的一处空地上摆放着几排蜂箱，帐篷里住一对中年夫妇，棚口置口缸，用来装蜂蜜，来买蜜的有邻近村民，也有开车路过的，生意倒也不错。夫妇俩像候鸟一样年年来，又随花期迁徙，遗憾的是原先农田里的紫云英没有了，这种唤作红花草的植物曾经铺天盖地，遍布大江南北，20世纪末随着农民进城，仿佛一夜之间消失了。

山上有采茶的女子，能听见女子的说话声叫喊声，野茶活色生香，下山时人人都摘了不少。有的女子手里顺带折几枝映山红，带几把野竹笋，把春野带进城里带进家里。

五

毛笋长成新竹，已是初夏，山上蚊虫多，没有人进山的，烧锅早就不用柴了，也没打柴的樵夫。山上有鸟鸣有蝉鸣，树枝上树干上挂着空空的蝉壳，曾有人专门捡拾这东西，拿去药店换钱。山上有蛇，有乌梢蛇麻风蛇菜瓜蛇竹叶青，还有九头蜂，这是毒蜂，毒性大，能叮死人。

这个时候进山的是斫毛竹的人。他们以砍树斫竹为业，即使大热天，也要干活。全身的衣服被汗水湿透，贴在身上十分难受，驮在肩上竹捆重达200斤，一般人驮不动，他们习惯了，每个人的肩上手心都磨出厚厚的茧子。

午后，山塘里有游泳洗澡的人，戴着花花绿绿的救生圈，有男人，也有长发白肤的女人。山塘水深，水干净、透凉，许多山塘、水库都有淹死过人的现象，但爱游泳的人似乎不大在意，只图个凉意、痛快。偶尔有放牛人将牛拴在塘边树枝上，牛泡在水里，时不时埋下头，躲避蚊虫苍蝇，憋一口气再冒出头喘着粗气，晃动着头甩着水珠，此时的水牛十分惬意。

月亮还是那个月亮，月光下没有躺在竹床上乘凉的人。空调开着，电风扇转动着，上了年岁的老人还舍不得扔掉手中的芭蕉扇，习惯性地拍打着。媳妇在堂前看电视，电视上几个光胳膊露腿的女人正摆胯扭腰地跳舞，老头看不下去了，转进灶屋提桶去院内井边吊水，老人不喝自来水，说水泡茶不得劲。到了下半夜，儿子的房间空调仍然开着，老夫妇俩睡不着，对儿孙日夜开空调"烧钱"的败家行为，有点生气，也有点无奈。忍不住咕哝两句，又长长地叹了口气。

六

秋风走过，山岭变得五彩斑斓，像个爱打扮的半老徐娘。柴枝头上，毛栗哈了口，八月瓜露出银白的肉身，吃在嘴里，甜在心里。熟了的野柿像小灯笼一样挂在树上，不时有鸟飞过来啄食，精灵的松鼠树上树下跳来跳去，有时坐在树上，嘴里飞快地嚅动着，不知它吃的什么东西。

山下村庄人家的屋檐下稻床上摊晒着玉米、花生，晒箕里晒着黄豆、绿豆还有红豆。屋角堆着马铃薯、红薯，昭示着收获的喜悦。田冲里，种田大户的收割机正在收割稻谷，往日诸多的流程如今一气呵成，干净的稻粒直接灌进了编织袋，那叫个干净利索。初次见到这种情景，村里人跑到田头观看，惊叹于机械的威力与科技的进步。

不再做田了，相当长的一段时间，二伯并不习惯，有时扛起锹向自家责任田头走去，猛然想起田亩已经转出去了，一下又怔在那里。那些大户种田并不上心，田里长的稗草并没有完全清除，二伯看了难受，仿佛稗草长在了自己心里。

院里，不时有落叶飘下来，两棵桂花树下，刚会走路的小孙孙在捉蚂蚁，小狗趴在一边守着小主人，几只鸟停落在竹篙上，蝉在近处树林里嘶叫，声音无力，失去了夏日的气势。

下雨了，村路上，有女子打着伞疾走。腿动伞移，却看不清女子的脸。山朦胧，水朦胧，人亦朦胧。雨打在瓦片上打在枯荷上，水塘里激起无数个小点，像是一张妇人的麻脸。

不经意间，寒意切入肌肤，秋雨中的人，忍不住打了个寒颤。

乡邑散板

七

　　这个冬天不像个冬天，雪下了浅浅一层，没等到太阳上到头顶就化了。田野上满目荒凉，一片萧瑟景象，唯有残存的野菊在风中摇曳，还有园里的蔬菜透出几分绿意，有成群的竹鸡偷偷摸摸地前来觅食。家养的鸡走到田野，啄食草籽与遗存的稻穗。而村头的上空，一只鹰盘旋着盘旋着，忽地一个俯冲下来，抓起一只鸡凌空飞去。有人发现，徒劳地发出几声"嗬嗬"的喊叫声。

　　腊月里，天冷人闲，正好办喜事。爆竹声声，山这边响过山那边又起，没个消停，娶媳妇嫁闺女正当时节，接亲的轿车盘花结彩，来一大串，停歇新娘家门口。一番闹腾，娘家人目送车队离去，一个土生土长如花似玉的女儿就这样出了门，不知是欣喜还是惆怅。嫁女，是家中少了个小棉袄，貌似高兴，实则心伤，故有哭嫁一说；娶亲是添丁进口，传宗接代，自然是喜气洋洋，虽说两家是亲家，感受是不一样的。

　　接下来，是车塘捉鱼，宰杀年猪，赶街准备年货的日子。腊月二十几，一辆辆小车开进了村，开进了家，人从车上下来，个个神气十足，五六岁的小孙女刚下来，被奶奶一把抱住，亲也亲不够，爷爷的胡茬扎得孙孙叫疼，惹得一家人皆笑。急急打开后备箱，里面塞得满满的，有烟酒果糖，也有外地土特产，还有给父母买的衣裳鞋袜，浓浓的亲情，伴着新年接近的喜庆弥漫开来。村里的人多了起来，见了面热情地招呼，客气的还要握个手敬根烟。往往就在此时，年前雪下来了，老人乐呵呵的，说好好好，明年又是个丰收年哪！小孩乐得在雪花中手舞足蹈，年轻的妈妈冲出家门，院中张开双臂，和孩子一道迎接雪天，不一会，人的衣服上沾满雪花，成了白白的雪人。

　　爆竹炸响，春节迎面走来。

古镇琐忆

陈道泽

铁匠铺的"当当"声

旧县古镇的四条街像个"井"字：左一撇是南街，习惯称"后街"；右一竖应叫北街，却称"中街"；上一横为西横街；下一横是"东横街"。东横街南高北低，走到与后街交叉口就能听见"当当"的响，清脆，响亮，不绝于耳，那是铁锤铁砧之间的撞击声。铁匠是重体力活的职业，成天高高举起沉沉的铁锤，像举重似的，身后有通红的火炉，往旁边一站，热浪袭人，即使寒冬腊月，打铁人也只能单衣薄裤，成年累月地上演《西游记》过火焰山，汗流浃背；盛夏之时，赤膊上阵，黄豆粒大小的汗珠不停地滚落，铁锤飞舞，大汗淋漓……铺里举小锤当上手的老李是远近闻名的铁匠师傅，淬火的技艺堪称一流，经他锻炼锤打出来的铁器经久耐用，菜刀锋利，镰刀割麦久割不钝，淬火一次，使用一年，乡下人都夸赞，口碑也好。

打铁的师徒二人一上铁砧：上手（师父）弓腰，左手敲小锤，右手掐钳，那小锤就如教鞭，锤心落哪；下手（徒弟）心领神会，应声接锤。顷刻，大锤准确地落在师傅小锤所击的同一个点上，不偏不倚，"大珠小珠落玉盘"，小大锤如雨点般敲在红彤彤的铁坯上，如奏一曲华美的乐章，发出清脆的"叮当"声，此起彼伏，火花四溅，像天上落下的流星雨，金光闪烁……经过一番雷鸣闪电过后，铁坯也渐渐褪去红色，要打制的物件雏形已初见端倪，原来上手的钳子里正夹着一轮弯弯的月牙儿，那是一把镰刀；这是梯形铁坯，那是斧头……不一会儿，钳子咬住黑魆魆的"弯月"正前往风箱炉上，再挖来一勺湿漉漉的煤盖在铁坯上，一拉一推，"呼—哒、呼—哒"地响起，铁砧上又传来暴风骤雨般的锤击声，风箱如和风细雨，像母亲的摇篮曲，一张一翕，也像乐队的指挥在打拍子……顷刻，黑煤上冒着冉冉升起的火苗，光滑背脊的手艺人慢悠悠地来回运动着拉杆，像一幅美妙的油画，更如一位诗人在深情地朗诵着一首意境深远的诗篇……

老爸说那尊铁砧是"太上老君的膝盖"，打铁的匠人们对铁砧需尊重有加，不

古镇琐忆

可随便拿它来开玩笑，如军中无戏言一样，更不可随意在上面乱摆乱放东西，这是店铺里的规矩。趁热打铁，师傅手下的铁坯还真千变万化，可方或圆可长可短或粗或细，师徒二人，配合默契，手艺精湛。

神奇的竹匠

铁匠铺的"当当"声渐渐远去，竹业社的破竹篾的声响却由远而近。

那把不起眼的竹刀把一两丈长的青皮毛竹切成一条缝，师傅用手将毛竹撕成两片，一片踩在脚下，另一片掐在手上，迅速向上一拉，立刻发出"啪啦、啪啦"的声响，就像布店老板撕布似的，瞬间便分成两大片。接着，还是那把竹刀，一根粗大的毛竹瞬间就闪电似的四分五裂，大片变小片，厚片变薄片，长片变短片，粗粗的毛竹，不一会儿就破成细如丝薄如纸的竹篾。这些用毛竹破成的编织竹器的原材料，就像棉花经过纺纱的机器纺成一锭锭的纱锭，然后将纱锭织成五彩缤纷的布匹。竹篾可编成五花八门的竹器，凉垫，稻箩，米篓，晒箕，扁子，筛子，篮子，甚至老妈装针线的小竹扁，筷子，笊篱，花篮，等等。竹刀简直就成了艺术家手中的画笔，想画蓝天白云，描小桥流水，绘出人间美景的图画来。竹匠师傅往矮矮的竹椅上一坐，小腿与地面垂直，身体与竹椅成直角，双膝上放一片厚厚的帆布，一块块厚厚的竹片，或者是薄薄的竹篾，或长，或短，或细，或窄……

棉纱细软，绵柔，有韧性，竹篾也有，师傅手中不像木匠那样有各种各样的工具，什么斧子，锯子，刨子，等等，每一类里面还分得细，单锯子就有大小不一的七八种。可竹匠就只一把竹刀，然后就是那一双手的功夫。竹匠师傅像变戏法似的，将一片片厚薄不一的竹篾竹丝编织成形状各异的竹器，笊篱，竹笆，竹床，甚至竹笛，竹筷，竹篓，等等。有时，木匠打制大桌子，桌腿要做成"公隼"和"母隼"，相互啮合，竹床的四条腿直接用未破的毛竹弯制。毛竹在师傅手里可变成柔软如泥的"变形金刚"，生一堆草火，一段毛竹像烤羊肉串似的熏烤，不一会儿，竹油直流，迅速从火焰中抽离，用脚踩着毛竹一端，再用手掐着另一端轻轻一折，直角竹床的"腿"就弯制成啦。

地摊的精彩

报栏东边的空地上有一片地摊。

有一次，空地上人山人海，左三层右三层地围着巨大的人圈，我也挤进圈里看

谷 雨（第一卷）

热闹，那圈子中间的一块腾出来的空地上铺着很大的白色粗布，摆着多种多样的树皮草根，七叶一枝花、如人形的何首乌、党参、熟地、鹿茸角、伞形红褐色的灵芝。突然"啪"的一声，郎中大声地说："各位父老乡亲好！"双手作揖："在家靠父母，出门靠朋友，请看这膏药！"一张用红绸布摊成的膏药，一只黑乎乎的圆粑粑，"这叫'万应膏'，外感风寒，流鼻涕打喷嚏，贴一张，发发汗，就好啦；跌打损伤，腰肌劳损，肩周炎，等等，贴上，祛风除湿，通经活络，消肿止痛，头晕鼻塞，活血化瘀，蚊虫叮咬，晕车晕船等有奇效……"人们纷纷盯着那膏药，"谁要是腰酸背疼，我现场给他拔个火罐，立马解除疼痛！"等了一会儿，一位中年人走到郎中面前说："前天，我在田里打稻，那满满两稻箩透湿的稻子足足有三百斤，因跨一田缺（田与田之间用来灌溉的豁口），腰闪了，请老医生替我拔拔。"于是，这人将上衣脱掉，露出腰背，顷刻，脊背上放了一堆枯萎的叶子（后来才知那是艾叶），郎中将其点燃，立刻，脊背上烟雾缭绕，接着又拿来一个小罐，罐口扣准燃点迅速一盖，过了一会儿，揭去，脊背上露出一圈清晰的红痕印，绯红，被拔的那大汉大汗淋漓，郎中问："感觉怎么样？""舒服极啦！"

北方老侉在这块地上要猴也够滑稽。一次，我正在读报，突然传来"哐啷——哐啷——"的筛锣声，挤入人圈，打锣的竟是一只毛猴，只见那厮站立行走如娃。猴娃掐一面小铜锣，敲锣敲得像模像样，一歪一颠的，边敲边作揖，在人墙边沿绕了两圈后，放下锣，展示空中筋斗，俨然一少林武士。前脚落地，又闪电似的朝空中一旋，翻来覆去，动作敏捷，速度之快，让人眼花缭乱……掌声四起，喝彩声一片："再翻一个！"猴娃卖力献艺，顷刻间就连续翻了几十圈，似乎疲乏了，竟躺坐起来，要猴人当然不让小猴歇息，恶狠狠地挥舞"教鞭"，"啪"的一声，那猴娃战战兢兢地重打锣重开台。第二个回合结束，掌声雷动，猴娃又双手捧着铜锣，摇身一变，俨然如戏团里的艺人，铜锣像一只收钱的筛子，观众也心知肚明，纸币硬币像雪花似的飞向"筛子"，机灵的猴娃也见风使舵，一双眼睛直转，谁往锣里丢钱，便迅速地走到丢钱人面前立正，接着将小手指头往额头上一张作敬礼状，弯腰致谢，作揖答礼，逗得观众捧腹大笑。

缥缈的"北园"

说起大名鼎鼎的"同和祥锅厂"，古镇人引以为豪，锅厂的规模在当时周边县市首屈一指，一千多人在锅厂上班。浇铸铁锅时，将如粪瓢一样的盛融化铁水的勺子端到大熔炉的炉口前，从炉子斜斜的炉口里流淌出红彤彤的铁水，装满一瓢的通红铁水再用双手端到浇铸车间的"模子"上，再将铁水浇灌到锅模子里，一瓢铁水足足有几十斤重，工人要反复来回奔波于车间和炉前，即使在寒冬腊月，上班的工人身上也是单衣单褂，工作时全身湿透，一个工作日干下来，工人从脚到头全是一层黑灰，连鼻孔、眉毛、脸面全是黑色，就像非洲黑人……当时繁昌第一税收大户，"同和祥铁锅"这块牌子是工人师傅汗水的结晶。

锅厂后的东北面有座小山坡，应是县志里记载的"北园"。据县志载：南唐年间（937—943），繁昌县衙由赭圻古城迁至延载乡（今新港镇），明朝英宗天顺元年（1457），"因延载濒临长江，常有水患，加之又居京都建康（今南京）上游，来往供递甚据，县小难以承受，故将县治迁至金峨上乡（今繁阳镇）"，也就是说作为县城衙门有500多年历史。北宋年间，蔡确（1067年任太平州繁昌县令，1068年建北园）修建县衙城墙和北园。据蔡确《北园记》所载："余来官之明年，因暇日，视其舍后有废地，连跨山阪，丛榛萝蔓，殆不可入……余心甚乐之，乃辟小径，直穿竹间，竹之后益植美花杂果，厕以梧桐，被以兰莎。花之后又与竹会，而建翠云亭于其中，亭之后即有高岭，以为缥缈台，而立射亭与垺于竹林之外，而总其名曰北园。"落款是熙宁元年（1068）十二月十五日。北园位于县衙北面，一边是县城，另一边是滔滔大江。北园最高处建有缥缈台（为观景台）、丽景楼、射亭等建筑，站在台亭之上可俯瞰滚滚长江，蔚为壮观，诗人徐迪（繁昌赤沙人，绍圣元年进士）有《北园载酒》："檐影荫游鱼，江声颤崖竹。云帆天外去，龙刹空中矗。霞明晚渡红，草暖晴沙绿。澄波见归鸟，纷霭迷飞鹜……"诗人带着酒和县太爷一边饮酒一边观赏北园壮美景色，浩渺的长江，尽收眼底。北园成为当时人们游览休闲的人花园。

蔡确在任期间所修的花园，因战乱而几经被毁，欣慰的是新港镇政府在北园原址的南面复制了北园的著名景点"缥缈台"，一千多年前的雄姿又重新展现在世人面前，为古镇增添了一道靓丽的仿古景观。

姑　母

潘晓凡

姑母其实是我老公的姑妈，可是在我的心里，她一直是我的亲姑妈。

姑母和我的公公从小姐弟情深，公公过世后，姑母越发疼惜她的弟媳和娘家侄儿一家。我的孩子出生后，那时已经七十多岁的姑母常常从农村赶来城里，帮着照顾她的小侄孙。因为怕尿不湿用长了会捂着宝宝娇嫩的屁股，老人连夜用穿过的柔软的旧内衣赶制尿布，一块一块地量，一剪子一剪子地裁，一摞一摞地叠好。她常陪在宝宝摇床旁哄宝宝入睡，看着宝宝睡梦中无意识地一会儿咧嘴甜笑一会儿皱眉欲哭，就万分慈爱地说："哦，毛毛笑了，（在梦里跟别的小孩）打架打赢了！哦，毛毛哭了，打架打输了！"头发花白的老人用家乡农村里的风俗解读初生婴儿的一笑一颦，轻言细语里满是老人发自内心的爱怜和浓浓的隔辈亲。

姑母住在乡下老家，因为有姑母在，老家我们跑得很勤。老家是江南地带一个贫瘠的乡村，但在我们的眼里却是非常原生态有魅力。姑母经常带我们去池塘用柞盆采菱角菜，或者去树林里捋枝头上的香椿头，我们敞开胸怀惬意地拥抱这片绿色田园。姑母的厨艺很好，她的"芦蒿拌臭干子""香椿头炒笨鸡蛋""黑猪排骨汤"都是我们记忆里最好吃的农家菜。回城的时候，我们车子的后备箱里总是被姑母装满了农村的土特产。每次回老家，条件比我们差的姑母总像个富豪似的不停地给我们东西，住在城里，生活条件比她好的我们接受着她的馈赠，倒像是回乡的乞丐。姑母用这种方式来表达着她对娘家人的爱，我们接受着她的物品，也接受着她给予的爱。虽然公公过世了，但我的婆婆仍然觉得婆家还在，我们也还能感受到来自老家的温暖和关爱。

姑母总是这样，对亲朋邻里，只要对方有困难，她总是慷慨解囊，倾其所有，扶危济困，一副英雄气概。不知情的人或许以为她自身条件良好，其实姑母自己并不富有，甚至从小就在苦水里泡大，一辈子坎坷艰辛。

小时候家里很穷，姑母被送到别人家作童养媳，吃不饱穿不暖还有干不完的活，她不堪忍受，逃回娘家，却又被自己妈妈狠心地送回婆家。长大后，她勇敢地解除婚约，自己找了个善待她的婆家。四十岁的时候，姑母怀上最小的孩子，因为生活所迫，即使怀孕期间，她仍然下地干农活、上山拉石子。繁重的体力活让她在七个月的时候早产，孩子生下来气息微弱，身体只有老鼠般大小，大家都认为孩子养不活，劝姑母放弃。姑母坚决不肯，天天把孩子揣在怀里焐着，用奶水和米汤一口口地喂养，硬是把孩子养活了，日后长成一个膀大腰圆的小伙子。好不容易儿女们长大成人成家立业，姑父又生病去世。姑母又一个人孤军奋战，为儿女们带孩子、做家务，一刻都没闲着，一直到自己实在干不动为止。姑母的经历，是她们那个时代农村妇女人生的普遍缩影，但艰辛的生活并没有将她打败打垮，反之，她越战越勇，把自己活成一束光，照亮自己的人生，也温暖着别人的人生。

转眼间，姑母八十多岁了，不知道是不是年事已高，姑母开始对时间有紧迫感了，忽然有一天她开始做鞋了。姑母擅长做手工拖鞋，夏天的布拖鞋鞋面上有精美的绣花，冬天的棉拖鞋里絮着棉花温暖厚实，比市场上卖的拖鞋结实耐用。老人家每天埋着头做，一天也不停歇，好像有人在催着她赶着她似的。做好的拖鞋，大量分送给亲朋好友左邻右舍，大人小孩都有。我家的柜子里，因此存放了几十双姑母做的新拖鞋，我们一家人穿上一二十年应该都没问题。诧异姑母年纪这么大了还这么费劲地给大家准备这么多的拖鞋，姑母深情而平静地说："趁我现在还能做得动，多给大家做一点，存放在家里。哪天我不在了，你们也有拖鞋穿！"姑母当时身体还很硬朗，我们怎么也没把死亡和她联系上，只当她在说笑，纷纷劝她不要瞎想。

最近几年清明节，姑母跟往年不一样，都要在老家村口向公路方向眺望，盼着亲戚族人回乡祭祖扫墓。如果有哪个人没回来，下次见面，她一定会用枯瘦的手一把把那个人的手紧紧握住，看着对方的眼睛殷殷相问："上次大家都回来了，你怎么没回来？"被问的人只有赧颜一笑，好言抚慰老人。大家对老人执拗而急迫的思念和牵挂颇为不解，殊不知，对于我们青年人中年人来说，余生漫漫，来日方长，见面的机会还很多，但是对一个八十多岁的老年人来说，生命已经进入倒计时，亲友之间的见面却是见一面就少一面了。

姑母的预感很快就应验了。今年春节过后，姑母身体抱恙，一病不起。病床前，儿女们贴心照顾，请来医生诊治。姑母却十分心疼身在农村的儿女们挣钱不易，不愿意儿女们再为她花钱，不配合医生治疗，身体日渐虚弱，最终在她九十岁生日过后，如落叶入土倦鸟归巢，灯枯油尽力竭而逝。善良如姑母，坚强如姑母，生命的最后一刻，她仍然一如既往，事事为他人考虑，唯独不想着自己。

姑母病逝的消息传来，我的老公顿时泪如雨下，哽咽失声："以后回老家，再也没有姑母可看了！"是啊，没有了姑母站在村口向着我们回乡的方向张望的老家，还能叫作老家吗？

姑母名叫菊花。菊花经历苦寒风霜，却坚韧绽放，给尘世带来缤纷鲜艳的色彩。姑母，人如其名。

姑
母

故园农活

查君书

抢割麦子

麦熟一晌，抢割麦子，好比打硬仗。

屋檐下，父亲磨镰霍霍，一副随时出征的模样。事实是，南风刮起，麦子已黄。黄了的麦子，老得快，三五天必须抢割完。不然，烈日一晒，麦粒一碰就掉；雨水一淋，麦子膨胀，霉烂在田地里。

抢割麦子，是掉膘的活儿。为此，父亲提前到镇上农贸市场，称回几斤五花肉，启开腌罐，从里面夹出糟透的腊咸鱼。然后对全家人下达号令：一鼓作气，将麦子抢割回来。

走进十亩的麦地，人就渺小了。南风一吹，旭日一升，那个阵势，那个场景，令人一辈子也忘不了。涌来的一排排、一层层金浪，仿佛要将人扑翻、沉入漩涡。

一家人，站在一排，唰唰唰，开始了冲刺。左手揽麦子，右手顺势一挥，一道厉光闪过，麦子倒在臂弯，就势铺在地上。慢慢地，腰开始疼了，手开始发僵，汗水流进眼眶，好辣。更要命的是，麦芒如细刺，钻进衣服，在皮肤上逆行，那个又痛又痒的滋味，比上刑还难受。

思想一开小差，速度就慢了。父亲在一旁急吼，布谷鸟也来催，"阿公阿婆，割麦插禾"，让人不敢懈怠。一紧张，割过的地方，总是留着几根，仿佛重新冒出来似的，赶紧回镰补。

割到小晌午，母亲回家，从灶房蒸笼里取回馒头、扣肉、腊鱼、咸菜，一家人猛吃一顿，捧起陶罐茶壶，猛喝一气，又消失在地里头。队伍分散了，消失了。我像一只麦鸡，淹没在麦海里，四周孤寂极了，好在，麦子的醇香，提醒我在人间。

"嗤——"忽然，我听见一声异响，感觉脚踝一阵灼烧，低头一瞧，只见麦茬上有几滴鲜血，原来，我一不小心，镰尖划破了裤管，伤着了自己。幸亏穿了一条厚裤子，不然就惨了。我赶紧扯了几片野艾叶敷上，不一会儿，血止住了。

当太阳偏西，皎月初挂时，一家人又忙着捆麦子，父母挑大捆，我担着小捆，披星戴月往回走，直到门口堆成山，才算收工。

哪知，父亲夜观天象，说近日有雨。刚睡下几个钟头，父亲就将我唤醒，一家人又迎着黎明扑向麦地。一天下来，我的手背、手臂起了一层红疹，密密麻麻；肩膀、手心磨出的大大小小的水泡，一挨就钻心地疼。但我明白，叫苦也没用，埋怨更没用，在麦收面前，必须忍，必须吃苦，祖祖辈辈都是这样拼抢过来的。

雨，终于下来，滂沱不已，一下七天。父亲眼里噙满了泪说，终于从虎口夺回来了，不然泡了汤，一年白忙了！他这一讲，仿佛有一道闪电，猛击在我身上，令人战栗不已。

水车吱呀忙

当时节进入夏至，秧苗疯长，稻子灌浆，决不能缺水。早年，家乡灌溉不发达，有些田地如不靠天收，就必须依赖人力。于是，水车派上了用场。

我家的那一台，长约3米，分为车头、车身、车尾三部分。车身作槽，安有滚轴、龙骨（木链条），均匀地连缀着数十片小叶板；车头两侧，安有车手把，附加一对车手。灌溉时，将车手套在车手把上，拉动滚轴，滚轴带动龙骨，叶板开始不停地将水汲上来。

汲水之源，大多为野塘，东一口，西一口，生长芦苇、菖蒲、浮萍等野生植物。平日里，这些塘清清寂寂，敞开怀承接雨水，可一到农忙时节，就热闹无比。我们那里，使用水车灌溉农田，叫"车水"，被干旱逼急了，干脆直呼"抢水"。

半夜里，我常常被父亲叫去"抢水"。一百来斤的水车，被父亲扛着飞奔。我挟着车手，抓着支架，紧随后面，一路飞跑。

村里有一大块高田、坡地，遇上天久不下雨，旱情极其严重，地皮常发生"龟裂"。有一年深夜抢水，老远就听见"吱呀吱呀"的车水声，而且不止一两台，是十几台。"抢水"的人不少，密集的车水声，叫得人心慌。

"扑通"一声，我跳下塘，将支架支好，父亲卸下水车，拦腰递了过来。我一把接住车尾，将它安在架上，一身泥水地爬上岸，抓起车手，套在车手把上，与父亲同时摇将起来。水车如龙，不一会儿，白亮亮的水被汲起，流向稻田。

很快，汗出如浆，又粘又潮。蚊虫不断发起攻击，围着人团团转，更可怕的是，竟有一种绿头蝇，冷不丁叮人一口，疼痛难忍。"全身动起来，就不怕咬了！"父亲见我难受，给出主意，果然见效。

半个小时过后，稻田灌溉好。父亲将水车调转方向，对准麦地。渐渐地，我的胳膊酸得不行，仿佛里面流淌的不是血，是野山楂汁。手也出茧了，磨破了，沾了汗水，火辣辣地疼。父亲见我咬牙皱眉，知道我小小年龄吃苦受罪，双眼汪了一团亮光，我知道，那是泪水。父亲怜爱我，但不会落泪。

天快亮了，稻田、麦田灌好了。东天鱼肚白，灿烂一天霞。父亲和我累瘫在塘埂上，一边大口大口喘气，一边感激地望着"功臣"，感觉轻松了不少。

许多年后，此情此景，使我想起宋代诗人梅尧臣的《水车》一诗，"既如车轮转，又若川虹饮。能移霖雨功，自致禾苗稔。"稔，即庄稼成熟，这正是劳动的意义所在。

拔稗子

20世纪80年代在村小学当民办教师，做农活时，我常怀着一个疑问：为什么像秧苗、蔬菜等一些作物，农民是精心侍弄、打点，但稍不留意就黄了枯了，甚至是死了。而那些杂草，无论你割、拔、锄、杀、晒，将十八般手段使完用尽，都制止不了它们的"春风吹又生"。其实，很多时候根本就不用待到"春风"，只是一场细雨，或几天的夜露晨风，就已是一派盎然了。

特别是田间的稗子，当年农药市场上有种叫"秧草净"的农药出卖，专门用来对付它，这在所有的杂草之中可算是独享"殊荣"的了。由此可见，这个名叫"稗子"的家伙是何等顽固和厉害。

稗子，又叫"稗草"，或"稗"，是一种农田里最为常见的杂草。农家水田里的稗草主要有两种来源，一是头年的稗草结子落入田中发出的稗苗所长，二是从秧田拔秧时夹在秧苗中带过去的稗苗。

记得当年在家务农时，最让我烦的就是这个叫"稗"的杂草了。那时，家家户户种的都是早、晚两季的双季稻，因为是包田到户，农民不但积极性高涨，而且都是精耕细作，生怕自己种的田比别人差，少了收成不说，还让人说不会种田，丢失了面子。这样，家里田间除稗的任务就落到了我这个"半个农民"头上。

首先一关是秧田拔稗子。家里秧田面积大约三四分。八九米长、一米五宽，为一畦，分成好几畦秧苗。那时节，一放学，我就逐畦逐畦地从秧苗里拔稗子，见一根拔一根。一畦秧需得分两边去拔，才够得到手。每到田埂边，差不多要握满一手，然后随手丢到田埂上，回家时用粪篮背着去自家鱼塘给鱼吃，或者洗干净了做猪草用。

拔稗草看似轻松，其实很辛苦，总是弯着腰，手伸得老长，一两个小时下来腰酸背疼，很不好受。更麻烦的是，那稗草虽然长得比秧苗要高挑苗条，但样子还是蛮像的。特别是那些刚长出来的稗草，细如丝线，夹在成片成片、密密麻麻的秧苗里，让人找得头昏眼花。

第二关是到了秧苗插下去后耘田的时候。周末，一边耘田，还要一边用眼去搜寻稗草。有时一棵水稻几乎全被一株稗草占领，在稗草的疯狂成长下，原本的禾苗已被鸠占鹊巢，只剩下一两根矮矮的禾苗，可怜巴巴地苟延残喘，奄奄一息。这时的我只能用力去拔稗草，由于稗草的根系特别发达，伸展得既深且宽，往往还要费上吃奶的力气才能将之悉数拔起。如果稍有不慎就会拔断，留上几截稗根在里面，又会很快长成繁茂的一株稗草出来。

按理说，经过如此两番"严打"，稻田里的稗草莫说绝迹，也应该是很少了。错了！当稻穗黄了之后，一不经意就会发现，已经饱满垂头的稻子上会浮上一片高耸的稗子来。这时，它不再仅仅是稗草，早就结出了长长的稗穗，还像个趾高气扬的胜利者，将头颅高仰，在微风里左摇右摆，唱着"刹啦啦"的歌谣。

我呢，只能以一个失败者的姿态，乖乖地接受父亲的一顿臭骂。"你个懒货，先前眼睛打苍蝇去啦？天天拔稗草，还长出这么多来！"见我茫然，父亲又吼一声，"还不赶快去割掉！"我忙挑着稻箩，带着镰刀，垂头丧气地逐块稻田里打扫战场。我的任务就是挑着稻箩，去田里割稗穗。如果稗穗泛青没熟透的话倒还好，可以颗粒归箩；一旦熟透了，就根本受不起那镰刀的一割，只要手一抓，稗穗就会散开，无数的稗粒就会下雨一般"哗啦啦"地直落，最后割下来的只是一截光秃秃的稗秆。

掉进田里的一颗颗稗粒，就是下一季继续守候稻田的杀不尽的"稗兵"！无论是水浸了，再过冬了，最后又犁了耙了，都是挡不住这些"稗兵"的第二季疯狂。

那时候，我总是琢磨：如果，将稗子像水稻那样种植，谁又会称它为"杂草"呢？况且，稗子还能酿酒，磨成面照样能充饥。

有个编辑叫走走

阿 敬

总有一些偶然，决定了人与人之间的相遇。而相遇之下，若能让人油然而生"遇见你，真好"这般由衷之叹的，往后余生，"且行且珍惜"必为至愿矣，就像我与走走老师的相遇。

温婉知性的走走老师令我倾心感佩，敬服之至。尽管素未谋面，却觉春阳当头，因其智慧又专业，尽职且耐心，常能给在读书、写作之路上跌跌撞撞前行的我以执着的勇气与跋涉的信心。

人皆有癖。我是乡村教师，三尺讲台，一站半生。周末闲暇，别无他好，唯购书上瘾，读书成癖，且每每读而有感时，便会不揣谫陋，吐而后快，或评或议，或褒或贬，打磨既成，电邮报刊。这般时日一久，便自然而然地结识了不少同好知交、良师诤友。

说到我与走走老师的相识，还得感谢浙江某大学的金老师。金老师既是我的文友，亦是不折不扣的书评写作竞争对手。只不过，这个对手磊落坦荡，乐于助人，他在征得走走老师同意后，郑重地将其微信名片推送给了我。

我当然是求之不得，甚至有点儿感慨涕零。因为走走老师是一家出版社的编辑，每当社里有新书推出时，她即可赠送数本，唯一的要求是须完成读后感，至于如何品评，任君自由发挥。于我而言，这无异于被"超级馅饼"砸中了脑袋。尤其是多年来，我一直就对这家出版社的书心存偏爱，并常因薪金微薄而欲购之好书太多纠结不已。如此"得来全不费工夫"，我能不偷着乐吗？

可问题来了，不善于甚至畏惧与陌生人交流恰恰是我的"短板"。熟识的朋友呢，大多知道我是一个偏内向的人，并且这一"偏"，似已远远超过了比萨斜塔。尽管，面对学生时，我可能会口若悬河，滔滔不绝，抑或兴之所至，和大家开个没心没肺的玩笑。但，江山易改，秉性难移。我必须承认，一项名为"社恐"的帽子正戴在自个儿头上，即便无形又无影，却比套在孙悟空头上的金箍还要牢靠。

所幸我虽笨嘴拙舌、木讷愚钝，却并未丧失自知之明：一方面，不至于将朋友们调侃我的诸如"内敛""沉稳""谦逊"等"赞言"当真；另一方面，亦会尽力在个人独处时读书内省不懈怠，在与人交往时真诚善良葆仁心，以期拜识良师，广结益友，裨补阙漏，少走弯路。

更有幸的是，走走老师是个极好相处的人。一声问候，一个表情，一句笑语，似已轻松"搞掂"了我的"社恐症"。我们的交流虽源于书，却不止于书。走走老师满腹珠玑，和蔼可亲，既像熟悉的师长，又似邻家的小妹，常令人欣然忘忧，"胸次全无一点尘"，正若她的这个微信昵称——"走走"，简单，实在，既不故弄玄虚，又不哗众取宠，会让人情不自禁地想到那句"世界那么大，我想去看看"的网络名言，抑或立马热血腾涌，握拳振臂地吼上那么一嗓子："说走咱就走哇……"

走走老师敬业亦乐业。仅以微信朋友圈为例，别人常会晒那些精心摆拍的美颜照、令人垂涎的美食照，抑或网红景点的打卡照等，走走老师却只晒书，不仅晒她负责的社科类新书，也晒文史类、少儿类等社里出版的其他书，还有各类获奖讯息、作者视频直播、书友评论发表及媒体转载情况等。三言两语，随心随性，透着热爱，溢着喜悦，识书亦识人。

当每月的新书目录与内容简介出来后，走走老师亦总会第一时间转发给我们书友，让大家及时挑选以备快递。她还会非常认真地推荐文质兼美、不可错过的版本，忙里偷闲地与大家深入交流，分享读书之乐……当然，如果有书大卖了，加印了，或者上榜了，获奖了，她更会乐成了一朵花。

清晰地记得，当我头一次从快递小哥手中接过走走老师寄来的书时，开心之余，更多的却是震撼和感慨——看吧，先是塑料外套，然后是硬纸盒，硬纸盒外面还裹着一层胶带，剪断胶带打开纸盒，又是一圈防潮防撞的透明气泡膜，最后才是塑封完好的新书。它们，就像小小的婴孩，被细心地安置在温暖舒适的小摇篮里……事实上，"头一次"就是"每一次"。四季流转，爱书如初，总是一丝不苟，总是不厌其烦，总是满怀期待……这就是走走老师。

走走老师真诚而热情。"春天好！好久不见，奉上新近出版的2本书，希望您会喜欢！买书如沽酒，读书如慢酌。在春日闲暇时光，祝您慢酌有滋有味。祝您一切都好，平安喜乐！"每一次，随同新书一块儿寄达的，还有这般亲切的问候与诚挚的祝福。走走老师总会挑选一张精致的卡片，然后，用潇洒飘逸而又笔意醇厚的行楷字，将自己的问候与祝福铺满其上。在网霸天下的倍速时代，这样散溢着"诗酒趁年华"豪兴的一纸卡片，尤显珍贵，足以消弭胸中块垒，让人即刻忘却营营……

走走老师还会用色彩各异的心形即时贴，将那些精彩绝伦、意蕴悠长、颇值玩味的篇章、语段等所在的页码标贴在书膜外——知书莫若编辑，她的荐读提示每每会让人心头生痒，欲读而后快。事实上，"英雄所见略同"的感觉总会不期而至。

我想，其时若是与走走老师相对而坐，会心一笑是必然的吧。易言之，读书人的心总是相通的，反正书友们私下交流时，皆称从不曾失望过。

对了，逢着出版社搞宣传、纪念或比赛活动等，不待我们索要，走走老师自会忙里偷闲地将那些文创礼品或"珍藏版"图书等遥寄给我们，诸如形态各异、设计精美的书签、钢笔、茶杯、帆布包、笔记本及书桌摆件等，总能给我们以意外的惊喜、温情的慰藉与无尽的感动。

走走老师善良又体贴。一本本崭新的书寄给天南海北的书友，她自然亦渴望得到回馈，能从天南海北的报刊上看到相关的书评，并期待各级主流媒体能时不时地转发。尽管社里有考核任务，但走走老师宽厚亦包容——评论发表了，她比我们还高兴，文章被毙了，她亦不忘劝慰与鼓励，从来不曾因我等书友写的评论没能发表而停寄新书，更不曾有立马"恼羞成怒"甚或从此"形同陌路"的事儿发生。"发表与否，倒在其次。书友喜欢，乐于翻阅，才是我最大的期盼！"走走老师就是这么诚恳，这么暖心。

权以我为例，这两年因孩子叛逆高考失利、妻子意外跌倒骨伤难愈等事儿，一方面很想通过陀螺似的忙碌与劳累，暂时抛却所有的忧烦与不快，另一方面却又极难潜思静虑、心无旁骛地读书作文，所以很长一段时间里，我写的评论见诸报刊者寥寥，常陷迷惘，不能自已。当敏锐细腻的走走老师在察觉出我的踌躇与抱愧状态时，没有半句责怨，反推心置腹地宽慰我，开导我，帮着分析原因，梳理目标，总结得失。虽是信息往来，走走老师睿智又体贴的话语却暖我肺腑，祛我惆怅……

"想看什么书，尽管跟我说！即便不是我负责的，但我手头有社里发的购书券，同样可以免费邮赠哟！"走走老师的善与暖，我是念兹在兹，连家人也感受到了。她主要负责社科类书籍，但就我个人而言，却更钟爱文学类。所以，有那么几次，她送的社科类书，我读也读了，却因理解不透或一时疏懒，未能及时完成评论，最后竟不了了之了，反倒是我厚颜另索的小说、散文集等，写的评论全发了，我亦因此而尴尬而深愧。走走老师却笑言，这有什么好顾虑的？都是我们出版社的书，我还要替同事们谢谢你才对！……

尤难忘，有一回，从走走老师发给我的新书目录里，妻子意外看中了一本价格不菲的医书，让我购买。没承想，走走老师在获悉原委后，竟亦慷慨快递了过来！这还不算，在小女彷徨困厄、妻子意外受伤，家中一片愁云惨淡之际，走走老师不仅常留言问候，软言劝抚，指点迷津，还适时寄来了一大纸箱色香味俱全的名优特产，让我们一家人胃口大开而精神陡振，心头阴霾尽随风……

书缘亦人缘，我愿倍惜之。

我的外公

刘世凤

走到一段斜坡就快到外公家了。

小小的山上排列着很多民房，一个巷口左拐，第一家的门经常敞开着，阳光洒落到他家门口。我好奇地朝里张望，被桌子上的金鱼缸吸引住了，几条红色的金鱼在清澈的水里悠哉悠哉地游着，阳光折射在鱼缸里，金光闪闪，画面静谧而跃动。更让人惊奇的是，鱼缸边放着一架黑色的小型钢琴，神秘而高贵，好像有音乐要流淌出来。在那个贫困匮乏的年代，这样优雅的生活，对十来岁的我来说，该有多么强大的吸引力。他家和外公家的记忆连缀在一起，成了我的梦想所在。每次去外公家我都要稍稍绕一下，哪怕望一眼他家都是美好的，甚至有一次我没忍住，进了他家，跟主人说了一声："我想弹一下。"于是，掀起琴盖按下了琴键……这家人没说什么，他们原谅或者理解了一个孩子的渴望。

走进巷子，最后一家是我的外公家。外公有七个子女，家里寒微，能吃饱饭就是最大的幸福了。最初的记忆是一间土房子，进门一脚踏进一个凼窝，那是泥土地面长期踩踏的结果。很多年后，在父亲的帮助下，才修建了砖瓦房。外公之前的家在陶塘边，因为有一年发大水被淹，外公无奈，举家搬到后家山，用泥土建了一处遮风挡雨的地方。水让外公吃了苦头，山总能让外公放下心来了。外公总是在门口张望，高大的身影温暖慈祥，让人看了心里酸酸的。他时常拿出好吃的东西喊我们吃，吃饭的时候也是一声声地喊我们吃，生怕我们没吃饱。

外公不是土生土长的芜湖人，他年轻的时候从合肥某个县里来到芜湖讨生活，凭着力气在建筑公司拉板车养活他的七个子女。他含辛茹苦地劳作着，在那些饥馑的年代苦苦挣扎。母亲是老大，初中考上十二中，只读了一学期，因为没钱交学费辍学拉板车，早早分担起家庭的重担，吃了很多苦。外公对母亲很是怜惜，对我们几个外孙也疼爱有加，时常抽空坐2路公交车来看望我们。外公一定在心里牵挂着我母亲，有没有累着、苦着，几个孩子有没有吃饱饭……他从饥荒里走过，一生劳苦颠沛，尝尽世事艰难，他怕他的孩子们苦着，而他的双手却无力为我们遮挡风雨，时常听到他的叹息声。他要养育几个孩子，生活肯定捉襟见肘，可每次来，他总是带着零食，譬如饼干、桃酥、糖果，给我们几个孩子吃。外公的到来是我们几个孩子最高兴的事。

外公对我们温和慈祥，和风细雨，但他也有暴躁的时候。他没多少文化，对孩子们的教育也是简单粗暴，有时候会棍棒相加。主要是对我的一个小姨，她贪玩，放学后有时不见踪迹，一家人等她吃晚饭要等很久；有时找不到人，外公的气恼可想而知。记忆中的画面，总是他拿着棍子吓得我们大气不敢出。看到小姨被打得东躲西藏，我们赶紧哀求外公别打了。被外公的棍棒打到之处，伴随着小姨的大呼小叫，我想，那也一定是外公的心疼之处吧，他要严加管教不听话的女儿，防止她们走弯路；他的家教严厉，却是用心良苦。

外公后来得了脑溢血，卧床十年。那天跟随母亲去医院看他的时候，他紧闭双眼，眼角流出了眼泪，我们的眼泪也瞬间夺眶而出，一辈子吃苦耐劳、刚强的外公倒下了，再也不能坐着2路公交车来看望他的女儿和外孙们。我们仰望的依傍也倒下了。外公此时像一个孩子需要人照顾、关心，可我们上班、上学，个个都忙碌着，不能经常去看望外公，幸亏有外婆精心照料，外公才得以延续着他的生命。每每想到此，我也总是悔恨没有经常去看望他。那时候，每次从母亲那儿听到外公可以翻身了，可以坐起来了，可以走几步路了，都高兴万分，多么希望外公能像以前那样身板硬朗啊。

有时候我跟母亲去看望外公，我们坐着2路公交车，一路颠簸，坐到东郊路下车，步行一段路。母亲总是在那儿买些吃的食品带着，就像外公当年来看我们时一样，携着一路的牵挂、殷殷的期盼和想念。外公总是坐在老屋门口，望着我们的来路，他一定非常想念他的孩子们，所以总是这样面朝路口坐着。看到我们的身影，看到我母亲因为关节炎走路蹒跚的样子，他就开始默默流泪。走到近前，外公拉着母亲的手长久不肯松开，继续流泪，母亲和我也流了眼泪，直到我和外婆苦劝才能停息。外公大概是知道自己的病情，也知道母亲的病情，他心里万般的苦都凝结成眼泪溢出来。

再后来，外公去世了，我正怀着我的女儿，母亲说不能去送外公。我能想象失去挚爱亲人，我的母亲一定会伤心痛哭，而我没能送外公最后一程，也不能在母亲身边搀扶一把，安慰一下她悲痛的心情。

外公在我们芜湖其实不叫外公，叫噶爹。我们一口一口叫着的亲亲的噶爹离开我们已经二十多年了，母亲也离开我们十五年了。记忆在深处流淌，有时会翻滚起激荡的浪花来到我们的眼前，让人温暖，也让人唏嘘。

如今的左岸小区，就是曾经的后家山，连着的还有陡门山、曹家山、张家山，

谷　雨（第一卷）

现在都是高楼林立，车水马龙了。站在左岸的地上，望着高大的香樟，婆娑的树影，我寻觅着当初的模样，却不见踪影。只能靠想象追忆过去的时光，那些逝水年华，那些在外公家玩耍、和小姨们荡秋千的时光，只能靠回忆来怀念我的亲人们。我想知道，外公和母亲在另一个世界相见了吗？他们见面还会流泪吗？

原　谅

白海燕

一

十一岁的事了。

那时，她还是个个头矮矮的小姑娘。正月里，她和小姨去大姨家，待了几天后，大人决定带上孩子，一起去江那边看望二姨。舅舅也去，随行的还有宝叔——他和舅舅过年时到处唱门歌，挣个闲钱。和她父亲一般年纪，笑容很憨厚，同她们小孩子也有说有笑，所以，她把他当自家亲戚一样看待，何况他和舅舅关系亲厚。

二姨家一下来了大队人马，晚上的留宿就成了问题。当晚，除了两张床挤满人，侧屋里也打了地铺。由舅舅和宝叔带她与表姐睡，舅舅表姐睡一头，宝叔和她睡另一头。她从没有过这样睡地铺的经历，自然感受是新奇的，而宝叔又是一个情感上可亲赖的父辈，所以对这样的安排很喜欢。熄灯了，宝叔揽着她，像抱着他的小女儿，很疼爱。而且她也知道，他有个和她同龄的女儿。她特别安心地躺在那张厚实的怀抱里，听他小声问这问那，她也欢喜作答。她甚至羡慕他女儿，有这样一个平易温暖的父亲——她的父亲却以严肃著称，你很少能在他那儿得到多少温情的表示。记得他们家的大床上，一头母亲带弟弟睡，一头父亲和她睡，像宝叔那样伸出胳膊给她当枕头的事，父亲可从没做过。他白天的严肃一样延伸到了晚上，表达感情对他来说好像是一件很困难的事。

可是宝叔的偶然出现，满足了一个孩子内心的渴望，原来父爱也可以这样柔软。被疼爱的感觉真好。她睡得特别美甜，父亲没有给她的，一个不相干的男人给了她。早晨醒来，都不忙起床，舅舅和宝叔总闲聊一会，她也不动，依旧睡在他的臂弯里，贪恋着那样的慈爱。那几天过得真开心，白天到处玩，夜晚有期盼——对宝叔的依恋让睡觉也成了此行的快乐之一，大家都看得出她对宝叔的感情，还笑话说，就去给宝叔当女儿吧。虽然听得出是戏语，她在心里却是使劲点头的，她多么乐意有这样一个父亲呀。这是她自己的父亲所不知道的——他在孩子心中，仅仅几天之内就被另一个男人取代，他的过于严肃显然酿就了他作为一个父亲的失败。

然而，大家到底在谈论归程了。她隐隐有点失望。——像这样的疼爱有加的时刻再不会有了，假如从来没有过，你不知道它的滋味。一旦品尝了，实在难忘。最后一天，终于来了。

那天早上，大家早早都醒了。舅舅和宝叔依旧闲话，她依旧卧着不动。可是，有什么不一样发生了。那天的宝叔不同往常，他把她的双腿紧紧夹在他的两腿之间，那样的使力让她很诧异，而且她听得出他的呼吸也平时粗重。母亲催她起床时，宝叔却箍紧她，说，迟一点没关系。她挣扎了一下，却抽不出腿，一种本能的害怕忽然攫住了她。但她说不出口，只涨红着脸，拼了吃奶的劲，霍地坐起。宝叔在她决绝的表情里有点讪讪。母亲再唤时，她迅速穿衣，离开了。

她先期对宝叔所有的好感就这样一下子没有了，被窝里的一幕她无从和任何人说起。一个十一岁小姑娘对成人的那些事虽不能准确领会，但她有敏感，那不是什么好事，不是能随便开口诉与人的，它很丑陋，很肮脏。她默默消化了这个经历，虽然回去的路上，她还是大家眼里的小姑娘，可是她自己知道，这个小姑娘实在有别于来时的那个她了。她纯真地信赖过，依恋过，却也惊骇过，疑惧过。她捧在手心里宝贝一样的东西在最后的时刻摔地而碎了！

以后念书很少去大姨家。亲戚们往来，偶尔说起宝叔时，她还是会心一动，有种复杂的滋味漫上来。那种滋味里最大的成分还是被辜负与被伤害。不过成人后，想起成长路上种种，对这件事倒也另有一种看待。那实在是一个纯朴的时代，人们都毫无戒备心地活着，很难想象，今天会有那样一种睡地铺的安排。而人性不是用来被考验的，三十几岁正当盛年的宝叔，对枕畔十一岁的小姑娘生了一点未付诸实际行动的邪念，很正常——你不能因此判决他是一个坏人，一个好人的一生中也总有某些时刻经不起推敲吧。

这样想想，她就原谅了那个早晨，驱散了一朵乌云……

二

朋友聊天，和她说起一件不舒服的事：她弟才走了一周，弟媳就去街上做头发了。弟媳对弟弟真薄情。

她听了，劝说：你弟病了多年，弟媳也不容易，她能快速走出来，是好事。如果你是她的娘家姐妹，就只会为她高兴了……

同学被这么一说，疙瘩解开了。她却想起自己曾经的疙瘩。

原

谅

那时，在学校读书，父亲走了，室友和她去她家了。回校后，室友说起她的感受：我觉得你母亲没有那么悲伤。这句话戳痛了她，她觉得这里有很多潜台词。

后来有次和弟弟聊天，弟弟也说，他看到母亲照镜子，很不满。姐弟俩都有同感：他们的母亲对父亲没多少感情，这是当时的他们所无法接受的。

多年后，当她也经营了很久的婚姻，并且和母亲也无话不谈的时候，她也才真正理解并原谅了母亲，不，准确地说，是谅解了一个女人。

母亲确实没那么爱父亲，当初这是外婆决定的婚姻，母亲聪明，以她的心性，是看不上父亲的。婚后，父亲的过于理性固执、缺乏沟通，也让母亲很不满。后来父亲又生病，沉重的日子磨得她也只能像牛马一样奔，再别谈多少感情了！

父亲走时，两个孩子都学业不错，她心里充满希望，也确实没那么悲伤。她说，孩子们都还要上学，家里家外都指望她一个人，她必须振作。

母亲说，她知道当时奶奶姑姑都对她有看法，她在坟地旁的菜地里做活，奶奶趴那哭，大概巴不得她也趴那哭。她去赶集，姑姑看到她跑得快，叹气说：想起去世兄弟，腿都软了。她奇怪母亲哪来力气？

母亲说，大妯娌常走过门口看她，回去和丈夫议论：她过得一点不丧，不需要任何安慰。

母亲说，大概村人都想看到她天天躺床上，以泪洗面，这才是对一个亡人该有的缅怀。可她让大家失望了。

母亲说，只有外婆体恤女儿，天天陪她、帮她，有时小姨也来，住几天。她说，这时候，只有真正的亲人，才站你一边，不愿你多流一滴泪。

她就在母亲的这些幽幽叙述中，松解了心里的疙瘩。

她甚至羞愧，当年和别人一样用审判的目光注视母亲，却忽略了她曾经在艰难日子里的煎熬，忽略了她一个人做两个人的事，把父亲未竟的责任独自完成，忽略了她正是仰仗对她们的爱才得以支撑，拥有力量……

所以今天，她毫不迟疑地为那个做头发的弟媳说话，她不希望看到又一个未亡人被世俗绑架……

三

她十九岁时，父亲就走了。但她们父女之间有过一次较大的冲突。

她十六岁中考，达到了中专分数线，填志愿时，想填卫校。从医，这是她很久以来的梦想。当然她没那么高尚的动机——做白衣天使，去救死扶伤，压根就没这回事。她只是想，力所能及帮助她的家庭，因为父亲的身体一直不好，使得她们总在担惊受怕中。

一个孩子看着她常常犯病躺在床上的父亲，她能做什么呢？她什么都做不了，只有害怕，还有暗自的决心。她在等自己长大，并且常常祈祷父亲能等到这一天，即她有力量护佑到他、护佑到这个家的那一天。

从医，就是她郑重的决定。

在她少年的心里，她几乎是怀抱着全部的热情去憧憬这个目标，从没问自己喜欢不喜欢，只觉得这是她必须做的——还有什么比父亲的健康与家人的安心更重要呢？在暗地里，这甚至已经成了一种使命，沉甸甸地落在她的肩上。

所以，当学校通知去填志愿时，她毫不犹豫地和家人说出自己的想法，要填卫校。她以为，这也一定是众望所归的事情。

但万没想到，父亲不同意，他要她填师范。

他的理由是，女孩子和病人打交道，哪有和孩子打交道轻松？

父亲一向言语不多，很严肃，她们对他都很敬畏。但事关她的职业选择这件大事，她想坚持她的决定，于是她把自己埋藏了很久的心里话和盘托出。

但是没用。父亲只轻轻一句话结束：不要你为我操心，一辈子的工作太重要了！

他像以往任何时候一样，用他作为一家之主的权威决定了这件事。甚至志愿都不用她自己填，他去包办了。

她无比膨胀的十六岁，在他眼里，依然是个孩子，他再没指望她来为他遮风挡雨。

可怜她的雄心！可怜她的梦想！就这么轻易被改写。对于父亲的举动，她当时只能用一个词形容心情：敢怒不敢言。十六岁，毕竟还不具备多少抗争的勇气。

后来，她也只能乖乖当了教师，走在父亲为她安排的职业之路上。

后来，她每每想起，对人生之初的选择没有得到足够尊重与支持仍有微词，即使在父亲走了多年之后。

是什么时候，她真正懂得了父亲当初的良苦用心，而彻底谅解他了呢？

是她的孩子长大，也开始面临职业选择了！

她才知道，她和全天下平凡的父母一样，和曾经她的父亲一样，都无求于孩子，都怀有一颗私心，只希望他能拥有一份相对舒服的工作，可以轻松过一辈子。

原来，父亲的不与商量、擅作主张，都源于爱。

都源于爱啊！

原谅

城市因"温暖"而美好

杨才星

暮春的一个夜晚，我关闭了电脑，暂时告别了那些总是写也写不完的文字，走出单位办公楼，穿行在小城的街道上，一缕缕未名的花香沁人心脾，柔柔的春风轻抚着我的肌肤，感到无比的轻松与惬意。

街上灯火通明，各式车辆和人流从身旁穿过，一种久违的亲切感让眼里的景物变得美轮美奂起来。因工作的繁琐，我已习惯了所居住小区到单位这段两点一线的距离，以及这段路程中的各种景致，像这样一个人在夜晚独自徜徉在繁华的闹市已是很久远的记忆了。

不知何时，脸上感觉到丝丝清凉，原来天空下起了小雨。春雨总是这样，来得毫无声息，润物细无声，街上的行人并不因为突然飘过的细雨而变得惊慌，脚步仍是不疾不徐信步而行。夜晚的小城，并不因为下着小雨，就寂寞冷清下来，除了川流不息的大大小小车辆，还有络绎不绝的人流。有时尚的情侣挽着胳膊旁若无人地轻轻呢喃；有一家三口，孩子嘴中咬着一根棒棒糖，左手牵着爸爸，右手牵着妈妈，脸上绽放着稚嫩的笑容；也有满头银发的老人，手中握着健身球，迈着矫健的步伐，展现出的是青春的自信和热烈的风采。

清爽的微风细雨中，飘荡着阵阵诱人香味的烧烤摊子，吸引了不少人驻足停留。临街的水果店、服装店，无不在向人们发出热烈的邀请。舌尖上的诱惑和琳琅满目的商品，成为小城夜晚的宠儿和极美的景致。

不知不觉间来到了一个所在，高端大气上档次的门楼让我眼前一亮，原来已走到了繁昌三中的大门口。几年前，三中的大门还像个未见过世面的山里娃，门前狭窄，出门就是马路，上学和放学期间交通堵塞那是常态。不过，随着教学楼的规模扩建、操场的升级改造，加之将主校门由西改向北，学校也华丽转变成繁昌最美的校园。说起这个学校的扩建，我多少还做过一些贡献呢！因为从头至尾，我都参与了三中校园内原教师宿舍和毗邻三中的气象局办公楼、职工宿舍的房屋征收工作。每当途经此校，我的心中都不由地会升起一股自豪感，同时也为繁昌将教育视作最大的民生，并舍得大投入而点赞。

小城的夜晚，最吸引人眼球的就得要数峨溪河两岸的景观带了。这条繁昌的母亲河曾经因污水横溢、杂草丛生而"面色"灰暗形象受损。如今，政府加大了投入，建成了高标准的污水处理厂，还对河道的水环境进行了综合治理，在河道两岸修建了优雅别致的木制栈道，使之成为小城的亮丽名片。人们三三两两地走在上面，一边观赏着由色彩斑斓的灯光编织而就的夜色美景，一边聊着白天发生的有趣话题，在为小城发展日新月异而欣喜的同时，也为人们生活条件的改善、幸福指数的不断攀升而欣喜。繁昌正在致力于打造"年轻人最喜欢的城市"，不但有供老少娱乐的各类文化场所和各种休闲方式，还于今年初引进了像"星巴克"这样的全球知名品牌入驻。随着一系列招商引资、招才引智的优惠政策出台，吸引了更多人才和资本从四面八方而来，在小城安家落户投资兴业，将小城当作温暖的港湾、自己的家园。

依山傍水的小城，夜晚就是一个光的世界，城东新区高楼林立，餐饮服务业、文化娱乐场所齐全，全民健身广场的兴建和安定公园的打造，成了小城最繁华的所在和最亮丽的风景。体育场外，孩子们在开心地滑着旱冰，中老年人自发组织的健身舞蹈队在音乐的伴奏下翩翩起舞。几个灯光篮球场上，都有打球者在快速奔跑、穿插、突破、运球、投篮，挥汗如雨，酣畅淋漓。体育场内，塑胶跑道上有很多人在跑步健身、足球场上也在上演着激烈的对抗……"我运动、我健康、我快乐"，当物质生活无忧后，精神享受便自然成了人们追求的时尚。众多的居民小区内，都建有或大或小的休闲健身广场，各类的体育健身器材是人们茶余饭后的好伙伴。自去年全市开展"暖民心"健身行动以来，我们这个小城又增添了许多健身器材，还对老旧的健身器材进行了维修，让"15分钟健身圈"不再只停留在纸上、口号上，而是让广大市民都能从自己身边实实在在的变化中，看到党和政府的担当与作为，以及解决群众"关键小事"的决心和行动。

距离全民健身广场不到三百米的繁昌图书馆灯火通明，很多读者捧书细品沉浸其中物我两忘。一边是潜心阅读的图书馆，一边是热烈奔放的健身场，"一静一动"之间，不但没有半点的违和感，反而演绎出小城夜晚特有的生动与美妙。图书馆面积大、颜值高、服务好，是我们这座小城的一个标志性建筑。不过，住在城西的读者要想去图书馆，就得穿城而过，即便驱车也得十来分钟才能到达，如果坐公交、骑车就得更长时间了。如今，随着城市规模的不断扩大，"全民阅读"逐步深入人心，人们对学习和学习场所的需求也日益增长。"一座城市一座图书馆"的配置已明显跟不上时代了。打造"15分钟阅读圈"已不再是小城最响亮的口号，而是正在变成的现实。2020年，新光社区辖区内的峨山书舍闪亮登场，成为小城的首个城市书房；2022年，面积更大、环境更好的龙亭书苑和繁昌书院于当年元旦同时"开门迎客"；前不久，位于西苑社区辖区内的"蜗牛书吧"也对外免费开放，使小城打造"15分钟阅读圈"不再是个梦。这些城市书房的建立，不仅温暖了读者，也浸润了整个小城。

一座城市的建设发展，直接关系到市民的幸福感、获得感和安全感。只有通过绣花般的细心、耐心、巧心，精心营造优美、整洁、有序、和谐、宜居的城市环境，才能提升民生保障的温情暖意。我坚信，我们这座小城将会变得更加漂亮、更加"温暖"、更加美好，将会吸引更多的人用心去守望温暖的生活，用情去创造美好的日子！

谷 雨（第一卷）

故乡的秋

李德广

处暑过后，连着下了几场秋雨，暑热渐渐退去。

毕竟新凉，秋风尚嫩，正午的太阳晒在肩背上依然灼热，只是早晚较为凉爽。

入夜，风儿摇曳窗纱，徐徐入室，竟要拥衾而卧了，倘使此刻又天降小雨，静卧床上，听着窗外雨打芭蕉，心如止水，极易酣然入睡的，不像伏天的夜晚，闷热难当，汗渍洇湿身下的篾席，心烦意躁，辗转反侧，难以入眠。

街上行人的衣着也悄然有了变化：早晨天凉，稍微上了一点年纪的人于长衣外面还要罩上一件夹袄，大姑娘小媳妇爱美，依然穿着短裙薄衣……

过了白露，秋意渐浓，远山近水、田畴原野呈现出水彩画般的秋丽；天空明净高远，棉花般的白云自由舒卷；山上林木翁郁，翠色逼人；清澈的河水缓缓流淌，少了春天的湍急、夏日的咆哮，显现出处子般的矜持。

田野里一片金黄，沉甸甸的稻穗在秋风中不堪重负似的探头探脑，仿佛在召唤土地的主人早日开镰收割；沟渠畔，野芦苇举着一蓬蓬雪白、毛茸茸的芦花，摇乱一池秋水；还有农家房前屋后的扁豆架上那盛开的一簇簇殷红的扁豆花，分明给这江南秋天的画板上平添了几笔野趣；到了夜晚，墙根下，草窠里，水井旁秋虫声声，愈显出夜的宁静与安详。

哦，故乡的秋！

一日午后，去山里拜访一位老友，来到门首，只见院门紧锁，矮墙里，板栗、柿子、石榴树硕果累累，缀满枝头，一只花公鸡昂着头从母鸡群里踱了出来，伸着长长的脖颈，向着空中响亮地打鸣儿。

转过院墙，上了村街，径直朝村里走去，村子的尽头紧贴着南山，翻过山脊便是邻县了。村子对面的西山脚下有一条山溪，溪水明亮，静静地流淌，溪畔长着一丛丛棕叶，两只鹁鸪在溪埂上悠闲地踱着步子，一俟人走近，这才扑棱着翅膀钻进棕叶丛里。

沿着溪埂朝村口走去，出了村子，见道左的坡地上有一老汉在挥锄挖地，瞧着面熟，这才想起上次在老友家与他曾有过一面之交。老汉似乎也认出我来，停下手中的锄头，两眼定定地朝我这里望来，我弃了大路，踩着窄窄的田埂朝老汉的田地里走去。

"来啦"，老汉同我打着招呼道，"石堂大清早就拎着两篮子板栗上街去了，说去菜市卖一篮，剩下的一篮留给住在镇上的女儿家应应节，这不眼看就要过中秋节了。"

老汉说的石堂正是我要拜访的人。

石堂年幼时上了几年的村小，大集体时，当过大队的会计，甚是精明，一肚子陈芝麻烂谷子，又健谈，说起陈年往事滔滔不绝，绘声绘色，我从他那里确实收集到了许多鲜活的生活素材，只是生性懒散，一直未能下笔成文。

我掏出一支烟给老汉递了过去，老汉点着烟吸了一口又道，"石堂平日里就好一口，中午在镇上必定又要喝个二五八杯的，下晚也必定搭末班车回村里，你就不要走了，晚上索性在他家住一宿，反正就他一个人在家，聊个尽兴。"

诚然，夜宿山村，踏月看山，临溪观水，耳闻犬吠柴门，自有一番山野之趣，只是临出门时已和老伴说好出去走走，迟一点回来，并无在外留宿的准备，且又空着一双手来，怎好叨扰人家，忙说，"不了，不了，只是闲着出来走走，顺道来看看石堂，并无要紧的事，一会儿就回去。"

远远地见一老婆婆挑着一担稻箩朝这里走来。

"这平整好了的田垄里准备种些什么呢？"望着老汉脚下精耕细作的土地，我问。

"白露的萝卜寒露的菜，眼下正是种萝卜的时节，菠菜、芫荽、小青菜秧子也该撒籽了，这不老奶奶去养鸡场买鸡粪回来了，马上全都撒进地里。"老汉指着走近的老婆婆答道。

老婆婆挑着一担装着鸡粪的稻箩来到地头，歇下肩上的担子，接过老汉的话茬道，"我家菜地里不用一两化肥，施的全是农家肥，土地松，不结块，蔬菜肯长又水嫩，浇化肥的菜吃进嘴里淡撇撇的寡味，不是我吹，我种的萝卜，一经霜打，烧在锅里稀烂，入口即化，赛过人参，挑到菜市，老主顾们一抢而空。"

望着两个老人辛苦并快乐着劳作，我舒心地笑了，一扫先前访友不遇的沮丧。

别过老汉，我朝村外的公交站亭走去。

昨夜下了一场透雨，气温骤降，空气中弥漫着浓郁的桂花的芳香。桂花喜阴凉，气温愈低，花事愈盛，俗称"冻桂花"。

秋风里，一年一度的中秋佳节又悄然而至。

每逢农历八月十五，天上月圆，人间人团圆，在外的游子必定于这一天回到故

谷雨（第一卷）

乡，与亲人团聚；倘使遇着山川阻隔，舟车不通，羁留他乡，又徒添亲人们的思念，勾起离人的绵绵乡愁了。

在我的人生履历中，打记事起已不知度过了多少个中秋佳节，而留在记忆深处的还是儿时过中秋的场景。

早端午，晚中秋。

中秋节的团圆晚宴酒菜之丰盛绝非常日里可比，饭桌上，深碗浅碟挤挤挨挨，一家人围桌而坐，饮酒吃肉其乐融融。

宴毕，撤去杯盏碗筷，移步院内，取一铜盆，贮满清水，置于青石条上，此时，月在中天，月影倒映水中，天上月光皎洁，盆中圆月一轮，相映成趣，谓之"请月"。石条旁放一矮桌，桌上放一竹扁，竹扁里摆着月饼、石榴、菱角和花香藕，当然，还要泡上一壶酽茶，一家人一边吃着月饼，一边看着铜盆中的明月，这叫"赏月"。

有顽童捡起一枚石子丢进铜盆里，激起一串水花，好端端的一个大月亮随着水波晃荡破碎了，不过不要紧，一俟水面平静，铜盆里复又现出一轮圆月来。

孩童们天性好奇，看着月亮上酷似桂树和树下伐树人那斑驳的黑影，便缠着爷爷奶奶或是外公外婆讲那月宫里故事，此刻的爷爷奶奶或是外公外婆心情怡然，也乐于将这一份好心情分享出去，便都乐陶陶地讲起嫦娥奔月、吴刚伐桂的故事来……

夜深了，野外月色溶溶，空气中飘浮着桂花的芳香，树木花草，楼台屋舍在如水的清辉里呈现出梦幻般的色彩。

故乡的秋

婆婆的遗产

丁兴文

2018年的秋天来得有些早。几阵秋风，一场秋雨，暑气不再熏人，天气渐渐凉下来。8月13日天刚亮，一阵急促的手机铃声，将熟睡中的爱人惊醒，是他大哥打来的，婆婆去世了。爱人一阵风似的冲下楼，夺门而出。

婆婆生育三儿一女，女儿早年病故，我爱人排行老三。十多年前，公公去世后，婆婆一人独居，四十八平米的廉租房，还算宽敞。虽说独居，平时亲戚好友来来往往，热热闹闹，用婆婆的话说：抹桌子不干。她身体硬朗，年轻时身材高挑，老了老了，还是比同辈的奶奶们高出大半个头。日常生活起居，自理有余，还时常帮我干一些家务活，平日里很少生病。房里屋外整理得干干净净，左右隔壁的住户常常夸婆婆：和孟奶奶做邻居，我们一年要省下好多扫把钱呢。每月几百元的低保费，婆婆安排得井井有条，楼上楼下谁家的婚丧喜事少不了她的份，或多或少总要表示点心意。

经济上她也不用我们三兄弟的补贴。曾有熟人悄悄地告诉我：你婆婆经常起早贪黑，在城区周边捡废纸盒、瓶子，在其他小区翻垃圾桶。我听了很不是滋味，难怪公公去世后，她坚持要住廉租房，三个儿子家，哪家都不去。其实，她早有自己的安排。当晚爱人送去五百元，爱人回来后满脸委屈，一肚子气，原来，他们母子争吵了很久。婆婆捡废品理由充足：我一不偷，二不抢，人家不要的垃圾变废为钱，街道也更干净了。另外，身体好，走得动，满城区转悠，腿脚得到锻炼，防止老年痴呆。至于那五百元钱，婆婆坚决不要！

两个多月前，查出婆婆的心脏病更严重了，之后每晚兄弟三人轮流陪护。

秋日的阳光，静静地照在阳台上，我的泪水伴着清晨冰凉的秋风流淌，流淌……是的，婆婆离世了，她永远地离开了我们，老人家因为心脏病走完了八十二岁的生活旅程。可是婆婆，你走得太快了，还没来得及说点什么。一个多月前，暑气难当，在芜湖二院住院治疗的日子里，她吃喝正常，洗澡自理，甚至还自己动手洗衣，帮助临床的老太太下床走动。当时还想，我的陪护是不是多余的？可是俗话说：人老如朽衣，稍有裂痕，说破就破。

得知婆婆去世的消息，家族的二叔、三叔前来帮助料理老人的后事。爱人的家族很大，平辈的老俩们、堂兄弟姐妹们挤得满满一屋子。

二叔和三叔当众宣布召开家庭会议。我也没多想，无非就是婆婆的安葬费用问题，该我出的出呗。接着二叔打开一张信纸，郑重宣读："我是个没用的人，没念过书，一生只会做粗力活，也没留下房子或很多的钱，老头子走后，三个儿子媳妇很孝顺，平时吃的穿的他们没少买。几个孙子孙女都长大了，要花不少的钱。他们的生活也不容易，为了不给他们增加负担，十几年来，我捡废品卖钱增加收入，每月的低保费尽量留作存款不动。到现在一共存了五万多块钱，存折放在了床头柜下一个红木箱子里。半年前查出来心脏有毛病，经常半夜心脏跳得厉害，担心哪一天会突然死去，孩子们还不晓得。找人代写了这个条子。交给你们的两个叔叔去盖了公章。我死后，尽量少用钱，剩下的存款一部分要留给我娘家和婆家的小辈们婚嫁用，算作我的份子钱，另外，我还有一个亲弟弟，平时有空你们去看看他。金戒指和金耳环留给我的大孙子，大儿子从小在家为了两个弟弟和妹妹吃了不少苦，只念到小学。娘一直觉得很愧对你。二儿子和小儿子你们要多多包涵，三个媳妇不要吵闹，让旁人笑话。以前听人家说过，家中有老人过世，儿女们吵得不可开交，亲兄弟反目为仇，不相往来。你们一定要记住，你们是一娘所生，一根藤上的瓜。为了让你们放心，特地请了你们的二叔三叔主事，这样公平合理。"

众人惊呆了。不承想，一个吃低保的老人，生前想得如此周到。这是份遗嘱，算是财产分割表吗？我婆婆目不识丁，不懂什么法律条文，她只能这样做了！算是生前的最后交代吧。这是一份善良仁慈的爱心，是希望他们的儿女过得更好。

然而瞬间的我，心中还是不平静的，为什么死后还顾着娘家人。都说父母疼的是尽头儿，更何况那年给婆婆报低保，大冬天的，放着店里的生意不做，我一个人跑上跑下去社区送材料，那个时候，大哥二哥大嫂二嫂，你们又在做什么呢？委屈、莫名的悲伤，我一下子号啕大哭起来。要知道，这张信纸上有婆婆按下的手印和鲜红的公章，具有法律效果。随即，大家也哭得稀里哗啦，我想，这哭也是哭出自己的心思吧。不知道是不是有谁哭得内疚。

顷刻，大嫂抹干眼泪，站起身来，面对大家认真宣布：婆婆的金首饰她家不要，和老二老三三家平分，或者是另作处理。我又是大吃了一惊。这婆家的长嫂，平时很爱占便宜，说话大嗓门，肚子里藏不住三粒豆，占着兄弟中的老大，平时当众人面没少批评我。这回真是刮目相看了，身临大事不含糊。

日后三天，大家分工明确，进用费用由二叔和三叔掌管。婆婆和公公葬在了一起，在一座山坡的中间。这里坟茔林立，四周树木苍翠，四季常青。坡下一弯山

婆婆的遗产

塘，流水淙淙，清澈见底。生前爱热闹的婆婆也是满心欢喜的吧。

明细账算下来，除去出葬费用四万元，还剩下一万多。经三兄弟决定：婆婆的戒指和耳环变换成现金，和剩下的那一万块钱存在了一起。

日子一天天过去，转眼就到了"六七"（民间一种习俗）的日子，我们兄弟三家备好祭品上山祭祀。时已深秋，一阵山风吹过，叶子"哗啦啦"作响，一只不知名的鸟儿在鞭炮声和纸灰烟里"呼啦"一下远去。

磕头、磕头、磕头，立起。蓦然，我发现爱人和他的大哥、二哥，三个男人的大手，紧紧地叠在了一起。大嫂已站到了中间，左手拉着我，右手拉着二嫂，肩并肩在秋日的午后下山而去。

因为婆婆的遗嘱和婆婆的遗产分配，这些年我们和邻县的表兄妹、家族的堂兄弟姐妹走动频繁，关系亲密，还时常去探望婆婆唯一的弟弟，我们的舅舅。

婆婆，我常常想起那张按着您手印的字条，其实，您留给我们的不仅仅是一份微薄的财产，更是一份血浓于水的亲情至爱。

张岱到芜湖之时间考

梅柏刚

晚明才子张岱曾经来到过芜湖，这在他自己的诗文里便有记载。其《芜湖鲥鱼（太平）》诗云："曾到芜关上，亲尝六尺鲥。舟移一榜雪，竿积百缣绿。鳞白皆成液，骨糜总是脂。甘腴谁克并，岁岁储相思。"另外，宗子所撰《快园道古·学问部》载："松江唐士雅双目失明，听书数千卷。陶庵遇之芜湖，陶庵适著《义烈传》，以目录读与听，恐有未备，乞士雅查之。士雅闭门七日，喃喃点念，云已查遍（高学安、佘德余点校的浙江古籍本作"编"，疑误）二十一史，某代尚有某某，呼书记一一写出，补入二百余人。"

张岱何时来到芜湖？曾见佘德余教授所著《都市文人——张岱传》一书认为，宗子到芜湖的时间是在1618年（张岱22岁）。但凭直觉，我以为不会这么早，因就所见"张岱年谱"来看，他在22岁之前，几乎没有出过远门。佘德余先生的结论，大概是依据了胡益民的《张岱评传》（此书胡先生用力甚勤，但错误也不少，胡先生于前些年病逝，不及修订，甚是遗憾）。胡氏《张岱评传》附有《张岱简谱》，"1618年"项下，有云："是年始，致力于史学研究，广收材料，撰写义士传（书刻成时改名义烈传）。"胡氏在小注里解释："关于义烈传始作时间，书前诸家序略有出入。此据义烈传祁彪佳崇祯四年（1631）序，因张、祁两人关系最密，所记当更为可靠。"祁序有云："余友张宗子，目穷学海，才注文河，十年搜载，得烈士数百余人，手自删削，自成一家言。"张岱义烈传初稿，完成于1628年，故胡益民根据祁彪佳所说的"十年搜载"，断定张岱作义烈传的起始时间为1618年，大致不错。但佘德余先生根据此一时间点，再加上张岱自述在芜湖遇见了唐士雅，进而确定张岱到芜湖的时间为1618年，则显然有问题，且不计在该年月份上是否合拍，此时宗子刚刚起手著作，应该不可能如此快速完工而请唐士雅核查，哪怕是目录。

那么，张岱究竟是哪一年来到了芜湖？同为张岱义烈传作序的马如蛟，他在序里有一段话值得注意，明确地交代了张岱到达当涂的年代和季节。马序有云："余滥竽山阴，暗中摸索，得交宗子。五年守土，略去世法，几同家人骨肉……今年，予奉命有川江役，杨石攻、张宗子取道采石，破浪来访，促膝经旬，慰劳交至。一夕夜话，宗子以所著《义士传》命余序之……岁己巳暮春，友人马如蛟题。"《明史·马如蛟传》载："马如蛟，字腾仲，和州人（今安徽和县）。天启二年（1622）进士。授浙江山阴知县，有清操。崇祯元年征授御史，劾罢魏忠贤党徐绍吉、张讷。出按四川。"另据《明季北略》载："马如蛟……己巳（1629），巡按四川。"马如蛟曾任浙江山阴县令，在此时与张岱相识，并成为好友。与张岱一道拜访马如蛟的杨石攻是马、张共同的朋友。马序作于"己巳暮春"，即明崇祯二年（1629），马如蛟因准备去四川任职，即其所谓的"予奉命有川江役"，此时他应在和县的老家。和县隔江南对采石矶，张岱由采石过江去拜访他，即所谓"杨石攻、张宗子取道采石，破浪来访"，并请其为义烈传作序。

《明史·地理志》载："太平府，领县三：当涂、芜湖、繁昌。"当涂为太平府所在地，采石属当涂，张岱此次路过，具体目的尚不明确。但由马序可推测，既然张、马能在和县"促膝经旬"，其在太平府一带逗留的时间应该不会很短。他的叔父张联芳前一年还在太平府为官，他的"年祖"王思任（张岱的祖父张汝霖与王思任为同年进士且关系密切，故张岱如是称之）曾于明万历年间任当涂县令，进而有理由相信他有兴趣到芜湖一游，且就在该年（1629）的仲春前后。其时，正值春天，乃是食鲥鱼的好季节，张岱在芜湖品尝到了鲥鱼，以至于念念不忘，多年后还作诗回忆。从其诗句"曾到芜关上，亲尝六尺鲥……岁岁储相思"，或可推测宗子到"芜关"乃至芜湖仅此一次；此次出游，张岱还随身携带了《古今义烈传》初稿，他在芜湖时又刚好遇见了唐士雅，于是请其为自己的著作查缺补漏。是年张岱33岁。

还有一问题值得一说，张岱在自己文章中，至少有两次提及唐士雅，一为他到芜湖遇见之（见上引），一为他往"云间"（上海）拜访之，"余至云间，有唐士雅者，五岁失明，耳受诗书，不下万卷。其所著有《唐诗解》《人物考》诸书，援引笺注，虽至隐僻之书，无不搜到。其所作诗文，则出口如注，而缮写者手不及追。"（见张岱《五异人传》）。但查考资料发现，宗子记忆有误，其所说的"唐士雅"实为"唐汝询"。两处均错，盖是其晚年记忆力减退所致。

钱谦益《列朝诗集小传》有《唐瞽者汝询》一条，云："汝询，字仲言，云间人。五岁而瞽，父兄抱膝上，授以三百篇，及唐诗，无不成诵。旁通经史，能为诸体诗。笺注唐诗，援据该博，亦近代一异人也。"著有《唐诗解》《编蓬集》《姑蔑集》《酉阳舌琐》等。

唐汝询曾往常熟拜访钱谦益，其时牧斋正笺注杜诗，于是便请唐汝询"留校杜诗"，且"时有新意"。能入钱谦益之法眼，可见其并非泛泛之辈，所以张岱在芜湖遇见唐汝询,请他为自己的著作把关也就不奇怪了。唐汝询之兄名唐汝谔,字士雅,天启年间任常熟教谕,著有《古诗解》等。唐氏兄弟与当时的文坛领袖钱谦益均有交往。张岱义烈传自脱稿后,一直在修改,尤其明亡之后,添加人数较多,初稿选有四百余人,后定稿,增至五百七十三人,唐汝询当初建议添加的"二百余人",张岱到底采用了多少,就不得而知了。

张岱到芜湖之时间考

消逝在记忆中的手帕

舒仁芳

在我的记忆最深处，常常浮现一块轻柔如云的布，它飘飘荡荡、若隐若现。它曾是我的知己、我的闺蜜、我的形影不离的伙伴。现在，它变成了我的惆怅。当我想触摸它时，它仿佛又是水中月、镜中花。它时而清晰、时而模糊，像是很久很久以前的一个梦。当然时间久了，也就凉了下来。

记得那年我十岁左右，妈妈买给我一个礼物，一块绣着淡黄色梅花的粉色手帕。它是我童年的第一块手帕，也是刻在我印象当中最深刻的一个记号。从那一刻起，它便成了我的全世界，它是我白天的太阳、晚上的月亮，我们如胶似漆、形影不离。我把它扎在头发上，系在脖子上，晚上睡觉，把它放在枕头底下，早上一睁开眼就伸手去摸它，生怕一眨眼就没了。可是，不知什么时候起，我的太阳和我捉起了迷藏，我眼睁睁看着它消失在我的视线里，却拉不住它的手；我再也找不到它了，我的天空一下子暗沉下来，眼前的一切仿佛都失了颜色……但它艳若桃李的影子，一直如影随形萦绕在我的脑海深处。

当我长大后，才知手帕还有很多其他妙用。早在先秦时期，人们称手帕为"巾"，在汉乐府诗歌《孔雀东南飞》中就有"阿女默无声，手巾掩口啼"之句；唐代宫廷诗人王建在《宫词》中写道"缠得红罗手帕子，中心细画一双蝉"；红楼梦里贾宝玉为宽黛玉之心，以两方旧帕赠之，黛玉得了帕子便得了安慰。我很纳闷，后来才明白，旧帕代表他们的感情历久弥新。可见，在聪明的古人眼里，手帕不仅仅是掸灰擦尘的物品，它更像是红尘幻梦中男男女女的白月光和解语花。

在西方，手帕的历史可追溯到古希腊罗马时期。当时，手帕的用途和中国古代基本相似，用以表达情感和象征身份地位的一种工具。中世纪的欧洲人，把手帕看作荣誉的象征，严禁下层社会把手绢作为礼物相互赠送。达官显贵纷纷用手绢装饰帽子衣服，太太、小姐酷爱用浸过香水的手帕，以区别平民百姓，这种手帕叫"维纳斯手帕"；男士礼服露出折得精致的手帕一角，以示庄重得体。西班牙曾出版过一份《手帕周报》，一周要闻尽显帕上，读后洗去文字，仍是一块实用的手帕。到了18世纪，手帕进入男生的袖筒中，至此，昔日的华贵便销声匿迹了。

手帕不仅是生活物品和装饰物，还具有特定的象征作用。在中国戏曲表演中，手帕是旦角演员必备的道具，演员若口咬帕角，指怀春少女，坠入缠绵情思；若捏着手帕两角扭转，指少女面对意中人欲语还休，娇羞腼腆。在南方某些地方，有中秋之夜"抛帕招亲"的习俗，女孩装扮成"嫦娥"模样，登台抛洒手帕，未婚男子抢到的手帕若与女孩手帕相同，便可向女孩求婚。另有"手帕之交"，特指女性之间，无话不谈，犹如姐妹，就像香火兄弟一样。在孔尚任的《桃花扇》中记有，院中女子皆结为"手帕姐妹"。有些地区，手帕还是一种文化礼仪，作为相互馈赠的小礼物，以表达友好态度，增进彼此感情。

1948年，著名音乐家关鹤岩在延安创作了脍炙人口的《丢手绢》儿歌："丢、丢、丢手绢，轻轻地放在小朋友的后面，大家不要告诉他，快点快点抓住他……"20世纪70年代，曾经在国内掀起热潮的日本电影《幸福的黄手绢》讲述了一个感人的故事。高高的旗杆上，挂满了迎风招展的黄手绢，远远望去，仿佛是一把把开启希望之门的金钥匙，让无数观众为之感动落泪。

数千年来，我们和手帕竹马青梅，两小无猜。如今，三生石畔的绛珠草早已枯萎，我们只好在回忆的刻度里寻找它的踪迹，它仿佛是褪了颜色的老照片，再也不见了从前的靓丽容颜和卓越风姿。我们消磨了时间，时间也消磨了我们；时间的舟船载着我们的记忆飞逝而去，在历史长河中停留数千年的漂亮手帕，不过是它涌起的一个波痕、一朵浪花，转眼间消逝得无影无踪。同样是方方正正的现代纸巾，不知不觉中取代了手帕的位置。现代工业技术将它打造得美观、温柔、体贴，使用过后不需要辛苦清洗，随手扔进垃圾桶，就与我们无关了。

现代工业革命为人类带来了巨大的物质财富，我们享受其成果时，还不忘为我们的聪明智慧沾沾自喜。我们讴歌我们的革命成果，沉浸在虚拟世界、科技网络和物质生活的安逸当中。那个浸染着彩虹般浪漫颜色的手帕成了过时商品，被我们随手丢弃。当我们抽出一张张雪白的纸巾时，一片片森林轰然倒下，大地在疼痛中不停颤抖，一道道伤口鲜血淋漓，她疲惫的身体早已伤痕累累，她受伤的灵魂暗自悲鸣。我们仍然狂欢在我们自己的游乐园里，历史的告诫在我们的游乐园中从未停息，但我们习惯了霓虹灯里醉人的歌舞、花前月下的绊惹春风。毕竟，将来的风雨只存在于想象当中，我们只愿意相信眼前镶满银色星星和弯弯月牙的蔚蓝天空。

片刻的迷茫，能将一颗心束缚，长久的懈怠，谁能解禁呢？当乌云遮住太阳，大地泪眼婆娑；当灰尘蒙住人心，谁也无法救赎。雪白的纸巾擦去我们脸上灰尘时，请不要忘记，也擦去我们心上的灰尘。

消逝在记忆中的手帕，还能回来吗？

房东大娘

王赋斌

春种，夏长，秋收，冬藏，年复一年的单调劳作，宝贵的青春年华，怎经起岁月风刀霜剑般的磨蚀。就像鲁迅先生《故乡》里所描述的闰土一样，在艰苦生活煎熬下，人也变得麻木了，对什么也不奢望。但在我下放劳动中，我与当地群众结下的深厚感情至今尚存，乡亲们点点滴滴的关怀呵护永远铭记在心。

房东是个老大娘，无为人，当年已有60多岁了，个子不高，但人很精干。房东大娘从不下田做农活，只在家料理家务，缝、煮、浆、洗，一点都不含糊。育有两儿两女，都已成家立业了。虽说是目不识丁，却也是见过世面的人。早年在南京一个大户人家帮工，专门给这户人家的一个小姐和一个少爷洗衣服。她说，初到这户人家时经常进行品德测试，主人有意将一块或两块银圆丢在少有人去的地上，看看我们这些做下人的拾到后怎么处理。和她一起在这户人家帮工的一个人，因为经不起钱财的诱惑，几次将银圆放进了自己的口袋，被主人发现后辞退了。1937年抗日战争全面爆发，这户人举家迁到重庆，把她们这些帮工的全部辞退回家，老大娘新中国成立前就嫁到了我下放的这个村子。

这个房东大娘和队里人不是很融洽，就是侄儿侄女惹怒了她也经常被骂得狗血喷头。但不知为什么对我特别好，也许是她的儿女都成家另立了门户，最小的一个女儿也在五年前随军去了。身边没有个说话的人，加上我也是小勤快，学过木匠活，房东大娘想要一块搓衣板，我就到附近驻军部队要上一块木板，上方挖了一个放肥皂小凹槽，中间精心地凿成锯齿状，下端挖成两个小脚，再用清漆刷一遍，十分精致，顺便还给老大娘做了一个洗衣的槌棒，让她高兴了好长时间。

农忙时我就住在老大娘家，有时换下来的脏衣来不及洗，她趁我下田时就帮我洗得干干净净，破的地方都缝补得整整齐齐。经她的手，即使破旧的衣服，也都折叠得方方正正，有棱有角的。她说这是过去在南京帮工时，所服侍的小姐十分讲究衣服的折叠，就那时练出折叠衣服的功夫。模仿老大娘我也学会了一些折叠衣服的方法，至今我爱人还说我折叠的衣服比她折叠得好。

夏日里中午，因天太热不能下田干活，必须睡一会，那时的农村别说空调，就是电风扇也没有的，就在屋子的堂前，对着大门洞的黄泥地上，铺上一块草席或塑料膜，靠地上的一点凉气祛暑。老大娘总是守在我的身边，用一把半旧的芭蕉扇，不时地给我驱赶讨厌的蚊蝇。有时她实在困得不行，头一倾就靠在门框边，一惊就醒过了，扇几下，又困了，一惊又醒了，直到我去田里干活她才到床上休息一下。

南方的八月，骄阳似火。一天下午，我在两山之间的一块凹地里给棉花除草，半人高的棉秆密不透风，足蒸暑土气，背灼炎天光，不一会儿身上的衣服被汗水湿透，都能挤得出水来。渐渐的我感到体力不支，面色苍白，浑身冒冷汗，头晕欲吐，还伴有一阵阵刀绞般腹痛，乡下人说是"发痧子"。大家连忙就近将我扶到房东大娘家，让我休息一会。老大娘看到我一脸的痛苦面容，要我躺在竹凉床上，用一枚古铜钱蘸点平时舍不得吃的菜油，在我的胭窝、背部轻轻刮摩，直至隐隐可见血点，不一会儿工夫，竟然腹也不痛了，冷汗也不出了，全身暖暖的，舒坦极了，慢慢地睡着了。民间传统的刮痧疗法，的确简明有效。后来我到卫生学校读书，内科第一节课我就问老师"痧子"到底是什么病。老师说：所谓"痧子"，实际上就是中暑了，因当时农村不仅医疗条件差，卫生知识也贫乏，把一切突发性疾病都归结为"痧子"。

冬日里，不用出早工，我可以多睡一会儿，可老大娘依然起早，料理家务准备早饭，听到我起床的声音，就将我的洗脸水打好，不冷也不烫正好洗，待我洗好脸，又将一碗热气腾腾的山芋粥端送到我手边，配上自家腌制的小菜，吃起来格外香甜，从嘴里一直暖到心里。善良的老大娘把我当成亲生的子女，常和他人说："要是多生一个女儿就好了……"

后来我上调到酒厂工作，还能经常去看望一下老人，送一点粮食酒给老大娘和她的老伴喝。老大娘可高兴了，逢人便说"小七子"（我的小名）没有忘本，真的没有"白疼"。再后来，我通过高考到外地读书，回家的次数少了，但到了寒暑假时，我会抽时间去看望她们。就在我毕业的前半年，老大娘病故了，她的家人也联系不上我，我没能为老人送终，没能尽一点孝，使我抱憾终身。

五十年弹指过去了，如今我已是年过七十的人了，每当我回想起当年知青的生活，就能想起房东大娘在那个年代给了我无微不至的关怀和照应，音容笑貌就浮现在我的眼前。假如阴阳有路，我一定要好好地报答让我尊敬的老人。

房
东
大
娘

章先生

章良明

章先生，姓章，名良进，表字彩兴，绰号翘嘴，1938年生。因读过几年私塾，什么"之乎者也，子曰诗云"倒也懂得不少。他不管何时何地，说起话来，总是摇头摆尾，慢条斯理，文绉绉的，在村中是个难得的文化人，所以，村里的老辈总说他"像个先生的样子"。就这样，村子里人，从东到西，不分男女老幼，反而忘掉了大名，习惯称其"章先生"。章先生比我大二十有余，论辈分，和我相同，我一直称章先生为"老哥"。

说起来，我和章先生也算有缘。

1979年，我高考落榜，时在村小当民师的另一位堂兄调到别的学校去了，于是我替代堂兄，到村小当民师。这样，和章先生前后共事将近两年。

村小坐落在村中央，本是村内的公堂屋，村民俗称"老堂里"。老堂里是村民商讨事务、开会学习等场所，自从村小创办后，便又成了村小的校舍。校舍分前后两进。前进是一住家户，后进两个大间是教室，偏房算作教师的办公室。学校仅有一二年级两个班40多位学生，都是本村的小孩。我刚去时，章先生已四十有余，眼角的鱼尾纹较深，额头上也过多过早地爬上了刀砍斧凿般的痕迹，这和他的年龄很不相符。他上唇高高翘起，说起话来，慢条斯理，却吐沫四溅，且有一股浓浓的口臭味，这可能和他长期不刷牙有关。四十多岁的章先生，依然单身，住在村小隔壁破旧的老房子里，家里到处灰尘满地，似乎几年、几十年没有打扫过。章先生家里虽然邋遢，穿着还算整洁干净。他喜欢穿蓝色的中山装，上衣口袋里大多别着三支钢笔。那时有这样的顺口溜：一支笔，小学生；两支笔，中学生；三支笔，大学生。笔是知识的象征，章先生当然自认为是有知识的。

章先生能写一手漂亮的毛笔字和粉笔字，钢笔字写得也很流畅漂亮，教学态度认真负责，只是教学方法过于简单粗暴，这可能和他读过私塾有关。比如小孩子该背的书没背，或者该做的作业未做，他便把小孩留下来，单独辅导，有时天黑了也不让小孩回家。为此，村中孩子家长没少和他争吵打骂。很多妇女骂他猪狗不如——所有歹毒的话，都泼到他的头上。可他自己就像犯错的小学生，低着头，装作无可奈何的样子，从不回嘴。只是偶尔低下头，自顾自地说："孩子不听话，不按老师说的去做，怎么能念好书呢？"

和章先生交往久了，我对章先生就有了更多的了解。章先生家，虽然世代务农，但勤劳节俭。至其父母，积攒了不少家产，在全村算得上殷实的门户。章先生的父母，一辈子只生养了章先生姐弟俩，父母对他无比溺爱，从不敢有半点亏待孩子的地方，真是衔在口里怕化了，捧在手里怕摔了！孩子就是要摘月亮，父母也会赶快搬梯子，只指望他长大后支撑门面，光宗耀祖，光耀门楣。七八岁时，父亲把他送到私塾，读了四五年的书。在那个年代，能把孩子送到学堂，读了那么长时间的书，这在我们乡下，绝无仅有。读了四五年私塾的章先生，练就了一手漂亮的毛笔字，常常得到私塾先生的夸奖。章先生父母喜上眉梢，总以为孩子长大后，会有出息。章先生也好不高兴，便让母亲把自己写的毛笔字，贴在后背上，东奔西游，招摇过市，大肆炫耀，供人观赏。可惜的是，由于父母溺爱，章先生除了读书，什么事情也不做，几乎"四体不勤，五谷不分"，致使长大后，生活自理能力极差。

章先生在读私塾时，父母就曾给他找了一位童养媳。离开亲生父母的小媳妇年纪虽小，却乖巧懂事，很得公婆的宠爱，不承想，章先生的姐姐嫉妒成恨，心怀不满。有一次，姐姐和小媳妇在塘沿边抬水浇地，姐姐趁小媳妇一不留神，将小媳妇和水桶全部推进了水塘，及至大人赶来，从塘中捞起，小媳妇早已气绝身亡。1954年闹水灾，村中来了逃荒的父女俩，章先生的父亲用七担稻谷，换来了女孩，准备给章先生做媳妇。只因他性格乖张，缺少正常人的性情和生活自理能力，那女孩难以忍受，结果另攀高枝——跑了。再后来，姐姐出嫁，父母死了，也就没人管他，婚姻便被耽搁，家境也日渐萧条。1975年，村里创办小学，章先生顺理成章，当上民办教师，真正成了"章先生"。

都说女人离不开男人，其实，男人也离不开女人。成了章先生的章先生，整天就想找个女人。直到1984年底，老校长看他实在可怜，便把邻村的一位新寡妇介绍给他。虽然一拍即合，只可惜结婚几天后，那寡妇也跑了。跑的原因，据说他有生理障碍。这是否因果报应，上天的惩罚，让他命该如此？我不得而知。后来，村里不管男女老少，见到章先生，都喜欢打趣。有的说："章先生，想老婆吗？我给你介绍一位！"或者说："老翘嘴，你买两包烟，我去给你说亲，好不？"章先生则停住脚，歪着脑袋，眯缝着眼说："好啊！你说的可是真的？"可惜的是，直到他离开这个世界，也没再讨上老婆。

1986年，民师选拔考核，章先生终因水平有限，被清退回家。被清退的章先生，像失了灵魂的空壳，整日里无所事事，东游西逛，嘴中还时不时地念念有词，听不清说些什么。他无论上县城，下集镇，皆徒步而行，既是为了节省开支，也是为了打发无聊的时光。其精神状况，一日不如一日，以至在2008年底的一个深夜里，被公路上飞驰的汽车活活轧死，结束了他悲惨而凄凉的一生。赔偿的八万元钱，被从不管问他的近亲子孙们分个精光，他的三间旧瓦房，也被那些人占有。

章先生本有一个快乐的童年。殷实的家底，给他带来了学习的条件，是同龄人中的幸运儿，本该有充满希望的前途。可由于父母的溺爱，使他失去了生活自理能力。他孤独寂寞、凄凉悲惨的一生，既是他亲人造成的，也是他自己迂腐的性格所致，更有一定的社会根源。

每个人的生命都有他独特的表现形式，我们并不奢望生命中的每一个花蕾都能含苞怒放，鲜艳夺目，但我们更不希望那些善良的人，有悲惨的结局，就像章先生！

在第39个教师节来临之际，谨以此文，祭奠章先生的亡灵！

谷　雨（第一卷）

我们的繁昌二中

张诗鹏

工作中生活中经常遇到一些人，似曾认识又不知姓名，但能精准判断出这些人高中时是在繁昌二中，届数或高或低；特别是与年岁较大的人闲聊中说起读书生涯，高中也是在繁昌二中，突然就有了一种亲和感，轻发感慨——噢，你也是二中的。

我是1992年9月14日进入繁昌二中学习的，迄今已30多年。当时，二中对于我们这些乡镇学生说，是一个个家庭承载了巨大梦想的基地。上高中才能考大学，考大学才能改变身份，改变身份才能应对未来。同时，高中生活又不同于初中，是一群少年离开父母，离开农村，融入全新学习范畴，自己管理自己，自己照顾自己，还需不断提升自己的重要阶段。启迪人生路，教诲风雨中；锤炼思想理念，打磨品质性格，自此肇始。

那时候的繁昌二中位于城北，离北门口三里左右，1993年峨溪北路拓宽改造之前，整个校园布局雅致、绿意盎然、古色古香，占地面积估算在20亩左右，大门朝西临繁昌至马坝的柏油马路，路宽4米左右，两侧有大榆树。一进校门便是门卫室，门卫李老当时已近七十，峨山人，全校师生都认识。进入校门，四米宽的水泥路直抵主教学楼，两侧梧桐大树，楼前左右各有一方形水塘，内植荷花，池塘有小鱼游弋，也可以洗衣服。路右侧为200米跑道操场，跑道路面为煤渣铺设；操场为水泥地面的篮球场；左侧为草地、沙坑、单双杠；再外侧为两栋较长瓦房，男生宿舍便在这里，小间可住10人，大间可住30人左右。教学楼四周樟木挺立，间种白玉兰，每年春夏，香味沁人。左侧再外是行政区，分两排对开瓦房，青砖灰瓦，洁净大方。行政楼往后是女生宿舍，两层楼房，圆形拱门对外；再后便是实验楼，外墙全是白色小瓷砖。实验楼三个镏金大字为铜制材料上下分布，很远就能看到。当时老师说三个字花费800元，我们都赞叹真贵，因为高一时我们一年学费为137元，住宿费一年才38元。

三层主教学楼后是一栋两层副教学楼，一楼两间，我们三班一间，隔壁为四班，两个班同学几乎天天在一起，这也是直到现在我们三班与四班同学非常熟悉的原因。再往后是教师宿舍，沿着樟木水泥路往后三百米左右是食堂，青砖大瓦房，原为部门用房，门口有一大水塘，现填平改为篮球场。二中人记忆最为深刻的地方是学校食堂，每一位打饭菜的师傅现在我都认识，他（她）们大部分如今就住在阳光花园小区，经常与他（她）面对面聊天，聊我们在食堂吃饭的事。他（她）们的子女当时只有七八岁，现在有的在二中当老师。主教学楼右侧也是教师宿舍区，围墙外是部队，部队战士一般每周三晚上步行拿着小板凳喊一、二、三、四口号，然后放露天电影，我们也可以不上晚自习，溜出去一同看，当然不能被班主任发现。宿舍前原为县气象站，二楼为办公区，一楼八间对外出租，学生也可租住，每月租金50元。那里的生活也多姿多彩，同学们经常在一起侃大山至深更半夜。

现在的二中搬迁到峨山镇军垅附近，整洁明净，气派大方，我曾去里面参加过理论测试。但是我们回忆中的还是老二中，不论岁月如何变迁，记忆没有一丝改变。特别是感谢那些教授过我们的老师，他们师德高尚，敬业负责，视我们为子女。虽然有时也要我们站黑板，写检查，但我们的内心一直对他们心存感激。记得正月十五元宵节，我们好几个同学去班主任家里吃过饭，桌上全是菜，同学们你我互看，无言以对，记得饭菜没吃多少，但是幸福感一直延展到今天。老师与我们父母面对面聊天，讲到我们各自身上特点与缺点，让父母们心悦诚服，直到现在，不止一位同学父母还在讲起此事……有的老师教我们时已快退休，现已去世多年。最近听同学说，当时隔壁班一位很知名的语文老师，因病也辞世多年，我们唏嘘不已。有几位老师身体不太好，同学间经常传递老师的健康信息……

二中搬迁后，老校址改为三中。前几年，女儿在三中上学，有时接其放学，在等待的时间里，与门卫师傅讲好，然后从后门进入校园，走在樟木树下，每一步都是回忆。虽然我们母校发生了巨大变化，拆除了老教学楼，建了新教学楼，填平了荷花塘、大水塘，拆除了教师老宿舍，等等，很可贵的是，三中保留下了那些大樟树，那是我们以前繁昌二中学生记忆的源点，每一位在那读过书的人，脚踩在学校的地面上，只要看到那些树，记忆全部清晰具体，恍如昨天。

繁昌二中，我们一生致敬。

无声的护佑

袁 琴

午后，阳光落了一地，铺展在阳台上、我的鞋面上。怡然地斜靠在躺椅上，享受着午后小憩独有的静谧时光……

手捧着厚重的《三体3·死神永生》，再次进入刘慈欣缔造的奇幻的铅字世界里，被震撼着、惊心着。这是对我而言堪比《活着》还沉重的书。而此刻，我也许正读到此书最沉重的章节。

这本书原是女儿推荐我读的，被我列为必读书。全书三部，80余万字，书中深厚的科学知识对于文科生的我读来委实是不小的挑战，科幻小说素来就是我敬而远之的。可为了更深入地了解女儿的精神世界，我愿意花时间挑战自己。爱默生曾有著名的"三不读"警句："不读问世不到一年的书，不读没有名气的书，不读不喜欢的书。"尽管这部书就分类而言原是我不喜欢的书，可它问世已十多年，网上好评让人目眩，名气自不必说，图书馆的书目检索列表常常显示的是"已借出"，小小区级馆收藏复本多达十本也满足不了需求。如此，不读却是自己的遗憾了。

一早，从"魔法师之死"至"澳大利亚"连续读了好几个章节的我，缓缓盖上书页。我需要站起身，让输入的信息吸收消化，让震颤的心灵稍许平静。不想继续翻篇了，既有的信息值得咀嚼，以梳理刘慈欣字里行间带给我的顿悟与觉醒。

"生存本来就是一种幸运。"是的，难道我们不是像智子所言："不知从什么时候起，人类一直有一种幻觉，认为生存是唾手可得的东西。"我们从呱呱落地，努力学第一句话、认识身边的第一件事物到上学认知社会、遵守社会秩序、运转规则直至就业、退休……我们在一种建构好的社会流程中忙得不亦乐乎，给自己、给孩子做规划，去更好地融入社会，却全然没有意识到这种正在遵从的人生秩序本身，正是国家给予公民的合理设计与架构。这种架构下的各种制度与规则会一面有助于国家的和谐稳定、繁荣发展，一面也给公民提供切实有效的保障。它的存在就是无声的护佑，就是幸运。

日本学者大须贺明《生存权论》中说："生存是人类的第一需要。作为个人的每一位国民，要使自己的生存得以维持下去，即为了延续生命的需要，必须需要一定数量的食物、衣物和居室等物质性条件，以果腹、蔽体和抵御风雨之侵。"书中的人类因为错误地选择了执剑人，失去了对三体世界的威慑力，从而丧失了管理地球的权利。三体文明的代表智子，代表三体世界，占领了地球，并向人类宣布了灭绝人类的计划：将地球上四十二亿人全部迁移赶往澳大利亚。在生产力被摧毁，各国政府职能被破坏、粮食紧缺的极度困境中，人类被迫要"彼此为食、自相残杀"三个月，才得以让澳大利亚人类人口降至3000万~5000万，让地球文明维持为一个不至于熄灭的火苗，被圈养在澳大利亚。人类在三个月的生存竞争中，每个人都将为生存而战。"希望你们能吃到粮食，而不是被粮食吃掉。"这是智子对人类说出的让人天旋地转的警语。

脑中还在回放着书中澳大利亚拥挤饥饿的移民大陆上混乱不堪的情景。因恐慌而陷入骚乱的人群极度渴望秩序和一个强有力的政府能给他们急需的食物、水和安放身体的一张床的空间。原有的生存体制迅速瓦解，在极端困境前，人类对于国家政治和宪法秩序的强烈渴求比想象中大得多。这似乎又是一个侵略与反侵略的老生常谈的外星人入侵的战争故事，却让我在极度震撼中顿悟国家、宪法对于我们生命安全、幸福生活无处不在的护佑。

美国有位作家说过：阅读的人一生能体验千百种人生，不阅读的人只度过自己的一生。我在文字世界的穿梭中，体验着不同的人生，感恩着馈赠。而同为女性的明代女子钱秀芸，却没有如此阅读的幸运。钱秀芸的故事是在读余秋雨《风雨天一阁》时知晓的。这位钱秀芸，原是宁波知府丘铁卿的内侄女，因为酷爱诗书，又听说天一阁藏书数万卷，一心想要登天一阁读书学习，竟然要知府做媒嫁给了范家。可她万万没有想到嫁入范家，成为范家媳妇的她依然不能得偿所愿登楼读书。因为在那个"女子无才便是德"的时代，范家规定唯有男子可以进入天一阁读书而女子不得进入，最后她郁郁而终。钱秀芸忧郁的一生见证了人文主义贫乏的中国封建社会里，一位女子对于文化无望的渴求。而生于现代的女子能感知到自己的幸运吗？我们似乎早已对当下女子与男子在政治、经济、文化、社会及家庭生活等各方面享有平等的权利的习以为常，我们甚至会对《公共图书馆法》对于所有公民在全国任意一家公共图书馆享有免费阅读及与阅读相关服务权益的保障无动于衷。而这一切对于渴望读书的钱秀芸却是何其的幸运！

…………

"老有所终，壮有所用，幼有所长，矜寡孤独废疾者，皆有所养"，这是《礼记·礼运》对于未来社会理想画面的构想，相信不断革新、不断前进的中国定能实现。

谷雨（第一卷）

宁静，巨大的宁静深深包裹着我，而在这宁静之外的世界一丝声响却又如此清晰地传入我的耳膜。是安静让感觉更加敏锐了吗？三两下人语、脚步声、远处隐隐约约的练琴声……小区渐渐从午憩中醒来，我也醒了醒神，细细体会眼前身边这份安宁的真切。窗外，秋日暖阳普照着的天地绚烂祥和……

无
声
的
护
佑

忆父亲

谷生舜

父亲离开这个繁华的世界已经33年了，早就想写一篇纪念父亲的文章，因住在北京远离故乡，加上接送两个孙子上下学及繁忙的家务，一直没有如愿。

今年三月中旬，我与夫人提前回故乡扫墓，遇疫情没有回北京。恰逢父亲节，走在父亲走过的田间小道，目睹父亲挥洒汗水劳作过的土地，可敬的父亲生前一幕幕感人的往事又浮现在脑海里。在父亲节到来之际，拿起手机点开美篇写文章的软件，满含热泪写下了下面几段文字，献给九泉之下的父亲。

父亲生于1920年9月，卒于1989年12月，是个饱经沧桑的典型的中国农民。父亲出生地是现在的安徽省芜湖市三山经济开发区的高安泥埠村一个叫董屋基的自然村。1939年冬，父亲与比他大两岁的母亲拜堂成亲，完成了旧式婚礼。之后，我大哥、二哥相继来到人间。据我所知，我爷爷一辈有兄弟四人，我父亲这一辈也是四个男丁，父亲在家排行老二。当年董屋基人多地少，他上有哥哥下有两个弟弟。为了生存，1943年年底，他肩挑箩筐，里面是我大哥、二哥，在母亲陪伴下，来到马家坝库山脚下的一个叫田湖的地方，那里有很多荒田。他们来到田湖临时搭建了一间草棚安了家。在田湖，我三哥出世，接着是我四哥和我及小弟先后降临人间。也就是说，在我父亲36周岁时，已经是八口之家的户主了。据我父母说，他俩不仅生育了我们兄弟六条小龙，还生了四朵金花，不知何故，四个女儿都在幼年时夭折了。母亲从小就缠了小脚，不能正常参加田间劳作，只能围着灶台转，生活的重担主要由父亲承担。迫于无奈，小弟在出生两个月后就送给了一辈子没有生育孩子的程姓夫妇。

父亲有个绰号叫"老驼子"，他并非生理上的驼背，而是被沉重的生活压弯了腰。

我的童年很穷，那个年代称作吃"六两"，即每天每人只能吃六两粮食，最少时每人每天只有二两三钱。童年的记忆里，父亲每天早出晚归，风雨无阻，出工劳作。父亲常常夜深回家时，从怀里掏出带有体温的大饼等分给我们弟兄吃。这是父亲参加重体力劳动增发的食物，他自己忍饥挨饿省下来带回家。父亲看着我们狼吞虎咽的样子会开心地笑。在我父母精心呵护下，我们弟兄五人都生存下来了，他们的艰辛是可想而知的。

父亲的一生是平凡的，在我的记忆里，父亲平凡一生中也有过不平凡的经历。小时候经常听父亲讲，他多次硬着头皮到日本鬼子占领的库山头做"鬼子工"，给日本驻军挑水、挖战壕。参加新四军的三叔曾经在我家躲过一段时间，是父亲巧妙与伪保长周旋，才使三叔逃过一劫。解放战争前夕，父亲曾参加过民兵组织，成为游击队的"地步哨"。1963年，我二哥当兵，父亲头上又有了军属光环。1964年，因在"四清"运动中表现突出，父亲还参加过繁昌贫下中农积极分子代表大会，家中的墙上挂有黑白合影照片。据说在那年代，芜湖报社记者到乡下采访，曾为在横山河用大木盆捞塘泥的父亲拍过照片，并发表在《芜湖日报》上。父亲还当过多年的生产队副队长兼保管员，保管员相当于出纳会计，保管生产队的现金。

小弟送给程家后，我在家最小，受到父母特别宠爱。那时，家中只有一个开水瓶，四个哥哥口渴只能喝水缸里的冷水，只有我能享受喝凉白开的待遇。童年与少年时代，只要我头疼脑热，我都是坐在父亲的肩膀上去乡村卫生室就医。972年冬季征兵，我正好初中毕业，我要求当兵，父亲晚上陪我到大队书记家报名，并拿到了一张来之不易的体检表，后因扁桃体发炎体检没有通过，让我遗憾终生。1976年年底，生产队分红，我家全年收入不到150元，父亲竟然说服了我的两个哥哥，拿出115元钱，为我买了一块蝴蝶牌手表，让刚参加工作的我感到了特别的荣耀。1978年，我高考成绩达到了本省文科录取分数线，父亲喜出望外，卖菜并提前为我准备学费。后因志愿填写不当没有录取，父亲积极鼓励我继续复习迎考。我在求学的路上走过一段弯路，参加了1977—1980年四次高考，曾两次成绩达到本省录取分数线而没有被录取。在我人生遭遇挫折的关键时刻，我父母总是鼓励我，无微不至地关心我，使我一次次渡过人生难关。每当我想起这些事，总觉得我那文盲父母是天底下最伟大的父母。

父亲的一生是勤劳奋斗的一生。他不仅精通各种农活，而且凡是廿四节气与农业关联的事他都了如指掌。各种农业方面谚语，他都能掌握，农事上是行家里手。

父亲的一生是艰苦朴素的一生。他爱抽烟，喜欢喝酒，但他最早抽的都是劣质烟叶的旱烟。后来我经常到小卖部为父亲买纸烟，至今我还记得我为父亲买烟的价格，九分钱的"丰收"，一毛四分钱的"大铁桥"，如果家里有客人来，就买一毛九分钱的"玉猫"与"江淮"。父亲虽然喜欢喝酒，但平时很少喝，每逢重大节日或者家中来客，父亲才把珍藏的山芋酒（每斤六毛六分钱）拿出来喝。每年除夕与大年初一，我和哥哥们也能喝到两小杯。

忆父亲

父亲与土地打了一辈子交道。1979年农村实行大包干，快六十岁的父亲做事不比年轻人差，仍然宝刀不老，是干农活的一把好手。

艰苦的生活加上繁重的体力劳动，父亲五十多岁时便犯下了胃病。1972年，父亲胃出血到县医院住院治疗，因家庭经济拮据没有做胃切除手术，只是保守治疗。从此，父亲经常胃痛，并且越来越严重。1987年夏季的某一天，我陪父亲到县医院检查，父亲罹患胃癌已是晚期，医生对我说能吃给他吃，没有办法治愈了。我听后潸然泪下。从医院回家后，他忍着病痛坚持种菜，然后把新鲜蔬菜挑到马坝农贸市场去卖。他与母亲在一起生活，除口粮由我们兄弟几人分摊外，零花钱都是靠他自己种菜解决，不给我们添麻烦。后来父亲的病情不断加重，只能用哌替啶缓解痛苦。1989年12月25日，劳累一生的父亲溘然长逝，享年古稀。愿天堂没有劳累，没有疾病！

自2009年底我们去北京随儿子一家生活后，每年清明节，我都会克服重重困难，回故乡祭扫先人的坟墓，以尽人子之孝。

买房记

查日云

十五年前，我就和妻子商量想在芜湖买房，同事邀我去城东买，我没答应。不是说城东不好，我想我老家在繁昌这边，在马塘区这边买，来回方便，又靠近长江边，风景独好。回想起过去，还有一段向往芜湖的故事。

家乡村后有一座山，与三山接壤。我很小的时候在老家山上放牛，伙伴们把牛往山上一放，任它去吃个饱。野性十足的孩子们全爬到山顶，眺望远方。我向北望，长江似玉带，和芜湖镶嵌在一起。那时只能隐约看见芜湖澛港、羊毛埂、桂花桥泵站，以及前面白茫茫的房子，但在我幼小的心灵里，就萌发了一个信念，要去芜湖看看美景，还想尝尝许多特色小吃。听大人们说，芜湖是个好地方，既热闹又有很多东西卖。所以在我心里就刻下了印记，总有那么一天，能去芜湖。

20世纪七八十年代，农村生活很艰苦，想乘车去芜湖看看，要么没钱，要么没车。听人说就是有车去了，也许坐不上车回来，就得在芜湖住一夜，可望不可即。只能把想法深深地埋在心里，要么就再爬到山顶，看远处的芜湖。看到的只是模模糊糊的景象。

就这样，我还在心里萌发过梦想，要是今后在芜湖有套房子住着多好，那也许就是书里和电影里说的"天堂"。

斗转星移，改革开放的春风吹绿了芜湖大地。马塘区立即涌入改革开放大潮。后来区划调整，马塘区更名为弋江区。弋江区经济建设及各项工作日新月异。这边破旧民房，杂草丛生的沟塘沟坝，农民的菜地农田，很快被征用。声势浩大的旧城改造序幕已拉开。建楼房，修公路，水利设施进一步规划，植树造林，等等，热火朝天地干起来。柏油路纵横交错，栋栋楼房如雨后春笋拔地而起。兴建住宅小区的步伐融入了时代的节拍，小区面貌焕然一新。搬进新房居住的居民个个笑逐颜开。

我原先是教师，在家乡学校教书，由于我擅长舞文弄墨，后来改行到乡政府做文秘工作。单位常派我去芜湖办事，终于如愿以偿。途经松鼠小镇、十里江湾公园、银泰城、临江桥、中江塔。有时经过中山桥、新时代商业街、奥林匹克公园等。特别是近十几年，我来的次数更多，有时在这些地方，驻足观赏一番，来圆儿时的梦想。看着看着，又回想起我童年站在家乡山顶，向芜湖眺望的情景，想起来别有一番诗情画意。

由于其他原因买房就搁置下来。到了2017年2月，我和妻子商量，孩子大了，咱们赶紧去芜湖买套房子。说去芜湖买房，儿子很乐意，笑眯眯地说，明天我开车送你们去选房。

第二天他开车和我们来芜湖看房子，跑了城东、城北等五六家售楼部，我没同意，要么是地域不好，要么离高速太近，要么离老家这边远了。我用一个个理由否决了他们的意见。

冷了两天之后，我提议到弋江高校园区附近买房。看着弋江区各项事业已风生水起，充满了勃勃生机。江边这些气势宏伟的高楼，如长江长、长江之歌、国贸天琴湾、海上传奇、印长江等，还有中江塔、临江桥、金鹰大厦、银泰城，地标建筑相依相拥在江边，给这里增添了亮丽的风景线。看看江上的渔船、水鸟、浪花、江边的落日，怎不叫人向往和感慨！

时至秋天的一个傍晚，我和同学来银泰城小聚，站在高楼上眺望十里江湾公园，一个个散步的人，仿佛游动的棋子；江边远处的落日，使人联想起"落霞与孤鹜齐飞，秋水共长天一色"的绝句来。夜幕降临，华灯璀璨，徜徉在江边的人们却久久不愿离去！

最后，我们全家商定，在弋江高校园区翰林公馆买下了房子。

翰林公馆最高33层，离十里江湾公园一站路程，吃过晚饭一家人结伴去江边散步，看夕阳，观江景，惬意又方便。

小时候只是想去芜湖看看，这是一名农村孩子的愿望。没承想，临老居然在芜湖买了新房，并住进了芜湖，成为城市居民，梦想得以实现，夫复何求哉！

书房、书痴与藏书

艾金保

上有天堂，下有书房。对于书痴来说，家要住人更要藏书。同时我们必须得营造一个书房，是因为有了书房我们才有真正家的感觉，因为书痴的一生是要和藏书一起生活的，书痴的一生大部分的时间是要在书房度过的。

世界上的每一本书都应该有一个好的归宿，就如同在外漂泊的人们应该回到他思念的故乡，流浪的心灵找到最终的归宿。从个人藏书的角度，书都应该回到书房。每一个读书的人都会有几百本书或者几千本书，甚至上万本书，那些陪你从小长到大的书、别人的赠书、从旧书市场淘来的书、从网上书店买来的畅销书、那些珍藏多年或许有些崇拜的书，等等，最好的归宿无非是回到他们自己的家——书房。

要想有一个书房，你得必须有大量的藏书，有一整面或者最好是四整面的书墙，没有书称不上书房。如果你有一衣柜的书囚禁在衣橱里，你有一摞书躲在房子的某个潮湿角落里，你有一堆书落在了厕所卫生纸架子上，这是多么糟糕的事情。你得有一个专门用于藏书的书房，然后我们就要疯狂地去收集我们出于需要、喜欢、崇拜等各种复杂心理所产生的需要的书。

古往今来，书痴们藏书佳话不断，他们终其一生大量聚书，毫无节制并且毫无畏惧。

中国明朝有两位高人，一个叫胡应麟，一个叫高濂，两者对于藏书各有其目的。前者是藏而不读，后者藏以致用。在我看起来都是高明之极，胡应麟典衣购书，视书为妻，一生倾尽家产，共购书42380卷，藏书富甲一方，却藏而不读。藏书一定要读吗？答案是否定的。即使藏而不读，也自有他的微妙之处，对于书痴来说，看到如此汗牛充栋的藏书，就会心生惬意，赏心悦目，神清气爽，恰如你在一条充满诗意的街道上，迎面走来一位让你怦然心动的诗意般的女子。而高濂的藏书观颇具实用意识，让书籍发挥其特有的功能。作为酷爱藏书又读书的文人，高濂曾深深感叹至今尚有现实意义的"家素者无资以蓄书，家丰者性不喜见书"，"得见古人一言一论之秘，以广心胸未识未闻。"藏书读了之后自然增长知识，开阔眼界，

书房、书痴与藏书

明白事理，增强能力。后来的鲁迅、郑振铎、郭沫若、钱锺书等，都展现出藏书之情，读书之用。

你曾经有没有过这样的疯狂念头：拥有这个地球上的每一本书，成为人类历史上最大的藏书家？西方书话权威、殿堂级大师巴斯贝恩的代表作《文雅的疯狂》，讲述了2500年来，100多位藏书雅痞的故事。想成为最大的藏书家？有的人真的试图这样想过，做过，他们是皇帝、伯爵、公主、铁路大亨、地产巨头，以及显赫家族的后代，也有的人为此付出了令人瞠目结舌的代价：为了得到一本书，他们散尽百万家财，耗尽一生，偷窃、纵火、杀人、锒铛入狱、策划繁复精致的骗局、与相识几十年的朋友反目为仇、与不爱的人结为夫妻。

我们收藏那些很小的时候读过的一直陪伴我们长大的书，因为这些书就我们自身来说就是一个载体变换的个人传记，一个纯粹的个人历史记录本。我们对于这样的书，目及之处随即便可让时光倒流，让回忆之门一触即开。这些书似乎是开启记忆之门的秘密钥匙，这些书与我们往往有着特殊的情感，那是喜悦和忧伤并存的个人成长史。所以，从某种意义上说，这类书也可以是个人专属的历史书籍。当你翻阅时遇见书中走向不同的折痕、字里行间深浅不一的画线、写在扉页上的只字片语、随岁月渐渐发黄变老的纸张，何尝不是我们自身历史的记忆。从传统意义上来说，客厅是聚会活动的场所，书房是比较私人的阅读写字空间。对于书痴来说，进入书房如同人与书无缝对接，合二为一，人即书，书即其人。于是，藏书又是一件很私人的事情。

我们收藏那些成年之后青年中年读过的书，往往都是我们崇拜的书籍，因为那些书曾经在我们人生最重要的关头启迪过我们的智慧；他们曾经开启过我们别样的人生，让我们战胜苦难成就事业，让我们的人生得以提炼和升华。你得承认一手可握的方形物体看似微不足道，却蕴涵着无穷无尽的力量，因为这世界估计只有书籍可以做到这一点。

生活犹如不可停止的大军，书房就是我们的大本营。在书房默然静坐，面对浩大的藏书，我们可以翻越崇山峻岭穿越长江蜀道，可以远离喧嚣，亲近灵魂，可以追忆似水年华，推测遥不可及的未来。

蝴蝶兰的谱梦路

吴亚平

丁香花开的三月八日，我接到了繁昌区残联汤斌理事长电话，通知我，抒情诗《声音里的中国》被芜湖市残联和上海市残联指定为谱梦长三角上海站的首场会演的必演节目。当我得知是在上海浦东新区的东方艺术中心演出，我不禁喜出望外。他接着说，能登上这个舞台展示才艺，那可是我们芜湖残疾人的一大幸事。

打开百度，在盲用读屏语音的帮助下，听见了如下介绍：东方艺术中心坐落于浦东行政文化中心，是上海市十大标志性建筑之一，总建筑面积近40000平方米，由法国著名建筑师保罗·安德鲁设计。从高处俯瞰，五个半球体依次为：正厅入口、东方演奏厅、东方音乐厅、展览厅、东方歌剧院。它们犹如五片绽放的花瓣，组成了一朵硕大美丽的"蝴蝶兰"。拥有当今世界一流的舞台声光设备，采用国内剧场最先进的数字调音台和红外线遥感常规灯调光台等一系列高科技技术，丰富的舞台功能可以满足交响乐、芭蕾、音乐剧、歌剧、戏剧等各种演出的需要，是中外艺术家施展才华的圣殿、艺术爱好者流连忘返的家园。它是一座"艺术的建筑、神秘的建筑、文化的建筑"。她的造型新潮现代，标志着浦东与国际接轨，海派文化的兼收并蓄。这座建筑的特别之处，还在于它将被近万平方米的园林密密围绕。人们置身其中将看不到周围建筑，而徜徉于绿树蓝天之间。

盛开的蝴蝶兰犹如一只只美丽的蝴蝶，色彩斑斓的翅膀，优美的飞翔姿态，犹如昆虫王国的西施，韵美、舞蹈艺术的灵动美、剪纸艺术的诗画美。我将以一名芜湖市一心向阳残疾人艺术团演员的身份，参加长三角残疾人联盟主办的谱梦长三角残疾人才艺展示上海站的首场会演。在这里，我感觉走进了一个前无古人的梦境。

3月20日，我和二十多位一心向阳艺术团的演员们一道，在市残联领导率领下，登上了去上海的大巴。晚上下榻在上海浦东新区东怡酒店。

第二天，正值春分，三月里的小雨就给了我们一个欢快的亲吻。春风中，丁香路旁的丁香微香徐徐，只听市残联领导提醒我们："大家不用担心，路是平的，大步走没事，百米之外就是驰名中外的东方艺术中心，大家看这座建筑像不像一朵盛开的蝴蝶兰。"此时我不无遗憾地叹了口气，我知道今生已经没有福分享受这座东方艺术殿堂外观的美丽。须臾，我们来到东方艺术中心的入口，只听我的眼睛李倩倩说："吴老师，你别动，我帮你将入场的胸牌挂起来。"我摸了摸胸牌，说了声："嗷，进出东方艺术中心是要凭胸牌的啊？"李倩倩说："是的，这是东方艺术中心管理的要求。"随后，我们一行在工作人员指引下，进入了演奏厅化妆间外的走廊。过了一会儿，我听见操着吴侬软语腔调的普通话说："各省市残联带队的同志，右边是四个化妆间，今天来了三个志愿化妆师，请各个节目的演员抓紧时间化妆，完了，我们要进行每个彩排节目志愿服务对接。"我被李倩倩和助残志愿者市文化馆舞蹈老师刘萌萌扶到了一位化妆师前坐了下来。不大一会儿，我的妆化完了，跟我对接的志愿者是上海普陀区新村社区的一名女性，她经过专业培训，专门服务盲人，听声音年龄约摸四十。她告诉我们，上海的志愿服务坚持单一专业的点对点，面对面，服务盲人的与服务肢残、聋残不相互混杂。候场间隙同时还给我介绍了演奏厅的情况：演奏厅有333个座位，观众座位360度环绕舞台，突出舞台的中心位置。观众和表演者可以零距离互动。整体设计为古罗马风格。演奏厅的舞台增加了旋转设计，并配合了多角度灯光和声学物理的设计。演奏厅填补了中国室内表演场所的空白。当这位志愿者把我扶上舞台，霎时，我感觉到了灯光的温暖，沉浸在高雅恢弘氛围的音响里，夜色茫茫的眼前出现了光明的祖国，朗诵激情四射。彩排让我体会到了，在这国际水准的舞台上，保持好什么样的状态才能深情抒发好对党对祖国对人民感恩的心声。

下午三点半，会演正式开始。演员们来自安徽、江苏、浙江、上海的盲残、肢残等多种类型的残疾人。全体演员共表演十四个不同类型的节目，整台节目异彩纷呈，艺术水准高雅上乘，充分体现出长三角残疾人"奋进新征程建功新时代"的精神风貌。经主办方事先的筛选审定，芜湖市残疾人一心向阳艺术团共有三个节目入选。会演在上海浦东新区残疾人艺术团大气响亮的管弦乐《晨想进行曲》中开场。紧接着，就是芜湖市残疾人一心向阳艺术团独唱演员、市盲校视障老师刘丹丹呈现的女声独唱《我们的中国梦》。华丽的高音声惊四座，瀑布般下滑的中音如黄河之水天上来，唱出了中华儿女爱我中华炽热情怀，表达了同心共筑中国梦的美好愿望。艺术团上场的第二个节目便是陈玉红理事长导演的，由我、刘萌萌、沈自富表演的音诗画《声音里的中国》，新颖清新，高雅独特，音视效果堪称一绝，充分展现出残疾人对党对祖国的无比热爱，点缀着如诗如画的大自然美丽的容姿。

回想那天，我在区残联李倩倩的搀扶引领下，来到市残联，走出电梯没几步，我们就遇上了陈玉红理事长。她热情地把我们请进了她的办公室。我酝酿于党的二十大召开期间，完成于闭幕之后的抒情诗《声音里的中国》，由她亲自执导。她摒弃了单一的朗诵形式，安排了市文化馆助残志愿者舞蹈老师刘萌萌、剪纸艺术家沈自赋，在大气抒情的音乐里，运用和声艺术的表现手法，立体多视角展示出朗诵艺术。

艺术团上场的第三个节目，是排列第十的民乐《忆江南》，是由芜湖市盲校黑眼睛摇滚乐队的视障乐手们，将二胡、琵琶古典民乐与电钢琴、吉他、架子鼓、贝斯等西洋乐器融合，在视障学生苗建辉左手发出的第一个琵琶音符的领航下，以中西合璧的演奏方式，格调细腻，轻巧，优雅抒情，以动人的旋律，表达出令人向往的江南意境。整场会演在上海浦东新区残疾人艺术团一首《唱支山歌给党听》的合唱声中圆满结束。

会演取得了圆满成功。人民网、财经头条、"学习强国"等网络平台以及上海的媒体，对这次长三角残疾人联盟主办的谱梦长三角残疾人才艺展示上海站的首场会演进行了多视角的新闻报道。

回到繁昌，我将演出的现场视频发到了朋友圈。朋友们纷纷点赞，有的还打来电话，亲切的赞道，上帝是公平的，当上帝给你关上了一扇门，一定会为你打开另一扇窗。朋友们的这番点赞，代表了当今社会对残疾人"奋进新征程建功新时代"的一种认知。不少人都把这句话作为点赞残疾人励志的经典语句，我听了五味杂陈，但是心里是有不同看法的。我想告诉大家的是，没有超然的上帝，当你遇上生命的痛苦和折磨时，想有尊严的活着，请你此刻必须记住，不要奢望在一个漆黑的夜里，会有上帝帮你打开幸福的大门。人的价值是由自己决定的，正确的做法是端正人对生命的认知，对中国式现代化社会的认知。跌入黑暗以来，我经历过保健品推销员的乱保，经历过祷告信仰的说教，经历过磕头念经治病防病的炙烤……我苦苦思索过生命的意义，思索过我拿什么拯救我自己。我想啊，想啊，终于有一天，耳畔响起了国际歌和国歌熟悉的旋律，灵魂开始了觉悟，视角开始了人生辩证的换位。苏醒的泪水湿透了夜的诅咒，我听见了市县两级残联领导暖心的召唤，听见了芜湖市爱心助残联盟志愿者的脚步，听见了芜湖市一心向阳残疾人艺术团演员感恩的歌声，听见了自己融入残联工作的心跳；切身感受到，近年来，我们芜湖残疾人事业实现了历史性跨越，残联工作者把残疾人的呼声作为工作的第一信号，把残疾人的满意作为工作的第一标准，不断满足残疾群众的美好向往，增进残疾群众民生福祉。干在实处，走在前列，奋力谱写出残疾人事业全面发展的芜湖篇章！

我自豪，前不久，我作为安徽省唯一一名参赛选手，在残联领导的鼓励支持下，去了趟革命圣地延安，以三等奖的荣誉，登上了"奋进新征程建功新时代"全国盲人演讲决赛的领奖台。

我骄傲，我作为红色纪实广播剧《霭里红》主题歌的主创之一，登上了学习二十大、高歌新时代，芜湖市原创文艺作品专场演出的舞台，倾情解说创作思路的根基所在。

我激动，我站在芜湖市委宣传部、芜湖市广播电视新闻出版总局主办的《学习贯彻二十大，砥砺奋进新征程》2023芜湖市主题阅读朗诵大赛的舞台，以二等奖的风采，对着江城人民，敞开心扉，以感恩的深情，再次朗诵了《声音里的中国》。

我想告诉家乡的父老乡亲，今天的盲人已经走出了黑暗的昨天，正向着中国式现代化美好的明天奋进。大江腾涌，百川弦歌。千百年来，没有哪一个国家的残疾人能像我们这样扬眉吐气站上中外艺术家站过的舞台。我们正以蝴蝶兰的美丽，在各级残联的带领下，听党话跟党走，书写新时代芜湖残疾人才艺，展示更加绚烂的风采！

平铺，一卷优美的山水画

徐水金

半山半圩的翡翠园

这是一块神奇的土地。半山半圩构成了她丰腴的骨架，山清水秀则成了她生命的内涵。半山的走向大致以寒塘、新林、官塘等五个村自西南向东北毗邻延伸，寒塘冲、马塘冲、茅王冲、石龙冲、朱家冲、施家冲等恰似十条巨龙向狭长的旷野匍匐。春季：油菜花铺满了冲坳，仿佛是十条金链悬弋在青山绿水中。夏季：冲坳一片片的庄稼地，犹如绿色的地毯与远近的山脉相接。秋季：金色的稻谷绵延，呈现出一幅山居秋暝的典型特色和一派丰收的景象，整体山势迤逦跌宕，构成了皖南山区的自然风光。冬季：白雪纷飞，银装素裹，冲坳的厚实延伸宛如十条圣洁而平坦的素练披裹在崇山峻岭之间，满是一片北国的盛装。

这是一块丰美的土地。半圩主要是指龙冈、马仁、中塘、平铺等八个村由南向北依次排列，平缓的圩田与蜿蜒的山体形成了狭长的玉带，与美丽的漳河并驾齐驱。极目远眺：平畴浩渺，阡陌纵横；沟渠密布，湖泊交错；村舍点点，鱼罟飞扬，更替着人们"日出而作、日落而息、四季轮回、渔歌唱晚"的一派水乡景象。特别是夏季，圩区具有浓郁的水乡特色：湖面上碧波荡漾，菱藕飘香，飞蝶萦绕，野鸟飞落，成群的鹅鸭逍遥游弋；偶有村民用竹竿撑卡驳船的号子声四处飘荡。整个湖面与芦苇、荷莲、刺莲、荇菜、水葫芦及其他水生植物构成了一个个辽阔、狭长、幽深、曲折的迷宫，与湖畔、田野组成了纷繁奇幻的空间，为前去观赏、垂钓的人及采莲的姑娘们提供了追寻野趣和嬉戏幽会的佳所，尽现水乡农家生活的情趣。

这是一块富庶的热土。山区主要呈现的是培育林木、竹海、园林等自然生态，圩区主要种植大面积水稻、小麦、油菜、棉花等。副业主要是竹器加工和手工编织及木材加工等。20世纪八九十年代，平铺镇竹编安全帽厂生产的产品融入国际市场，辐射全国，成为安徽建筑市场上的一大亮点，备受广大客户青睐。禽业发展形成规模，主要集中在山区：以五华鸡为龙头、山区村五十余家个体经营户为依托、新牌优良种鸡孵化为支柱、农牧禽业技术服务站为支撑，促成一条龙覆盖运作的发展态势，扩大了繁昌东部地区以地方山场放养为特色的配套联动的禽业市场，真正形成了山区村民发展禽业的长效机制和勤劳致富的有效途径。

平铺镇区位处优，交通便捷，历史上曾为"五里一亭、十里一铺"的邮传驿站，是"七省通衢"之烽燧重镇。现东临漳河，通江达海，南联徽杭，国道、省道、高铁、村村通形成网状道路，已成为芜湖后花园中发展的热土和绿色宝地。

赖以生存的生态园

我的家坐落在群山环抱、溪水潺潺的茶冲山区。村里原42户人家其中有39户人家是江北人，是个方言比较突出的村。昔日，江北经常闹水灾与旱灾，民不聊生，祖辈们下迁江南，开荒种地，繁衍至今。差不多同时期迁徙至此的移民中湖北人居多，几乎占全镇人口的五分之一。新中国成立后的几十年，人们主要从事原始的田园耕作。十一届三中全会以后，农村实行了土地联产承包责任制，人们从温饱型逐步转化成富裕型，而且生产方式有了很大改变，土地实行了经营流转、资源配置和优化组合，地貌出现了新的格局。山区修筑了水库和塘坝；圩区发展了渔业。尤其是第二轮土地承包后，漳河修筑了规模泵站共15座；全镇实行农网改造和村村通公路建设，农田大面积实行了土地平整，并纳入了国家的农开项目进行开发，整体生态形成了格局。山区十库九坝依次建成，水土流失得到有效整治，绿色植被得到保护。全镇出现了绿树葱茏、山峦叠翠、生态茂密的良性循环。圩区碧波荡漾，群鸟浮动，莲藕飘香，出现了"水上人家、浮光掠金"的优美环境。勤劳、勇敢、善良的平铺人民赢得了新时代的际遇，在"十四五"规划的开局之年，更加注入了新的活力与生机。

渔业发展主要集中在圩区。村民们主要以常年养殖鱼、蟹、虾、鳖等经济发展的渠道，尤其是虾类养殖实行了与外商"配套联动、技术同步、产销共赢"的措施，达到了增产增效的目的。目前养殖海虾大户三十余家。可以说，平铺镇除了山美水美外，各种配套联动的种养殖业也成了市场生存与畅销的美业。在农业生态上，除了优良稻米、油料、小麦、棉花等作物种植生产外，平铺镇的联户养殖、家庭养殖及大水面集体养殖在皖江地带颇具盛名，"本菜、本禽、本畜、本蛋、本鱼"的"五本之乡"典型特色闻名遐迩，使平铺镇真正成为"五谷丰登、六畜兴旺"的农业生态重镇，成为芜湖市后花园中一道靓丽的风景线。

历史厚重的文化园

我的家乡有着一方生生不息的绿色山水，历史人文是她深远的内涵，民情风俗是她生活的基调。她坚贞、淳朴性格的形成，打下了时代的烙印。斯土厚，养育了勤劳善良的斯民，形成了淳朴敦厚的民风，孕育了她勃郁而灵动的地域文化。

早在西周至春秋时期，先民就在这里辛勤劳作，繁衍生息。时至今日，岁月留痕，先民的不辍耕耘，留下了皖南土墩墓群。现已经成为全国重点文物保护单位。

三国时期，东吴大将周瑜曾在平铺境内的漳河之滨岱湖滩训练水兵，与一河之隔的老将黄盖珠联璧合、共图大业，留下了周墓墩、周墓城、周瑜点将台等重要遗迹。今天平铺一带的民间依然流传着周郎的许多传奇故事，令人仿佛回到那个三国鼎立、群雄割据、烽火燎原的年代，为三国时期的风云人物渲染了一层浓郁的传奇色彩。

五华山，始名隐静山，又名五峰山。相传南北朝时期，天竺神僧杯渡在这里开辟道场；唐时，金地藏也曾在此留下云踪。此山环境清幽，佛教兴盛，一时号为"江东第二禅林"，历代文人多流连于此。唐代大诗人李白曾题诗赞颂五华山隐静寺；清初姑孰画派创始人萧云从在《太平山水图》里也珍藏有五峰之图。

五华庙会、马灯、炭篓灯、十样锦、踩龙船、龙灯、罗汉灯、十二生肖灯是重要的民俗活动，反映了平铺人民对于丰收景象的渴望和庆祝，对地方民俗文化的继承与弘扬。

新牌楼在五华山东面十里长山脚下，是平铺镇古老的村落。十里山河穿村而过，成了新牌楼明显的标识。在清澈河流的西畔，建有气势壮观的汪氏宗祠和视野宽阔的御史广场，这是平铺镇几千年来汪氏一族人脉兴达与传承的印证。这里常年风光旖旎，游人络绎不绝，尽显宗脉人文之气，实可谓：十里山河碧水流，春光明媚靓桥头。园区广场达官显，汪氏宗祠史脉收。昔日荒冈披冷月，今朝别墅映绿洲。长山脚下农家乐，美好乡村故地楼。

穿越时空的旅游园

平铺镇的文化旅游视野辽阔，根基雄厚，景点遍布，传奇颇多。主要有两条旅游看点：一条是以闻名遐迩的五华山为主题景点，以十里长山为主的国家重点文物保护区土墩墓群（又叫万牛墩或西周群墓），与三荻公路交界以南的景点有汉花园、百鸦园、汪氏宗祠、御史广场、美好乡村新牌楼；另一条是以岱湖公园、信义光伏电站为主题景点，岱湖公园向北有天堂桃园、九塘神仙洞等景点，向东一公里处有美丽的漳河，跨越漳河大桥，便是与岱湖公园中周瑜点将台比肩驰名的黄墓古镇。

从以上旅游看点，笔者从历史的视角与时空的跨越隆重推出两处厚重的文化景区。

1. 佛教圣地五华山

五华山，位于繁昌城区东南。隐静禅林是五华山著名的且发迹最早的道场，也是繁昌十景之一。山中景色清幽，自西向东绵延，环抱有碧霄、桂月、鸣馨、紫气、行道五峰。相传晋代禅师朗公曾来五华山传道，并亲植橘树，后人称"朗公橘"；南朝时，高僧杯渡来五华山建普惠寺，植下新罗五叶松，后人称"杯渡松"。相传，唐朝早中期，朝鲜高僧金乔觉（地藏王）来中国修行，曾首选五华山为道场，后又辗转到九华山。因五华山是地藏王的道场之一，故后人称隐静寺为"江东第二禅林"，且"先有五华后有九华"之说也由此而来。五华山山川秀美，加之佛教兴隆，绵延十里，历代众多文人墨客，纷至沓来，并为五华山留下了大量的诗词墨宝。唐代大诗人李白来五华山写道："我闻隐静寺，山水多奇踪。岩种朗公橘，门深杯渡松。道人制猛虎，振锡还孤峰。他日南陵下，相期谷口逢。"今年春和景明，我与区诗词学会若干诗友一同前往五华山采风观光，顿觉别有一番圣境：五岭逶迤谷口封，香炉探月佛光浓。朗公植橘生云雨，杯渡释怀迎竹松。乔觉传经常振锡，诗仙咏唱更从容。欣游胜境禅林秀，方识江东紫气峰。

2. 梦里水乡岱湖滩

当你走进岱湖公园，远远看到高坡上云烟阁高耸入云。公园内，宽阔的地坪，碧草氤氲；长廊翘亭，绿树掩映；牌坊屹立，壁画严整。其中，镶嵌在宽道中央的苏东坡的《赤壁怀古》行草精文，图文并茂，特别引人注目。点将台高坡处，云烟阁飞檐翘壁，十分壮观，形象地塑造出三国时期古战场烽火燎原的情状。云烟阁前，一尊周瑜浮雕矗立，周瑜手挥利剑，气宇轩昂，叱咤风云，再现出当年演练水兵的气度和雄姿。整个公园面积约3公顷，整体块面造型和景物点化的立体空间自然融合，古朴典雅，玲珑剔透。

公园东、南、北三面环水，西邻平铺镇金篮子农田开发区。西面和西南面，山峦叠翠，朱家岭、狮子山、若帽顶、五华山连绵起伏，巍峨挺拔，另三面湖泊点点，波光粼粼。远眺，陈墩湖、西陈湖、黑子湖、北山河、梅叉湖、苏武长滩、中塘湖尽收眼底。水光潋滟，浩渺无垠，一派壮丽的水乡翡翠图。转眼望去，郭仁、蔡铺、新塘，山河等村舍严整，白墙黛瓦，炊烟袅袅，宛如一幅多姿多彩的"水上

谷 雨（第一卷）

人家"的长廊画卷，漳河大堤呈南北走向，似巨龙匍匐。东畔与黄墓古镇隔河相望，一座虹桥飞架，将两地紧紧相连。近处岱湖，已开发利用，建成光伏电站，湖上千亩荧屏，闪闪发亮，光能发电；湖内渔业套作，渔光互补，使岱湖主题公园与原水乡岱湖连成一体，焕发出项目品牌的立体新貌。

具有繁昌十景之一的岱湖秋色，依托自然历史资源，汲取古文化韵味，以再现历史场景，弘扬优秀文化为目的，打造出以"三国文化"为主题的集观光、休闲、文化、科普、教育、摄影于一体的综合性历史文化休闲旅游区。耳濡目染，你就会真正感受和领略位于繁昌区东部生态乡镇的水域风情，呈现出水乡故里尘难染，景色迷离古韵扬。

三国时期的岱湖公园，貌似战船。高坡是船篷，高坡以下部分是船舱。高坡上有周瑜点将台，船舱是周瑜水师演练的调度场，现在的岱湖公园古韵犹存。据考，在"七省通衢"历史年代，周瑜是春谷长，原岱湖滩只是一个湖泊，每至梅雨季节，此湖便与漳河及周边邻水湖面连成一片。当时河堤低洼，又多年失修，连年溃破，整个水面浩浩汤汤，恰好为水师演练提供了便利条件。到冬季干涸时，周瑜率领水兵开挖泥淖，筑成战船之状，即现在的岱湖公园。此公园三面环水，一面倚山，这是周瑜经过周密考虑和精心设计而成的。当时，在此处选址演练水兵，必须有通山途径，为水师提供粮草及燃料等带来便利，正好靠山西面九塘一带古木参天，盘根错节，也无法开挖。同时又通过"七省通衢"交通要塞，在此处选址，条件优越，符合战备需求。与当时郭城（黄墓老街所在的村名）黄盖遥相呼应，水域直距约千米不足，两岸呼可闻。周瑜有零星湿地，便成了白鹭和凫鸟的栖所。当时新林、平铺与对岸黄墓均属东吴地段，向下游延伸至芜湖市三山区的新淮、浮山、峨桥，主要以漳河连通芜湖至长江。此水域相通，使历史上著名的"赤壁之战"与"周瑜打黄盖，一个愿打一个愿挨"的真实故事流传至今。

平铺镇灵山秀水，是一部厚重的人文历史，一方充满生机与活力的发展热土，这无疑是对党和国家推行农村改革开放伟大战略而取得的辉煌成就的歌颂；对勤劳而勇敢的平铺人民的歌颂。她无愧于"全国环境优美乡镇"美誉的取得，无愧于"安徽省优秀旅游乡镇"生态的打造。这使我感到无比的欣慰与自豪，更使我由衷地发出感慨：山色湖光吸翠霞，漳河西畔绽奇葩。春风荡漾歌嘹亮，最美乡村我的家。

平铺，一卷优美的山水画

春谷诗群

桑,或者执念(外三首)

王钢洪

我已经很安静了

时光也很安静

现在　我在《诗经》里采桑

一片绿　一片绿

微风把细微的声音

传得很远

远空　云在自由徜徉

阳光暖和

心也暖和

《诗经》里的桑永绿

永绿就是不枯不朽

执念于孤独中的文辞

也执念于倾情倾诉中的孤独

除此　所有的一切

已不再那么重要

炽　爱

紧挨着城市的边缘行走

心率成了歌曲

心跳成了颂诗

什么都不需要了吧
只需要一直被城市之腋
紧紧裹着的
不曾也不会冷却的
炽爱

更需要
一直久期的
不曾也不会远逝的
你回眸时的
高级眼神

沉在湖底的鱼

现在　沉在湖底的鱼
是我的影子
被湖浪溅湿的
不仅仅是飘柳
还有暮色中
布满风声
无人知晓的
泊在湖面的忧伤

就这样　晃动的时空
忽然间也湿潮了
但这是世间被染濡的
最高级的黑

此刻　一阵阵吹过的微风
也悄无声息地
将我的有点湿润的眸光

吹满秋天的湖泊

沉在湖底的鱼
是我的影子

心泊风上

这是必然的过程
在没有抵达之前
目光以西
雪意素颜
等待的模样
也就是渴望的模样
挂满冷寂颤动的树梢

这是一种有深度的姿态
最后的冬日
无痕迹转换着昼与夜的轮回
寂然的时光有些弯曲
但并没有也不可能
偏离最终要抵达的去向
若浅溪源远流长

雪意萦绕出的浓淡
蘸着微寒的潮湿
目光以西的远空之下
一片暗灰色调的朦胧
虚化了正在老去的建筑
所有季节的秘密
只有风知道

心泊风上

不必去猜疑

这是大法则的田亩里

结出我们想要的果实

瞧瞧　所有深情的凝望

如菊似梅

一朵两朵

于时间或季节的体内

朝着我们暖和绽放

谷　雨（第一卷）

每朵花都能打开春天（组诗）

周　起

与一朵花对视

与一朵花对视，我
羞愧得无地自容

一朵花以"真"把我打败
她出身寒门，不忘根本
坦坦荡荡高举泥土的芬芳

一朵花以"善"把我震撼
能说会道的蜂，翩翩起舞的蝶
只能在她的门外徘徊
谁曾想，她收容了流浪的风

一朵花以万吨的"美"把我砸碎
我已经是没有温度的石头
缘自凝眸，涅槃新生
我要做会开花的石头
从现在开始！

白玉兰

春天里，势不可挡
一个我，两个我，无数个我
冲出藩篱，白衣飘飘
立在枝头巧笑

玉是精神，雪为肌肤
学着莲的慈祥
透着菊的芬芳
还藏着牡丹的华贵

纯得任性，一世的白
和盘托出。白天开，夜也开
即使照不亮寰宇
也照亮赏花的眼，悟道的心

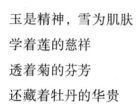

春日朝阳

寒梦，越行越远
留一枕鸟语，潮起潮落
该桃红李白了吧？
花香卷帘
把我拉进三月

凭栏远望，一枚红红的按钮
凸现天幕
乳燕灿烂，振翅，逐食
一口，竟启动春天

春天为你把歌唱

猛地推开木格窗扉
春风扑面，拥你入怀

窗外。喜鹊登上了红梅
鸟唱一声，花开一朵
花开一朵，鸟唱一声
歌声此起彼伏
芬芳接二连三

一树的鸟鸣

覆盖了一树的花开
梅，托起沉甸甸的喜悦
淡绿的春风里
春意沸腾
鸟鸣，一朵又一朵
花开，一声又一声

喜鹊扑扑翅膀
梅花抖抖精神
芬芳而婉转的歌喉
是春天，在为你
一声一声地把歌唱

每朵花都能打开春天（组诗）

每朵花都能打开春天

一瓣一瓣，次第绽放
立春、雨水、惊蛰
春分、清明、谷雨
春天就这样把自己打开

身边的花，闻讯而动
杏花、李花、白玉兰
桃花、樱花、垂丝海棠
最后牡丹、芍药登场

其间穿插了二月兰、婆婆纳
紫花地丁、蒲公英、紫云英
许多野花星星点点
闪闪烁烁
我只知道她是春天的花
每朵花都能打开春天
每朵花里都端坐着春天
一瓣一瓣的阳光
一瓣一瓣的雨水
一瓣一瓣的春风
一瓣一瓣的鸟鸣

在春天真好，所有的日子
一瓣一瓣地打开
是我们平安吉祥的生活
庸常岁月，也可心花怒放！

谷　雨（第一卷）

高举的树(外两首)

孙　勇

举起来了

树上的飞鸟

如我积攒的标点

逗号正在吐露没有完结的

句子；问号几起几落

句号亦有两三个

打算飞走。这棵树是迎着阳光的

是少了伤感的

就像叹息没有翅膀

啼鸣像朝露一样

唤醒老屋前后的嫩芽

一棵清瘦的树

早把怀抱敞开了

蓦然的喊声，依然亲切

你有多远？我估计

飞到你的面前

要不了多长时间

灯光能照多远

一下子问住了

是指固定的灯吗

光亮风雨中飘来飘去

和小区的灯差不多

拖曳着雨丝

仿佛对未归人轻唤

尤其是难眠的或走远路的人

慰藉很重要

想一想，我们在惦记中

四周的影子合拢过来

却不慌乱。灯

我见过很多，有一盏

伴随了你的步子

有一盏叫你辨识脚下的

高高低低，有一盏

是种在心头上的

颠过来颠过去，熄灭不了

围绕的夜

这座桥我来过几次

晚上来得少

现在，四野静阔

弯弯的河道上，蛙与蝉

分别抱紧了夜色

蛙彻夜不眠，蝉偶尔长嘶一卜

桥头上有个扎头巾的歌手

麦克风前自顾自弹唱

电吉他碰了碰昏黄的光

我是唯一的听众

沉浸在轻轻击撞的旋律中

脚步沙沙地来回

电吉他拨着流水紧随身后

年轻的吉他手

惦念里已有难解的孤单

喜欢夜色

在弯弯的河堤上走

眼力不及的地方

耳朵可以。四野没有酣睡

蛙伏在湿地里鼓舌

蝉鸣有一声没一声地

泛白的云层里

圆圆月亮感知敏捷

却没有露一露脸

看我，我在河堤上

河水一样浮泛清波

这个时候是不必弄出动静的

取隐匿的办法，与鱼取得联系

说不定一朵漂亮的水花

浑然天成

特意过来一趟

看鱼塘上的灯亮了没有

上次是白天

木头桥上有人抛洒鱼食

今晚的粼粼波光

顺着风向滚动，虚拟盛开

夜晚的光亮，对于我对于鱼群

同样是梦的一种

给精神添加了营养

鱼灯一定坚定地举在那里

四周陷入深度的静默

养鱼的灯，给每一条鱼

一朵灯花，多么烁闪的抚慰

列车横穿铁路桥

夜的羽翼震颤起来

如果是当年的蒸汽火车

冲动会更加强烈

咣当咣当的远方，一路洪亮长吼

称燃烧的岁月，不为过

列车一排亮着灯光的窗口

疾闪，接受夜色盛邀的旅客们

眼睛半闭，思绪飘得更远

我身心俱震！他们传递的重量

不因耳畔越来越远的

微茫声而减轻

大地上，一恍的记忆

谷　雨（第一卷）

日常行板（组诗）

苏小图

一

七个月的二宝在床上睡觉
空调轻唱
枕头和护栏
把床围城安全的一圈

我在卫生间抽烟
热风中的喇叭波澜起伏：
进出菜市场请佩戴口罩

红绿灯在干燥的樟树叶里跳跃
马仁山路车辆稀少，行人也稀少
我却总能听到
"咚！"的一声

二

红得发紫的桑椹
在呼唤睡梦中的小孩
雨后的秧田
鲫鱼在打滚

我踩着高跷

在稻田边呼唤那只
淋湿的老狗

三

拖拉机还是热的
停在门口
今晚的杨店集
狗，并不兴奋

从八斗下高速
我突然在黄昏中
分辨出
炊烟的味道
白杨的味道
水库的味道
麦秸的味道
已经落下的夕阳
留在路边的味道

今晚在杨店集
送药的人点上蜡烛
斟满酒杯
我们秉烛夜谈
互为良药

四

爷爷已经不认得我了
手里的竹刀
顺着竹子的纹路
向熟悉的鸡笼进发

谷　雨（第一卷）

"老爹啊!"
我弯着腰喊一声
竹刀停下，鸡笼
碎成一地鸡叫
"你哪个哇?"

两个太阳
都歪歪斜斜地挂在松树山

五

眼前的繁昌，大于
昨天的繁昌

挖机像只警觉的公鸡
随时准备欢唱
不规则的井田合并成
规则的井田
平躺的井田竖起来
一排排站在柏油路两边

人们在井田里劳作、争吵
收获
生儿育女或者
埋葬

当长江水洇湿太阳
月亮就从峨山头升起
迎春路、沿河路依次点亮
眼睛能看清的东西
越来越少

日常行板（组诗）

我捏紧女儿的手，思考她

抛给我的问题

我们去哪里玩泥巴

谷　雨（第一卷）

板子矶，把水植进了骨头（外两首）

姚　明

长江在这里，流出光芒，流出宽阔
拐个弯，撇向不远处的稻花香

那些藏在岩缝中的硝烟
与黎明有血缘关系
钙质里渗出的水印，冷却成标本
经得起，一遍遍擦拭与仰望

战士们冲在黑暗的前面
脚印嵌入芦苇荡和沙滩
如今，那些泥泞
沾在扫墓人的腿上

浪花奔流，蓝天不动
一尾尾绿，用谷雨润润嗓子
赶着旱路游进茶园
听一亩亩黄，面对面站立
瘦成麦芒的沙沙声

搁浅的板子矶，坐在夕阳下
江水托一枚带余晖的落款
岸边的柳枝
软成了荻港人家

英雄枕着青草，保持沉默

只有大江，代替他们
以重生的姿态
兑现滔滔不绝的诺言

可口的风，拐进新港

早晨很小，芳香薄薄的
把新港的名字，写在掌心

其貌不扬的茶干
自带青山绿水
与人间烟火匹配

性格和蔼，煎煮或佐茶都随缘
浅褐色的肌肤，弹出嚼劲
撒上葱姜末
再撒点繁昌口音的胡椒粉
辣舞了那些挑剔的味蕾

筷子轻轻戳戳
贯穿的小孔，仿佛是
通往故乡的隧道
抵达鸡鸣和豆荚的旧址

茶干，一片方形的桑叶
我像一只蚕宝宝
啃出香，咂出鲜
天空蓝的流速，也会慢下来

蜜枣，甜甜的横山

圆圆的小脸蛋，叶间憩息
如一粒粒露珠
存放江南的雨水

脆脆的体积
能容纳蝴蝶和田野
以及庭院里月光下的交谈

看到饱满的收成
欣喜，像成熟的枣子
村民们悬在枝头上的心
终于落地
摆到集市上，定能卖个好价钱

捡颗放嘴里一咬
刹那间，一股甜汁迸出
嘴唇仿佛被涂了蜜
舌尖偷偷舔一舔
都是自己日子的味道

板子矶，把水植进了骨头（外两首）

麦浪，一路向北(外两首)

张宏树

五月，微醺的风
拂过江南的原野。麦粒渐满
第一缕麦香从麦田氤氲开来
金色的麦浪自长江南岸
一路向北铺展。一路向北
跨过淮河、黄河两岸
向北，一路向北
季节每向仲夏挪一挪身子
金黄，便向北方大踏步漫卷

麦浪漫过齐鲁、燕赵大地
隆隆机声伴着布谷鸟的歌唱
农家的餐桌上
瓠子汤，面疙瘩
粑粑圆，面条长
婆娘们的巧手
让庄稼人的碗里早早盛满麦香

向北，一路向北
机声响过的地方，粮仓满满
犁铧卷着泥浪，细雨轻烟中
秧苗的绿，壮阔的绿
再次由南向北拓展

麦收时节，广袤的华夏大地

一幅巨型的画，天天变幻着色彩
季节是张调色板，而勤劳的人民
手持画笔，朝夕描绘在大地上

我是唱着他的歌长大的

当我背上书包，系着红领巾的时候
嘴里就哼着
让我们荡起双桨
小船儿推开波浪……

当我穿上军装，手握钢枪的时候
心中就回响着：
一条大河波浪宽
风吹稻花香两岸……

如今，我老了
作歌词的人走了
他的歌永远不老啊
我的孙子们在唱
祖国的孩子们都在唱
一代一代往下唱

拐杖

没有它
身子也许会被风推个趔趄
有了它
摇摇晃晃的人生
才有了支撑的力量
三点一线
转弯或抹角

麦浪，一路向北（外两首）

直面处，就是前方
风雨也罢，阳光也罢
路，总是越走越远
而拐杖，却越拄越短
路过的是风景
磨损的是时光

谷　雨（第一卷）

长寺，我的长寺

崔后明

千百年前，长岭和寺冲
选择故乡的西北角
牵手缔结一段美丽的姻缘
从此为我们种下一颗
千年绵延的乡愁

朵朵白云夹在头顶的发簪
万亩青山精心裁剪
做你飘逸的长裙
是谁定制一湖碧波
梳妆打扮你绝世的容颜
从此，你便在一个叫长寺的地方
安居乐业，生儿育女

日出而作，日落而息
优良的家风代代相传
勤劳善良的品质从未改变
是你含辛茹苦，把我们
送往一个个高等学府

坚持绿色理念，唱响生态品牌
你把昔日贫苦的父老乡亲
带上红红火火的小康之路
从此告别破旧与落后
从此书写新的画卷、新的篇章

乡路悠长，泉水叮咚

粉墙黛瓦，炊烟袅袅

时常在我梦里浮现

可曾留意，那拂过山岗的小南风

便是身在异乡的游子

捎给故乡母亲的家书一封

谷　雨（第一卷）

见马仁

青 月

一块石头醒了

揉一揉迷茫的眼睛

看着马仁山顶

马仁山醒了

听见布谷鸟第一声轻鸣

也看见彩霞布满天

听父亲说起过你的样子

竹林、茅屋，杂草丛生

一片楠木伫立千年

山上的泉水很清

跟泉水一样清澈的

是父亲的口袋和心灵

年轮的钟摆风雨兼程

忙着去见证它的见证

马仁山变了

变得更加年轻

独行的那个人

有着坚毅的背影

月亮洞穿过

风吟耳边

是他坚忍的足音

我带上青春

见马仁

虔诚地去见你

一张发黄的旧签

印着佛祖慈悲笑颜

躺在你怀中憧憬

流水淙淙

分明是内心切切的欣喜

麒麟神兽

踏出七彩祥云

飞龙玻璃桥连接幸运

祝福与颂歌在空中盘旋

心花，旖旎马仁天际

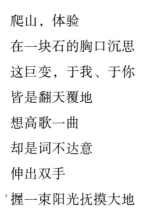

爬山，体验

在一块石的胸口沉思

这巨变，于我、于你

皆是翻天覆地

想高歌一曲

却是词不达意

伸出双手

握一束阳光抚摸大地

谷 雨（第一卷）

家乡的炊烟

许光宝

小时候
当我看见乳白色的炊烟
从家乡那简陋的茅草屋顶
向蔚蓝的碧空袅袅升起的时候
我的心里便充满了温馨
我知道
那是母亲对儿女无声的召唤
蕴含了母亲浓浓的深情

长大了
身在异乡的我
无论走到哪里
也无论走得有多远
只要看见
天空中飘着乳白色的炊烟
我就会情不自禁地想起家乡
想起勤劳、俭朴、慈祥的母亲
时至今日
在我的脑海里
还时常忆起
家乡那乳白色的炊烟
甜蜜而温馨
在我的眼里
那一缕缕乳白色的炊烟
永远是一道抹不去的亮丽风景

忘不了

家乡那乳白色的炊烟

如同身后挥之不去的背影

总是与我形影相随

拉近了

我与家乡的距离

仿佛家乡就在身边

母亲就在眼前

谷　雨（第一卷）

妈妈，我心中的菩萨

汪佳木

妈妈

我苦命的妈妈

七岁做童养媳

三十五岁守寡

历尽千辛万苦

托起了一个家

妈妈

我苦难的妈妈

积劳成疾身体差

病痛折磨一次次倒下

顽强不屈一回回天佑不垮

在贫困中煎熬

在苦难里挣扎

渴望全家吃饱一日三餐

梦想儿女穿上体面的衣裳

一手老茧满头白发

尝遍生活的酸甜苦辣

妈妈

我贤德的妈妈

虽然目不识丁

但通情达理说话文雅

贫穷不可怕

翻身靠奋发

讨饭也要孩子学文化
一诺千金践行无假
一心奉献不图报答

妈妈
我勤劳的妈妈
终于苦尽甘来
喜获丰收的庄稼
儿女长大立业成家
亲手描绘灿烂的图画

妈妈
我慈祥的妈妈
年老幸福安康
享受夕阳晚霞
未曾想七十八岁有一坎
生命到此戛然停下

妈妈
临终前留下一句话
今生不能和你爸长相守
死后一定合墓同榻
全村第一个带头火化
葬礼热闹非常
验证了一句古话
不瞧姑娘上轿
要看老来荣华

妈妈
您无怨无悔地走了
赢得最美好的评价
乡亲无人不夸

乡里传为佳话
就算天大地大
也不如妈妈恩情大
如若有来世
我一定还做您的娃

妈妈
永别了
美好的天堂
是最终归宿的地方
没有烦恼没有牵挂
妈妈爸爸相依相伴
倾诉今生过往
您伟大的母爱
完美无瑕
妈妈
我心中的菩萨

罗义英格律诗二首

访农家

四月田园韵一流，景随农事鸟歌讴。
门前坡绿新篁翠，屋后金黄小麦柔。
汗润果垂蔬菜嫩，水盈鱼跃碧湖悠。
痴情翁媪村郊望，篱舍鸡鸣伴铁牛。

夏日抒怀

蓝天碧水映波光，遍野抒怀笑脸扬。
峻岭丹霞常沐浴，清泉白雾亦徜徉。
池莲蝶舞情犹醉，岸柳蝉鸣意若狂。
蛙鼓田间丰乐曲，莺歌满穗吐芬芳。

周海燕诗词二首

小雪

霜风霜雨侵，叶坠叶随林。
未见梅兄约，却听兰友音。
案头幽韵递，笺上远香吟。
簌簌庭轩落，红炉溪月沉。

如梦令·采菱角

水托青萍寻宝，池涨紫菱邀约。两道划痕波，半卷裤长衣扫。阿嫂！阿嫂！红袄剥开唇咬。

强昌秀诗词二首

江南春韵

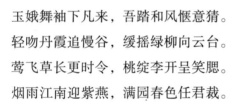

玉娥舞袖下凡来，吾踏和风惬意猜。

轻吻丹霞追慢谷，缓摇绿柳向云台。

莺飞草长更时令，桃绽李开呈笑腮。

烟雨江南迎紫燕，满园春色任君裁。

浪淘沙令·八月南风

水患越南宫，雷电轰隆。青山摇曳雨匆匆。桥断车翻人呐喊，浊浪排空。救难欲从容，敢缚苍龙。青春流逝爱无穷。风雨同舟声震撼，气贯长虹！

刁吉霞诗词二首

雨后云山

前瞻无尽处，山色未全开。
浓墨巧留白，云烟袅袅来。

临江仙·看荷

涌向凉亭鲜绿色，其间点缀花红。白云淡淡饰长空，骄阳还未烈，惬意带香风。

曲道平宽随信步，任由亲近芳丛。纤纤酥手抚娇容，快门欣点下，方寸一由衷。

品
读
评
论

极致的美好总在对错之间

——评短篇小说《最后的麦田》

姚 祥

《最后的麦田》是作家张诗群的一部短篇小说。小说用清澈、准确的语言，讲述了大学生村官江小蓝挂职村委会，解决了一户拆迁难题的故事，同时带出了孤老太李碧云对爱情忠贞守一、不离不弃的人生经历。小说饱含思想哲理、艺术品位、情感成色，是一名初试小说创作者的不凡出手。

孤老太李碧云拒不搬迁，湿地公园建设无法推进。在仁渡村村主任孙大明的眼里，江小蓝是不能"打硬仗"的柔弱女孩。与之形成鲜明对照的是，旁边仁河村的大学生村官黄萍萍，势如破竹拿下了最难缠的钉子户。江小蓝住进李碧云家，是粗俗、急躁的村主任堪称阴险的一招。如果不以大学生村官个人考核不合格为由，李老太的家中绝不会放进一个来客。吊诡的是，不被村委会信任的江小蓝，却得到了孤老太的充分信任。信任是开启心门的钥匙。不过，古井不波，一开始江小蓝再怎样殷勤，李碧云也总是不冷不热。当然，人心都是肉长的，何况深情者。所以，转机就在一瞬间。江小蓝的真诚和细致，一张封闭60多年的心门，被缓缓打开了。于是，江小蓝知道了，李碧云不肯搬的原因是那块麦田。

疑窦由此而生。故事的跳转水到渠成。一个"油盐不进"的老太太，之所以不再坚守内心的秘密，放下维系一生的执念，全在于江小蓝的以心换心，不是亲人胜似亲人的照应。真心，这金子般的真心，让江小蓝靠近了生病的老太太，进而帮老太太"晒霉"成为可能，而晒霉使得江小蓝进一步逼近了秘密。串着三颗弹壳的银链子的"失而复得"，可能还有在南京办美术班男友赵逸舟对江小蓝的责备，李碧云终于不再矜持，打开了话匣子。原来，那块金黄的麦地，见证了她和初恋情人韩建勋之间，最初的海誓山盟与最后的道别承诺。两个月后，他托人给她带回了一件纪念品：三个弹壳串在上面的怀表链子。然而，一个甲子过去，她还在等他，他却没有兑现承诺。她试图用那片麦田，锁定刻骨铭心的幽会和离别场景，没有丝毫的敷衍和松懈。

极致的美好总在对错之间

这段无法遗忘的记忆，就是李碧云老太太的爱之初心。为了一个动人的承诺，一辈子孤独终老，江小蓝对此充满了怜悯。不过，老太太试图在改变，就在风烛残年，缘由仅仅是为了不难为好姑娘江小蓝，更不能让她在村里的考核不合格。为此，她摸黑去了趟麦田，与"男友"韩建勋商议此事，不料跌倒在土沟里，导致左胯骨粉碎性骨折。事实上，韩建勋抗美援朝参战，一去不复返，肯定是牺牲了，老太太怎能不知，只是到了一病不起的时候，她才真正有了悔意。可是，这悔意并不决绝。老太太在拆迁协议上签了字，江小蓝也工作期满。她对来告别的江小蓝说，"要是我不在了，你要是能来一趟，把那个链子给我戴上……"这时，麦田变成了链子，一往情深的涛声依旧。

读完小说，我想到了大仲马的《基督山伯爵》，同样是关于"等待"和"希望"的故事。那个被冤屈的基督山伯爵默默等待了20多年，最后才伸张了正义，大功告成。反观李碧云的等待，连驿寄梅花、鱼传尺素都没有，就是一个无底洞，不会有希望的回声。没有希望的等待，就真的毫无意义吗？这是《最后的麦田》留给我们的思索。当然，这样的思索必须首先回到以爱情为缘由的基座上。

爱情，人类最本真最原始的感情，是亘古不变的生命旋律，男女心灵最美好的碰接，最蚀骨的纠缠。爱情的甜蜜，并不意味着生活的无忧，生离死别常常戕残着爱情，就像配在身上的绶带，既有可能是锦缎，也有可能是荆条。如果生活中有不幸的事故，毫无疑问，受伤最深的一定是用情最深的那个人。孤老太李碧云60多年的执迷不悟，早将自己的痛苦和快乐，矛盾地交融在等待韩建勋回来这个问题上。一般认为，执念，如在正确的方向上，就是被人们推崇的执着力量；如在错误的轨道上，越坚持己见就越南辕北辙，其后果不言而喻。但是，永不改变是真正爱情的内核。即使爱情中出现了罕见的一面，也不应该寄放其于庸常的世俗里，作出合乎大众的评判。基于此，张诗群在用一种当代文学久已生疏的理想主义情怀，确证着爱情的永恒存在，唯有这些最可宝贵的精神，构筑了生命中最初的信守和最后的依凭。在逃离、出轨、背叛如同家常便饭的年代，《最后的麦田》中孤老太的爱情坚守，是我们这个时代所稀缺的。因此，小说凝结着对当下世态人情、社会风气，乃至个人灵魂的深度追问与无情嘲讽。清丽婉转的文字之外，更有独立于世的寂寥与旷然，不啻是一股清流，让人如饮醇醪如沐春风。

无论时代如何改变，不变的是人们对美好事物的追求、对真善美的向往。只是，凡事都有限度，正如真理往前一步，也就变成了谬误。细究会发现，一个永久而孤独地生活在逝去时光中的人，深渊般的痛苦，肯定远远大于臆想中的快乐。在李碧云深度自我精神空间里，不排除有一股清冽的人格芬芳，但老人的坚守更像是对自我天性的摧残。这看似是个死结，其实并非不可解。极致的爱之执念，的确值得仰视尊重，但不可以成为爱情的常态，毕竟，极致的美好总在对错之间。"短篇小说不是现实生活本身，而是越出现实常规的产物，是这个正常世界的一次意外事故。如果说，小说在这个世界上还有一点用处的话，用处就在这里——小说用具体的'个人'试图去刺穿那个庞大而坚固的观念堡垒，从而可以将活力和可能性归还给生活，将自由归还给人类。"这是作家艾伟说的，拿此话解释我对这篇小说主旨的解读，再恰当不过了。文学的功能，主要在于领悟人生真谛，陶冶精神情操；文学的主张，从来不乏理想色彩。

小说是结构的艺术。《最后的麦田》故事简单，却妙用了回环嵌套的叙事结构。在讲述江小蓝故事同时，让我们走进了李碧云的故事。双层叙事层恰到好处地切换、穿插，两者达到了高度统一和默契，增加了小说的厚重感和叙事层次感。细心的读者可能已经感到，细腻、执着的江小蓝身上，有孤老太李碧云的影子，只不过一为事业，一为爱情。这种类比、隐喻手法的运用，体现了一种美好，在隔代人之间的传承，是作家竭力宣扬的一种处世精神。

《最后的麦田》叙述婉转多姿，却又波澜不惊，文字背后的悲喜足以感染读者，震撼其心灵深处。文本达到令人感慨唏嘘、灵魂洗礼、精神升华的程度，写作技法功不可没。在情境上，尽量集中笔墨攻其一点，使人物、场景、情节诸要素相谐调。面对与众不同的江小蓝，村长的言行，男友的举动，孤老太的自责，都会让人产生现实的联想，以此丰富小说的题外之旨。在语言上，简洁、精准带来的效果是真实生动。有时寥寥几句，一个完整的意象生成，人物和事件的意蕴随之翻飞；有时一个微小的动作如耀空闪电，刹那间灼亮人眼。在人设上，次要人物的存在，都是为了衬托主要人物。所有人拥有自己的声音，自己的秉性，自己的观点，于是，孤老太的冷酷又仁慈，江小蓝的柔弱又坚强，孙大明的颟顸又进取，黄萍萍的泼辣又冒失，奇妙地黏合在一起，达成了对立统一。

读张诗群的文字，能够感受到萦绕其间的温情暖意，一种坦诚相见的文字照面，像清泉流润心间，即便人物命运坎坷，也不会太凄戚，反倒滋生出拥抱这大爱人间的力量。

在我看来，《最后的麦田》具备中篇小说写作诸多要素，理应有更多承载与延展。当然，不要苛求一名小说创作新手，张诗群能织出这天鹅绒般柔软的感人故事，值得点赞。

一个具有伟大人格的伟大人物

——评林语堂《苏东坡传》

徐世宝

林语堂先生在《苏东坡传》中，对苏东坡有一句最经典的概括：不可无一，难能有二。众所周知，在诗词、散文及书法绘画方面，苏东坡无不达到世人难及的高度。在宋代书画史上，以苏东坡为首的"苏、黄、米、蔡"四位大家足可引领一代风骚；作为唐宋散文八大家之一，苏东坡的《赤壁赋》堪称千古绝唱；在诗词方面，苏东坡开创了宋词的豪放一派，王国维先生在《人间词话》中，对豪放派的代表人物苏东坡和辛弃疾有过精辟的评价：东坡之词，旷；稼轩之词，豪。其中，苏东坡为我们留下的《念奴娇·赤壁怀古》《水调歌头·明月几时有》等一批独放异彩的杰作，则典型地体现了旷达、超迈的风格特色。这样的天纵之才，在中国历史上的确无人比肩，难能有二。

但如果仅仅如此，还不足以构成一个伟大人物的全部。事实上，苏东坡的伟大远不止是他难以超越的天才性，林语堂在这部传书中，他最着力的地方，是对苏东坡人格魅力的解构与还原。那么，在林语堂所展现的苏东坡人格构成中，最具魅力的部分在哪里？

很显然，他的悲天悯人的人道主义精神，应该是苏东坡人格中最基本的"骨架"了，而这也正是他让所有中国人感到可亲、可敬、可爱的所在之处。林语堂称苏东坡是"百姓的挚友"，毫无疑问，他是当之无愧的！当然，作为人类的良心，雨果、托尔斯泰，等等，他们与苏东坡一样怀有深沉广博的人道主义情怀。而苏东坡的独特性在于，他以一个官员的身份，始终以具体行动来护佑受苦受难的民众，为他们谋取实实在在的福祉。这在当时中世纪的漫漫长夜里，这种"民胞物与"的人道主义精神，无疑是一束微弱而温润的人性烛光，在中国漫长的封建官本位时代，他的存在恐怕也是绝无仅有的。当然，这样有悖于时代主流的意识和行为，是要付出沉重代价的，实际上，苏东坡为官生涯中所有遭遇的挫折、排挤、流放，他的一切困境磨难，可以说，几乎全部源于他为饱受困苦的苍生们遮风挡雨所招致的。

在《苏东坡传》中，林语堂不惜篇幅地为我们展示了一系列苏东坡实践他的人道主义精神的个案实例。仅仅以他任杭州太守为例，在短短一年半时间里，苏东坡对全城公共卫生实行了一系列改革或重建，其中包括一个清洁供水系统和一座医院，在修建医院时，除了公款投入，苏东坡自己还捐出了五十两黄金。据林语堂所知，这座名叫"安乐坊"的医院，是中国最早的公立医院。自然，也是中国普通民众的第一个生命庇护所。之外，苏东坡还组织疏浚了运河，修建了西湖，让杭州老百姓从中受益无穷。特别是在杭州遭受洪灾时，苏东坡为救助灾民所付出的心血与努力，使当时成千上万的杭州百姓免于绝境。苏东坡说，为太守成功之道，是使民不畏吏！他岂止是使民不畏吏，他对天下苍生的护佑，对百姓生命的敬畏，这样的道德虔诚，这样的人格伟岸，除了令人肃然起敬，更为中国的为官从政者提供了一个道德标杆！仍然是在杭州太守任上，苏东坡在处理公务时，留下了不少富有人性光泽、令人津津乐道的义举。这里不妨实录一例。有个开扇子店的商人因债务被人控告，欠债的原因是当年夏天多雨天凉，扇子滞销，致使无钱还债。苏东坡听罢陈述，让店主把剩下的扇子拿来，在扇子上挥毫泼墨一番，然后让店主拿去卖了还债。苏东坡的字画在当时千金难求，店主的扇子很快被抢购一空。这一个案所透露出的，显然不止是苏东坡横溢的艺术才华。而我们可以轻易触摸到的，是这位仁慈的官员心底最柔软、最温暖的部位。

中国的士大夫历来遵循这样的一个传统：达则兼济天下，穷则独善其身。而苏东坡的超越性在于，即使身处流放之地，他的人道主义情结依然成为他面对芸芸众生时，一种无法抗拒的魔力。苏东坡被贬惠州时，了解到一件令他痛心疾首的事，农民向当地政府交纳捐税，由于丰收，谷价下跌，政府拒绝收取谷子，要求交现款。这样农民卖出的谷价低，而交纳的捐税现款却按谷价高时计算。结果，农民还一斗的粮税，却需要卖两斗的谷子。苏东坡虽无权直接过问此事，但这丝毫不妨碍他为民疾呼。苏东坡向当地官员程之才建议，纠正这一勒索农民的现象。程之才向朝廷呈请了苏东坡的建议。在苏东坡之后的其他贬谪之地，类似之举比比皆是。苏东坡一生最景仰陶渊明和白居易。但陶渊明身处东晋的黑暗政治时，选择了归隐田园，遁然世外。白居易面对中唐的败坏时局，选择了亦官亦隐式的"中隐"，以此来保全自身。在这方面，苏东坡显然是个超越者。尽管他在人生的态度上，潇洒旷达，纵情豪迈，但一旦触目人间的疾苦，听到百姓的呻吟，苏东坡无论身处穷达，立马拍案而起，完全是一副斗士的姿态，在这一点上，他同时也在一次又一次的超越自我。

与苏东坡人道主义精神遥相呼应的，是他的嫉恶如仇和对道义的守正不阿。这是苏东坡的人格中同样令人敬仰的一面。

"始终以批判者的姿态，与主流社会和利益集团保持距离，独立而直行。"这是西方学者对知识分子的定义，放在中国两千多年漫长的专制背景下，显然是不适合的。但对宋代这片独异的历史天象，似乎是个例外，苏东坡就是这块天幕中一颗最耀眼的星座。

宋代倡行文人治国，立朝之初定下了"不得杀士人及上书言事者"的祖训。这一时期知识分子的生存空间，可能是中国古代史上最为宽松自由的。倘若屈原、陶渊明之辈生在宋代，或许，他们不会走上投江和避世的末路。苏东坡的幸运在于，作为一个社会的批判者，他的基本权利有体制上的保障，即便处于贬谪的困境中，他仍享有自己的话语权，甚至有可能在现实中实践自己的思想。

我们知道，苏东坡为官生涯中的沉浮起落，大都与王安石的变法革新纠缠在一起。应该说，王安石的变法是顺应那个时代的迫切需要，但在操作的层面上却伤及老百姓利益，这一点是苏东坡最无法容忍的。在当时反对王安石新政的人中，有的退隐林下，有的潜心治学，就连他弟弟苏辙也选择了明哲保身。只有苏东坡以舍我其谁的无畏之气，只身一人起而抗争，为民请命。除了不断向朝庭上奏表章直陈己见，苏东坡还运用诗歌来指斥新政之敝，陈情人民之苦。这样的结果直接导致了乌台诗案的发生。这是苏东坡走向一条不归之路的开始，用他自己的话说，从此"身如不系之舟"。有次，苏东坡指着自己肚子问里面装的什么？大多数人都说是诗词文章，苏东坡并不认可，只有他的爱妾朝云最了解他，说是一肚子的不合时宜。不合时宜是从政者大忌，苏东坡却大悦，他非常开心。林语堂因此说他真是一个无可救药的人了！但那又能怎样呢？乌台诗案之后，苏东坡被贬黄州，在那里他写下了一首著名的《卜算子》："缺月挂疏桐，漏断人初见，谁见幽人独往来，缥渺孤鸿影。惊起却回头，有恨无人省，拣尽寒枝不肯栖，寂寞沙洲冷。"从这首悲凉清冷的词中，我们看到的苏东坡依然是一副不屈不挠、桀骜不驯的姿态。后来苏东坡在写给好友李常的信中说："吾侪虽老且穷，而道理贯心肝，忠义填骨髓，直须谈笑于死生之际，遇事有可尊主泽民者，便忘躯为之，祸福得丧，付与造物。"这番肺腑之言表明，侥幸逃过一劫的苏东坡，丝毫没有与新政妥协的打算。在王安石推行的新政中，苏东坡最为嫉恶的，是青苗税法导致无数的家庭负债破产，民不聊生。苏东坡一面采取具体措施来补救这一现状，同时不断向朝廷上书请求免除百姓的债务，直到元祐七年（1092），苏东坡的恳请，终于得到了如愿以偿。苏东坡被贬黄州时，在给好友李公择的信中说道："独立不惧者，直道而行，纵以此窜逐，所获多矣。"苏东坡的这番心迹，是他在经历了与"新党"斗争的风雨之后的精神剖白。其中"独立不惧，直道而行"的生命人格，在他与"旧党"的较量中，又一次散发出光芒。司马光当政后，全盘否定了王安石的改革"新政"，全面恢复旧有的制度、政策，北宋的历史重新退回到原点。苏东坡看到"尽废新法"带来了新的弊端，尤其是"旧党"内部暴露出的腐败现象，他再次站到了利益集团的对立面，以一个斗士固有面貌，向保守势力发起了新的挑战。尽管等待他的，将是更为漫长而遥远的流放之路，但对于苏东坡而言，他是坦然而欣慰的，因为他"纵以此窜逐，所获多矣"。

当苏东坡认为新政中有益于时政的部分应该有所保留，且再次上书指责司马光太过了。到了这一步，身为旧党人士的苏东坡，等于又成了旧党的批判者，这样，他"既不为新党所容，又不被旧党见谅"，唯一的结局只能是一贬再贬。晚年的苏东坡在总结自己的政治生涯时，不无自嘲地感叹："问汝平生功业，黄州、惠州、儋州。"换个角度理解，苏东坡的一生，都在为天下苍生，为他所怀抱的理想，一次又一次地从容献祭。在这个意义上，与其说他是被那个时代所放逐，倒不如说，他是在放逐自己！当苏东坡一个人越过海峡，径自走向天涯海角，那具有悲情意味的孤独而傲岸的身影，不禁使人想到孟子的那句慷慨壮烈的陈词："虽千万人，吾往矣！"

在历史语境参照下，苏东坡的"所获"不可谓不"多矣"！至少，与那个时代对垒的知识分子是整体性，而且，他们的话语权包括生命权，都是神圣不可侵犯的。在中世纪沉沉暗夜里，无论东西方世界，如此包容的社会体制是绝无仅有的。当苏东坡们在与主流社会进行激烈的思想交锋时，欧洲大陆还笼罩在愚昧的神权铁幕下，直到500年后，布鲁诺的肉体与信仰，仍在专制的烈火中化为灰烬。苏东坡们当时走过的流放之路，甚至被索尔仁尼琴们接续到20世纪。显然，在坎坷、漫长的流放之路的起点，苏东坡无疑是当之无愧的先驱者。

如果说，一个既悲天悯人又嫉恶如仇、刚正不阿的苏东坡，是令人可敬之处，那么，他的对人间至情的深爱与眷恋，则是如此感动人心，使人着迷！其中最打动人心的，莫过于他与弟弟苏辙的兄弟之谊，以及他对亡妻的一往情深。苏东坡一生的来往诗中，最多的当数他与苏辙之间的唱和。其中最具代表性的当属那首脍炙人口的《水调歌头·明月几时有》，另外还有一首诗，是乌台诗案时，苏东坡在狱中写给弟弟的，可谓道尽了生离死别之际，苏东坡对兄弟手足之情的无限眷恋和不舍，读来令人肝肠寸断、黯然神伤。"是处青山可埋骨，他年夜雨独伤神。与君今世为兄弟，又结来生未了因。"

比之更打动人心的，是那首著名的《江城子》："十年生死两茫茫，不思量、自难忘，千里孤坟，无处话凄凉，纵使相见应不识，尘满面、鬓如霜。昨夜幽梦忽还乡，小轩窗、正梳妆，相顾无言，惟有泪千行，料得年年断肠处，明月夜、短松冈。"这是苏东坡在妻子王弗去世十周年时写的一首悼亡词，或许，苏东坡的爱妾朝云正是从这首浸满了泪水、饱含了思念的词中，读到了苏东坡的重情重义，铁骨柔肠，因而在苏东坡漫长的流放岁月中，唯有朝云生死相依，不离不弃。

林语堂在《苏东坡传》的序中，对苏东坡作过这样的概括性勾勒；"一个秉性性难改的乐天派，悲天悯人的人道主义者，政治上的坚持己见者，仁慈的法官，月下漫步者，诗人，散文家，画家，书法家，等等，可这些也许还不足以概括苏东坡的全部。"真可谓"说不尽的莎士比亚"。也正因如此，林语堂在《苏东坡传》的序中留下了另一句简洁而贴切的评语：每一个中国人，只要一提到苏东坡，都会发出温暖而会心的一笑！

谷 雨（第一卷）

征文精选

在时间的远方

程万平

去年这时节，有位诗人说要来坐坐，让我说一说家乡。我先是以面对考官的态度，突然又松弛下来觉得没什么好说的，可是一说起来又没完没了，复又突然安静下来无话可说。

于是我在朋友圈里码了几行字：酷热难当有位诗人来访，让我说一说家乡，那就不能不说说长江，不能不说出水的鲥鱼身披月光，不能不说江猪是怎样的跳着水上的芭蕾，不能不说板子矶落满桃花的事情，不能不说万字会青山冲荷花塘、大桥小桥猫耳朵桥，牛歇岭苦竹岭落花井，落花井村子里叫莲子的姑娘从山里捎来的映山红，她贝齿一闪，我家老宅就有了光。不能不说庆大的渡口已切换成桥梁，还有那片叫荻浦的归帆，唉！我倾不尽的行囊，只有电风扇嗡嗡作响。

我怕我说的不够直观，又让诗人看一幅画，是许多年前黄小林先生送我的。这幅画先是挂在堂前，后移至卧室相看两不厌，不仅没有审美疲劳，反而愈显珍贵。现在看来这幅画真是为我量身定做的，画面左三分之一处有一条小河白光粼粼，河上有德远桥有渔船。我记得这些渔船都是从长江里穿过德远桥到内河来避风浪的，画面上还有洗衣的女人袅袅婷婷、桥上的行人影影绰绰。远景是德远人家的吊脚楼，直到水天一色处，款实是郭珍仁先生的词：家乡好，小镇半江流，荻浦归帆云天外，江光塔影鹊矶头，荻韵起河楼。

我看这幅画常常看到发呆，我看到了时间的远方，以及远方的远方，看出了又忧伤又甜蜜的况味。此画是我的宝贝，我称之为墙上故乡。

画面上的这一段曾经是荻港的精华所在，如今德远桥的图片在繁昌博物馆的墙上。图片是我的同学郭小文拍的，得知要拆掉这座"始建于汉"的古桥，郭同学说他父亲，含泪将德远桥的身世题在了照片上，那么照片上的字就是郭珍仁的手迹了（怪不得字迹似曾相识）。直通长江的那条河也早已经不存在了。德远人家的吊脚楼，怪我当年不解风情。唯有那些养育了不少人又送走了不少人的老屋，像是歇在时间里的蝉，精气神都已随风而逝只留下一个空壳。那些门楣上的云纹、绮纨楼阁，明明是歪了斜了塌了，任你怎么看那样子反而愈显得端庄起来。我默念旧的不去新的不来，以减轻心头的惋惜。说荻港是千年古镇，也绝非空话套话。

太阳和月亮照彻了砖瓦，江边小镇梦中醒来。汉朝起，荻港立。以后的岁月，连入蜀的陆游，也在这里停楫系缆。以后的岁月，就有人开始不断地吟唱：

"清霜醉枫叶，淡叶隐芦花。"

"画船撑入芦花港，掩却蓬窗半面开。"

"势吞吴楚千年壮，稳镇中流恒古今。"

"荻港东来指赭圻，孤帆停处一鸥飞。"

"山尽芦花渚，江天望不穷。"

从古诗里的故乡到墙上故乡再到现实里的故乡，那年，江苏金坛文联的朋友来繁，这千年古镇不能不去，可是一路上烟尘弥漫窗子都不能开，有女同胞说快要窒息了。"先发展后治理嘛，我们那里也走过了这样的一段路，以后就好了。"金坛的客人好善解人意啊！

网上听书，喜欢反复听那一句"江声浩荡，自屋后上升"。这是《约翰克利斯朵夫》开篇的话。每听这一句，脑子里面有些影像会蹦出来，如同碎了一地的镜子。哦，克利斯朵夫，你有你的江声，我也有我的江声。

下车已近午饭时分，虽然太阳忽隐忽现，俗话有云里太阳雾里雨，太阳冷不丁从云里钻出来，锡箔一样晃人眼睛。也是受了一个老乡的蛊惑，说荷花塘里架了九曲桥，说从锅坊那里修了一条路直通江边矿场了，你要回去看看。

日日上学，都要沿着荷花塘走，走进青山冲里的万字会，只觉荷花塘那是无边的大，荷叶荷花铺天盖地伸手就能够得着，看人家刚刚踩上来的花香藕，一拳擂下去，咔嚓一声冰倾玉碎，眼睛鼻子都是凉的香的。现在架了桥该是什么样子？锅钫后面那曲曲弯弯的一条泥巴小路原本是没有的，硬是人走出来了。右手边是凤凰矶，左手边是一小段江岸线，曲径通幽越不好走就越刺激，走起来还是有点危险的。运动中倒了霉的庆医生就在那里扳罾，每走到那里看扳罾喊一声庆伯伯，庆伯伯盯着江水不作反应。

再往前有人对我说，现在江边上搞得就像外滩一样，你要回去看看。再往前，有人对我说新河的渡口不存在了。再再往前，我在"五七干校"做知青，年轻叛逆不想见妈妈，愣是有近两年时间不回家。探亲的人回来告诉我说你家打了个床头柜，你哪不回去看看？终究抵挡不住床头柜的诱惑回去了，果然放纸盒子的地方摆了个床头柜。我妈说是用药品包装盒子的木板做的。

就这么一趟一趟，回去看看，一路把我看得皱纹渐起白发星星。

剪去了长发只剩一副热心肠

我家就住在荷花塘边上

传说祖辈开了间杂货店

牌匾上写着程裕兴酒坊

至今我微信的名字还叫荷花塘

荻港的清晨荻港的黄昏

那些开山放炮的人们

多少年哟多少年

梦里还在躲炮醒来傻傻笑

这个时辰气温三十多度，空气滞重蒸包子一样，可一到江边，就豁然开朗了，几个人手扶栏杆面朝长江，做深呼吸，同行的小姐姐们一句接着一句大发感慨说这里的空气都是甜的。荻浦荻浦，可不就是芦花白荻花紫么，芦荻追逐而居一直都是江边叙事的主角，现在成片成片的格桑花穿插进来了，蝴蝶吻着花芯子一刻不停，配合着时尚抖音。长长的江岸线望不到边，凤凰矶上高耸的过江塔早已成了地标，塔上书有"繁昌荻港"四个字，老远老远都能看得真切。同去的燕子触景生情面对长江唱了一曲"你从雪山走来，春潮是你的气概，我们赞美长江，你有母亲的胸怀"。燕黄梅戏唱得好，说从丹田到头顶有她的22路公共汽车，从哪里转弯到哪里停靠清清楚楚，所以吐字发音总是比别人好听。燕子还大发感慨地说："要看就看大江大河，这真是比外滩不差些，外滩是几何图形搭积木，这里一览无余清清朗朗，看这些垂柳，就像理发师修剪过的一样。"说着用手夸张地撩了撩自己的长发还做了个鬼脸子。

如此赞美我的家乡，好是好，可外滩是国际窗口是名片，这里是"苍苔如米小，也学牡丹开"。再看看两行垂柳，还真像女子的长发。热成这样江边没有一粒人，也不知怎么搞的，我一到这里就想跳支舞，在这样热辣辣的中午，空着肚子还情不能自已，何人不起故园情？城市乡村越来越同质化了，乡愁也会越来越稀薄。《乡愁四韵》以后还有没有了？我现在有乡可愁，算是一种幸运。

乡愁不是可以治愈的疾病，也不是人们需要匆匆解脱的苦楚，它是一种甜蜜又忧伤的、自愿承载的精神状态。某晚发现当年我的班主任龚老师在群里给我留言，"丫头，你真……"原来是同学贴了我的那篇《长江边上跳支舞》的稿子，一个祖母级的人了，还有人喊丫头，这是银子换不来的喜悦。龚老师不说今夜无眠，只说

"心里乱七八糟的，都深夜了觉也睡不着了"。我想他老人家估计是乡愁泛滥了。

一条好大的"金川8"从眼前开过去，船头飘着红旗。再目送一条造型酷似航母的砖红色大船，也有面红旗。原来大小船只，全都是红旗飘飘，瓦蓝天空下，红旗格外醒目。汽笛呜呜呜，长长短短的，重重叠叠的，静观胜追逐，我有故事讲给你听。现在这些都是大吨位的，以前呢，跑运输基本都是木船，吨位很小。一个小毛头，那天要跟着父亲一起上船，其父给了两毛钱，你去买冰棒吧。小毛头再到江边，船已经开走。第二天就有坏消息传来，那条装生石灰的小木船，一叶扁舟漂在长江里，一个浪头打来，石灰开始煮沸，浪头一个接一个，整条船都沸腾了，当时没有通讯设备无法呼救，逃无可逃躲无可躲。获港人隆重地送别了那个因公殉职的父亲，整条街上声声叹息。

这条街有三段，南桥、中街、德远。我家住南桥，就觉得南桥的名字特别好听。中街有许多商店，是全镇子热闹所在，唯德远两个字生疏有距离。现在我又觉得德远两个字最有嚼头，德远德远，厚德深远。是什么时候开始叫德远的？与古老的德远桥有什么关系？

德远转角，咦？还有这个？一挂板车靠在屋檐下，那真叫一个满目沧桑。散了架的车厢板、档子，全都不在位置上了，各处都用铁丝绑起来，绑了的木头档子又脱撸下来，铁丝也奄奄一息了，愣是什么人用红绳子拴在门扣子上。面对一挂板车，我报以寂静的注视，好像多年未见的故人不辞而别。年轻一代以为是什么行为艺术呢。板车是曾经的人力运输工具，后来好点的板车前面有一头褐色的小毛驴，现在想想别有一番滋味！我在现场就发了一条板车的图片配上文字：风吹过绿坡泥土清香，古老的故事慢慢、慢慢讲。其实我是把它诗化了，"板车词人"郭珍仁，在家乡是绕不过去的人物，《滨河庐词钞》里的五百多首词有二百多首都是在拉板车岁月里写下的。山前山后哪天不是板车的龙门阵？板车要想多装一些得在板车四周再围上一层栏板，一板车的货就相当于两板车了，就是现在说的超载，超载的动力不是发动机是人。为防止路途颠簸散落，煤炭必须压得紧紧实实，因此堆砌得满满当当的煤炭上就有了一排排铁锹拍打过的痕迹。黑黢黢的煤炭在太阳光下闪出钻石一样的光芒来。我在我家大门口看见这样的板车队一挂一挂从门前经过，郭珍仁就在队伍里，那天目睹了就再不能忘记，他脚上是草鞋，头上汗珠子发亮，颗颗饱满有张力，身子前倾像纤夫。

回到家乡嗓门有点大，清寂的街道三三两两出来了几个人，女人搬凳子递扇子，男人搬出电风扇，又给我续水，当街坐下拉起呱来，少小离家不指望有人认得我，况且德远离我家很远，一句"你妈妈是医院的周医生"一下子拉近了距离。我笑，我说，我家住南桥，可是我做梦做的都是你们德远呢。

从南桥到锅坊，好比是序幕到尾声。锅坊大门外，长江天际流。锅坊是苏日胜锅坊的遗址，苏雪林家族的实业，现在锅坊变成了一条彩虹路的起点，锅坊遗址是彻彻底底的没有了，取而代之绿草地上却长出了一辆新坦克，供孩子玩耍，游人拍照。得感谢这辆坦克它让我终于放下。

长江万里，只这一段江岸与我有关。我是现在的我除了生物密码，我喝了流过这里的长江水，吹过江风听过江声，看过落花井的映山红、看过德远人家的吊脚楼，看过并不饱满的额头上滚过饱满赤亮的汗珠子，还有鲥鱼的月光白喂养过我，这一切都是算数的。我是这一切一切的总和。医院里的周医生，虚无了近二十年，还能够被提起，除了这里，到哪里能够有这样的待遇？

在通往江边矿场的那条路上，面朝长江的两张长椅像油画里的静物，十分诱人。我一个人直直地朝前走，她们后面喊个不停，走了走了再不走就要中暑了。她们哪里知道我在江边矿场当过几个月的车工学徒，带我的罗师傅用锯条给我做了两把袖珍的武术刀作为纪念。那里还有当年日本侵华时期的一个慰安所的遗址。

雁不离群，我只好跟她们走了。我还不算老，去看会有时。

在时间的远方

熟悉的地方有风景

袁 琴

一

初遇板子矶不是在江边，而是在墙上。市声如潮。我蛰伏在小城的图书馆一晃数年。彼时的云路街老图书馆，没有展厅，可各种展览接连不断。一幅幅装裱过的画作、摄影图片，每每沿着阅览室的内墙逐一排至走廊外，倒是给古旧的馆舍增色不少。我常在例行公事的忙碌之后，驻足欣赏、流连。

某次，一幅已记不清作者姓名的摄影作品带给我异样的明朗与欢欣，颇似晨起拉开窗帘，看见窗外第一抹清亮的阳光，而后听见一阵鸟鸣般的舒适。板子矶清丽的身影映照在浩淼的烟波中，清新迷人。

频频切换的展览，熙攘的人群。我在布展、开展的筹备过程中穿梭忙碌，也在忙乱的间隙，因为小城某处风光的诗意画境屡屡捡拾一份恬静或欢欣。花开无声，"观展"有痕，我在频繁更换的展览中，阅读着小城深处别样的风景，"鹊屿江光"夕阳下的点点碎金，"渡江战役第一船登陆点"纪念碑勃发气势，板子矶最初的模样就这样烙在了心底。

可彼时的我也许是太年轻，信奉的是汪国真的那句"熟悉的地方没有风景"。我虽偶尔流连身边某处诗意画境，可对于身边的所谓"繁昌十景"当年并不知情，也不甚在意。

我把有限的假期都留给了"远方"，计划着去长白山、去海南、去井冈山……我乐此不疲地随着爱人，带着女儿，去远方猎奇览胜的同时，也饱受着远方旅行的匆忙、拥挤与疲累。直至那年九月的内蒙古之行，让我恍悟一味地信奉远方也许就是个迷人的错。希拉穆仁草原，何止是未见"风吹草低见牛羊"的不尽如人意！荒颓的土地，"连浅草才能没马蹄"都是奢谈！而是时，家门口绿化带的草地却繁盛肥美得很！我冷静收回对远方的盲目崇拜与眺望。一度有几个假日，索性安静地待在家。读书、睡觉，或者去野外闲走，欣赏路边菜地几棵低垂的红辣椒、紫茄子，满载户外游玩的野趣和欢乐而归……那段日子，假期居家留守，从电视手机屏幕观看"远方旅途中的疲乏游客"莫名成了"假期之乐"。

日子在琐碎繁杂中无声溜走。弹琴、阅读、走亲、访友、孩子升学……转眼，我和爱人已变成了留守小城的中年闲人。假期何所往，似乎成了问题……

<h1 style="text-align:center">二</h1>

深秋某个周末的午后。暖阳普照着大地。莫名兴起，要驱车前往板子矶，这还是我第一次去探访板子矶，却是我墙上"初遇"她的二十余年后！

人往滩头一站，被风吹得波澜丛生的瑟瑟江水夹杂着凉飕飕的水汽便迎面扑来了。久居陆地的我，莫名对江水水域陌生的地理环境生出一丝敬畏。虽然多年以前，我也曾坐过轮渡去北方，曾就近领略过江面开阔、波浪层层的情境。

黝黑的船工招呼着我们上船，船舱游客寥寥。没了喧嚷，倒能沉浸地观景渡江了。渡船突突地发动启航，船身贴着江岸缓缓向江心转向移动，随即全速行驶开来。

凭栏极目远望，暖阳下的江面被铺洒成一片金色。波光粼粼的水面上船帆点点，刚刚还是你眼里模糊的黑点，眨眼之间就展现在你眼前，还来不及细看顷刻却又远逝不见。环顾四周，未见书页诗句里的大片芦荻飘荡和遮天蔽日的水鸟，不禁怅然。

板子矶所在的这段江段，古名鹊江，它起自古代长江铜陵鹊头山终至三山龙窝湖段。鹊江还有一个极具诗意的别名：西江。中国历史上多次出现南北对峙的局面，对于南方政权而言，核心地带在太湖流域，故自九江而下包括鹊江在内的长江被江南人称之西江，西江频频出现在古诗词之中，宋人还以"西江月"作为词牌。板子矶处于烟雨江南，诗意江南，历代文人墨客在这里留下大量诗歌。

"板子矶，荻梢舞。中有将军血箭痕，泪红洒入江流苦。"这是清学者陆纶的诗，诗名《板子矶咏古》，被《平湖县志》誉为"诗工乐府"。陆纶诗中凭吊的是明末骁将黄得功，明崇祯十七年五月，黄得功与清军激战板子矶，中箭后毅然拔箭刺喉，倒在舟中。黄得功战殁，弘光帝被俘，明人在南方重新建国的梦想灰飞烟灭。清嘉庆年间，繁昌知县洪占鳌为纪念黄得功战死板子矶，奉旨修建了黄公阁。

三

还在远观默想之际，忽而，板子矶就近在眼前了，孤零零的，矗立江中，似乎在恭候着，期盼着友人的到来。我们缓缓登临矶石。首先映入眼帘的是偌大的广场，绿茵茵的草地上，精心布置了帐篷、秋千和吊床……"百万雄师渡江第一船登陆点"丰碑屹然矗立其间，气势非凡。

十多年前读到本地名人谢鸿轩的女儿谢启大《缅怀父亲谢鸿轩老先生》一文时，曾为文中有这样的文字："父亲的老家至今仍然是一个较偏远、穷困的地方，我非常讶异：八十年前，父亲居然能够从这样一个贫困偏远的地方，通过个人努力苦学走出一片天地"，来描述我所居住的小城颇为耿耿为怀，后又听闻《繁昌县志》里记载了曾巩的《繁昌兴造记》有言："历七代为令者不知几人，恬不知改革，日入于坏，故世指繁昌为陋县。"繁昌被世人称为陋县原来为时已久矣。故乡被冠以不好的名胜总是让人神伤的。

所以驱车前往的途中，尽管早年便得知，这里在大兴土木，搞旅游开发，其实心底充溢着的并不是惯常旅行前的欣欣然，有的倒是心底莫名的忐忑。而此刻眼见的景致，让我瞬间有了探径揽胜的别样兴致。

板子矶上，前后皆是清幽的石径。我们拾级盘旋而上。矶上郁郁葱葱，生机盎然，植物种类繁多。我们一路或是驻足欣赏老竹新篁，或是凑近嗅闻野花飘香，或是仰望参天古木……

矶上面积并不大，据了解，不足3公顷，但文化遗存丰富。从矶底拾级游览的途中，我们遇见一处古铜矿遗址，让蛰居小城数十年的我瞬间为自己的寡闻汗颜。原来，我所居住的家乡有着如此古老深厚的文明。5000年前，在家乡的板子矶江边上，古繁昌人就有了较高的冶铜技术，生产制造着祭祀、军事和民用产品。

忽然记起渡船时，热情的艄公曾和我们说起过，板子矶因其独得长江天堑这样险峻的地势，历来就是一个古战场，为兵家必争之地，吴楚两国的鹊岸之战也发生于此。

不觉我们已置身矶顶。凭栏远望，江风拂面，浩渺烟波，不禁感慨时光飞逝。脚下的鹊江江水滚滚而来，用力拍打着崖石，满耳皆是雄浑的涛声。江风猎猎，将我们吹得衣袂飘飘，如凌空而舞。我伫立远眺，仿佛看到北方天际被五胡乱华熊熊战火烧得通红，失魂落魄的古繁昌人、古当涂人扶老携幼渡江而来……

春谷县县域历来众说纷纭，主体是鹊江南岸的狭长区域，包括现在繁昌区、南

谷 雨（第一卷）

陵县、铜陵市。春谷县域屡经变更，到了唐朝这块狭长区域又统合在一起，前后至少有九百年时间，繁昌人、南陵人和铜陵人共饮一条鹊江水。

不远处的明代镇风塔缠绕在深邃的藤蔓之下，安静肃穆，古意森森。驻足瞻仰，感觉到历史古老的气息在空中以某种形状在移动，以俯冲的态势漫卷开来。

据史料记载，这座古塔名叫镇风塔，又名明塔，是一座八角砖砌塔，塔身均由青砖砌成。古塔原为七层，目前仅存两层塔身，每层高约5米，塔身一层设有塔门，可随楼梯逐级而上。一层与二层间隔处还贴有一圈刻有佛身雕像的石砖，十分精美，是明万历四十年当地知县为降魔镇妖建造。历经岁月沧桑，仅存的古塔残体也有些倾斜，塔身还有多处明显的裂缝。损毁的原因据说是由于板子矶历史上是长江上的兵家必争之地，历经多次战争所致。在2007年，有一群盗贼登矶入塔，撬开塔内地宫窃宝，所幸被矶上的老人及时发现赶走。次日，繁昌文物局在地宫中取出三尊明万历年间铜质鎏金佛像、玉器、瓷器、铜器、珍珠、玛瑙等诸多珍宝，多为国家珍贵文物。

此时矶上安宁静寂，暖阳笼罩着全身，在名古塔的老墙旁驻足、散漫地凝视、遥想、发呆……转身，透过纷繁枝叶的留白看去，阳光下的长江光鲜夺目，巨轮来回穿梭，一派繁忙景象，恍惚间，我疑心自己是身穿明代衣冠穿越而来的古人在偷窥另一个盛世的繁华……

夕阳一点一点下沉，整个江面仿佛披上了一件琉璃外衣，周围显得格外静谧。有三三两两的渔民摇着扁舟由远及近仿佛从画中来，这就是繁昌十景之"荻浦归帆"吧？

四

是谁说的，旅游的最高境界是人文的旅游，深以为然。行万里路前读万卷书，行万里路后思索回顾。深秋的午后，板子矶之行，充盈而厚重。从矶脚古铜矿遗址到渡江战役纪念馆、黄公阁到镇风塔，转瞬间便经历我们这个民族的几枯几荣。板子矶见证了历史的轮回，也痛苦地看到无数英雄逝去……

谁说熟悉的地方没有风景？返程回家的途中，我突然想起陆游两句诗："游山如读书，深浅皆可乐。"无论熟悉与陌生之地，对于看不见的内涵，如果有所了解再踏入，定有别样感受。倘若一无所知，山水之秀也就显得单薄，游人蜻蜓点水，来了就走的旅行，必然会匆匆地来，空空地回，心灵也不会从中得到滋养与成长。周恩来在天津南开学校读书时，曾写过一副对联自勉："与有肝胆人共事，从无字句处读书。"善游历，是读无字书的一个重要方面。

　　板子矶之旅，无声地向游人传递着小城渊深的历史文化，也启迪着游人去探知更缤纷、更广博的人类历史文化。

谷　雨（第一卷）

修　桥

蒋诗经

走出寨山，村口有条河，河上有一座经年的石桥，像父亲的背脊又瘦又弯。二十年前，他离开村子的那天，父亲就一直坐在门前水桦树下的大石头上，一言未发。

高中毕业参加高考，他落榜了。他不服，要出去闯一闯。走到了石桥边，回头已看不见水桦树和父亲，家已经远了。

村口，走来了一个年轻的身影。是万飞。万飞和他同村，还是同学。唯一不同的是，万飞考上了大学，而他没有。

他一直觉得自己比万飞聪明，大家也都说他比万飞聪明。可是一场高考，让他成了小丑。以前，他和万飞的关系一直很好。但现在，他怕见到的人就是万飞。怎么比都觉得自己矮了一截。

万飞站在石桥边说，条条道路通罗马，你比我聪明，我相信你会成功的。如果不是万飞的表情很真诚，他一定会认为万飞是在笑话自己。

他不想露怯，说，等我发财的那一天，一定会回来修好这座桥，让我的小轿车可以开进村里。

是啊，石桥太瘦了，瘦得容不下一辆轿车通过。

他把声音说得很大，像给自己打气。推着板车经过桥头的二孬听到了。二孬将板车推得像风一样离去，边跑边喊，太好了，我们要有新桥了，有小汽车要进村了。

城里，到处是机会。但机会像水里的鱼，你去抓的时候，它就溜走了。转眼过了五年，他还是一无所有。

回到村里，路过那弯石桥，他回想起当初离村时说的话，无端地有些心虚。

父亲的两鬓已经有了白发，眼神也开始有些浑浊。父亲说，不行就回来吧，没人真指望着你能为村里修桥。

他这才知道，他要修桥的事，已经在村里成了笑谈。村里是待不下去了。他不想像二孬一样，成为村里的笑话。

又过了五年，他还是没有发财。回家路过石桥，他站在桥上，觉得桥更瘦了，更老了。

父亲也更瘦了，更老了。父亲又说，不行就回来吧。万飞他一个大学生都能回来，你为啥不能？

万飞在几年前辞去了城里的工作，回了村，被选为了村主任。他还是觉得万飞傻，在这穷乡僻壤当个村主任，还不如在城里打工呢。

再过了五年，他的奋斗终于有了起色，在城里有了车子和房子，也有了自己的公司。回家时，他把车停在桥外，走路回家。

桥更老更破了。桥下的石礅开了一个裂口，像一道古老的伤疤。

他突然想起了万飞。万飞还是不够聪明，怎么就不明白，这座破桥，是撑不起梦想的。

父亲老得有些糊涂了，没再劝他回来，而是一整晚都在和他说那座桥。父亲说小时候他从桥上掉到了水里，还是不会水的二孬救了他。

事情过去这么多年了，他好像记得，又好像不记得了。他只知道，现在的村里人，不会再把他和二孬一样当笑话看了。

夜深了。父亲犹豫了很久才说，万飞那小子来过了，他要重修村口的那座桥，想让你捐点钱。

他想了想说，爸，和我去城里住吧。这桥就算修好了，也是落后。

父亲深深地叹了口气，恢复了沉默。

桥，如果他想修，能修起来，只是现在他觉得不值了。钱赚得也不容易，这十几年的苦，谁又知道？当初他说那句话，只是不想被万飞比下去。现在不一样了。万飞的梦想不过是当村主任，穷得修个桥还要四处募捐，和自己已经没法比了。

回城没多久，他接到了父亲的噩耗。

父亲半夜从桥上摔了下去，送到医院就断了气。他没能给父亲送终，后悔不已。他甚至责怪父亲为什么不和他一道去城里。那样的话，悲剧就不会发生。

他回村为父亲办了村里最隆重的丧事。

万飞也来了，穿得像个农民。万飞红着眼说，对不起。他苦笑着摇了摇头。父亲真的老了，在半夜掉到桥下，这事怪不得万飞。

走的那天，他路过桥头，又看见了二孬。他拿出1000块钱，塞给了二孬，他还记得父亲说过，二孬救过他的命。

二孬接过钱，揣进兜里，然后神秘地凑到他的耳朵边说，告诉你一个秘密：你爸那天晚上偷偷来修桥礅，被我看见了，他说不想让人知道，让我千万别告诉外人……

他突然明白，他当初说过的话，父亲一直还记得。他像逃一样地离开了村子。

还是过了五年，他回来给父亲上坟，原来的那座瘦弱的石桥已经不在了。钢筋混凝土浇筑的桥面很宽，很直，可以容下两辆轿车同时通过，就连水泥路也一直铺到了村里的每一家，每一户。

只是，他不敢将车开上新桥，每次都会将车停在桥外，步行回村。

修
桥

鹊屿江光板子矶

孙以栋

板子矶，原名鹊屿，旧称返循矶，屹立于荻港镇北两公里长江南侧江水中，因孤阜临江，气势不凡，明万历年间，繁昌县令邓一儒以矶滨鹊江，故改名"鹊起矶"，但此名并未广用，仍通称"板子机"。

三十多年前的那个暑假，我有幸参加县教工会组织的赴江西庐山学习。我们是从芜湖港乘客轮溯江而上，约行20公里后，便见南岸群山逶迤，青峰矗立。《繁昌十景》中著名的一景"鹊屿江光"就在这一带。

轮船行至江流狭窄地段，前方左边有一矶兀立江旁，我们知道快到板子矶了，便走出船舱，伫立船舷，扶栏观望，轮船从矶旁缓缓而行，只见矶屿突兀江中，矶崖怪石嶙峋，江涛滚滚鼓峒；矶上古树参天，葱郁苍翠掩映古塔名阁；矶下，浩浩荡荡的江流似万马奔腾，真乃长江一大天险也！正如《太平府志》所载："矶突兀中流，扼咽喉之要。"难怪自古以来为兵家必争之地。

过了板子矶，便是"711"厂房，过去这里是荒芜的江滩，自从上海海运局在这里兴建了修船厂，如今已是厂房成片，烟囱成林。吊车挥动巨臂，大轮翘首待航，船厂前方是荻港镇货运码头，江滨凤凰山上，一座50万伏超高压输变电过江电缆塔，高耸入云。轮船从电缆塔下经过，旅客都不约而同仰首翘望。我忽然想起前一年初冬，县教委在荻港镇召开中学语文教研会，其中安排了参观活动，本拟去板子矶，因江水正值退潮季节，江滩水位搁浅，渡船停开。于是改为与供电管理部门联系，派员负责带领我们开门进塔上电梯，登上165米高的塔顶，我们小心翼翼地手扶栏杆，走上钢架，犹如坐在直升机上向下俯瞰，那大江东去，山川险要的形势，尽收眼底，真让人感到快哉！

收起一段趣忆，此刻，晚霞的金辉落满一江水。荻浦山水还依旧，但"鹊屿江光"已换上时代新装。不见了昔日的白帆点点，欸乃声声，取而代之的江轮远航，汽笛声声；货驳连拖，犹如水上列车。荻港这座千年古镇，如今乡镇企业发达，市场繁荣，已经成为万里长江黄金水道旁的一颗璀璨的明珠。当江轮驶过荻港，再回首，暮霭烟波里，荻浦已是万家灯火了。

再次去荻港是2016年5月，早年在繁中读书的十多位老同学，相约结伴去游览板子矶。我们过轮渡上岸，拾级登矶，便见岛上老竹新篁，古木参天，绿草铺茵，野花飘香。冈坡上有一古阁立于翠竹丛中，名"黄公阁"，是清代繁昌知县洪占鳌为纪念抗清名将黄得功所建。阁高丈五，斗拱卷门，萝藤缠壁，古朴凝重。阁前平冈上有一棵古银杏树，树龄已达千年，高七丈余，主干四围，体鳞枝虬，摩天覆地。

古银杏树两旁有明代建造的鹊起庵、百子寺。登上矶巅，见到一座古塔雄踞，这是座六角形的古塔，始建于明万历戊申年（1608），今仅存两级。原貌挑檐斗拱，四门六面三额。额为明万历年间沔阳某君题书，一曰"砥柱大观"、二曰"天峰耸秀"、三曰"学海回澜"。其字笔锋铁画银钩，笔力雄浑劲遒。因历经风雨和战火剥蚀，古塔已毁半，但看起来仍然壮观。鹊屿名矶古建，衬以老树新篁，布局合理，浑然一体，近观似浮立江表，远看恰似一座玲珑剔透的盆景。

历代文人墨客，登塔观景，多有描述：极目四野，万里长江西指东流，滔滔不绝，对岸无为靡际，横地无涯；南望群山起伏，层林叠翠；江面浮光粼粼，白帆片片，渔舟翩翩，舳舻连连；新月东升，银光闪闪，渔火点点，欸乃声声。

2023年4月21日是中国人民解放军渡江战役胜利74周年纪念日，值此之际，繁昌区作家协会组织采风活动，我们一行同仁前往荻港，我又一次登临板子矶游览观光，山川依旧，风光无限，置身在这样天造地设的突兀江中的板子矶上，眼前的审美景象，立即让我有一种视通万里，思接千载的感受：六千公里的长江，矶屿众多，比起南京的燕子矶、当涂的采石矶、湖北的赤壁矶、武汉的黄鹤矶、岳阳的城陵矶这些名矶，板子矶貌小而不惊人；但为什么在史志上被排名为"长江二十四矶之首"？

这是因为长江总的流向是大江东去，但在部分流段转弯则是南北走向，进入下游流段后，从铜陵到南京的江流，大都是南北走向了，尤其是荻港所处的鹊江段，不仅江流急转弯，而且江面收束得很窄，板子矶又兀立江中，这就使得鹊江段成了长江的咽喉，板子矶则是咽上结节。这正如清代繁昌副使周体观诗所云："板子当天险，长江复北来。断山还石垒，绝壁更烽台。"守卫好板子矶，能上扼安庆控制武汉，也能下守芜湖控制南京。

可见板子矶确实是长江的津要，为历代军家必争之地。山川地势的险要，决定了它在历史上的重要战略地位。据《左传》记载：春秋时期，著名的吴楚鹊岸战役就发生在这一带。《繁昌县志》也有记载：从三国到清代有名的战争"十之有八"皆发生在这里。故板子矶有"吴楚关锁"之称。三国时，东吴在这里以水兵作为重要长江防线，驻军守赭圻，使曹操几次欲渡江，却无能为力。

众所周知，东晋大司马桓温，权倾朝野，有谋反野心，晋哀帝为笼络他一再给他加官晋爵，都不能满足他。为削其兵权，哀帝故复加桓温为扬州牧，即派使宣他入朝，桓温只好带兵离开荆州向金陵进发，哀帝听说又派使去止他入朝，桓温兵至荻港，他见板子矶兀立江关，赭圻岭面江背靠寨山，是军事险要之地，于是决定驻军赭圻岭，并筑城而居，以观朝变。

南朝宋明帝时，晋安王刘子勋在浔阳（九江）称帝，举兵东进，欲取京城建康（南京），前后发兵十几万，水陆并进，声势浩大，至鹊江时，即分兵屯守鹊洲、鹊矶、鹊尾、虎槛洲等地，宋明帝闻讯即遣沈攸之都督打前锋，率领十几万重兵还击，大战鹊峙江岸，出奇制胜，收复失地。

南宋时，金兵欲图南渡，霸占大江南。靖国公黄干将军，在板子矶筑置戍。金兵攻破安庆光山，知道黄干军严整，不敢东进入侵。

明代抗清名将黄得功，力战板子矶。1645年，扬州失陷，清军直逼南京。弘光帝朱由嵩逃往黄得功军营，途经芜湖时，被已降清的明将刘良体、田雄生擒降清；但黄得功仍坚持在板子矶浴血奋战，不幸中箭坠江牺牲。至此，大明王朝和南明小朝廷，随着板子矶上黄得功这一场悲壮的战斗结束而落下了历史帷幕。

滚滚长江东逝水，势吞吴楚千年壮。天造地设板子矶，稳镇中流亘古今。历史风云多变幻，钟山风云起苍黄。天若有情天亦老，人间正道是沧桑。长江板子矶为历代南北战争中兵家必争之地，而最伟大的一次却是中国人民解放军的渡江战役。1949年春，我百万雄师在毛主席和朱总司令的英明指挥下，审时度势，选择了板子矶一带的鹊峙江岸为重要突破口。终于在4月20日夜至21日上午，中路大军首先在夏家湖和板子矶相继突破长江天险，解放大江南，建立新中国。

往事越千年，时代开新篇。素称"长江第一矶"的板子矶，是"渡江第一船登陆纪念地"，也是电影《渡江侦察记》外景拍摄地，2017年1月，入选全国红色旅游经典景区，现为芜湖市红色实践教育基地，矶前建有渡江胜利纪念广场，并立有高大的纪念碑。矶上还新建了"渡江第一船"展览馆和放映厅，以及旅游餐饮服务等设施一应齐全，已经成为来自全国各地的旅游者的打卡点。曾有"吴楚关锁"和"中流砥柱"称誉的板子矶，早已入选《中国名胜大辞典》。

大江东去.奔腾而下，烟波浩渺，水天相接，急转弯处，板子矶砥柱中流，与江与港与山共同构成一幅壮丽的画卷，"鹊峙江光"和"板子矶"，交相辉映，大放光彩。

荻　江

孟　婷

我拥有一个极其不平凡的名字——长江。这只是我的大名，我更喜欢更为熟悉的还是我的小名——荻港长江。

自我有意识的那一刻，我就知道我属于荻港，我躺在荻港的这片泥土上，抬头就是荻港的这片天，感受着荻港的风，闻着荻港的人间烟火味，听着荻港人的悲欢喜乐。

这一切，都让我感到轻松愉快。我是多么幸运我可以感受这一切，人们提起我的时候，都会亲切地喊我的小名，我爱这个小名，荻港长江。我是长江，但我只是长江的一部分，荻港赋予了我不一样的含义，我是它的象征，它亦是我的。

很多年里，我都是悠然地过着每一天。慵慵懒懒地放松着我的身子，有时心情愉快的时候，我会兴奋地拍打岸边的那些石头，激起一些浪花，也十分有趣。

我从未觉得孤单，因为在我的身体里，生活着很多的小伙伴，他们喜欢喊我荻江，会和我聊天。有些老伙伴陪我走过了很多很多年，他们虽然年纪很大，但是身子骨健朗得很，有时候他们会表演才艺给我解解闷。比如，从我的身体跳出，在空中跃出一个完美的弧度再跳进我的身体里。然而有的小家伙技艺不精，跳下来的时候会激起"惊涛骇浪"，这时候我和这些老家伙都会忍不住哈哈大笑，告诉他们："还得练，还得练，日子还长，有的是时间。"

这样的日子过得好不快活。我以为会一直这样过下去，直到有一天……

夜里，我和老家伙相伴而眠。

忽然一个巨大的网兜在我的身子里穿梭，把我搅得晕头转向。迷迷糊糊中，我看到惊慌失措逃窜的身影，听到熟悉的声音在呼喊我"荻江……"还没等它说完，声音就消失了。

第一次，我感受到了夜是多么的漫长。

这样的夜，我不知道经历了多少次。终于有一天，一切终于回归平静，可是什么都变了。

我身体里的朋友，消失了，我伤心地哭了好久好久，寻了好久好久，无果。然而我根本不会想到，这短暂的平静，却是另一个噩梦的开始⋯⋯

哗啦——

我先是被这突如其来的怪声给吓醒，紧接着身体便感受到了异物的侵袭。刺鼻难闻的液体涌入我的身子，一些奇形怪状的东西或是浮在我的身上，或是沉入我的身体，这些"怪物"在肆无忌惮地侵占我的一切，试图把我吞没。

我很害怕，但是我不会这么轻易就被打败的。

我不能坐以待毙，我必须得调查清楚，这些"怪物"从何而来，为何想要伤害我。

小鸟在石头上休息，我瞅准时机迎了上去。它被我这突如其来的一出吓了一跳，害怕地张开了翅膀下一秒就要飞走。我焦急地喊住她："小鸟妹妹，小鸟妹妹，别走，我有点事情想要向你打听。"

它这才停住将要离开的身子，定睛看我："荻江，是你呀！你怎么变成现在这副模样，我都认不出来了。"

它的话，让我无比羞耻，恨不得找一个地缝钻进去。不过现在也不是顾及这个的时候了："小鸟妹妹，我就是想问问你，你可知道我身上的这些'怪物'从何而来，都是他们把我害成这样的。"

听了我的话，小鸟从石头上飞起来，在我的身上盘旋了一圈，又用爪子沾了沾那些漂在我身体表面的"小怪物"。

"原来是它们！"

"是谁？"小鸟妹妹果真知道，我惊喜地叫出来。我就要知道真相了。

"是工业污水和工业垃圾。我听人类提起过，说是这两个'家伙'有极其严重的破坏力，一定要妥善处理，不得有半点马虎。没有想到，他们最后居然让这两个'家伙'来伤害你，害得你变成现在的样子。荻江，你太可怜了⋯⋯"小鸟妹妹说着说着竟然哽咽了起来，忍不住为我流下了眼泪。

我鼻子一酸。

那段时间我失去我的伙伴，哭了很久。后来尽管每天都要忍受这些"怪物"给我身体带来的痛苦，渐渐把我折磨得面目全非，我都忍住了没再哭。

"荻江，你要好好保重啊，我也要走了。"小鸟妹妹擦走了眼角的泪。

"你也要走吗，你要去哪里？"我忙追着问。我不舍得她走。

"是呀，不仅是我，还有我们的家族，都要走了。你看见那长长的烟囱了吧，每天都会从里面向空中排放出很多工业污染，这里已经不适合我们生存了。再见了，荻江⋯⋯"

还没等我说什么，小鸟妹妹就飞走了。我知道她怕我舍不得，所以选择了这样的方式离别。

我向那不远处的烟囱望去，它那么庞大，正对着天空缓缓吐出白烟，那么悠然自得。

我一直以为那是一朵朵"好看的云朵"。

日复一日。我的意识已经快要没有了，从开始知道自己叫荻江变成我是长江，最后渐渐不记得我是谁。耳边最后听到的一段话是两个稚嫩的声音。

"老师说以前的江是清的，还有好多好多鱼。"

"你看看这么黄，你想想怎么可能是清的呢？别傻了，老师骗你呢！"

"荻江，荻江……"

好像有谁在喊一个名字，这个名字却是让我那么熟悉。一遍又一遍在我耳边响起，让人不得不理。我用尽全身的力气，撑开了我沉重的眼皮，我已经沉睡很久了。

睁开眼的那一刻我的目光落在那座红白灯塔上，它依旧直直地立在那里，依旧精神抖擞，依旧光彩夺目。

一个熟悉的身形在我眼前徘徊，我看着它从我身体里跃起，在空中划出一道完美的弧线，又迅速沉进我的身体，没有水花，只在我身体的表面留下一圈圈波纹慢慢散开。

我猛然想起，我是谁。我是长江，荻港长江，我的朋友叫我荻江啊，是他们回来了。

"老家伙！"我对着它喊道，喜极而泣。

"错了错了，我是小豚，荻江你都多大年纪了，还会哭鼻子，羞不羞！"它不是老家伙，是当年的小家伙呀。现在也能跳得这么好了。

"小豚，你可回来了！"

"是的，荻江，不仅我回来了！"

我和小豚都很默契，再也没有提起那段过去。

这是我清醒的第三个年头了。

犹记得刚开始醒来的那一年，总能听到人们站在我的身边比画着，打量着，讨论着"绿水青山就是金山银山"和"长江十年禁渔"。

清晨的风温柔地拂过我那恢复得不错的身子，我不再浑浊，虽然没有恢复到最开始的面貌，但此刻的我也算得上清秀了。这多亏了那些人对我的精心呵护。他们不仅治理了我的身体，还给我装扮了一番。

荻
江

我的身子被填平了一部分，可我一点也不觉得难过。以前，人们遇到雨季，总会愁容满面地站在我身边，数着我与堤岸还差几个台阶，台阶越少他们就越担心，害怕我吞掉他们的家。我自己也很害怕，害怕会伤害到与我朝夕相伴的人们。

　　而现在那部分被铺上了瓷砖，变成了小广场。人们在这里锻炼身体，跳广场舞……我每天都能感受到他们的欢声笑语。我身旁泥泞的土路修得平整笔直，一排排柳树与我相傍，花圃里的花争相斗艳。

　　我喜欢那些人在我的身子里晨泳，每个人带着黄色的浮漂，从远处望去星星点点，把我点缀得生动有趣。

　　人们也最爱在饭后的傍晚，伴着晚霞，在我的身边散步。

　　推着婴儿车的夫妻；头发花白的老人；嬉闹的孩童和遛狗的大人…….

　　他们就像画，映在我的眼里，刻在我的脑里。

　　现在的我，不仅身子里包容着小豚，更有很多新伙伴，而且身旁永远都会有形形色色的人们相伴，并且我的身子也在被精心照顾。

　　这些是我以前都不曾拥有的。获江，我，再次感受到了幸福！

　　那天傍晚，我微微眯着眼享受晚风的轻拂。余光里映出两个年轻人的身影。

　　"老师没有骗人，江真的是清的。"

　　"是的，还有很多鱼，你看，有鱼跳出来了！"

　　我眼角的眼泪悄悄地滑下来。

荻花飞处是乡愁(组诗)

张宏树

荻港老街

长江的一朵浪花拍醒了古镇的千年记忆

曾经的老街

带着青砖黛瓦马头墙的标识

从徽风徽韵中走来

夜晚，枕着涛声入梦

清晨，在喧闹市声中醒来

从上街头出发，走过财神湾、德胜桥、中街、德远

老街是一条长长的展台

竹木茶叶携着深山气息

丹皮白姜打着铜陵标记

南陵的稻米香油

长江的新鲜鱼虾

林林总总，目不暇接

暮色烟波里，荻浦的片片归帆

引爆酒肆茶楼觥筹交错

岁月经年，商旅的足迹

踏平了石板路的疙疙瘩瘩

如今，老街像一朵蔫了的花

雕梁画栋，朱颜已改

但她的遗风，依然

洇染着新街的现代风采

德胜河

汇聚南陵、铜陵的清流

黄浒河把一腔激情送给荻港

承接馈赠

德胜河像一条绿绸带漂向长江

南岸市声如潮

北岸稻花飘香

几枚鸭掌

划破吊脚楼的倒影

夜晚，沿岸的灯火，天上的星星

如无数颗珍珠

在粼粼波光里跳舞

欸乃声中，双桨荡起的涟漪

收藏起荻港人的每一个黎明和黄昏

入江口

板子矶，凤凰矶

像两个彪形大汉

扼住湍急江流

长江之南成了天然港湾

风摇荻芦，荻花飞扬

夕阳下的片片帆影

如归巢鸥鹭扇动翅膀

板子矶断想

一尊铜墙铁壁的雕塑

砥柱中流

惊涛撞击，白雪翻卷

激流涌来，绕道而走

黄公阁上的野藤，缠绕

南明的腥风血雨

古塔残垣，剥落时光碎片

千年银杏依然绿荫蔽日

树轮圈圈，圈尽尘世沧桑

渡江登陆纪念碑高耸入云

昭示那场改天换地的波澜壮阔

江水，咆哮的狮

矶石，击不垮的头颅

年复一年，观千帆过尽

日升日落

滨河庐诗人

——怀念郭珍仁先生

听说过马背诗人

骑在行军的马背上吟诗

你没有马骑

你拉板车，生活的沉重

压不垮你的诗兴

你是板车诗人

把拉板车时吟哦的平仄

写在牛皮纸上

在那个特定的年代

你把写满诗句的牛皮纸搓成纸绳

拴上钩，吊着篮子

这样很安全。你是纸绳诗人

一间茅屋，雅号滨河庐

荻花飞处是乡愁（组诗）

孤零零伫在德胜河畔
雪花狂舞的冬夜
劳累了一天的你
对着红泥炉火
抿一口清茶当酒
吟几句凄苦后的微笑与沉思
多年后，一本《滨河庐词钞》
驰誉骚坛
你是滨河庐诗人

谷　雨（第一卷）